Familienrecht

2020

Dr. Franz-Thomas Roßmann
Rechtsanwalt und Fachanwalt für Familienrecht

ALPMANN UND SCHMIDT Juristische Lehrgänge Verlagsges. mbH & Co. KG
48143 Münster, Alter Fischmarkt 8, 48001 Postfach 1169, Telefon (0251) 98109-0
AS-Online: www.alpmann-schmidt.de

Zitiervorschlag: Roßmann, Familienrecht, Rn.

Dr. Roßmann, Franz-Thomas
Familienrecht
22. Auflage 2020
ISBN: 978-3-86752-736-1

Verlag Alpmann und Schmidt Juristische Lehrgänge
Verlagsgesellschaft mbH & Co. KG, Münster

Unterstützen Sie uns bei der Weiterentwicklung unserer Produkte.
Wir freuen uns über Anregungen, Wünsche, Lob oder Kritik an:
feedback@alpmann-schmidt.de.

Inhaltsverzeichnis

1. Teil: Das Eherecht 1

1. Abschnitt: Das Verlöbnis 1
A. Rechtsnatur; Zustandekommen 1
B. Rechtswirkungen des Verlöbnisses 2
I. Rechtswirkungen bei Bestehen des Verlöbnisses 2
II. Rechtswirkungen bei Auflösung des Verlöbnisses 2
Fall 1: Schadensersatzanspruch wegen Auflösung des Verlöbnisses 3

2. Abschnitt: Die Eheschließung 4
A. Eingehung der Ehe 4
B. Nichtehe oder aufhebbare Ehe 7
I. Die Nichtehe 7
II. Die aufhebbare Ehe, §§ 1313–1318 7

3. Abschnitt: Die Rechtswirkungen der Ehe im Allgemeinen 8
A. Pflicht zur ehelichen Lebensgemeinschaft, § 1353 8
I. Das Wesen der Ehe 8
II. Der Antrag auf Herstellung des ehelichen Lebens 9
Fall 2: Der ehrgeizige Privatdozent 9
III. Unterlassungsantrag bei Ehestörungen 10
Fall 3: Der untreue Ehemann 10
IV. Der Schutz des räumlich-gegenständlichen Bereichs der Ehe 11
Fall 4: Die Geliebte im Ehebett 11
V. Schadensersatzansprüche bei Ehestörungen 12
Fall 5: Genervter Ehemann 12
B. Der Ehename, § 1355 14
C. Pflichtenverteilung unter den Ehegatten 15
Fall 6: Mithilfe der „Hausfrau" im Geschäft 15
D. Geschäfte zur Deckung des Lebensbedarfs, § 1357 17
I. Voraussetzungen des § 1357 17
Fall 7: Teures Shopping 17
Fall 8: Arztvertrag und Schlüsselgewalt 19
II. Schuldrechtliche Wirkungen 21
1. Verpflichtung der Eheleute 21
2. Berechtigung der Eheleute 21
III. Dingliche Wirkung des § 1357 21
IV. Kündigung von Versicherungsverträgen 22
Fall 9: Unfall zur Unzeit (nach BGH RÜ 2018, 288) 22
E. Die gegenseitigen Unterhaltspflichten der Ehegatten, §§ 1360 ff. 25
F. Haftungsmaßstab und Haftungsausschluss bei Ansprüchen der Ehegatten untereinander 27
G. Schutzvorschriften zugunsten der Gläubiger eines Ehegatten 28
Fall 10: Gläubigerschutz durch Eigentumsvermutung nach § 1362 28
H. Bürgschaft, Schuldbeitritt, Mitdarlehensnehmer 30
Fall 11: Gemeinsame Unterschrift unter Ratenkreditvertrag 31

I. Sondervorschriften bei Getrenntleben der Ehegatten 34
I. Unterhaltspflicht bei Getrenntleben, § 1361 34
Fall 12: Unterhaltsanspruch des getrennt lebenden Ehegatten 34
II. Haushalt und Ehewohnung während des Getrenntlebens 37
1. Haushaltsverteilung bei Getrenntleben, § 1361 a 37
2. Zuweisung der Ehewohnung bei Getrenntleben, § 1361 b 37
■ Zusammenfassende Übersicht zu den allgem. Rechtswirkungen der Ehe 39

4. Abschnitt: Das eheliche Güterrecht (§§ 1363–1563) 40
A. Überblick über die Güterstände und ihr Verhältnis zueinander 40
I. Der gesetzliche Güterstand 40
II. Eheverträge 40
1. Inhaltskontrolle bei Eheverträgen nach § 138 oder § 242 40
2. Auswirkungen der Gütertrennung 41
III. Gütergemeinschaft 41
IV. Güterrechtsregister 42
B. Die Prinzipien der Zugewinngemeinschaft 43
I. Vermögenstrennung im Rahmen der Zugewinngemeinschaft 43
Fall 13: Das Sparguthaben auf dem Konto der Ehefrau 43
II. Verpflichtungs- und Verfügungsbeschränkungen 46
1. Rechtsgeschäfte über das Vermögen im Ganzen, § 1365 47
Fall 14: Unwirksame Grundschuldbestellung 48
Fall 15: Verkauf des Grundstücks ohne Zustimmung des Ehegatten 51
Fall 16: Späte Berichtigungsklage 52
Fall 17: Grundbuchbeschwerde wegen fehlender Ehegattenzustimmung 55
2. Verfügungen über Haushaltsgegenstände, § 1369 58
Fall 18: Das Fernsehgerät der Ehefrau 58
Fall 19: Abwandlung des Falles 18 61
Fall 20: Undankbarer Ehepartner 62

5. Abschnitt: Das Ehescheidungsrecht 64
A. Voraussetzungen der Scheidung 64
I. Scheidung nach dreijähriger Trennung 64
Fall 21: Vergeblicher Versöhnungsversuch 64
II. Scheidung nach einjähriger Trennung bei Einverständnis 66
III. Scheidung nach einjähriger Trennung bei Widerspruch 66
Fall 22: Trennung von Tisch und Bett 66
IV. Scheidung ohne Trennung bzw. vor einjähriger Trennung 67
Fall 23: Widerspruch trotz Ehebruchs 67
B. Folgen der Scheidung 69
I. Name 69
II. Elterliche Sorge 69
1. Fortdauer der gemeinsamen Sorge kraft Gesetzes 69
2. Entscheidungsrecht bei gemeinsamer elterlicher Sorge getrennt lebender Eltern 69

III. Die Unterhaltsverpflichtung unter den Ehegatten nach der Scheidung 70
Fall 24: Der neue Ehegatte 72
Fall 25: Doppelverdienerehe 73
IV. Zugewinnausgleich 78
1. Die Voraussetzungen für den Zugewinnausgleich 78
2. Der güterrechtliche Zugewinnausgleich 80
Fall 26: Zugewinnausgleich trotz Ehebruchs? 80
3. Rechtshandlungen in Benachteiligungsabsicht 85
V. Unbenannte Zuwendungen 85
1. Unbenannte Zuwendungen unter Eheleuten 85
Fall 27: Familienheim 85
2. Zuwendungen an späteren Ehegatten vor der Heirat 91
Fall 28: Schenkung an die Verlobte 91
3. Zuwendungen an Schwiegerkinder 92
Fall 29: Enttäuschte Erwartungen 92
■ Zusammenfassende Übersicht zum ehelichen Güterrecht 99
VI. Ehegatteninnengesellschaft 100
Fall 30: Lagerarbeiter oder Gesellschafter 100
VII. Der Versorgungsausgleich 102
C. Eheverträge 106
I. Gestaltungsmöglichkeiten 106
1. Form 106
2. Grenzen der Vertragsfreiheit 106
3. Kernbereichslehre 106
II. Richterliche Kontrolle 107
1. Nichtigkeit nach § 138 107
2. Ausübungskontrolle nach § 242 108
3. Störung der Geschäftsgrundlage, § 313 108
Fall 31: Der ärgerliche Ehevertrag 109
D. Die Kontrolle von Eheverträgen 111
I. Kernbereichslehre 111
II. Vertragsfreiheit 111
III. Wirksamkeitskontrolle 112
IV. Form 112
E. Das Scheidungsverfahren 112

2. Teil: Kindschafts- und Verwandtschaftsrecht 114

1. Abschnitt: Verwandte und Verschwägerte 114
A. Die Begriffe Verwandtschaft und Schwägerschaft 114
B. Abstammungsrecht 115
I. Mutterschaft 115
1. Mutter eines Kindes ist die Frau, die es geboren hat, § 1591 (Geburts-Mutter) 115
■ Übersicht zur Mutterschaft 118
2. Keine Anfechtung 119

II. Vaterschaft ... 119
1. Vaterschaft kraft Ehe mit der Mutter, § 1592 Nr. 1 ... 119
2. Vaterschaft kraft Anerkennung, § 1592 Nr. 2 ... 123
3. Vaterschaft kraft gerichtlicher Feststellung, § 1592 Nr. 3 ... 123
a) Gerichtliche Feststellung der Vaterschaft nach § 1600 d ... 124
Fall 32: Mehrverkehr mit Zwillingsbrüdern ... 125
b) Gerichtliche Feststellung der Vaterschaft nach § 182 Abs. 1 FamFG ... 126
4. Vaterschaft bei homologer und heterologer Insemination ... 126
III. Anfechtung der Vaterschaft ... 127
Fall 33: Die heimliche DNA-Analyse ... 129
IV. Keine Vaterschaftsanfechtung durch den Mann oder die Mutter nach heterologer Insemination ... 132
V. Auskunftsanspruch des Kindes gegen seine Mutter auf Benennung des Vaters ... 132
VI. Klärung der leiblichen Abstammung, § 1598 a ... 133
VII. Unterhaltszahlungen des Scheinvaters ... 134
Fall 34: Rückgriffsanspruch des Scheinvaters gegen den leiblichen Vater ... 134
Fall 35: Sperrwirkung oder Inzidentfeststellung ... 135
VIII. Auskunftsanspruch des Scheinvaters gegen die Kindesmutter auf Benennung des Vaters ... 137
IX. Schadensersatzansprüche des Scheinvaters gegen die Kindesmutter wegen Regressvereitelung ... 138
Fall 36: Regressvereitelung ... 138
C. Sorgerecht ... 139
I. Träger der elterlichen Sorge ... 140
1. Gemeinsames Sorgerecht der Eltern ... 140
2. Alleiniges Sorgerecht der Mutter ... 140
3. Beistandschaft des Jugendamts ... 141
4. Verfahrensbeistand für Minderjährige ... 141
II. Änderungen der Sorgeberechtigung ... 141
1. Infolge Ausfalls eines Elternteils ... 141
2. Infolge Trennung der Eltern ... 141
Fall 37: Monteur im Ausland ... 142
III. Übertragung des Aufenthaltsbestimmungsrechts ... 145
1. Rechtsgrundlage ... 145
2. Entscheidungsrecht in alltäglichen Angelegenheiten ... 145
IV. Veränderung des alleinigen Sorgerechts der Mutter durch Übertragung auf den Vater, § 1671 Abs. 2 ... 146
V. Gerichtliche Neubewertung ... 146
VI. Inhalt der elterlichen Sorge ... 147
1. Persönliche Angelegenheiten ... 147
Fall 38: Bestimmung des Umgangs des Kindes mit anderen Personen ... 147
2. Herausgabeanspruch ... 149
3. Gewaltverzicht ... 149

4. Sorgfaltsmaßstab 150
5. Vermögenssorge 152
6. Vertretung des Kindes 152
VII. Ausschluss und Beschränkung der Vertretungsmacht der Eltern 152
VIII. Beschränkte Haftung nach Eintritt der Volljährigkeit, § 1629 a 156
IX. Elterliche Sorge durch den Staat, §§ 1666, 1666 a, 1667 157
D. Umgangsrecht 158
I. Umgangsrechte und -pflichten zwischen Eltern und Kindern, § 1684 158
II. Umgangsrecht anderer Bezugspersonen, § 1685 159
III. Durchsetzung des Umgangsrechts 160
IV. Durchsetzung der Umgangspflicht 160
V. Auskunftsrecht, § 1686 161
E. Namensrecht 161
F. Verwandtenunterhalt 163
I. Der Kindesunterhalt 163
Fall 39: Naturalunterhalt 163
Fall 40: Unterhaltsanspruch gegen Großvater für Zeit vor Vaterschaftsfeststellung 166
II. Die Unterhaltspflicht gegenüber (anderen) Verwandten 171
Fall 41: Voraussetzungen, Umfang und Inhalt des Unterhaltsanspruchs 171
Fall 42: Unterhaltsansprüche der Eltern gegen ihre Kinder 173
III. Die Rangfolge mehrerer Unterhaltsberechtigter 176
1. Der erste Rang, § 1609 Nr. 1 176
2. Der zweite Rang, § 1609 Nr. 2 177
IV. Der Unterhaltsanspruch nicht verheirateter Eltern gegeneinander, § 1615 l 177
Fall 43: Die gut verdienende Mutter 177

2. Abschnitt: Annahme als Kind (Adoption) 179
A. Die Annahme Minderjähriger, §§ 1741–1766 179
I. Voraussetzungen der Adoption 179
II. Wirkungen der Adoption 181
III. Aufhebung der Adoption 182
B. Die Annahme Volljähriger, §§ 1767–1772 182

3. Teil: Vormundschaft, Betreuung, Patientenverfügung, Vorsorgevollmacht und Pflegschaft 184
A. Vormundschaft, §§ 1773 ff. 184
B. Rechtliche Betreuung; Patientenverfügung; Vorsorgevollmacht 185
I. Die rechtliche Betreuung, §§ 1896 ff. 185
II. Die Patientenverfügung 188
III. Vorsorgevollmacht 191
C. Pflegschaft, §§ 1909 ff. 193

4. Teil: Außereheliche Verbindungen ... 195

1. Abschnitt: Nichteheliche Lebensgemeinschaft ... 195
A. Rechtsbeziehungen bei Bestehen der nichtehelichen Lebensgemeinschaft ... 195
I. Verfassungsrecht ... 195
II. Gemeinsame Kinder ... 196
1. Sorgerecht ... 196
2. Umgangsrecht ... 197
3. Namensrecht ... 197
III. Rechtsbeziehungen der Partner zueinander ... 198
Fall 44: „Gemeinsam verpflichtet – allein geleistet" ... 201
IV. Die nichteheliche Lebensgemeinschaft im Außenverhältnis ... 203
1. §§ 1362 BGB, 739 ZPO ... 203
2. Zeugnisverweigerungsrecht ... 204
3. Ersatzzustellung ... 204
4. Gebrauch von Wohnungen ... 204
5. Bürgschaft ... 205
V. Die Auflösung der nichtehelichen Lebensgemeinschaft ... 205
VI. Ausgleichsanspruch für Beteiligung an einer Anschaffung ... 205
Fall 45: „Alter schützt vor Torheit nicht" ... 205
Fall 46: „Alter schützt vor Torheit nicht" (Abwandlung) ... 210
VII. Zahlungsversprechen für den Trennungsfall ... 211
Fall 47: Handschriftliche Zahlungszusage ... 211
VIII. Rechtsfragen bzgl. des Mietverhältnisses ... 212
IX. Alleineigentum eines Partners an einer Wohnung ... 213
X. Die Beendigung der nichtehelichen Lebensgemeinschaft durch den Tod eines Partners ... 214

2. Abschnitt: Die eingetragene Lebenspartnerschaft ... 214
A. Begriff der „Lebenspartnerschaft" ... 215
B. Wirkungen der Lebenspartnerschaft ... 215
I. Partnerschaftliche Lebensgemeinschaft, § 2 LPartG ... 215
II. Lebenspartnerschaftsname, § 3 LPartG ... 215
III. Umfang der Sorgfaltspflicht, § 4 LPartG ... 216
IV. Lebenspartnerschaftsunterhalt, § 5 LPartG ... 216
V. Vermögensstand, §§ 6, 7 LPartG ... 216
VI. Sonstige vermögensrechtliche Wirkungen, § 8 LPartG ... 217
VII. Sorgerechtliche Befugnisse des Lebenspartners, § 9 LPartG ... 217
VIII. Erbrecht, § 10 LPartG ... 218
C. Unterhalt bei Getrenntleben ... 218
D. Aufhebung der Lebenspartnerschaft ... 219
Fall 48: Neu verliebt! ... 219
E. Haushalt ... 221
F. Versorgungsausgleich, § 20 LPartG ... 222

Stichwortverzeichnis ... 223

LITERATURVERZEICHNIS

Verweise in den Fußnoten auf „RÜ" und „RÜ2" beziehen sich auf die Ausbildungszeitschriften von Alpmann Schmidt. Dort werden Urteile so dargestellt, wie sie in den Examensklausuren geprüft werden: in der RechtsprechungsÜbersicht als Gutachten und in der Rechtsprechungs-Übersicht 2 als Urteil/Behördenbescheid/Anwaltsschriftsatz etc.

RÜ-Leser wussten mehr: Immer wieder orientieren sich Examensklausuren an Gerichtsentscheidungen, die zuvor in der RÜ klausurmäßig aufbereitet wurden. Die aktuellsten RÜ-Treffer aus ganz Deutschland finden Sie auf unserer Homepage.

Abonnenten haben Zugriff auf unser digitales RÜ-Archiv.

Lehrbücher und Monographien

Dethloff	Familienrecht, 32. Auflage 2018
Gernhuber/Coester-Waltjen	Lehrbuch des Familienrechts, 7. Auflage 2020
Klein	Familienvermögensrecht, Handbuch 2. Auflage 2015
Muscheler	Familienrecht, 4. Auflage 2017
Rauscher	Familienrecht, 2. Auflage 2008
Roßmann	Taktik im familiengerichtlichen Verfahren, 5. Auflage 2020
Roßmann/Viefhues	Taktik im Unterhaltsrecht, 3. Auflage 2018
Schlüter	BGB Familienrecht, 14. Auflage 2013
Schwab	Familienrecht, 27. Auflage 2019
Schwab/Ernst	Handbuch des Scheidungsrechts, 8. Auflage 2019
Wellenhofer	Familienrecht, 5. Auflage 2019
Wever	Vermögensauseinandersetzung der Ehegatten außerhalb des Güterrechts, 7. Auflage 2018

Kommentare

Bamberger/Roth	BGB, Band 3 §§ 1297–2385; EGBGB; CISG, 3. Auflage 2012
Erman	Handkommentar zum Bürgerlichen Gesetzbuch, Band II, §§ 854–2385, 15. Auflage 2017
Jauernig	Bürgerliches Gesetzbuch, 17. Auflage 2018
Münchener Kommentar	zum Bürgerlichen Gesetzbuch Band 7, Familienrecht I §§ 1297–1588, Gewaltschutzgesetz 7. Auflage 2017 Band 8, Familienrecht II §§ 1589–1921, 7. Auflage 2017
Palandt	Bürgerliches Gesetzbuch, 79. Auflage 2020
Prütting/Wegen/Weinreich	Bürgerliches Gesetzbuch, 14. Auflage 2020
Schulte-Bunert/Weinreich	FamFG, 6. Auflage 2020 (zit.: SBW/Bearbeiter)
Thomas/Putzo	Zivilprozessordnung, 41. Auflage 2020
Weinreich/Klein	Fachanwaltskommentar Familienrecht, 6. Auflage 2019
Zöller	Zivilprozessordnung, 33. Auflage 2019

Zeitschriften

FamRZ	Zeitschrift für das gesamte Familienrecht
FuR	Familie und Recht
NJW	Neue Juristische Wochenschrift
RÜ	Rechtsprechungsübersicht

1. Teil: Das Eherecht

1. Abschnitt: Das Verlöbnis

A. Rechtsnatur; Zustandekommen

I. Unter **„Verlöbnis"** i.S.d. § 1297 Abs. 1[1] versteht man zum einen das gegenseitig gegebene **Versprechen künftiger Eheschließung**, zum anderen das durch dieses Versprechen begründete **familienrechtliche Verhältnis**. 1

II. Bei einzelnen Rechtswirkungen des Verlöbnisses kommt es auf die „Gültigkeit" des Verlöbnisses an. Die Voraussetzungen für die Wirksamkeit hängen von der **Theorie** über das Wesen des Verlöbnisses ab.[2]

- **Vertragstheorie** (h.M.)

  Das Verlöbnis ist ein Vertrag, der auf Eingehung der Ehe gerichtet ist und auf den grundsätzlich die allgemeinen Vorschriften über Rechtsgeschäfte anwendbar sind.[3]

  Folgen: Ein Minderjähriger bedarf zur Verlobung der Einwilligung seiner gesetzlichen Vertreter, § 107. Fehlt diese, hängt die Wirksamkeit der schwebend unwirksamen Verlobung von der Genehmigung der gesetzlichen Vertreter ab, § 108. Es gelten §§ 116, 117, 118, 134, 138, z.B. Nichtigkeit wegen Verstoßes gegen die guten Sitten bei Verlobung eines noch Verheirateten[4] oder schon Verlobten. Wegen der höchstpersönlichen Natur des Verlöbnisses gelten nicht die Regeln über Stellvertretung (§§ 164 ff.). Der Minderjährige kann ohne Zustimmung seines gesetzlichen Vertreters zurücktreten. Von der h.M. wird die Anfechtung abgelehnt und stattdessen auf den Rücktritt nach §§ 1298 ff. verwiesen.[5]

- **Lehre vom familienrechtlichen Vertrag eigener Art**

  Das Verlöbnis ist ein Vertrag sui generis, auf den die Vorschriften des Allgemeinen Teils über Rechtsgeschäfte nur in vorsichtiger Analogie angewendet werden können. Für ein wirksames Verlöbnis genügt die Einsichtsfähigkeit des Minderjährigen.[6]

- **Vertrauenshaftungslehre**

  Das Verlöbnis ist ein eigenständiges, vom Willen der Parteien unabhängiges gesetzliches Schuldverhältnis und als ein Fall der Haftung für begründetes Vertrauen einzuordnen.[7]

---

1 §§ ohne Gesetzesangabe sind solche des BGB.
2 Übersicht bei Schwab Rn. 44 ff.
3 BGHZ 28, 376; Palandt/Brudermüller Einf. v. § 1297 Rn. 1; PWW/Weinreich § 1297 Rn. 1.
4 BGH FamRZ 1984, 386; OLG Karlsruhe NJW 1988, 3023.
5 Palandt/Brudermüller Einf. v. § 1297 Rn. 1; PWW/Weinreich § 1297 Rn. 15.
6 Dazu Dethloff § 2 Rn. 4.
7 Dethloff § 2 Rn. 5 ff.

B. Rechtswirkungen des Verlöbnisses

I. Rechtswirkungen bei Bestehen des Verlöbnisses

2 ■ Das „Versprechen der Eheschließung" ist **weder einklagbar** (§ 1297 Abs. 1) **noch vollstreckbar** (§ 120 Abs. 3 FamFG),[8] es kann auch **nicht** durch eine **Vertragsstrafe** abgesichert werden (§ 1297 Abs. 2).

■ Zu den **privatrechtlichen Wirkungen** des Verlöbnisses zählt, dass die Verlobten bereits einen Ehevertrag schließen können (§ 1408), der allerdings nur im Falle der Eheschließung Bedeutung erlangt.[9] Gleiches gilt für einen Erbverzichtsvertrag, für dessen Abschluss § 2347 Abs. 1 S. 1 Erleichterungen bringt. Verlobte können – wie Ehegatten – einen Erbvertrag schließen; wird dieser mit einem Ehevertrag verbunden, genügt die für den Ehevertrag vorgeschriebene Form nach § 1408.

Ein gemeinsames Testament (§ 2265) können nur Eheleute, nicht aber Verlobte errichten. Tun sie es dennoch, wird es auch nicht dadurch wirksam, dass sie es nach der Eheschließung „genehmigen".

■ Die wichtigsten **öffentlich-rechtlichen Wirkungen**: Verlobte sind Angehörige i.S.d. § 11 Abs. 1 Nr. 1 a StGB. Aus dem Verlöbnis kann eine Garantenstellung folgen. Verlobte haben im Zivil- und Strafprozess ein Zeugnis- und Eidesverweigerungsrecht (§ 383 Abs. 1 Nr. 1 ZPO; §§ 52 Abs. 1 Nr. 1, 61 StPO). Für diese öffentlich-rechtlichen Wirkungen kommt es nicht auf die Rechtsnatur des Verlöbnisses an. Entscheidend sind allein die tatsächlichen Bindungen der Verlobten zueinander.[10]

II. Rechtswirkungen bei Auflösung des Verlöbnisses

3 ■ Aufwendungsersatz- bzw. Schadensersatzansprüche

§ 1298 Derjenige, der ohne wichtigen Grund (§ 1298 Abs. 3) vom Verlöbnis zurücktritt,

- hat dem anderen Verlobten und seinen Eltern sowie dritten Personen, die anstelle der Eltern gehandelt haben, den Schaden zu ersetzen, der daraus entstanden ist, dass sie in Erwartung der Ehe Aufwendungen gemacht haben oder Verbindlichkeiten eingegangen sind (§ 1298 Abs. 1 S. 1), welche den Umständen nach angemessen waren (§ 1298 Abs. 2).
- Weitergehenden Schadensersatz kann (nur) der Verlobte selbst verlangen (§ 1298 Abs. 1 S. 2).

§ 1299 Hat der andere Verlobte schuldhaft einen wichtigen Rücktrittsgrund gesetzt, so stehen dieselben Ansprüche dem zurücktretenden Verlobten und dessen Angehörigen zu (s. dazu noch Fall 1, Rn. 4).

■ Rückforderung von Geschenken

§ 1301 Jeder Verlobte kann von dem anderen Herausgabe der Gegenstände, die er dem anderen geschenkt oder zum Zeichen des Verlöbnisses gegeben hat,

8 Horndasch/Viefhues-Roßmann § 120 Rn. 8.
9 Palandt/Brudermüller § 1408 Rn. 1.
10 BGHSt 3, 215.

nach Bereicherungsrecht herausverlangen, wenn die Eheschließung unterbleibt, § 1301 S. 1 (Rechtsfolgenverweisung[11] auf §§ 812 ff.).[12]

- Unwirksamkeit letztwilliger Verfügungen

§ 2077 Eine letztwillige Verfügung, durch die der Erblasser seinen Verlobten bedacht hat, ist unwirksam, wenn das Verlöbnis vor dem Tode des Erblassers aufgelöst worden ist (§ 2077 Abs. 2).

Fall 1: Schadensersatzanspruch wegen Auflösung des Verlöbnisses

Mit Einwilligung ihrer Eltern hat sich die 17-jährige F mit dem 19-jährigen M verlobt. In Erwartung der Heirat und eines künftigen ehelichen Unterhaltsanspruchs schlägt F eine ihr in einer anderen Stadt angebotene besser bezahlte Stelle aus. F erfährt, dass M vor ihrer gemeinsamen Zeit mit der als aidsinfiziert bekannten L geschlechtlich verkehrt hat. F verlangt von M, dass dieser sich „zur Sicherheit" einem Aids-Test unterzieht. Als M dies ablehnt, löst die F ohne Wissen ihrer Eltern das Verlöbnis auf. Kann F wegen der ausgeschlagenen Stelle von M Schadensersatz verlangen?

Anspruchsgrundlage könnten **§§ 1299, 1298 Abs. 1 S. 2** sein. **4**

I. Voraussetzung ist, dass ein Verlöbnis zwischen M und der minderjährigen F bestanden hat.

Nach der herrschenden **Vertragstheorie** ist das Verlöbnis ein Vertrag, auf den grundsätzlich die allgemeinen Vorschriften über Rechtsgeschäfte anwendbar sind (s.o., Rn. 1).

Die gemäß § 107 erforderliche Einwilligung der Eltern der F lag vor. Das Verlöbnis ist rechtswirksam zustande gekommen.

II. Weitere Voraussetzung der Schadensersatzpflicht ist der wirksame **Rücktritt der F aus einem wichtigen Grund**. Diesen Rücktritt muss **M verschuldet** haben, vgl. § 1299.

Da ein Zwang zur Eheschließung unzulässig ist (§ 1297 Abs. 1), darf der Minderjährige nicht gegen seinen Willen an das Verlöbnis gebunden bleiben. Folglich konnte F ohne Einwilligung ihrer Eltern wirksam vom Verlöbnis zurücktreten.[13]

Die Weigerung, sich bei einem erheblichen Krankheitsverdacht (Aids) ärztlich untersuchen zu lassen, ist eine Tatsache, die den zurücktretenden Verlobten vernünftigerweise von der Eingehung des Verlöbnisses abgehalten hätte, also ein wichtiger Grund i.S.d. § 1299.[14] M hat den Rücktritt der F auch verschuldet.

Ein Teil des Schrifttums setzt Verursachung und Verschulden gleich.[15] Dies ist mit dem Wortlaut der Vorschrift nicht zu vereinbaren. Es ist auch nicht interessengerecht, das Haftungsrisiko für das Schei-

---

11 Dethloff § 2 Rn. 16.

12 Vgl. auch BGH FamRZ 2005, 1151 ff.

13 PWW/Weinreich § 1297 Rn. 16.

14 Palandt/Brudermüller § 1298 Rn. 9.

15 Vgl. dazu Schwab Rn. 49; ähnlich Dethloff § 2 Rn. 13.

tern des Verlöbnisses allein an das Vorhandensein eines nach durchschnittlichen objektiven Anschauungen „wichtigen Grundes" zu knüpfen, vielmehr muss dem Verschulden ein eigenes Gewicht beigemessen werden. Schuldhaft ist das Setzen eines wichtigen Grundes danach nur, wenn auch bei Zugrundelegung großzügiger Anschauungen ein Verhalten nicht mehr mit dem Eheplan zu vereinbaren ist.[16]

III. Gegen den Verlobten, der schuldhaft den wichtigen Grund für den Rücktritt des anderen gesetzt hat, besteht zum einen ein **Ersatzanspruch wegen bestimmter Aufwendungen** (§ 1298 Abs. 1 S. 1) oder **wegen der Eingehung von Verbindlichkeiten**.

Z.B. Anschaffungen für den künftigen gemeinsamen Haushalt, Anmietung einer Wohnung, Verbindlichkeiten aus der Vorbereitung der Hochzeitsfeier, nach h.M. auch die Kosten der Verlobungsfeier.[17]

Zum anderen kann der andere „schuldlose" Verlobte **Schadensersatz wegen sonstiger Maßnahmen** verlangen, die er in Erwartung der Ehe getroffen hat und die sein Vermögen oder seine Erwerbsstellung betreffen. Der Ersatzanspruch ist auf das negative Interesse gerichtet: Der Verlobte ist so zu stellen, wie er stünde, wenn er dem Eheversprechen nicht vertraut und die Maßnahmen deshalb nicht getroffen hätte. Hierzu gehören die Aufgabe des bisherigen Arbeitsplatzes und auch die Ausschlagung einer besser bezahlten Stellung wegen der Erwartung eines künftigen Unterhaltsanspruchs.[18]

Nach OLG Hamm[19] besteht dagegen keine Ersatzpflicht, wenn die Verlobte die Berufstätigkeit nicht in Erwartung der Ehe, sondern wegen der Schwangerschaft und der dadurch bedingten Inanspruchnahme des Mutterschutzes aufgegeben hat.[20]

Im vorliegenden Fall war die Ausschlagung der angebotenen besseren Arbeitsstelle eine Maßnahme, die F in Erwartung der Ehe getroffen hat. Die Voraussetzungen für einen Schadensersatzanspruch aus §§ 1299, 1298 Abs. 1 S. 2 liegen somit vor.

---

2. Abschnitt: Die Eheschließung

A. Eingehung der Ehe

5 Seit dem Personenstandsgesetz von 1875 (Kulturkampf) gilt die obligatorische Zivilehe, d.h. die Ehe muss vor dem staatlichen Standesbeamten geschlossen werden, § 1310 Abs. 1 S. 1.[21] Eine nur kirchliche Trauung hat keine bürgerlich-rechtlichen Wirkungen. Nach früherem Recht durfte eine kirchliche Trauung nicht vor der Ziviltrauung erfolgen. Nach Aufhebung der Vorschrift des § 67 PStG a.F. ist nunmehr eine kirchliche Trauung unabhängig von einer standesamtlichen Trauung möglich.[22] Damit soll die Entkoppe-

16 Vgl. auch Palandt/Brudermüller § 1299 Rn. 1; PWW/Weinreich § 1299 Rn. 1.

17 Schwab Rn. 49.

18 Palandt/Brudermüller § 1298 Rn. 6.

19 OLG Hamm FamRZ 1995, 296.

20 Kritisch dazu Bosch FamRZ 1995, 483; s. dazu auch Hohloch JuS 1995, 741.

21 Schwab Rn. 58.

22 Vgl. dazu Schüller NJW 2008, 2745.

lung von Staat und Kirche im Eheschließungsrecht vollzogen werden. Nur die vor dem Standesbeamten geschlossene Ehe begründet die zivilrechtlichen Wirkungen, d.h. ein nur kirchlich getrautes Paar ist nach wie vor im Rechtssinne eine nichteheliche Lebensgemeinschaft.

Der Gesetzgeber hat mit Wirkung zum 01.10.2017 die Ehe für alle zugelassen. Die Vorschrift des § 1353 Abs. 1 S. 1 wurde dahingehend erweitert, dass die Ehe von zwei Personen verschiedenen oder gleichen Geschlechts auf Lebenszeit geschlossen wird. Seit dem 01.10.2017 ist es dadurch für homosexuelle Paare nicht mehr möglich, eine Lebenspartnerschaft zu schließen; allerdings muss eine bereits bestehende Lebenspartnerschaft nicht zwingend in eine Ehe umgewandelt werden. Dies hat zur Folge, dass auch das Lebenspartnerschaftsgesetz fortbesteht, auch wenn keine Lebenspartnerschaften mehr begründet werden können.[23] Die Umwandlung einer Lebenspartnerschaft in eine Ehe ist seit dem 01.10.2017 möglich und wird geregelt von § 20a LPartG.

Nach § 1353 Abs. 1 S. 1 wird die Ehe **auf Lebenszeit** geschlossen. Es handelt sich dabei um einen Wunsch des Gesetzgebers, der den Eheschließenden ein „Leitbild" der lebenszeitlichen Ehe vor Augen hält, was an der Möglichkeit der Scheidung der Ehe deutlich wird.[24]

Voraussetzungen der Eheschließung: **6**

- **Zwei Personen verschiedenen oder gleichen Geschlechts**

  Gleichgeschlechtliche Partner können seit dem 01.10.2017 die Ehe eingehen.

  Zur Lebenspartnerschaft unter gleichgeschlechtlichen Partnern s. Rn. 227 ff.

- **Ehefähigkeit** (§§ 1303, 1304):

  - **Ehemündigkeit:** nicht vor Eintritt der Volljährigkeit, § 1303

    Das Familiengericht konnte bislang auf Antrag Befreiung erteilen, wenn der Antragsteller das 16. Lebensjahr vollendet hatte und sein künftiger Ehepartner volljährig war, § 1303 Abs. 2 a.F. Der Gesetzgeber hat dies mit Wirkung zum 22.07.2017 geändert. Grund ist die Bekämpfung von Kinderehen.[25] Auch im Ausland geschlossenen Minderjährigenehen wird in Deutschland die Anerkennung versagt. Die Eheschließung setzt nunmehr ohne Ausnahme die Vollendung des 18. Lebensjahres voraus. Bei einem Verstoß gegen § 1303 S. 1 ist zu differenzieren: Ist ein Partner bei Eheschließung noch nicht 16 Jahre alt, kann eine Ehe nicht wirksam eingegangen werden. Es handelt sich also um eine Nichtehe (ist damit quasi nicht existent).[26] Die Ehe eines Minderjährigen, der bei Eheschließung nach dem 21.07.2017 zwar 16 Jahre alt, aber noch nicht volljährig war, ist aufhebbar, vgl. § 1314 Abs. 1 Nr. 1.

  - **keine Geschäftsunfähigkeit**, § 1304

- **Eheverbot**

  - **Doppelehe, § 1306**

    Jede bestehende Ehe steht einer weiteren Eheschließung mit einer dritten Person so lange entgegen, bis sie aufgelöst ist, entweder durch Tod oder mit der Rechts-

---

23 Vgl. dazu auch Dethloff § 3 Rn. 13.

24 Holzhauer JZ 2000, 1076.

25 Vgl. dazu Majer NZFam 2017, 537; Schwab FamRZ 2017, 1369.

26 Palandt/Brudermüller Einf v § 1313 Rn. 2; kritisch dazu Schwab Rn. 80.

kraft des Scheidungsbeschlusses. Dies gilt auch im Falle einer bestehenden Lebenspartnerschaft.[27] Die Umwandlung einer Lebenspartnerschaft in eine Ehe mit demselben Partner ist seit dem 01.10.2017 möglich und wird geregelt von § 20a LPartG.

- **Verwandtschaft, § 1307**
  Zwischen Verwandten in gerader Linie (§ 1589 S. 1) sowie zwischen vollbürtigen und halbbürtigen Geschwistern darf eine Ehe nicht geschlossen werden.

  Der Verstoß gegen § 1307 führt zur Aufhebbarkeit der Ehe, vgl. § 1314 Abs. 1 Nr. 2.

- **Annahme als Kind, § 1308**
  Die durch Annahme als Kind hergestellte Verwandtschaft (Adoption, vgl. § 1754) steht der Eheschließung entgegen, wenn zwischen den Eheschließungswilligen ein Verwandtschaftsverhältnis i.S.d. § 1307 begründet wurde.

  Von dem Eheverbot der Adoptivverwandtschaft in der Seitenlinie (also zwischen Adoptivgeschwistern) kann durch das Familiengericht Befreiung erteilt werden (§ 1308 Abs. 2).

  Der Verstoß gegen § 1308 ist rechtlich unbeachtlich. Der Standesbeamte soll zwar seine Mitwirkung an einer solchen Ehe verweigern; wurde die Ehe aber trotzdem geschlossen, so ist sie ohne Einschränkung wirksam.[28]

- **Aufhebungsgrund gemäß § 1310 Abs. 1 S. 3**
  Gemäß § 1310 Abs. 1 S. 3 Nr. 2 wird ein Aufhebungsgrund nach § 1314 Abs. 2 zugleich als materiell-rechtliches Ehehindernis normiert, dessen Vorliegen die Eheschließung hindert.[29]

7 ■ **Ehefähigkeitszeugnis für Ausländer, § 1309**

Bei Ausländern richten sich die materiellen Eheschließungsvoraussetzungen nach einem ausländischen Eheschließungsstatut (Art. 13 Abs. 1 EGBGB). Die Voraussetzungen sollen durch eine Heimatbehörde des Eheschließenden festgestellt werden. § 1309 Abs. 2 sieht die Möglichkeit der Befreiung von der Beibringung des Ehefähigkeitszeugnisses vor. Wegen der nach Art. 6 Abs. 1 GG auch Ausländern verbürgten Eheschließungsfreiheit sind an den Nachweis der Ehefähigkeit keine unerfüllbaren Anforderungen zu stellen.[30]

■ **Eheschließung**

- **Eheschließungserklärung** der Verlobten vor dem zur Entgegennahme bereiten Standesbeamten, § 1310 Abs. 1 S. 1 (Grundsatz der obligatorischen Zivilehe).[31]

  Die Verlobten müssen wechselseitig die Erklärung abgeben, die Ehe miteinander eingehen zu wollen, vgl. § 1312 S. 1. Der Wille zur Begründung einer ehelichen Lebensgemeinschaft muss erkennbar sein.

- **Form:** persönlich und bei gleichzeitiger Anwesenheit der Eheschließenden ohne Bedingung oder Zeitbestimmung, § 1311.

---

27 Stüber FamRZ 2005, 575.
28 Schwab Rn. 99.
29 Schwab Rn. 66.
30 KG FamRZ 1999, 1129.
31 Vgl. dazu Dethloff § 3 Rn. 4.

- **Trauung:** Der Standesbeamte **soll** bei der Trauung ein bestimmtes Verfahren einhalten, § 1312 S. 1. Die Hinzuziehung von Zeugen kann auf Wunsch der Eheschließenden erfolgen, § 1312 S. 2.

  Der Standesbeamte muss gemäß § 1310 Abs. 1 S. 3 Nr. 1 seine Mitwirkung an der Eheschließung ablehnen, wenn offenkundig ist, dass die Ehe aufhebbar wäre (s.o. „Aufhebungsgrund", Rn. 6).

- **Hinkende Ehe, § 1310 Abs. 3:** Immer häufiger werden Ehen im Ausland geschlossen, etwa in Las Vegas. Solch eine Ehe ist nach ausländischem Recht gültig, erfüllt aber nicht die deutschen Anforderungen. Nach § 1310 Abs. 3 kann eine solche Ehe aber gültig werden. Die Heilung nach dieser Vorschrift hat rückwirkende Kraft, setzt aber die Vornahme eine der in Abs. 3 Nr. 1–3 genannten urkundlichen Handlungen sowie ein Zusammenleben als Ehegatten von zehn Jahren voraus. Alternativ können die Partner aber auch nach deutschem Recht „erneut" heiraten; § 1306 steht nicht entgegen, weil eine wirksame Ehe bislang nicht besteht und die Norm auch nicht die nochmalige Eheschließung mit demselben Partner verbietet. Die Wirkung tritt aber nur ex nunc ein.[32]

B. Nichtehe oder aufhebbare Ehe

I. Die Nichtehe

Es ist überhaupt keine Ehe zustande gekommen, **8**

- wenn ein Partner das 16. Lebensjahr noch nicht vollendet hat
- oder wenn die Ehewillenserklärung der Partner fehlt
- oder wenn die Mitwirkung des Standesbeamten fehlt.

Die Nichtehe ist ohne jede familienrechtliche Bedeutung. Dies kann von jedermann geltend gemacht werden. Es bedarf dazu keines gerichtlichen Gestaltungs- oder Feststellungsbeschlusses.[33]

II. Die aufhebbare Ehe, §§ 1313–1318

1. Bei anfänglichen Eheschließungsmängeln können in **§ 1314** erschöpfend aufgeführte **Aufhebungsgründe** vorliegen.

Sie verdrängen sowohl die allgemeinen Vorschriften über die Wirksamkeit von Rechtsgeschäften (§§ 104 ff.) als auch die Sonderregeln des Scheidungsrechts.

Die Ehe eines Minderjährigen, der bei Eheschließung nach dem 21.07.2017 zwar 16 Jahre alt, aber noch nicht volljährig war, ist aufhebbar, vgl. § 1314 Abs. 1 Nr. 1.

Ein weiterer Aufhebungsgrund ist nach § 1314 Abs. 2 Nr. 2, dass ein Ehegatte bei der Eheschließung (z.B. wegen mangelnder Sprachkenntnisse) nicht gewusst hat, dass es sich um eine Eheschließung handelt. Der Irrtum muss also „bei der Eheschließung" vorliegen. Es handelt sich um einen Fall des Inhaltsirrtums (error in negotio).[34]

---

32 Palandt/Brudermüller § 1310 Rn. 14.
33 Dethloff § 3 Rn. 42.
34 Dazu Palandt/Brudermüller § 1314 Rn. 8.

Einer der Aufhebungsgründe ist nach § 1314 Abs. 2 Nr. 3 die **arglistige Täuschung**.

Die arglistige Täuschung kann entsprechend § 123 in der Vorspiegelung falscher oder in der Entstellung bzw. Unterdrückung wahrer Tatsachen liegen. Wird die Ehe wegen einer Schwangerschaft geschlossen, besteht eine Offenbarungspflicht auch ohne Nachfrage über anderweitigen Geschlechtsverkehr während der Empfängniszeit.[35]

Die Täuschung kann auch dadurch erfolgen, dass ein Ehegatte nicht unerhebliche Vorstrafen mit laufender Bewährungszeit verschwiegen hat. Hier ergibt sich aus dem Wesen der Ehe auch ohne ausdrückliche Nachfrage eine Offenbarungspflicht.[36]

2. Der rechtskräftige Aufhebungsbeschluss (vgl. § 1313) bewirkt, dass die Ehe für die Zukunft aufgelöst wird. Er ist ein Gestaltungsbeschluss und wirkt für und gegen alle. Berechtigt, ein aufhebendes Verfahren zu beantragen, sind die in § 1316 erwähnten Personen bzw. Behörden. Die **Folgen der Aufhebung** der Ehe bestimmen sich in den in § 1318 genannten Fällen nach den Vorschriften über die Scheidung.

3. Abschnitt: Die Rechtswirkungen der Ehe im Allgemeinen

9 Die Ehe löst mannigfaltige rechtliche Wirkungen aus.

Auf dem Gebiet des öffentlichen Rechts z.B.:

Schutz der Ehe als Institut, Art. 6 GG.

Im Steuerrecht können Ehegatten gemeinsam veranlagt werden, § 26 EStG.

Sozialversicherungsrechtlich kann der hinterbliebene Ehegatte einen Anspruch auf eine Witwenrente haben.

Ein Zeugnisverweigerungsrecht besteht nach § 383 ZPO im Zivilprozess sowie nach § 52 StPO im Strafverfahren.

A. Pflicht zur ehelichen Lebensgemeinschaft, § 1353

I. Das Wesen der Ehe

10 Durch die in § 1353 Abs. 1 S. 2 enthaltene Generalklausel „Die Ehegatten sind einander zur ehelichen Lebensgemeinschaft verpflichtet" wird den Ehegatten all das zur **Rechtspflicht** gemacht, **was nach sittlicher Auffassung zum Wesen der Ehe gehört**: Treue, Achtung und Rücksichtnahme aufeinander, Geschlechtsgemeinschaft, Teilnahme an den Interessen des anderen, Sorge für die gemeinschaftlichen Kinder und für die Person des anderen Ehegatten, häusliche Gemeinschaft.

Zum Beispiel bejaht der BGH in st.Rspr. die aus § 1353 folgende Verpflichtung eines Ehegatten, einer vom anderen Ehegatten gewünschten gemeinsamen Veranlagung zur Einkommensteuer zuzustimmen, wenn dadurch die Steuerschuld des anderen Ehegatten verringert, der auf Zustimmung in Anspruch genommene Ehegatte aber keiner zusätzlichen steuerlichen Belastung ausgesetzt wird.[37]

Aus der Pflicht zur Achtung der rechtlich geschützten Belange des anderen Ehegatten und dem Gebot gegenseitiger Rücksichtnahme kann die Verpflichtung folgen, einen

35 OLG Karlsruhe NJW-RR 2000, 737; dazu PWW/Weinreich § 1314 Rn. 27.

36 AG Kulmbach NJW 2002, 2112.

37 BGH FamRZ 2007, 1229 f.; BGHZ 155, 249, 252 f. m.w.N.

vermögensrechtlichen Anspruch gegen den anderen Ehegatten (zumindest zeitweise) nicht durchzusetzen.[38]

II. Der Antrag auf Herstellung des ehelichen Lebens

Fall 2: Der ehrgeizige Privatdozent

Dr. A ist Privatdozent an der Universität Tübingen. Er erhält einen Ruf als Professor nach Kiel. Sein Ehemann, mit dem er eine gleichgeschlechtliche Ehe führt und der sich um den gemeinsamen Haushalt kümmert, aber selbst nicht berufstätig ist, weigert sich, mit nach Kiel zu ziehen, weil er dort niemanden kennt. Gleichwohl tritt Dr. A seine Professur in Kiel an. Herr A ist trotz mehrfacher Aufforderung seines Mannes, nach Kiel zu kommen, in Tübingen geblieben. Kann Dr. A, der sich nicht scheiden lassen will, gerichtlich durchsetzen, dass sein Ehemann nach Kiel kommt und die Ehe mit ihm fortführt?

I. Anspruchsgrundlage ist § 1353 Abs. 1 S. 2. 11

Die daraus folgende **Verpflichtung beider Ehegatten zur Herstellung der ehelichen Lebensgemeinschaft** beinhaltet auch, dass die Ehegatten in häuslicher Gemeinschaft leben, also einen gemeinschaftlichen Wohnsitz haben.[39]

1. Grundsätzlich müssen sich die Ehegatten über Angelegenheiten des gemeinschaftlichen Lebens **einigen**. Kommt eine Einigung nicht zustande, hat keine der beiden Meinungen Vorrang (kein Stichentscheid!).

2. In Ausnahmefällen kann ein Ehegatte ein **Alleinentscheidungsrecht** haben. So ergibt sich z.B. aus § 1356 Abs. 1 S. 2, dass dem Ehegatten, dem die Haushaltsführung allein überlassen ist, in diesem Verantwortungsbereich auch das Recht zur Entscheidung zusteht. Darüber hinaus besteht dann, wenn sich in einer Ehe eine bestimmte **Funktionsteilung** herausgebildet hat, ein Entscheidungsrecht des Ehegatten im Rahmen seiner Funktion. In Einzelfällen ist jeder Ehegatte befugt, diejenigen Maßnahmen zu treffen, die dem wohlverstandenen Interesse beider Ehegatten entsprechen.

   Im vorliegenden Fall war allein Dr. A berufstätig, sein Ehemann führte den Haushalt. Aus dieser Funktionsteilung ergibt sich, dass dem Dr. A das Alleinentscheidungsrecht bzgl. der Annahme der Professur und der Verlegung des Wohnsitzes nach Kiel zusteht. Zwar hat der erwerbstätige Ehepartner gemäß § 1356 Abs. 2 S. 2 bei der Wahl und Ausübung seiner Erwerbstätigkeit auf die Belange des anderen Ehegatten und der Familie Rücksicht zu nehmen. Bei Universitätsdozenten ist der Wechsel von einer zur anderen Universität jedoch üblich, unter Umständen notwendig. Dr. A kann also entscheiden, dass er als Professor nach Kiel geht. Er hat einen Anspruch darauf, dass sein Mann die eheliche Lebensgemeinschaft mit ihm in Kiel fortsetzt. Nach § 1353 Abs. 2 wäre Herr A nur dann nicht dazu verpflichtet,

38 Palandt/Brudermüller § 1353 Rn. 11; BGHZ 37, 38; OLG Düsseldorf FamRZ 1988, 1053.

39 BGH NJW 1987, 1761, 1762; Palandt/Brudermüller § 1353 Rn. 6.

wenn sich das Verlangen seines Mannes als Missbrauch seines Rechts darstellen würde oder wenn die Ehe gescheitert wäre.[40]

II. Dr. A kann sein Verlangen mit einem **Herstellungsantrag** durchsetzen, der eine sog. sonstige Familiensache nach § 266 Abs. 1 Nr. 2 FamFG darstellt. Ausschließlich sachlich zuständig ist das Familiengericht nach § 23 a Abs. 1 S. 2, S. 1 Nr. 1 GVG i.V.m. § 111 Nr. 10 FamFG; die örtliche Zuständigkeit ist § 267 FamFG zu entnehmen. Der Beschluss ist aber gemäß § 120 Abs. 3 FamFG nicht vollstreckbar.[41]

Es gibt freilich auch den sog. „negativen Herstellungsantrag", d.h. den Antrag auf Feststellung des Rechts zum Getrenntleben. Der Antragsteller muss allerdings ein rechtliches Interesse an einer derartigen Feststellung haben, anderenfalls ist der Antrag unzulässig.[42]

III. Unterlassungsantrag bei Ehestörungen

Fall 3: Der untreue Ehemann

Frau B ist mit Dr. B verheiratet. Es fällt ihr auf, dass Dr. B und seine Sprechstundenhilfe S häufig abends länger in der Praxis „Untersuchungen durchführen" und dass mancher Nachtbesuch des Dr. B in die Straße führt, wo die S wohnt. Schließlich erfährt Frau B, dass ihr Mann einen Kongress gemeinsam mit der S besucht hat und dass beide im selben Hotelzimmer logiert haben. Frau B fragt, welche rechtlichen Möglichkeiten ihr zur Verfügung stehen. Eine Scheidung will sie nicht, besonders nicht mit Rücksicht auf die 9-jährige Tochter T.

12 A. Ansprüche der Frau B gegen ihren Ehemann

I. Die Ehe stellt eine schuldrechtliche Sonderverbindung dar, welche Grundlage von Pflichtverletzungen (§ 280 Abs. 1) sein kann.[43] Aus der Verpflichtung des Mannes zur ehelichen Lebensgemeinschaft nach § 1353 Abs. 1 S. 2, die auch eine Verpflichtung zur sexuellen Treue enthält, hat Frau B einen Anspruch auf Unterlassen der ehewidrigen Beziehung. Diese Pflichtverletzung i.S.d. § 1353 kann mit einem gerichtlichen Unterlassungsantrag abgewehrt werden.

II. Der Unterlassungsanspruch gegen den Ehegatten, der auf Abwehr von Pflichtwidrigkeiten i.S.d. § 1353 gerichtet ist, ist eine sonstige Familiensache nach § 266 Abs. 1 Nr. 2 FamFG. Es fehlt jedoch die Möglichkeit der Vollstreckung aufgrund von § 120 Abs. 3 FamFG (s.o.).

B. Ansprüche der Frau B gegen die S

I. Aus § 1353 Abs. 1 S. 2 besteht nur ein Anspruch gegen den anderen Ehegatten, nicht aber gegen einen Dritten, wenn dieser die Ehe stört.

---

40 Vgl. die Legaldefinition in § 1565 Abs. 1 S. 2.

41 Horndasch/Viefhues-Roßmann § 120 Rn. 8.

42 Schwab Rn. 140.

43 Palandt/Brudermüller Einf. v. § 1353 Rn. 5.

II. Nach h.M. besteht auch kein allgemeiner Unterlassungsanspruch gemäß §§ 823, 1004 (analog) gegen den störenden Dritten, weil dadurch mittelbar auch ein Zwang auf den anderen Ehegatten ausgeübt (verdeckter Herstellungsanspruch) und somit das Verbot des § 120 Abs. 3 FamFG umgangen würde.[44]

IV. Der Schutz des räumlich-gegenständlichen Bereichs der Ehe

Fall 4: Die Geliebte im Ehebett

B und S setzen ihre Beziehungen fort. Als der S von ihrer Vermieterin gekündigt wird, bringt B sie mit in seine Wohnung. B bestimmt, dass Frau und Tochter ins Wohnzimmer ziehen, die S bekommt den Platz im Ehebett. Welche Möglichkeit hat Frau B nunmehr? Einen Scheidungsantrag lehnt sie auch jetzt noch ab.

I. Gegen das Eindringen des Ehestörers in den räumlich-gegenständlichen Bereich der Ehe gewährt die ganz h.M. einen Unterlassungs- und Beseitigungsanspruch.[45] **13**

Problematisch ist insoweit die Anspruchsgrundlage. Nach wohl h.M. ergibt sich der Anspruch des gestörten Ehegatten aus dem allgemeinen Persönlichkeitsrecht in Verbindung mit §§ 823 Abs. 1, 1004 Abs. 1.[46]

II. Insoweit kann Frau B sowohl gegen ihren Mann als auch die S vorgehen. Das gerichtliche Verfahren findet vor dem Familiengericht statt; es handelt sich auch im Falle der S um eine sonstige Familiensache nach § 266 Abs. 1 Nr. 2 FamFG.[47]

III. Der gegen den Dritten gerichtete Anspruch auf Räumung der ehelichen Wohnung ist vollstreckbar nach § 120 Abs. 1 FamFG i.V.m. § 888 Abs. 1 ZPO (Durchsetzung mit Zwangsgeld oder Zwangshaft), der Anspruch auf Unterlassung des Betretens der Wohnung ist vollstreckbar nach § 890 ZPO (Androhung von Ordnungsgeld oder Ordnungshaft).

Ob auch der Unterlassungsanspruch gegen den Ehepartner, es zu unterlassen, dem Dritten das Betreten der Wohnung zu gestatten, vollstreckbar ist, ist streitig. Teilweise wird hier ein vollstreckbarer Anspruch bejaht;[48] zum Teil wird die Vollstreckbarkeit gegen den Ehepartner wegen § 120 Abs. 3 FamFG abgelehnt.[49] Der erstgenannten Auffassung ist zu folgen, da das Vollstreckungsverbot des § 120 Abs. 3 FamFG allein die höchstpersönliche Ehebeziehung schützt, nicht aber den räumlich-gegenständlichen Bereich der Ehe.

---

44 Dethloff § 4 Rn. 14.

45 BGHZ 6, 360.

46 Vgl. Schwab Rn. 146.

47 Horndasch/Viefhues-Boden/Cremer § 266 Rn. 14.

48 So z.B. Dethloff § 4 Rn. 15 a.E.

49 So z.B. OLG Celle FamRZ 1980, 242, 244.

V. Schadensersatzansprüche bei Ehestörungen

Fall 5: Genervter Ehemann

M war mit der F verheiratet. Während der Ehe knüpfte D Liebesbeziehungen zur F an und bewog sie, ihren Mann zu verlassen und zu D zu ziehen. M regte sich über die eheliche Untreue seiner Frau und das Einbrechen des D in seine Ehe derart auf, dass er einen Nervenzusammenbruch erlitt und für zwei Monate in ein Sanatorium musste. Dadurch entstanden ihm Kosten i.H.v. 6.000 €. Nach einjähriger Trennung wurde die Ehe auf Antrag des M im Einverständnis der F geschieden. M möchte wissen, ob er den Schaden, der ihm infolge des Nervenzusammenbruchs entstanden ist, von F oder von D ersetzt verlangen kann.

14 A. Ersatzansprüche gegen den Ehegatten

I. Die Verletzung der Pflicht zur ehelichen Lebensgemeinschaft begründet grundsätzlich keinen Schadensersatzanspruch wegen der Verletzung einer Pflicht aus einem Schuldverhältnis, § 280 Abs. 1.

Die Erfüllung der persönlichen Pflichten, die aus dem Wesen der ehelichen Lebensgemeinschaft fließen, kann nur durch die auf freier Entscheidung beruhende eheliche Gesinnung gewährleistet werden; damit ist jeder staatliche Zwang, wie etwa die Zubilligung einer Vertragsstrafe oder eines Schadensersatzanspruchs aus § 280 Abs. 1, unvereinbar.

Dies gilt aber nicht für rein geschäftsmäßige Handlungen wie z.B. die Unterzeichnung einer Steuererklärung.[50]

II. Die h.M. gibt wegen Verletzung der Ehe als solcher auch keinen deliktischen Schadensersatzanspruch (§§ 823 ff.) der Ehegatten bzw. früheren Ehegatten untereinander, selbst wenn der Verstoß gegen typische eheliche Pflichten ursächlich für die Verletzung eines anderen in § 823 Abs. 1 geschützten Rechtsguts wird.

Der BGH[51] formuliert dies wie folgt:

„Die Ehe steht außerhalb der Rechtsverhältnisse, deren Verletzung allgemeine Ansprüche auf Ersatz von Vermögensschäden auslösen kann. Eine die Lebens- und Geschlechtsgemeinschaft der Ehegatten beeinträchtigende Ehestörung – wie insbesondere ein Ehebruch – stellt einen innerehelichen Vorgang dar (...). Solche Ehestörungen sind nicht in den Schutzzweck der deliktischen Haftungstatbestände einbezogen. Insoweit verdrängt das Ehe- und Familienrecht die Deliktsregeln (...). Damit sind neben den deliktischen auch alle solchen Ansprüche der (geschiedenen) Ehegatten gegeneinander ausgeschlossen, bei denen als verletztes Rechtsgut der Kern der Ehe und der mit diesem verfolgte Schutzzweck in Betracht käme (...).“

So kann nach st.Rspr. ein Ehemann von seiner (geschiedenen) Ehefrau nicht aufgrund eines von dieser begangenen Ehebruchs, aus dem ein Kind hervorgegangen ist, nach dem Recht der unerlaubten Handlungen Ersatz des Vermögensschadens verlangen, der ihm durch Unterhaltszahlungen an das scheineheliche Kind entstanden ist.[52]

Es kann allerdings § 826 eingreifen, wenn zu dem Ehebruch eine sittenwidrig schädigende Verletzungshandlung der Ehefrau hinzutritt und sie dabei mit – ggf. bedingtem – auf eine Schadenszufügung gerichteten Vorsatz handelt.[53]

---

50 Palandt/Brudermüller § 1353 Rn.16.

51 BGH FamRZ 2013, 939, 940.

52 BGHZ 23, 215; BGH FamRZ 1990, 367, 368 m.w.N. aus der zustimmenden und ablehnenden Lit.; vgl. dazu ferner Lemke FuR 1990, 159; Roth FuR 1991, 86; Schellhammer Rn. 47.

53 BGH FamRZ 1990, 367, 369.

Allerdings verneint die Rechtsprechung eine Verpflichtung der Ehefrau, einen begangenen **Ehebruch** dem Ehemann **offenbaren** zu müssen. „Das ist allerdings nicht schon dann der Fall, wenn die Ehefrau den begangenen Ehebruch nicht von sich aus offenbart und den Ehemann damit in dem Glauben lässt, das Kind stamme von ihm. Allein die Tatsache, dass die Ehefrau den Treuebruch verschwiegen hat, begründet keine sittenwidrig schädigende Handlung i.S.v. § 826 BGB. Denn es besteht keine schadensersatzrechtlich sanktionierte Pflicht, dem anderen Ehegatten einen Ehebruch zu offenbaren."[54]

Das LG Baden-Baden[55] hat einen Schadensersatzanspruch des Ehemannes gegen die Ehefrau aus § 826 bejaht, weil diese aus einem Ehebruch ein Kind empfangen hatte und durch Leugnen des Ehebruchs den Ehemann jahrelang von der Anfechtungsklage abgehalten hat.

Wenn die spätere Ehefrau das Kind vor der Ehe empfangen und ihrem späteren Ehemann vorgespiegelt hat, nur er könne der Vater des Kindes sein, und ihn dadurch zur Eheschließung bestimmt hat, so macht dieses vor der Ehe liegende Verhalten die Frau nach § 823 Abs. 2 i.V.m. § 263 StGB und nach § 826 ersatzpflichtig, wenn später festgestellt wird, dass das Kind nicht vom Ehemann abstammt.[56]

Das BVerfG[57] hat in diesem Zusammenhang entschieden, dass die Ehefrau dem Ehemann trotz Regressinteresse des Scheinvaters auch nicht Auskunft darüber geben muss, mit wem sie im Rahmen des Ehebruchs ein Kind gezeugt hat. Das aus Art. 2 I in Verbindung mit Art. 1 I GG folgende allgemeine Persönlichkeitsrecht schützt mit der Privat- und Intimsphäre auch das Recht, selbst darüber zu befinden, ob, in welcher Form und wem Einblick in die Intimsphäre und das eigene Geschlechtsleben gewährt wird. Dies umschließt das Recht, geschlechtliche Beziehungen zu einem bestimmten Partner nicht offenbaren zu müssen.

Durch die Ehe sind im Übrigen deliktische Ansprüche der Ehegatten untereinander nicht schlechthin ausgeschlossen.[58] Auch aus Handlungen, die in einem unmittelbaren Zusammenhang mit der ehelichen Lebensgemeinschaft stehen (z.B. vorsätzliche Körperverletzung oder Sachbeschädigung im häuslichen Bereich), können Ersatzansprüche unter den Eheleuten nach § 823 entstehen. Das ergibt sich mittelbar aus § 1359.

III. Die Gegenmeinung bejaht Schadensersatzansprüche, soweit sich der Eingriff nicht nur als Verletzung des allgemeinen Persönlichkeitsrechts des Partners darstellt.[59] Hat danach das ehewidrige Verhalten Körper- und Gesundheitsschäden zur Folge, kann nach dieser Auffassung Schadensersatz gefordert werden.

IV. Für die Rspr. und h.M. spricht, dass Ehestörungen, die – wie insbesondere ein Ehebruch – unmittelbar die innere Lebens- und Geschlechtsgemeinschaft der Ehegatten berühren, einen innerehelichen Vorgang darstellen, der nicht in den Schutzzweck der deliktischen Haftungstatbestände einbezogen ist.[60]

Damit hat M im vorliegenden Fall keinen Schadensersatzanspruch nach § 823 gegen F.

B. Ersatzansprüche gegen den Dritten D

I. Die h.M.[61] gibt auch gegen den Dritten, der die Ehe gestört hat, keinen Schadensersatzanspruch aus §§ 823 ff.

---

54 BGH FamRZ 2013, 940.
55 LG Baden-Baden NJW 1992, 1514 f.
56 BGH FamRZ 2013, 941; BGHZ 80, 235, 238 ff.; s. dazu auch Deutsch VersR 1993, 1, 2.
57 BVerfG NJW 2015, 1506.
58 BGH FamRZ 1988, 193.
59 Vgl. dazu Dethloff § 4 Rn. 16.
60 Schwab Rn. 145.
61 Vgl. BGHZ 57, 229; 80, 235, 238.

„Das Verhalten des ungetreuen Ehegatten ist so eng mit dem des Dritten verbunden, dass es nicht angeht, die Ehestörung in eine allein eherechtlich zu beurteilende Verfehlung des ungetreuen Ehegatten und eine Schadensersatzansprüche auslösende unerlaubte Handlung des Dritten aufzuteilen".[62]

II. Die Gegenmeinung (vgl. oben) gewährt folgerichtig auch gegen den ehestörenden Dritten Schadensersatzansprüche aus §§ 823 ff.

B. Der Ehename, § 1355

15 **Ehename** ist der von den Ehegatten **gemeinsam geführte Familienname**, § 1355 Abs. 1 S. 1.

Nach § 1355 Abs. 1 S. 1 sollen die Ehegatten einen gemeinsamen Ehenamen bestimmen. Zum Ehenamen können die Ehegatten durch Erklärung gegenüber dem Standesbeamten den Geburtsnamen der Frau oder den Geburtsnamen des Mannes bestimmen, § 1355 Abs. 2. Der Ehegatte, dessen Geburtsname nicht Ehename wird, kann seinen Geburtsnamen oder den zur Zeit der Eheschließung geführten Namen dem Ehenamen (mit einem Bindestrich) voranstellen oder anfügen, § 1355 Abs. 4 S. 1. Ein gemeinsamer Doppelname kann nicht gewählt werden (§ 1355 Abs. 4 S. 2 u. 3).

Nach § 1355 Abs. 2 können die Ehegatten auch den zur Zeit der neuen Eheschließung geführten Namen der Frau oder des Mannes zum Ehenamen bestimmen.[63]

Beispiel: Frau Zahn geb. Kiefer wird geschieden. Sie behält nach der Scheidung den Namen Zahn. Dann heiratet sie Herrn Krone. Das neue Ehepaar möchte als Familiennamen den Namen Zahn wählen. Nach § 1355 Abs. 2 kann in der neuen Ehe der Name Zahn als Familienname gewählt werden, sodass Herr Krone fortan Zahn heißt, also den Namen des geschiedenen Mannes trägt.

Die Eheleute sind zur Führung eines gemeinsamen Ehenamens nicht verpflichtet. Dies sieht der Gesetzgeber lediglich als wünschenswert an, da sich im Ehenamen die Einheit der Familie ausdrückt. Wenn sie keinen Ehenamen bestimmen, führen sie ihren zur Zeit der Eheschließung geführten Namen auch nach der Eheschließung (§ 1355 Abs. 1 S. 3).

Die Erklärung der Eheleute nach § 1355 Abs. 2, durch die der Ehename bestimmt wird, ist nicht nach § 119 wegen Irrtums anfechtbar.[64]

Eine ehevertragliche Abrede, mittels derer sich ein Ehegatte, dessen Name nicht zum Ehenamen bestimmt wurde, verpflichtet, nach Scheidung seinen Geburtsnamen wieder anzunehmen, ist nicht unbedingt sittenwidrig. Eine andere Beurteilung kann angezeigt sein, wenn für den Verzicht auf den Ehenamen ein Entgelt vereinbart wird.[65]

---

62 BGHZ 57, 229, 232.

63 Vgl. dazu Wagenitz/Bornhofen FamRZ 2005, 1425.

64 OLG Nürnberg FamRZ 2016, 1586; BGH FamRZ 2001, 903 f.

65 BGH NJW 2008, 1528; RÜ 07/2008, 432; Wellenhofer JuS 2008, 748.

C. Pflichtenverteilung unter den Ehegatten

Es gilt der **Grundsatz der freistehenden Rollenverteilung**. Zu einer Abgrenzung von Haushaltsführung und Erwerbstätigkeit gibt es **kein gesetzliches Leitbild.**[66] **16**

Die Haushaltsführung ist im gegenseitigen Einvernehmen zu regeln. Wenn sie einem Ehegatten überlassen wird, so leitet dieser Ehegatte den Haushalt in eigener Verantwortung. Zu eigener Erwerbstätigkeit sind beide Ehegatten gleichermaßen berechtigt. Sie haben bei der Wahl und Ausübung einer Erwerbstätigkeit auf die Belange des anderen Ehegatten und der Familie die gebotene Rücksicht zu nehmen.

Fall 6: Mithilfe der „Hausfrau" im Geschäft

Nach dem Tode seines Vaters hatte A das kleine elterliche Lebensmittelgeschäft übernommen. Seine Mutter arbeitete weiter im Laden mit, während seine Ehefrau den kinderlosen Haushalt führte. Einige Zeit nachdem die Mutter gestorben war, verlangt A von seiner Frau, dass sie zwei Tage in der Woche für einige Stunden während der „Stoßzeit" im Geschäft mithelfe, da er nach dem Tode der Mutter allein nicht mehr fertig werde und das Geschäft eine reguläre Angestellte nicht trage. Frau A ist der Ansicht, dass sie ihren Beitrag zum Familienunterhalt durch die Haushaltsführung leiste und zur Mitarbeit im Geschäft nicht verpflichtet sei. Wenn sie aber mitarbeite, dann brauche sie das nur gegen ein angemessenes Entgelt zu tun.

I. Grundsätzlich kann jeder Ehegatte über seine Erwerbstätigkeit selbst bestimmen (§ 1356 Abs. 2 S. 1). Eine Mitarbeitspflicht lässt sich daher nur aus der allgemeinen Pflicht zur ehelichen Lebensgemeinschaft (§ 1353 Abs. 1 S. 2) und der Verpflichtung, gemeinsam zum Familienunterhalt beizutragen (§ 1360), herleiten. Daraus folgt, dass eine Mitarbeitspflicht nicht schon nach generellen Üblichkeitsgesichtspunkten, sondern immer nur im Einzelfall aufgrund der konkreten Umstände dieser Ehe bejaht werden kann; die Mitarbeit muss für den Familienunterhalt erforderlich sein.[67] **17**
Nach § 1360 S. 2 erfüllt der Ehegatte, dem die Haushaltsführung überlassen ist, seine Verpflichtung, durch Arbeit zum Unterhalt der Familie beizutragen, „in der Regel" durch die Führung des Haushalts. Schon die Einschränkung „in der Regel" macht deutlich, dass bei besonderer Lage, die hier bei der wirtschaftlichen Notwendigkeit, das Geschäft als Quelle des Familienunterhalts zu erhalten, gegeben ist, eine über die Haushaltsführung hinausgehende Beitragspflicht besteht. Ein solcher Beitrag ist der F bei dem kinderlosen Zweipersonenhaushalt auch möglich.
Es sind zudem keine Umstände ersichtlich, dass sie ihre Verpflichtung zu einem weiteren Beitrag zum Familienunterhalt etwa durch eine andere eigene Erwerbstätigkeit besser und vernünftiger erfüllen könnte. Damit besteht eine Mitarbeitspflicht der F.[68]

II. Das Familienrecht enthält über die Frage nach einer **Vergütung für geleistete Mitarbeit** keine Regelung.

---

66 S. dazu Born MDR 2000, 981; Gerhardt FamRZ 2003, 272 ff.

67 Vgl. dazu Palandt/Brudermüller § 1356 Rn. 7; BGH NJW 1994, 2546.

68 So auch Dethloff § 4 Rn. 33.

Nach allgemeiner Ansicht können die Ehegatten durch **Vereinbarung** einen **vertraglichen Vergütungsanspruch** begründen.

1. Möglich ist der Abschluss eines **Arbeitsvertrags**. Arbeitsverträge unter Eheleuten werden zivilrechtlich und steuerlich anerkannt.

   Allein die tatsächlich erfolgte Arbeitsleistung genügt für die Annahme eines Arbeitsverhältnisses nicht. Die Annahme eines stillschweigend geschlossenen Arbeitsvertrags ist auch dann i.d.R. lebensfremd, wenn Leistungen erbracht werden, die für einen Dienstvertrag kennzeichnend sind.[69] Notwendig für die Annahme eines Arbeitsvertrags ist immer, dass der eine Ehegatte dem anderen wie ein Arbeitnehmer untergeordnet sein soll. Das kann nur in wenigen Ausnahmefällen angenommen werden und ist im Zweifel nicht zu vermuten.[70]

2. Weiterhin kann die eheliche Mitarbeit ihren Rechtsgrund

   - in einem ausdrücklich oder konkludent geschlossenen **Gesellschaftsvertrag**[71] haben, soweit die Mitarbeit über dasjenige hinausgeht, wozu der Ehepartner kraft Gesetzes verpflichtet ist,

   - oder es kann ein stillschweigend geschlossener familienrechtlicher (Kooperations-)**Vertrag sui generis** vorliegen, der i.d.R. keine Primärpflichten begründet, der aber – im Fall des Scheiterns der Ehe – Ausgleichsansprüche nach den Grundsätzen über die Störung der Geschäftsgrundlage auslöst.[72]

     Ein familienrechtlicher Vertrag sui generis ist nach der Rspr. anzunehmen, wenn folgende Voraussetzungen gegeben sind:

     - Ein Ehegatte erbringt Arbeitsleistungen, die über den nach § 1353 geschuldeten Umfang hinausgehen.

     - Die Arbeitsleistung erfolgt als Beitrag zur Verwirklichung und Ausgestaltung, Erhaltung oder Sicherung der ehelichen Lebensgemeinschaft.

     - Der Ehegatte hegt die Erwartung, dass die eheliche Lebensgemeinschaft Bestand haben und er innerhalb dieser Gemeinschaft am Vermögenswert und dessen Früchten weiter teilhaben werde.

     Zerschlägt sich die Erwartung und scheitert die Ehe, so entfällt die **Geschäftsgrundlage des Vertrags**.

     Ausgleichsansprüche nach den Regeln über die Störung der Geschäftsgrundlage kommen aber nur in Betracht, soweit die Beibehaltung der Vermögensverhältnisse, die durch die Zuwendung eines Ehegatten an den anderen herbeigeführt worden sind, dem benachteiligten Ehegatten nicht zuzumuten ist.

   - Im gesetzlichen Güterstand der **Zugewinngemeinschaft** wird die Mitarbeit eines Ehegatten durch den **Zugewinnausgleich** angemessen ausgeglichen.

---

69 BGHZ 84, 361, 366.

70 Dethloff § 5 Rn. 227.

71 Die Ehegatteninnengesellschaft wird weiter dargestellt in Fall 30, Rn. 87.

72 S. dazu ausführlich Haas FamRZ 2002, 205 ff.; s. auch Schwab Rn. 136.

- Erfolgt kein Ausgleich über den Zugewinn, so kann im Falle einer grob unbilligen Vermögensverteilung ein **Ausgleich nach § 242** in Betracht kommen, soweit das Vermögen des ausgleichspflichtigen Ehegatten noch vermehrt ist.[73]

Im vorliegenden Fall liegen die Voraussetzungen für eine Ehegatteninnengesellschaft nicht vor, da die Eheleute keinen Zweck verfolgen wollen, der über die Verwirklichung der Lebensgemeinschaft hinausgeht. Frau A kann auch keinen Ausgleich nach den Regeln des familienrechtlichen (Kooperations-)Vertrags sui generis verlangen; zum einen geht die von ihr erwartete Mitarbeit nicht über den nach § 1353 geschuldeten Umfang hinaus, zum anderen käme ein Ausgleichsanspruch allenfalls nach Scheitern der Ehe in Betracht. Frau A kann daher kein besonderes Entgelt fordern. Allerdings muss der begünstigte Ehegatte durch die erzielten Erträge angemessen zum Familienunterhalt beitragen, sodass insoweit der mitarbeitende Ehegatte auch unmittelbar profitiert.

D. Geschäfte zur Deckung des Lebensbedarfs, § 1357

Jeder Ehegatte ist berechtigt, Geschäfte zur angemessenen Deckung des Lebensbedarfs der Familie mit Wirkung auch für den anderen Ehegatten zu besorgen.[74] Durch solche Geschäfte werden beide Ehegatten berechtigt und verpflichtet, soweit sich aus den Umständen nicht etwas anderes ergibt, § 1357 Abs. 1 S. 2. Der Gläubiger gewinnt also einen zusätzlichen Schuldner, ohne dass ihm die Ehe zuvor erkennbar gewesen sein muss. § 1357 gilt in allen Güterständen, ist also nicht auf den gesetzlichen Güterstand der Zugewinngemeinschaft begrenzt. 18

I. Voraussetzungen des § 1357

Fall 7: Teures Shopping

Hausfrau F bespricht mit ihrem Ehemann den Kauf eines neuen Sommermantels. M sagt: „Kauf Dir einen. Er darf bis 250 € kosten." Frau F kauft am 09.10. bei X für 240 € einen grünen Mantel und bezahlt ihn. Auf dem Heimweg sieht sie bei V einen roten Mantel (260 €), der ihr noch weit besser gefällt. Daher kauft sie auch diesen Mantel in der Hoffnung, ihr Mann werde einverstanden sein, wenn sie ihm von dem Kauf in einem günstigen Augenblick erzähle. Mit V vereinbart die F, dass sie 60 € sofort und je weitere 100 € am 01.11. und 01.12. zahlt. Als die Ratenzahlungen ausbleiben, stellt V Nachforschungen an und verlangt schließlich von M Bezahlung. M weigert sich. Er hatte schon vorher der F erklärt, dass er einen solch leichtsinnigen Umgang mit dem Geld nicht gutheißen könne, die F solle den (roten) Mantel zurückbringen. Kann V von M Zahlung von 200 € verlangen?

Ein Anspruch des V gegen M kann sich aus § 433 Abs. 2 i.V.m. § 1357 Abs. 1 S. 2 ergeben. Dann muss F den M über § 1357 mitverpflichtet haben. 19

---

73 BGHZ 127, 48; Haas FamRZ 2002, 205, 215, 216 m.w.N.

74 Ausführlich zu § 1357 Lange FamRZ 2016, 354; Lutter FamRZ 2016, 271; Berger FamRZ 2005, 1129.

Voraussetzungen des § 1357 sind:

1. Es muss bei Vertragsschluss eine **wirksame Ehe** bestehen und die Ehegatten dürfen **nicht getrennt leben**, § 1357 Abs. 3.

   Nach h.M. wird der gute Glaube des Geschäftspartners an das Fortbestehen der häuslichen Gemeinschaft nicht geschützt, da § 1357 allein auf das objektive Vorliegen ihrer Voraussetzungen abstellt.[75]

2. Das Geschäft muss **zur angemessenen Deckung des Lebensbedarfs der Familie** besorgt sein.[76]

   - Das Geschäft muss seiner Art nach zum **Lebensbedarf** einer Familie gehören.

     § 1357 orientiert sich an der „angemessenen Deckung des Lebensbedarfs der Familie", also an einem unterhaltsrechtlichen Begriff, bei dessen Auslegung die §§ 1360, 1360 a herangezogen werden können.[77] Außer den Anschaffungen zur unmittelbaren Bedarfsdeckung fallen daher unter § 1357 alle sonstigen Geschäfte, soweit sie zur Führung des Haushalts und zur Befriedigung der Bedürfnisse der Ehegatten und der gemeinsamen unterhaltsberechtigten Kinder erforderlich sind,

     z.B. die Einkäufe von Lebensmitteln, Heizmaterial, Bekleidung für die Eheleute oder für unterhaltsberechtigte Kinder, Ausgaben für Kosmetika, Genussmittel, Bildung und Unterhaltung, Aufwendungen für Kindererziehung, Kfz-Versicherungsverträge,[78] Telefondienstvertrag, Vertrag über einen Festnetzanschluss in der Ehewohnung.[79]

     Nicht unter § 1357 fallen die der beruflichen Sphäre sowie der Vermögensanlage eines Ehegatten dienenden Geschäfte.

   - Die Deckung des Lebensbedarfs der Familie muss **„angemessen"** sein.
     Das sind nur solche Geschäfte, die i.d.R. von einem Ehegatten selbstständig, d.h. ohne Konsultation und Mitwirkung des anderen zwecks Bedarfsdeckung erledigt werden. Geschäfte größeren Umfangs, die ohne Schwierigkeiten zurückgestellt werden könnten, fallen nicht darunter.[80]

     Im Einzelfall ist vom äußerlich erkennbaren Zuschnitt des individuellen Haushalts gemessen an dem objektiv erkennbaren sozialen Standard auszugehen.

     Lebt eine Familie aufwendiger, als es nach den tatsächlichen wirtschaftlichen Verhältnissen zu erwarten ist, erhöht sich der Umfang der nach § 1357 möglichen Mitverpflichtung.[81]

     Nach heute h.M. können auch Geschäfte, die dem **Verbraucherschutz** unterliegen (Haustürgeschäfte, § 312 b; Fernabsatzverträge, § 312 c; Verbraucherdarlehen, §§ 491 ff.; Finanzierungshilfen, §§ 506–509; Ratenlieferungsverträge, § 510) generell in den Anwendungsbereich von § 1357 Abs. 1 fallen; es werden dann beide Ehegatten gemäß § 1357 Abs. 1 verpflichtet, sofern im Übrigen die Voraussetzungen des § 1357 erfüllt sind,[82] wobei es nach h.M. ausreicht, wenn die Form-

---

75 Huber Jura 2003, 145, 146 m.w.N.

76 Vgl. dazu Schwab Rn. 173 ff.

77 Wellenhofer § 10 Rn. 8.

78 Vollkaskoversicherung, vgl. BGH RÜ 2018, 289.

79 BGH RÜ 2004, 299.

80 BGHZ 116, 184, 186; s. auch Huber Jura 2003, 145, 146/147.

81 Allg. Meinung, vgl. BGHZ 94, 1, 6/7 m.w.N.

82 Schwab Rn. 180 und 185; Löhnig FamRZ 2001, 135 ff.

vorschriften der §§ 492, 507 Abs. 2 nur gegenüber dem handelnden Ehegatten eingehalten werden und wenn nur ihm gegenüber die Widerrufsbelehrung erteilt wird.

Das Widerrufsrecht bei Verbraucherkreditverträgen kann jeder Ehegatte allein geltend machen.[83]

Im vorliegenden Fall liegt kein Teilzahlungsgeschäft i.S.d. § 506 Abs. 1 vor, weil kein entgeltlicher Zahlungsaufschub vorliegt; denn die F sollte für die hinausgeschobene Fälligkeit keine Gegenleistung erbringen.

Es ist daher § 1357 anwendbar und die Angemessenheit des Geschäfts nach den zu § 1357 entwickelten Grundsätzen zu bestimmen.

Bei dem Kauf des zweiten Sommermantels kommt es darauf an, ob ein solcher Kauf dem Lebensbedarf der Eheleute M und F entsprach. Wenn man nur auf die internen Verhältnisse der Familie abstellt, muss man das verneinen. Da es hier aber für V nicht erkennbar war, dass Frau F bereits vorher einen Sommermantel gekauft hatte, und bei normalen Einkommensverhältnissen der Kauf eines Sommermantels für 260 € noch angemessen ist, handelt es sich um ein Geschäft zur angemessenen Deckung des Lebensbedarfs der Familie.

3. § 1357 Abs. 1 greift **nicht** ein, wenn sich **aus den Umständen etwas anderes** ergibt, § 1357 Abs. 1 S. 2 Hs. 2. Das ist zum einen dann der Fall, wenn der handelnde Ehegatte ausdrücklich erklärt oder es für den Vertragspartner hinreichend erkennbar wird, dass er nicht zur Deckung des Lebensbedarfs der Familie, sondern für sich selbst persönlich oder für einen Dritten handeln will. Zum anderen haftet der Ehepartner nicht aus § 1357, wenn nach seinen Einkommens- und Vermögensverhältnissen von vornherein ausgeschlossen ist, dass er die Kosten tragen kann.

   Im vorliegenden Fall hat die F nicht deutlich gemacht, dass eine Mitverpflichtung des M ausscheiden sollte.

4. Der andere Ehegatte darf die **Geschäftsführungsbefugnis** i.S.d. § 1357 Abs. 1 **nicht wirksam beschränkt oder ausgeschlossen** haben, § 1357 Abs. 2. Eine Beschränkung oder Ausschließung wirkt Dritten gegenüber nur, wenn sie diesen bekannt oder im Güterrechtsregister eingetragen war, § 1357 Abs. 2 i.V.m. § 1412. Das war hier nicht der Fall. M muss somit dem V die noch ausstehenden zwei Raten bezahlen.

Fall 8: Arztvertrag und Schlüsselgewalt

K, die Trägerin eines Krankenhauses, nimmt nach dem Tode des M dessen Witwe W auf Zahlung von Behandlungskosten i.H.v. 15.400 € aus § 1357 in Anspruch. M war als Selbstzahler wegen eines Bronchialkarzinoms chemotherapeutisch etwa ein Jahr lang behandelt worden. Die Behandlung war medizinisch indiziert und unaufschiebbar.

83 PWW/Weinreich § 1357 Rn. 14.

Die wirtschaftlichen Verhältnisse der Familie waren schon zu Lebzeiten des M, der als selbstständiger Gastwirt seit einiger Zeit nur noch geringe Einkünfte erzielte, sehr angespannt. Die AOK hatte die Versicherung gekündigt, weil M die Beiträge nicht mehr aufbringen konnte. Nach dem Tode des M bezieht die W, bei der drei eheliche minderjährige Kinder leben, eine geringe Witwenrente.
Muss die W aus eigener Verbindlichkeit gemäß § 1357 für die Zahlung der Behandlungskosten einstehen?

20 Ein Anspruch der K gegen die W kann sich aus dem zwischen K und M geschlossenen Behandlungsvertrag i.V.m. § 1357 ergeben.

1. Als M den Behandlungsvertrag mit K schloss, bestand zwischen M und W eine **wirksame Ehe** und die Ehegatten lebten **nicht getrennt**.

2. Das Geschäft muss **zur angemessenen Deckung des Lebensbedarfs der Familie** besorgt sein.

   - Das Geschäft muss seiner Art nach zum Lebensbedarf einer Familie gehören.

     Ärztliche Behandlungen sind zum Lebensbedarf i.S.v. § 1357 zu rechnen.[84]

   - Die Deckung des Lebensbedarfs muss „angemessen" sein.

     - Besonders teure, in sachlicher oder zeitlicher Hinsicht nicht gebotene ärztliche Behandlungen – z.B. spezieller Zahnersatz, privatärztliche Behandlungen, Zusatzleistungen eines Krankenhauses – fallen i.d.R. nur dann unter § 1357, wenn sich die Ehegatten hierüber ausdrücklich abgestimmt haben.

     - Wenn jedoch keine ärztliche Sonderbehandlung in Anspruch genommen wird und die Behandlung unaufschiebbar und medizinisch indiziert ist, so dient sie ohne Rücksicht auf die Höhe der mit ihr verbundenen Kosten der angemessenen Deckung des Lebensbedarfs der Familie i.S.v. § 1357 Abs. 1 S. 1.[85]

   Danach ist im vorliegenden Fall die Angemessenheit i.S.d. § 1357 zu bejahen.

3. § 1357 Abs. 1 greift **nicht** ein, wenn sich **aus den Umständen etwas anderes** ergibt, § 1357 Abs. 1 S. 2 Hs. 2.

   Zu den maßgeblichen Umständen gehören neben einem ausdrücklich zutage getretenen abweichenden Willen des vertragschließenden Ehegatten insbesondere die **wirtschaftlichen Verhältnisse** der Familie in ihrem Bezug zu der voraussichtlichen Höhe der Kosten. Dies ergibt sich aus der Einbindung des § 1357 in das Unterhaltsrecht. Ärztliche Behandlungskosten in einer Höhe, wie sie im vorliegenden Fall entstanden sind, stellen unterhaltsrechtlichen Sonderbedarf dar. Die Verpflichtung zur Kostentragung setzt (soweit die Kosten nicht durch eine Krankenversicherung abgedeckt sind) grundsätzlich Leistungsfähigkeit des in Anspruch genommenen Ehegatten, bei nicht getrennt lebenden Eheleuten also die **wirtschaftliche Leistungsfähigkeit der Familie** im Rahmen der §§ 1360, 1360 a voraus.[86]

---

84 BGH FamRZ 2005, 1071, 1073; Dethloff § 4 Rn. 62.
85 Dethloff § 4 Rn. 62; BGHZ 116, 184, 187.
86 BGHZ 116, 184, 188.

Im vorliegenden Fall überschreiten die Kosten der – medizinisch indizierten, unaufschiebbaren! – ärztlichen Behandlung des M aus der Sicht des objektiven Beobachters die wirtschaftlichen Verhältnisse und finanziellen Möglichkeiten der (nicht krankenversicherten) Familie. Es scheidet daher eine Mitverpflichtung der W gemäß § 1357 Abs. 1 S. 2 a.E. „nach den Umständen" aus.[87]

Die W hat daher nicht aus eigener Verbindlichkeit gemäß § 1357 für die Zahlung der Behandlungskosten einzustehen.

II. Schuldrechtliche Wirkungen

1. Verpflichtung der Eheleute

Im Außenverhältnis führt die Verpflichtung beider Eheleute zu einer Haftung als **Gesamtschuldner**, §§ 1357 Abs. 1 S. 2, 421. Der Ausgleich im Innenverhältnis findet nach dem Maß statt, in dem jeder Ehegatte mit Geldmitteln zum Familienunterhalt beizutragen hat. 21

2. Berechtigung der Eheleute

An wen kann der Schuldner bei Geschäften, die unter § 1357 fallen, mit befreiender Wirkung leisten?

a) Nach dem überwiegenden Teil des Schrifttums sind die Ehegatten **Gesamtgläubiger i.S.d. § 428**. Jeder von ihnen kann also die ganze Leistung an sich fordern, der Schuldner braucht die Leistung aber nur einmal zu bewirken.[88]

b) Ein anderer Teil des Schrifttums nimmt eine **gemeinschaftliche Berechtigung mehrerer Gläubiger** (beider Ehegatten) an, sodass bei einem Anspruch auf unteilbare Leistung **§ 432** Anwendung findet. Danach kann der Schuldner nur an alle gemeinschaftlich leisten, jeder Gläubiger kann Leistung nur an alle fordern.[89] Letztgenannte Auffassung ist abzulehnen, da dadurch der Rechtsverkehr unangemessen erschwert würde. Jeder Ehegatte kann danach Leistung an sich selbst verlangen. Selbst dann kann der Geschäftspartner aber auch wirksam an den anderen Ehegatten leisten.[90]

III. Dingliche Wirkung des § 1357

Welche **Bedeutung § 1357 für die dingliche Rechtslage hat**, ist umstritten.

Nach h.M. kommt dem § 1357 keine dingliche Wirkung zu. Wer Eigentümer einer nach § 1357 angeschafften Sache wird, beurteilt sich nach den allgemeinen sachenrechtli-

---

87 BGHZ 116, 184, 188; vgl. auch Dethloff § 4 Rn. 62.
88 Dethloff § 4 Rn. 67; Wacke FamRZ 1980, 13, 15; Käppler AcP 179, 284 ff.; Huber Jura 2003, 145, 148.
89 Büdenbender FamRZ 1976, 667 ff.; Lüke AcP 178, 20; Roth FamRZ 1979, 362–366.
90 So Schwab Rn. 195; vgl. auch Dethloff § 4 Rn. 67.

chen Regeln, d.h. bei beweglichen Sachen nach §§ 929 ff. Bei Bargeschäften des täglichen Lebens sind die Grundsätze des „Geschäfts, wen es angeht" zu berücksichtigen.[91]

Nach a.A. bezieht sich die gemeinsame Berechtigung nicht nur auf die obligatorischen Ansprüche, sondern auch auf die in Vollzug des obligatorischen Geschäfts erworbenen dinglichen Rechte.[92]

IV. Kündigung von Versicherungsverträgen

Fall 9: Unfall zur Unzeit (nach BGH RÜ 2018, 288)

F und M sind seit 2010 verheiratet. Aus ihrer Ehe sind 3 Kinder hervorgegangen. F hat bei der V-Versicherung für das auf den M zugelassene Fahrzeug, einen BMW 525d, im Jahre 2014 eine zum Ende eines jeden Jahres kündbare Haftpflicht- und Vollkaskoversicherung mit monatlichen Kosten von 150 € abgeschlossen. Das Fahrzeug dient der Familie für private Zwecke. Die Eheleute leben in wirtschaftlich guten Verhältnissen. M kündigt mit eigenhändiger Unterschrift die Vollkaskoversicherung, wobei im Briefkopf der Name der F enthalten ist. Die V-Versicherung bestätigte die Kündigung und erstattet überschießend geleistete Beiträge. Zwei Monate nach Kündigung hat die F mit dem Auto einen Unfall schuldhaft verursacht, bei welchem ein Reparaturschaden i.H.v. 10.000 € entsteht. Daraufhin widerruft F die Kündigung der Vollkaskoversicherung und verlangt von der V-Versicherung Zahlung der Reparaturkosten. Die V-Versicherung verweigert dies im Hinblick auf die erfolgte Kündigung. Wie ist die Rechtslage?

22 I. Ein Anspruch der F auf Zahlung von 10.000 € könnte sich aus einem Vertrag über eine Vollkaskoversicherung ergeben.

II. Fraglich ist, ob der Versicherungsvertrag von M mit Wirkung für F wirksam gekündigt wurde.

1. F selbst hat keine eigene Kündigungserklärung abgegeben.
2. Eine Vertretung gemäß § 164 Abs. 1 S. 1 ist nicht gegeben, da eine Bevollmächtigung nicht vorliegt. Alleine der Name der F im Briefkopf der Kündigungserklärung genügt den Anforderungen an eine Anscheins- oder Duldungsvollmacht nicht.
3. Allerdings könnte M nach § 1357 Abs. 1 S. 2 zur Kündigung auch mit Wirkung gegenüber F berechtigt gewesen sein.

   Freilich kann die Kündigung der Vollkaskoversicherung nur in den Anwendungsbereich des § 1357 fallen, wenn das mit ihr korrespondierende Grundgeschäft, also der Abschluss der Vollkaskoversicherung selbst, ein Geschäft zur angemessenen Deckung des Lebensbedarfs der Familie i.S.v. § 1357 Abs. 1 S. 1 wäre.[93]

---

91 BGHZ 114, 74 = JZ 1992, 217 m. Anm. Kick S. 219 f. = JR 1992, 285 m. Anm. Lüke S. 287 f.; OLG Köln NJW-RR 1996, 904; Dethloff § 4 Rn. 69.

92 Schwab Rn. 199; Lüke AcP 178, 1, 20; Huber Jura 2003, 145, 149; OLG Schleswig FamRZ 1984, 88.

93 BGH FamRZ 2018, 673.

a) Eine wirksame Ehe bestand zwischen M und F zum Zeitpunkt des Abschlusses des Versicherungsvertrages im Jahre 2014.

b) Der Abschluss des Vollkaskoversicherungsvertrags müsste ein Geschäft zur angemessenen Deckung des Lebensbedarfs der Familie gewesen sein.

Wie weit der **Lebensbedarf** der Familie reicht, bestimmt sich familienindividuell nach den Verhältnissen der Ehegatten (s. § 1360 a Abs. 1). Ihre Einkünfte und ihr Vermögen, die diese Verhältnisse in erster Linie prägen, werden dem Vertragspartner allerdings häufig verborgen bleiben. Deshalb kommt es bei der Anwendung des § 1357 entscheidend auf den Lebenszuschnitt der Familie an, wie er nach außen in Erscheinung tritt. Übersteigt dieses Erscheinungsbild nach spezifischen und konkreten Anhaltspunkten den aufgrund der tatsächlichen wirtschaftlichen Verhältnisse der Ehegatten zu erwartenden Lebenszuschnitt, so erhöht das im Grundsatz den Umfang der nach § 1357 möglichen Mitverpflichtung.

Die Vorschrift des § 1357 Abs. 1 verlangt weiterhin, dass die Deckung des Lebensbedarfs der Familie **„angemessen"** sein muss. Dem liegt die Vorstellung zugrunde, dass „Geschäfte größeren Umfangs, die ohne Schwierigkeiten zurückgestellt werden könnten", nicht unter § 1357 fallen sollen. Diese Restriktion schützt den an dem Rechtsgeschäft nicht beteiligten Ehegatten somit vor einer ihn überraschenden Inanspruchnahme aus Alleingeschäften größeren Umfangs, die der andere Ehegatte abgeschlossen hat.

Ob der Abschluss von Versicherungsverträgen als Geschäft zur angemessenen Deckung des Lebensbedarfs i.S.v. § 1357 Abs. 1 S. 1 anzusehen ist, ist umstritten.

aa) Nach einer Auffassung[94] soll der Abschluss üblicher Versicherungsverträge unter § 1357 Abs. 1 fallen.

bb) Die Gegenmeinung[95] sieht den Abschluss von Versicherungsverträgen grundsätzlich als nicht von § 1357 Abs. 1 umfasst an.

cc) Zutreffend ist die erstgenannte Auffassung. Entgegen der zuletzt genannten Auffassung verbietet es sich, Versicherungsverträge pauschal aus dem Anwendungsbereich des § 1357 herauszunehmen. Entscheidend ist vielmehr der Bezug des in Rede stehenden Geschäfts zum Lebensbedarf der Familie, weshalb es jeweils auf den individuellen Zuschnitt der Familie ankommt. Ob es sich danach um ein Geschäft zur angemessenen Deckung des Lebensbedarfs der Familie handelt, ist für den jeweiligen Einzelfall festzustellen. Dabei kann auch der Abschluss einer Vollkaskoversicherung in den Anwendungsbereich des § 1357 Abs. 1 fallen, sofern ein ausreichender Bezug zum Familienunterhalt nach §§ 1360, 1360 a gegeben ist.

94 Vgl. Erman/Kroll-Ludwigs, BGB, 15. Aufl., § 1357 Rn. 12.

95 Gernhuber/Coester-Waltjen, Familienrecht § 19 IV Rn. 47.

dd) Bei dem versicherten Pkw handelt es sich um das einzige Fahrzeug der fünfköpfigen Familie. Die monatlichen Kosten der Vollkaskoversicherung von 150 € bewegen sich in einem angemessenen Rahmen bezogen auf die Bedarfsdeckung der Familie. Denn wenn es sich – wie hier – um das einzige Fahrzeug der Familie handelt, der Abschluss der Vollkaskoversicherung mithin den Erhalt eines Fahrzeugs für die Familie sichern soll, wird damit auch der Bedarf der Familie, immer ein Fahrzeug zur Verfügung zu haben, i.S.v. § 1357 Abs. 1 S. 1 gedeckt.

Der von F während der Ehe abgeschlossene Versicherungsvertrag für das auf ihren Ehemann zugelassene Fahrzeug unterfällt damit dem Anwendungsbereich des §§ 1357 Abs. 1, sodass ihr Ehemann durch den Versicherungsvertrag mitberechtigt und -verpflichtet worden ist.

d) Damit könnte auch die Kündigung der Vollkaskoversicherung als von § 1357 Abs. 1 umfasst angesehen werden.

aa) Allerdings ist umstritten, ob auch die Ausübung von Gestaltungsrechten, wie namentlich eine Kündigung, unter § 1357 Abs. 1 fallen kann.

Die h.M.[96] bejaht diese Frage. Nach der Gegenmeinung können Gestaltungsrechte nicht durch nur einen Ehegatten ausgeübt werden, insbesondere nicht durch denjenigen, der selbst nicht der ursprünglich kontrahierende Ehegatte war.[97]

bb) Die erstgenannte Auffassung ist zutreffend. § 1357 Abs. 1 führt zu einer Mitverpflichtung und zu einer Mitberechtigung des jeweils anderen Ehegatten. Erstere zieht eine gesamtschuldnerische Haftung der Eheleute nach sich. Die Mitberechtigung begründet für beide Ehegatten die Stellung von Gesamtgläubigern. Zwar entfalten Gestaltungsrechte wie etwa die Kündigung in der Regel nur dann Wirkung, wenn die Gesamtgläubiger sie gemeinsam ausüben. Etwas anderes gilt jedoch, soweit es sich um Gestaltungsrechte handelt, die Geschäfte zur angemessenen Deckung des Lebensbedarfs der Familie i.S.v. § 1357 Abs. 1 S. 1 betreffen. So wie es den Eheleuten ermöglicht wird, für und gegen ihre jeweiligen Partner Rechte und Pflichten zu begründen, muss es ihnen spiegelbildlich erlaubt sein, sich hiervon auch mit Wirkung für und gegen den anderen wieder zu lösen. Dies gilt unabhängig davon, ob der das Gestaltungsrecht ausübende Ehegatte auch derjenige gewesen ist, der die eingegangene Verpflichtung über § 1357 Abs. 1 ursprünglich begründet hat.

Damit hat M die Vollkaskoversicherung wirksam zum Ablauf des Versicherungsjahres mit Wirkung auch für F gekündigt.

4. F konnte die durch ihren Ehemann ausgesprochene Kündigung nicht wirksam widerrufen. Die Kündigung hat als rechtsgestaltende empfangsbedürftige Willenserklärung die Beendigung des Versicherungsverhältnisses zum ver-

96 Vgl. Palandt/Brudermüller § 1357 Rn. 22.

97 Vgl. Berger FamRZ 2005, 1129, 1131 f. und 1133 f.; Gernhuber/Coester-Waltjen § 19 IV Rn. 53.

traglich vereinbarten Zeitpunkt zur Folge. Eine Kündigung kann daher nicht einseitig zurückgenommen oder widerrufen werden.

Ergebnis: Damit hat F keinen Anspruch auf Zahlung einer Versicherungsleistung aus der Vollkaskoversicherung.

E. Die gegenseitigen Unterhaltspflichten der Ehegatten, §§ 1360 ff.

I. Während des Bestehens der Ehe hat **jeder Ehegatte** bei bestehender ehelicher Lebensgemeinschaft (bei Trennung wegen Ablehnung der ehelichen Lebensgemeinschaft § 1361!) **gegen den anderen** einen Anspruch darauf, dass dieser mit seiner Arbeit und seinem Vermögen die **Familie angemessen unterhält, § 1360 S. 1**. 23

Der Unterhaltsanspruch des Ehegatten ist dem Unterhaltsanspruch minderjähriger unverheirateter Kinder und Kinder i.S.d. § 1603 Abs. 2 S. 2 (§ 1609 Nr. 1 bzw. Nr. 2) nachrangig.[98] Gegenüber Unterhaltsansprüchen anderer Verwandter hat der Unterhaltsanspruch des Ehegatten den Vorrang. Soweit der eigene Unterhalt des unterhaltspflichtigen Ehegatten gefährdet wird, haften die Verwandten des unterhaltsberechtigten Ehegatten vor dem unterhaltspflichtigen Ehegatten, § 1608 S. 2.

II. Bei bestehender ehelicher Lebensgemeinschaft sind – anders als bei Ehegatten nach der Scheidung und bei Verwandten! – die gegenseitigen Unterhaltsansprüche nicht von der Bedürftigkeit oder Leistungsfähigkeit abhängig. Abgestellt wird vielmehr auf das Prinzip der **Proportionalität**: Der von jedem Ehegatten zu leistende Anteil am Familienunterhalt bestimmt sich nach den sich aus der Arbeitsverteilung ergebenden beiderseitigen Einkommens- und Vermögensverhältnissen. Die Ehegatten müssen alle ihre verfügbaren Mittel auch in Mangelfällen gleichmäßig miteinander und mit ihren minderjährigen Kindern (§ 1603 Abs. 2) teilen.[99]

III. Der **Umfang des Familienunterhalts** bestimmt sich nach § 1360 a. Er umfasst die Kosten des Haushalts, die Befriedigung der persönlichen Bedürfnisse der Ehegatten und den Lebensbedarf der gemeinsamen unterhaltsberechtigten Kinder.

IV. Die Form, in der der Familienunterhalt zu leisten ist, bestimmt sich nach der Ausgestaltung der ehelichen Lebensgemeinschaft (§ 1360 a Abs. 2 S. 1).

Prinzipiell sind beide Ehegatten am Unterhalts-Gesamtaufwand (Bar- und Naturalunterhalt) zu gleichen Teilen beteiligt, sodass ein Mehr an Bar-Unterhalt ein Weniger an Natural-Unterhalt bedingt und umgekehrt.[100] Der Ehegatte, dem die Haushaltsführung überlassen ist, erfüllt seine Verpflichtung i.d.R. durch die Führung des Haushalts (§ 1360 S. 2).

V. Umstritten ist, ob der haushaltsführende Ehegatte gegenüber dem erwerbstätigen Ehegatten einen Anspruch auf Zahlung eines **Taschengeldes** hat. Die h.M. bejaht dies, es sei denn, dass das Familieneinkommen nur zur Deckung des notwendigen Bedarfs der Familienmitglieder ausreicht. Üblicherweise wird eine Quote von 5 % bis 7 % des zur Verfügung stehenden Nettoeinkommens angenommen.[101]

---

98 Ausführlich zur Rangordnung Schürmann FamRZ 2008, 313 ff.

99 Palandt/Brudermüller § 1360 Rn. 2.

100 BGH FamRZ 1985, 464, 468.

101 BGH FamRZ 2013, 363; BGH NJW 1998, 1553, 1554; Palandt/Brudermüller § 1360 a Rn. 4 m.w.N.

Der Taschengeldanspruch ist nach h.M. gemäß § 850 b Abs. 2 ZPO bedingt pfändbar.[102] Maßgeblich ist insoweit nur, dass ein solcher Anspruch besteht, nicht hingegen, ob auch tatsächlich Taschengeld ausgezahlt wird.[103]

VI. Kein Unterhalt für die Vergangenheit

Leistet einer der Ehepartner im Verhältnis zu dem anderen zu wenig (Bar-)Unterhalt, so ist ein Anspruch auf Nachzahlung von Unterhalt nach §§ 1360 a Abs. 3, 1613 regelmäßig ausgeschlossen: **Für die Vergangenheit kann Unterhalt grundsätzlich weder gefordert noch zurückgefordert werden** (in praeteritum non vivitur).

24 VII. Verfahrenskostenvorschuss

§ 1360 a Abs. 4 BGB gewährt einem Ehegatten, der nicht in der Lage ist, die Kosten eines Rechtsstreits zu tragen, der eine persönliche Angelegenheit oder die Verteidigung in einem Strafverfahren betrifft, einen Anspruch auf Verfahrenskostenvorschuss gegen den anderen Ehegatten, soweit dies der Billigkeit entspricht.[104] Nach dem Gesetz handelt es sich insoweit um einen selbstständigen Unterhaltsanspruch, der neben den laufenden Unterhaltszahlungen zu leisten ist. Der Vorschusscharakter hat zur Folge, dass der Anspruch auf Verfahrenskostenvorschuss nur vor und während eines Verfahrens, jedoch nicht mehr nach dessen Abschluss zugesprochen werden kann.

Der Anspruch nach § 1360 a Abs. 4 BGB setzt eine **bestehende Ehe** voraus. Nach Rechtskraft der Scheidung kann daher VKV nicht mehr gefordert werden.[105]

Der Begriff „**Persönliche Angelegenheit**" wird gesetzlich nicht definiert, sodass sich die Rspr. mit Fallgruppen behilft. Grundsätzlich sind alle Familiensachen i.S.v. § 111 FamFG als persönliche Angelegenheit einzuordnen.[106] Der häufigste Anwendungsfall für einen Anspruch auf Verfahrenskostenvorschuss ist die Scheidung der eigenen Ehe. Daneben kann der Vorschussanspruch die Verteidigung in einem Strafverfahren betreffen. Ein Anspruch auf VKV besteht hingegen dann nicht, wenn der bedürftige Ehegatte im Rahmen seiner beruflichen Tätigkeit einem zivilrechtlichen Rechtsstreit ausgesetzt ist. Dies gilt ausnahmsweise dann nicht, wenn es sich dabei um ein Schadensersatzanspruch handelt, der sich auf angeblich strafbares Verhalten des Ehegatten stützt. Dann ist die Abwehr dieses Anspruchs für den Ehegatten ausnahmsweise auch als „persönliche Angelegenheit" anzusehen.[107]

Der Anspruch auf VKV setzt voraus, dass der Unterhaltsberechtigte bedürftig ist (§ 1360 a Abs. 4 S. 1 BGB: „nicht in der Lage, die Kosten des Rechtsstreits zu tragen"). Die **Bedürftigkeit** ist z.B. nicht gegeben, wenn der Anspruchsteller über Vermögen verfügt (etwa aus dem Verkauf einer Immobilie), das er zur Bezahlung der Verfahrenskosten einsetzen kann.

Schließlich ist noch ein Kriterium die **Billigkeit**. Unbillig ist eine Pflicht zur Zahlung von einem Verfahrenskostenvorschuss, wenn der Verfahrensführung die Erfolgsaussicht

---

102 BGH NJW 2004, 2450 und 2452.

103 Palandt/Brudermüller § 1360 a Rn. 4.

104 Dazu Roßmann FuR 2012, 168 ff.

105 BGH FamRZ 2017, 1052; OLG München FamRZ 2016, 1935.

106 Vgl. PWW/Kleffmann § 1360 a Rn. 16.

107 BGH FamRZ 2020, 114 = FuR 2020, 115.

fehlt[108] oder sie mutwillig ist.[109] Danach müssen die außergerichtlichen Möglichkeiten der Rechtsverfolgung erschöpft sein; weiterhin darf es keine kostengünstigere Möglichkeit der Rechtsverfolgung geben.

Letztlich muss der Anspruchsgegner noch leistungsfähig sein. Daran wird es häufig fehlen, insbesondere wenn noch andere Unterhaltspflichten zu bedienen sind, sodass der Anspruch nur selten gegenüber der Möglichkeit der (staatlichen) Verfahrenskostenhilfe nach §§ 114 ff. ZPO eingreift.[110]

Der Verfahrenskostenvorschuss geht ansonsten, d.h. wenn der Pflichtige über ausreichende Einkünfte und/oder Vermögen verfügt, als einsatzfähiges Vermögen nach § 115 ZPO dem Anspruch auf Verfahrenskostenhilfe vor, sofern der Anspruch kurzfristig durchsetzbar ist.[111]

F. Haftungsmaßstab und Haftungsausschluss bei Ansprüchen der Ehegatten untereinander

Nach **§ 1359** ist die Haftung der Ehegatten untereinander bei der Erfüllung von Pflichten aus dem ehelichen Verhältnis auf **eigenübliche Sorgfalt** beschränkt (vgl. § 277, sog. diligentia quam in suis). § 1359 ist selbst keine Anspruchsgrundlage.[112] Die Norm gilt für die **spezifisch ehelichen Verpflichtungen** (z.B. Haushaltsführung, Mitarbeitspflicht, Geschäftsführung zur Deckung des ehelichen Lebensbedarfs, Unterhaltspflicht). Nach h.M. gilt § 1359 darüber hinaus auch bei **deliktischen Ansprüchen** von Ehegatten, soweit sie **in einem unmittelbaren Zusammenhang mit der ehelichen Lebensgemeinschaft** stehen (z.B. Körperverletzung oder Sachbeschädigung im häuslichen Bereich).[113] **25**

§ 1359 gilt dagegen nicht, wenn sich Ehegatten rechtsgeschäftlich wie beliebige Dritte gegenüberstehen. So greift der mildere Haftungsmaßstab des § 1359 nicht ein bei einer Pflichtverletzung im Rahmen eines schuldrechtlichen Vertrags, den die Ehegatten untereinander geschlossen haben. Nach Ansicht des BGH ist der mildere Haftungsmaßstab des § 1359 auch nicht anwendbar bei einer Körperverletzung zwischen Eheleuten infolge ihrer gemeinsamen Teilnahme am Straßenverkehr.[114] Ratio legis dieser Ausnahme ist, dass der Geschädigte durch eine Anwendung des § 1359 die Ansprüche gegen die Haftpflichtversicherung des Ehegatten verlieren würde, der den Unfall schuldhaft verursacht hat; dies will die Rspr. letztlich verhindern.[115] Ein weiterer Grund ist, dass sich niemand angesichts der Normendichte und des ausdifferenzierten Vorschriftengefüges der Straßenverkehrsregelungen darauf berufen können soll, er beachte die Verkehrsregeln weniger genau als vorgeschrieben.

Jedoch können im Einzelfall bei intakter Ehe leicht fahrlässig verursachte Ersatzansprüche unter Eheleuten wegen eines stillschweigenden Haftungsverzichts überhaupt aus-

108 OLG Hamburg FamRZ 2020, 181.
109 BGH FamRZ 2005, 1363.
110 Vgl. dazu OLG Karlsruhe FamRZ 2016, 1279; OLG München NJW-RR 2006, 292.
111 OLG Düsseldorf FamRZ 2019, 725; OLG Karlsruhe FuR 2017, 101.
112 Palandt/Brudermüller § 1359 Rn. 1.
113 Palandt/Brudermüller § 1359 Rn. 2.
114 BGHZ 61, 101; 63, 51, 57; BGH NJW 1992, 1227, 1228 m.w.N.; Dethloff § 4 Rn. 75.
115 Vgl. auch BGH NJW 2009, 1875 (Bootsunfall).

geschlossen sein,[116] oder sie dürfen wegen der im ehelichen Verhältnis begründeten Pflicht zur gegenseitigen Rücksichtnahme (§ 1353) nicht geltend gemacht werden.

G. Schutzvorschriften zugunsten der Gläubiger eines Ehegatten

26 Die engen Lebensbeziehungen zwischen Eheleuten haben zur Folge, dass für Außenstehende nur mit Schwierigkeiten erkennbar und nachweisbar sein wird, welchem von beiden Ehegatten bestimmte Vermögensgegenstände gehören. Es werden z.B. Sachen gemeinsam angeschafft und gebraucht, sodass für Dritte ohne Kenntnis von der Ausgestaltung der Verhältnisse zwischen den Ehegatten weitgehend Unklarheit darüber bestehen wird, wer nun Eigentümer dieser Sachen ist. Gläubiger eines Ehegatten, die gegen diesen vorgehen wollen, müssen, um die richtigen Maßnahmen ergreifen zu können, vor solchen Unklarheiten geschützt werden.

Fall 10: Gläubigerschutz durch Eigentumsvermutung nach § 1362

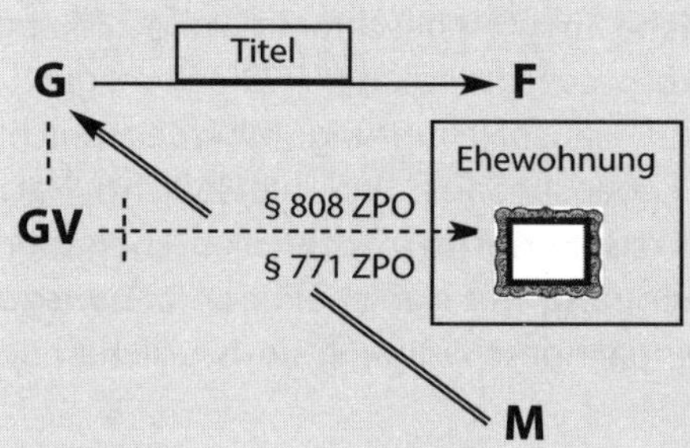

G hat gegen Frau F einen Titel. Er lässt durch den Gerichtsvollzieher ein im Arbeitszimmer des Ehemannes M hängendes Gemälde pfänden. M erhebt gegen G Drittwiderspruchsklage (§ 771 ZPO) mit der Begründung, er habe das Bild schon vor der Ehe besessen und mit in die Ehe gebracht. Zum Nachweis beruft sich M auf das Zeugnis seiner früheren Vermieterin.

27 Die Drittwiderspruchsklage nach § 771 ZPO (Ziel ist die Aufhebung der Vollstreckungsmaßnahme gemäß §§ 775 Nr. 1, 776 ZPO) ist begründet, wenn M ein „die Veräußerung hinderndes Recht" hat. Als solches kommt hier Eigentum des M an dem Bild in Betracht.

I. Für das Eigentum des M könnte die Vermutung des § 1006 sprechen. Diese Vermutung wird ausgeräumt durch **§ 1362 Abs. 1**: Die im Besitz eines oder beider Gatten befindlichen beweglichen Sachen werden zugunsten der Gläubiger des Mannes oder der Frau als Eigentum des jeweiligen Schuldners angesehen.

Hierzu gibt es zwei Einschränkungen:

- Leben die Ehegatten getrennt, dann gilt die Vermutung nur, wenn sich die Sache im Besitz des Schuldners befindet, § 1362 Abs. 1 S. 2.
- Für die ausschließlich zum persönlichen Gebrauch eines Ehegatten bestimmten Sachen wird vermutet, dass sie dem Ehegatten gehören, für dessen Gebrauch sie bestimmt sind, § 1362 Abs. 2, so z.B. bei weiblichem Schmuck für die Ehefrau.[117]

Die Beweislast für die persönliche Gebrauchsbestimmung trifft den Ehegatten, der das Eigentum für sich in Anspruch nimmt. Ein Erfahrungssatz des Inhalts, dass in einer Normalehe Frauenschmuck i.d.R. zum ausschließlichen persönlichen Gebrauch der Ehefrau bestimmt ist, kann nach der Rspr. nicht in so allgemeiner Bedeutung Geltung beanspruchen, dass er zu einer Umkehr der Beweislast führen würde; er kann nur neben anderen Umständen des Einzelfalles im Rahmen der

116 So die Rspr.: BGHZ 61, 101, 105; 75, 134, 135; OLG Frankfurt FamRZ 1987, 381, 382.
117 Vgl. Dethloff § 4 Rn. 84.

Beweiswürdigung mitberücksichtigt werden, also nur dann, wenn die besonderen Umstände des Einzelfalles diese Annahme bestätigen.[118]

Andererseits ist § 1362 Abs. 1 über seinen Wortlaut hinaus anzuwenden, wenn keiner der Ehegatten mehr (unmittelbarer oder mittelbarer) Besitzer der Sache ist, es aber feststeht, dass nur der eine oder der andere oder beide Ehepartner Eigentümer der Sache sein können.[119]

Im vorliegenden Fall besteht die Eigentumsvermutung gemäß § 1362 Abs. 1 S. 1: Zugunsten des Vollstreckungsgläubigers G wird vermutet, dass das gepfändete Bild seiner Vollstreckungsschuldnerin F gehört. Dass das Bild im Arbeitszimmer des M hängt, bedeutet noch nicht, dass es ausschließlich zu seinem persönlichen Gebrauch bestimmt ist.

II. § 1362 ist aber eine widerlegbare Vermutung. Der nicht schuldende Ehegatte braucht lediglich seinen Eigentumserwerb, dagegen nicht den Fortbestand seines Eigentums zu beweisen. Führt der nicht schuldende Ehegatte den Nachweis, dass er die gepfändete Sache schon vor der Ehe besaß, greift zu seinen Gunsten die Vermutung des § 1006 Abs. 2 ein.[120]

Ist der nicht schuldende Ehegatte Erbe des zuvor besitzenden Erblassers, so gilt die für den Erblasser sprechende Vermutung des § 1006 zugunsten des Erben auch dann fort, wenn dieser im Zeitpunkt des Erbfalls verheiratet war.[121]

Die Drittwiderspruchsklage des nicht schuldenden Ehegatten ist somit begründet, wenn er nachweist, dass er (oder der Erblasser, dessen Erbe er geworden ist) schon vor der Eheschließung alleiniger unmittelbarer Besitzer des Bildes war.

---

§ 1362 wird ergänzt durch § 739 ZPO: Wird zugunsten der Gläubiger eines Ehemannes oder der Gläubiger einer Ehefrau gemäß § 1362 vermutet, dass der Schuldner Eigentümer beweglicher Sachen ist, so gilt, unbeschadet der Rechte Dritter, für die Durchführung der Zwangsvollstreckung nur der Schuldner als Gewahrsamsinhaber und Besitzer.

Wenn M im obigen Fall sein Eigentum nicht nachweist, wird F gemäß § 1362 Abs. 1 S. 1 als Eigentümerin des Bildes vermutet. Nun steht das Bild aber zumindest im Mitgewahrsam des Ehemannes M. Wenn M zur Herausgabe an den Gerichtsvollzieher nicht bereit ist, dürfte dieser nach den allgemeinen vollstreckungsrechtlichen Vorschriften (§§ 808, 809 ZPO) nicht vollstrecken. Nach §§ 808, 809 ZPO ist eine Pfändung nämlich nur bei Sachen zulässig, die sich im Gewahrsam des Schuldners, des Gläubigers oder eines zur Herausgabe bereiten Dritten befinden. Um hier trotzdem eine Vollstreckungsmöglichkeit zu geben, wird § 1362 durch § 739 ZPO ergänzt.[122] Wegen § 739 ZPO bleibt der Pfändungsvorgang fehlerfrei.

Die h.M.[123] lehnt eine **analoge Anwendung der §§ 1362 und 739 ZPO auf die nichteheliche Lebensgemeinschaft** ab.

118 BGHZ 2, 82, 84; OLG Nürnberg NJW-RR 2001, 3.

119 BGH NJW 1993, 935, 936.

120 Palandt/Herrler § 1006 Rn. 9; BGH NJW 1992, 1162, 1163.

121 BGH NJW 1993, 935, 936.

122 Vgl. dazu Dethloff § 4 Rn. 82.

123 BGH NJW 2007, 992.

H. Bürgschaft, Schuldbeitritt, Mitdarlehensnehmer

28 **I.** Eine **Bürgschaftserklärung** ist nach gefestigter Rspr. dann nach § 138 nichtig, wenn die Bürgschaft die Leistungsfähigkeit des Bürgen erheblich übersteigt und zusätzlich erschwerende Umstände hinzukommen, so i.d.R. wenn ein besonderes Näheverhältnis zwischen dem Bürgen und dem Hauptschuldner besteht, wie es im Falle der Ehe gegeben ist.

Sittenwidrigkeit einer Ehegattenbürgschaft ist danach anzunehmen, wenn

- eine krasse finanzielle Überforderung des Bürgen vorliegt,
- die Mithaftung nur aus emotionaler Verbundenheit mit dem Hauptschuldner übernommen wurde
- und der Kreditgeber dies in sittlich anstößiger Weise ausgenutzt hat (verwerfliche Gesinnung).[124]

Nach der Rspr. des BGH liegt eine solche Überforderung des Bürgen oder Mitverpflichteten bei nicht ganz geringen Bankschulden grundsätzlich vor, wenn er voraussichtlich nicht einmal die von den Darlehensvertragsparteien festgelegte Zinslast aus dem pfändbaren Teil seines Einkommens und Vermögens bei Eintritt des Sicherungsfalls dauerhaft tragen kann.[125] In einem solchen Fall krasser finanzieller Überforderung ist nach der allgemeinen Lebenserfahrung ohne Hinzutreten weiterer Umstände widerleglich zu vermuten, dass der dem Hauptschuldner persönlich nahestehende Bürge oder Mithaftende die für ihn ruinöse Personalsicherheit allein aus emotionaler Verbundenheit mit dem Hauptschuldner übernommen und der Kreditgeber dies in sittlich anstößiger Weise ausgenutzt hat. Es handelt sich hierbei um eine tatsächliche Vermutung, die der insoweit darlegungs- und beweispflichtige Gläubiger (Kreditgeber) widerlegen kann.[126]

Das Ziel, etwaigen Vermögensverschiebungen zwischen den Ehegatten vorzubeugen, rechtfertigt ein unbeschränktes Mithaftungsbegehren nicht. Um sich gegen Vermögensverlagerungen zu schützen oder um auf einen zu erwartenden späteren Vermögenserwerb des mithaftenden Ehegatten (z.B. eine hohe Erbschaft) zugreifen zu können, dürfen sich Banken auch von Ehegatten ohne Einkommen oder Vermögen Bürgschaften nur geben lassen, wenn der **beschränkte Haftungszweck** unzweideutig vertraglich festgelegt wird. Trotz des begrenzten Haftungszwecks ist die Bürgschaft auch in solchen Fällen sittenwidrig, wenn ihre Höhe das berechtigte Sicherungsinteresse des Gläubigers weit übersteigt (z.B. eine Bürgschaft i.H.v. 1.000.000 € verlangt wird bei einer zu erwartenden Erbschaft von 300.000 €).[127]

Ist eine von dem Ehegatten abgeschlossene Bürgschaft wegen krasser finanzieller Überforderung des Bürgen sittenwidrig und verbürgt sich der Ehegatte (Bürge) bei Identität der Parteien zur doppelten Sicherung und zur Ergänzung der ersten Bürgschaft mit einer zweiten Bürgschaft, die ihn bei isolierter Betrachtung nicht krass überfordert, ohne dass der Gläubiger vor oder bei Abschluss des zweiten Bürgschaftsvertrags auf seine etwaigen Rechte aus der ersten Bürgschaft verzichtet, so ist auch die zweite Bürgschaft nach § 138 nichtig.[128]

Die Sittenwidrigkeit der Bürgschaft richtet sich grundsätzlich nach den Verhältnissen beim Vertragsschluss. Die Frage, ob der Bürge finanziell krass überfordert ist, muss jedoch für den Zeitpunkt beurteilt werden, in dem das Bürgschaftsrisiko sich verwirklicht.[129]

---

124 St.Rspr., vgl. BGH NJW 2009, 2671; vgl. auch BGH FamRZ 2017, 362 (zum vergleichbaren Fall der Schuldmitübernahme).

125 St.Rspr., vgl. BGH NJW 2013, 1534; BGH NJW 2005, 971; 2002, 744.

126 BGH FamRZ 2017, 363.

127 BGHZ 151, 34 = NJW 2002, 2228; BGH NJW 2002, 2230; zu diesen beiden Entscheidungen s. Tonner JuS 2003, 325 ff.; s. ferner BGH ZIP 2003, 796.

128 OLG Köln ZIP 2002, 844 mit zust. Anm. Tiedtke EWiR § 765 8/02, 611.

129 OLG Koblenz ZIP 2002, 1719; dazu Kröll EWiR § 765 7/03; 2003, S. 361.

Bei der Beurteilung einer finanziellen Überforderung des Bürgen sind nicht nur dessen Einkommensverhältnisse, sondern auch das Vermögen, insbesondere etwaiges Grundvermögen zu berücksichtigen. Reicht dieses zur Tilgung der Bürgschaftsschuld aus, so fehlt es an einer wirtschaftlichen Überforderung des Bürgen.[130]

Die Grundsätze zur Sittenwidrigkeit von Bürgschaften naher Angehöriger gelten nicht nur für Kreditinstitute, sondern auch für andere gewerbliche Kreditgeber.[131]

II. Bei einem **Schuldbeitritt** ist die zur Sittenwidrigkeit führende krasse Überforderung des mitverpflichteten Ehepartners gegeben, wenn er die laufenden Zinsen nicht zahlen kann. Bei einer krassen Überforderung besteht die widerlegbare Vermutung, dass der Gläubiger die emotionalen Beziehungen zwischen Hauptschuldner und Mithaftendem in anstößiger Weise ausgenutzt hat.[132]

III. Ehepartner als gemeinsame **Darlehensschuldner**

Der Ehegatte, der einen Darlehensvertrag im eigenen Interesse mit unterzeichnet und über die Auszahlung und Verwendung des Kredits mitentscheidet, ist als (gleichberechtigter) **Mitdarlehensnehmer** dem Gläubiger grundsätzlich haftbar.

Lediglich **Mithaftender** ist hingegen, wer der Bank bzw. dem Gläubiger nicht als gleichberechtigter Darlehensnehmer gegenüber steht. Eine Mithaftung kann – ähnlich der Ehegattenbürgschaft – sittenwidrig sein, wenn eine krasse finanzielle Überforderung des Mithaftenden vorliegt und die Mithaftung nur aus emotionaler Verbundenheit mit dem „Hauptschuldner" übernommen wurde.

Fall 11: Gemeinsame Unterschrift unter Ratenkreditvertrag

Die Eheleute M und F unterzeichneten am 09.03.2018 gemeinsam als „Kreditnehmer" einen Ratenkreditvertrag. Der Kreditbetrag von 37.172,72 € einschließlich Zinsen diente der Anschaffung eines Pkw für 29.990 €. Der M bezifferte sein monatliches Nettoeinkommen mit 3.000 €, die arbeitslose F gab an, monatlich 650 € vom Arbeitsamt zu erhalten. Mit Schreiben vom 01.04.2018 teilte die F dem Kreditinstitut mit, dass die monatlichen Raten nicht – wie vertraglich vereinbart – von dem Konto des M, sondern von ihrem Konto abgebucht werden sollten, was in der Folgezeit geschah. Das „Familienauto" wurde u.a. für gemeinsame Einkaufsfahrten genutzt, wobei der M das Fahrzeug führte, da die F über keine Fahrerlaubnis verfügte. Im Mai 2020 haben sich M und F getrennt. Der M hat das Auto in alleinigen Besitz genommen. Die F stellte die Ratenzahlungen daraufhin im Juli 2020 ein. Das Kreditinstitut kündigte nunmehr wirksam den Darlehensvertrag und nahm die F auf Zahlung von insgesamt 21.352,72 € in Anspruch. Die F hält ihre Inanspruchnahme wegen krasser wirtschaftlicher Überforderung für sittenwidrig.

I. Der Anspruch des Kreditinstituts kann sich aus § 488 Abs. 1 S. 2 ergeben. 29

Die Beteiligten haben am 09.03.2018 einen Ratenzahlungskredit abgeschlossen, der vom Kreditinstitut wegen Zahlungsverzugs gekündigt wurde.

130 BGH NJW 2001, 2466; OLG Köln, WM 2005, 557 (560).

131 BGH ZIP 2002, 123.

132 Palandt/Ellenberger § 138 Rn. 38 a.

II. Der Kreditvertrag kann aber gegenüber der F nach § 138 Abs. 1 nichtig sein. Dann müsste es sich um eine Mithaftung der F handeln, die eine krasse finanzielle Überforderung darstellt und nur aus emotionaler Verbundenheit mit dem „Hauptschuldner" übernommen wurde. Die Qualifizierung der von der F mit Vertrag vom 09.03.2018 übernommenen Verpflichtung als Darlehensschuld oder aber als Mithaftung ist davon abhängig, ob die F als gleichberechtigte Vertragspartnerin neben M einen Anspruch auf Auszahlung der Darlehensvaluta haben und deshalb gleichgründig zur Rückzahlung des Darlehens verpflichtet sein sollte, oder ob sie aus dem Darlehensvertrag keine Rechte haben, sondern dem Kreditinstitut nur zu Sicherungszwecken in Höhe des offenen Darlehensbetrags haften sollte. Maßgebend für die Abgrenzung zwischen der Verpflichtung als Mitdarlehensnehmer und der Haftung als Beitretender ist die von den Vertragsparteien tatsächlich gewollte Rechtsfolge.[133]

1. Auslegung des Vertrages

Die Rechtsfolge ist im Wege der Auslegung nach §§ 133, 157 zu ermitteln. Ausgangspunkt der Auslegung ist der Wortlaut des Darlehensvertrags. Dieser spricht hier für eine echte Mitvertragspartnerschaft der F. Dem Wortlaut ist aber angesichts der Stärke der Verhandlungsposition der kreditgewährenden Bank und der allgemein üblichen Verwendung von Vertragsformularen nur eingeschränkt Bedeutung beizumessen.[134] Als Mitdarlehensnehmer ist daher ungeachtet der konkreten Vertragsbezeichnung in aller Regel nur derjenige anzusehen, der für den Darlehensgeber erkennbar ein eigenes sachliches und/oder persönliches Interesse an der Kreditaufnahme hat sowie im Wesentlichen gleichberechtigt über die Auszahlung bzw. Verwendung der Darlehensvaluta bzw. bestimmter Teile davon mitentscheiden darf.

2. Eigenes sachliches und/oder persönliches Interesse

Für eine Qualifizierung der F als echte Mitdarlehensnehmerin spricht aber insbesondere, dass sie ein eigenes Interesse an der Kreditaufnahme hatte. Der Kredit diente der Anschaffung eines Pkw der unteren Mittelklasse, der den finanziellen Verhältnissen der Eheleute entsprach. Es handelte sich um das einzige Fahrzeug der Eheleute, das zur Gestaltung und Bewältigung des täglichen Lebens, z.B. für gemeinsame Einkaufsfahrten, benutzt wurde. Dass der Pkw dabei nur von M gesteuert wurde, weil die F nicht über eine Fahrerlaubnis verfügte, ist ohne Belang. Auch nachträglich hat sich die F wie eine echte Darlehensnehmerin verhalten, indem sie die Abbuchung der Raten von ihrem Konto veranlasste. Dies lässt Rückschlüsse auf ihren Vertragswillen bei Abschluss des Kreditvertrags zu. Die F ist daher als Mitdarlehensnehmerin anzusehen.[135]

Anders als bei der Beurteilung der Sittenwidrigkeit einer Ehegattenbürgschaft (siehe dazu oben Rn. 28) kommt nach Ansicht des BGH[136] bei der Qualifizierung der F als Mitdarlehensnehmerin ein Verstoß des Darlehensvertrags gegen die guten Sitten (§ 138 Abs. 1) wegen krasser finanzieller Überforderung der F nicht in Betracht. „Aufgrund der Vertragsfreiheit ist es grundsätzlich

133 BGH FamRZ 2017, 362; BGH NJW-RR 2004, 924.

134 So BGH NJW 2009, 2671.

135 BGH NJW-RR 2004, 924.

136 BGH NJW-RR 2004, 924.

jedem Volljährigen unbenommen, in eigener Verantwortung Geschäfte abzuschließen und sich zu Leistungen zu verpflichten, die ihn finanziell überfordern und von ihm notfalls nur unter dauernder Inanspruchnahme auch des pfändungsfreien Einkommens erbracht werden können. ... Abgesehen davon liegt bei Darlehensnehmern, die ein gemeinsames Interesse an der Kreditgewährung haben und sich als Gesamtschuldner verpflichten, eine krasse finanzielle Überforderung nur vor, wenn die pfändbaren Einkommen aller Mitdarlehensnehmer zusammen nicht ausreichen, die laufenden Zinsen des Kredits zu tragen."

Die F ist somit zur Zahlung von 21.352,72 € verpflichtet.

Ergänzender Hinweis:

Unterstellt man, dass das gekaufte Auto allein beruflichen Zwecken des M dient, das Auto auch sein Alleineigentum ist und die F keine Mitspracherechte in Bezug auf den abgerufenen Kredit hatte, so ist von einer schlichten Mithaftung der F auszugehen. Sollte die F mit ihrem eigenen Vermögen nicht einmal die laufende Zinslast aus dem Darlehen tragen können, so kann eine solche Mithaftung nach § 138 Abs. 1 nichtig sein. Bei Vorliegen einer solchen krassen finanziellen Überforderung des Mitverpflichteten ist ohne Hinzutreten weiterer Umstände im Wege einer tatsächlichen Vermutung von der Sittenwidrigkeit der Mithaftungserklärung auszugehen, wenn der Hauptschuldner dem Mithaftenden persönlich besonders nahe steht, wie dies im Verhältnis zwischen Ehegatten und damit auch hier der Fall ist. Dann kann nach der allgemeinen Lebenserfahrung davon ausgegangen werden, dass der Mithaftende die ihn vielleicht bis an das Lebensende übermäßig finanziell belastende Personalsicherheit allein aus **emotionaler Verbundenheit** mit dem Hauptschuldner gestellt und der Kreditgeber dies in sittlich anstößiger Weise ausgenutzt hat.

Der Kreditgeber kann die Vermutung, dass die Mithaftung allein durch emotionale Verbundenheit bedingt ist, widerlegen, indem er ein besonderes Interesse des mithaftenden Ehegatten an der Kreditvergabe benennt. So kann ein auf einen freien Willensentschluss hindeutendes und ein Handeln allein aus emotionaler Verbundenheit widerlegendes Eigeninteresse des finanziell krass überforderten Ehepartners an der Darlehensgewährung grundsätzlich zu bejahen sein, wenn er zusammen mit dem Ehepartner ein gemeinsames Interesse an der Kreditgewährung hat oder ihm aus der Verwendung der Darlehensvaluta unmittelbare und ins Gewicht fallende geldwerte Vorteile erwachsen.

Ein solcher unmittelbarer Vorteil, wie insbesondere das Miteigentum an dem finanzierten Objekt, liegt hier aber bei F nicht vor. Nur mittelbare Vorteile, wie etwa eine Verbesserung des Lebensstandards oder der Wohnverhältnisse oder die Aussicht auf eine spätere Mitarbeit im Betrieb, ändern an der Sittenwidrigkeit nichts. Ihnen kommt daher auch für die Widerlegung der tatsächlichen Vermutung keine Bedeutung zu.[137]

---

137 Vgl. dazu BGH FamRZ 2017, 362 = RÜ 2017, 284.

I. Sondervorschriften bei Getrenntleben der Ehegatten

I. Unterhaltspflicht bei Getrenntleben, § 1361

Fall 12: Unterhaltsanspruch des getrennt lebenden Ehegatten

Nach 1/2-jähriger Ehe zog der Ehemann M, der als angestellter Architekt monatliche Bruttoeinkünfte von 5.800 € erwirtschaftet, aus der ehelichen Wohnung aus und lebt seitdem von seiner Frau getrennt. Die F, die vier Kinder im Alter zwischen vier und zehn Jahren aus einer früheren Ehe hat und deshalb nicht erwerbstätig ist, verlangt von M Unterhaltszahlung für sich. M weigert sich. Die F habe ihm durch dauernde Vernachlässigung des Haushalts einen Grund zum Getrenntleben gegeben; ein von ihm unternommener Versöhnungsversuch sei fehlgeschlagen, weil ihn die F hierbei beschimpft habe. Bei der kurzen Dauer der Ehe sei ihre Forderung im Übrigen unangemessen. Er habe zwar ein gutes Einkommen, müsse aber monatliche Steuern und Sozialabgaben i.H.v. 2.000 € entrichten und habe monatliche Fahrtkosten zu seiner Arbeitsstelle (unstreitig 300 €). Schließlich müsse die F selbst einer Erwerbstätigkeit nachgehen; dass sie Kinder zu betreuen habe, könne ihm nicht angelastet werden, da die Kinder nicht von ihm stammen.

30 Der Anspruch der F gegen M aus § 1361

Bei Getrenntleben der Ehegatten i.S.v. § 1567 Abs. 1 S. 1 wandelt sich der bisherige Anspruch auf einen Beitrag zum Familienunterhalt in einen persönlichen Unterhaltsanspruch des getrennt lebenden, bedürftigen Ehegatten (§ 1361 Abs. 1) um. Der Unterhalt für einen getrennt lebenden Ehegatten ist nach den Lebensverhältnissen und den Erwerbs- und Vermögensverhältnissen zu bestimmen. Es soll somit – zumindest wirtschaftlich gesehen – ein sozialer Abstieg infolge der Trennung vermieden werden.

I. **Voraussetzungen des Trennungsunterhalts nach § 1361 Abs. 1**[138]

1. **Bestand der Ehe:** bis Rechtskraft der Scheidung

2. **Getrenntleben** der Eheleute i.S.v. § 1567

3. **Bedürftigkeit** des Ehegatten, der Trennungsunterhalt verlangt
   Die Bedürftigkeit bestimmt sich nach den Einkünften aus Erwerbstätigkeit und Vermögen. Die Verwertung des Vermögensstammes kann im Einzelfall erforderlich werden, wenn sie nicht wirtschaftlich unzumutbar oder unvertretbar ist.[139]

   Lebt der Ehegatte mit einem neuen Partner in nichtehelicher Lebensgemeinschaft zusammen, so entfällt damit nicht ohne Weiteres die Bedürftigkeit; denn durch eine eheähnliche Gemeinschaft werden zwischen den neuen Partnern keine Unterhaltsansprüche begründet. Eine andere Frage ist, ob in diesem Fall die Inanspruchnahme des Verpflichteten ganz oder teilweise grob unbillig wäre (vgl. § 1361 Abs. 3 i.V.m. § 1579 Nr. 2).

   Für den Fall, dass die getrennt lebende Ehefrau sowohl ein eheliches als auch ein nach der Trennung geborenes, nicht vom Ehemann abstammendes Kind betreut, sodass die Ehefrau gegen

138 Vgl. dazu Roßmann/Viefhues, Kap. 3, Rn. 8 ff.

139 BGH FamRZ 1985, 360, 361.

den leiblichen Vater aus Anlass der Geburt einen Unterhaltsanspruch aus § 1615 l hat, müssen beide Väter entsprechend § 1606 Abs. 3 S. 1 anteilig eintreten.[140]

Entsteht jedoch ein Anspruch auf Trennungsunterhalt gemäß § 1361 dadurch, dass die Ehefrau die bisher ausgeübte Erwerbstätigkeit wegen der Geburt eines Kindes, das nicht von ihrem Ehemann abstammt (der die Vaterschaft anerkannt hat), aufgibt, so tritt der Anspruch auf Trennungsunterhalt hinter einem gleichzeitig bestehenden Anspruch aus § 1615 l zurück.[141]

4. **Leistungsfähigkeit** des Unterhaltsverpflichteten
   Er muss in der Lage sein, aus erzielten oder erzielbaren Einkünften oder aus Vermögen, dessen Verwertung erwartet werden kann, Unterhalt zu leisten. Die Grenze bildet der sog. Selbstbehalt (Eigenbedarf); das ist der Betrag des Einkommens, den der Verpflichtete für seinen eigenen Unterhalt benötigt.[142]

Eine wichtige Orientierungshilfe für die Einkommensverteilung bieten Unterhaltstabellen und die jeweils von den Familiensenaten der Oberlandesgerichte herausgegebenen Leitlinien, die unverbindliche Richtwerte angeben.

II. Nach **§ 1361 Abs. 2** kann der nicht erwerbstätige Ehegatte nur dann darauf verwiesen werden, seinen Unterhalt durch Erwerbstätigkeit selbst zu verdienen, wenn ihm dies nach seinen persönlichen Verhältnissen **zugemutet** werden kann. **31**

Der nicht erwerbstätige Ehegatte kann während des Getrenntlebens grundsätzlich nur unter engeren Voraussetzungen darauf verwiesen werden, seinen Unterhalt durch Erwerbstätigkeit selbst zu verdienen, als dies gemäß § 1574 Abs. 1 nach der Scheidung der Fall ist. Nach der Schutzvorschrift des § 1361 Abs. 2 ist er nur dann gehalten, einer Erwerbstätigkeit nachzugehen, wenn dies von ihm nach seinen persönlichen Verhältnissen, insbesondere wegen einer früheren Erwerbstätigkeit unter Berücksichtigung der Dauer der Ehe, und nach den wirtschaftlichen Verhältnissen beider Ehegatten erwartet werden kann. Während den im Zeitpunkt der Trennung längere Zeit nicht erwerbstätig gewesenen Ehegatten im ersten Trennungsjahr in der Regel keine Erwerbsobliegenheit trifft, nähern sich deren Voraussetzungen mit zunehmender Verfestigung der Trennung, insbesondere wenn die Scheidung nur noch eine Frage der Zeit ist, immer mehr den Maßstäben, die nach den §§ 1569 ff. für den nachehelichen Unterhalt gelten.[143]

Beachte: *Der Getrenntlebendenunterhalt basiert noch auf dem Gedanken ehelicher Solidarität – insoweit erklärt sich manche „Großzügigkeit". Der Gesetzgeber will den Parteien eine „Rückkehr" nicht verbauen. Der nacheheliche Unterhalt ist insoweit ungünstiger: Nunmehr gilt nämlich das Prinzip der Eigenverantwortung (vgl. § 1569); Unterhalt nach Scheidung ist also eine Ausnahme, die der Rechtfertigung bedarf.*

Trotz der kurzen Ehedauer kann im vorliegenden Fall der F, die vier minderjährige Kinder zu betreuen hat, keine Erwerbstätigkeit zugemutet werden. Darauf, dass die Kinder nicht von M stammen, kommt es hierbei nicht an.[144]

III. Der Unterhalt berechnet sich damit wie folgt:

Zunächst ist das sog. bereinigte Nettoeinkommen des Unterhaltspflichtigen zu ermitteln. Dies bedeutet, dass die Bruttoeinkünfte von 5.800 € um die Steuern und So-

---

140 BGH NJW 1998, 1309.

141 OLG Bremen NJW 2004, 1601, 1602.

142 Der Selbstbehalt beträgt gegenüber dem getrennt lebenden Ehegatten nach der Düsseldorfer Tabelle (Stand 2020) 1.280 €.

143 BGH FamRZ 2001, 350, 351.

144 BGH FamRZ 1979, 569, 571.

zialabgaben (dies sind insbesondere die Vorsorgeaufwendungen für Alter und Gesundheit) zu reduzieren sind, sodass ein Betrag von 3.800 € verbleibt.

Weiterhin sind die **berufsbedingten Aufwendungen** zu berücksichtigen. Diese können grundsätzlich pauschal mit 5 % des Nettoerwerbseinkommens veranschlagt werden.[145] Begehrt der Unterhaltspflichtige einen höheren Abzug, ist ein konkreter Vortrag und – falls streitig – Beweis zu fordern. M macht unstreitige Fahrtkosten zur Arbeitsstelle geltend, sodass die berufsbedingten Aufwendungen mit 300 € zu akzeptieren sind. Damit beträgt das unterhaltsrechtlich relevante Einkommen des M 3.500 €.

Schließlich ist dem erwerbstätigen Unterhaltsschuldner (als Arbeitsanreiz) ein sog. **Erwerbstätigenbonus** einzuräumen.

Der Erwerbstätigenbonus wird nur beim Trennungs- und Nachscheidungsunterhalt zugestanden, also insbesondere nicht beim Kindesunterhalt.[146]

Der Erwerbstätigenbonus beträgt 1/7 des bereinigten Erwerbseinkommens.[147] Damit ist für den Trennungsunterhalt ein Betrag von 3.000 € verfügbar.

Beide Ehegatten nehmen am ehelichen Lebensstandard in gleicher Weise teil, sodass der **Grundsatz der Halbteilung** gilt. Danach kann die F von M vorbehaltlich der weiteren Prüfung Trennungsunterhalt i.H.v. 1.500 € verlangen (3.000 € / 2).

IV. Nach § 1361 Abs. 3 ist die für den Geschiedenenunterhalt geltende **Härteklausel** des § 1579 Nr. 2 bis Nr. 8 entsprechend anzuwenden. Ein Anspruch auf Trennungsunterhalt kann versagt, herabgesetzt oder zeitlich begrenzt werden, wenn ein spezieller Härtegrund i.S.d. Nr. 2–8 des § 1579 vorliegt.

Die Inanspruchnahme auf Trennungsunterhalt kann z.B. in entsprechender Anwendung des § 1579 Nr. 2 unzumutbar sein, wenn der Unterhaltsberechtigte eine länger dauernde Beziehung zu einem anderen Partner eingegangen ist, die sich in einem solchen Maß verfestigt hat, dass sie als eheähnlich anzusehen ist (sog. eheersetzende Partnerschaft).[148]

Im vorliegenden Fall sind keine Umstände ersichtlich, welche die Härteklausel eingreifen lassen könnten.

§ 1361 Abs. 3 i.V.m. § 1579 Nr. 3 greift nicht ein: Es bleibt offen, ob die angeblichen Beschimpfungen nicht die Reaktion auf den Auszug des M gewesen sind. Auch ist nicht ersichtlich, dass die Beschimpfungen so schwerwiegend sind, dass sie die Unterhaltszahlungen durch M als unzumutbar erscheinen lassen.

§ 1361 Abs. 3 i.V.m. § 1579 Nr. 6 greift auch nicht ein: Im vorliegenden Fall hat M die Darlegungs- und Beweislast für das Fehlverhalten des anderen Ehegatten.[149] Allein durch die pauschale Behauptung der dauernden Vernachlässigung des Haushalts durch die F hat er eine für § 1579 Nr. 6 ausreichende schwerwiegende persönliche Eheverfehlung der F nicht dargelegt.

145 Palandt/Brudermüller § 1361 Rn. 48.

146 Palandt/Brudermüller § 1578 Rn. 48.

147 Die Unterhaltsleitlinien der süddeutschen Familiensenate (OLG Bamberg, OLG München, OLG Nürnberg, OLG Stuttgart und OLG Zweibrücken) sehen nur einen Erwerbstätigenbonus von 1/10 vor.

148 BGHZ 150, 209, 215.

149 BGH FamRZ 1984, 364, 368.

Der F steht somit Unterhalt in Höhe von 1.500 € zu: Der Unterhalt ist durch eine monatlich im Voraus zu zahlende Geldrente zu gewähren, § 1361 Abs. 4.

II. Haushalt und Ehewohnung während des Getrenntlebens

Für die Dauer des Getrenntlebens bis zur Scheidung regeln die §§ 1361 a, 1361 b, welcher Ehegatte den Hausrat und/oder die Ehewohnung bekommen soll. Für die Zeit nach der Scheidung wird die endgültige Regelung durch die §§ 1568 a, 1568 b getroffen. Jede gerichtliche Entscheidung nach §§ 1361 a, 1361 b erlischt daher mit der Rechtskraft der Scheidung von selbst. **32**

1. Haushaltsverteilung bei Getrenntleben, § 1361 a

a) Grundsätzlich kann jeder Ehegatte die ihm gehörenden Haushaltsgegenstände vom anderen Ehegatten herausverlangen, § 1361 a Abs. 1 S. 1. Der Eigentümer ist verpflichtet, sie dem anderen Ehegatten zum Gebrauch zu überlassen, soweit dieser sie zur Führung eines abgesonderten Haushalts benötigt und die Überlassung der Billigkeit entspricht, § 1361 a Abs. 1 S. 2.

b) Haushaltsgegenstände, die den Ehegatten gemeinsam gehören, werden zwischen ihnen nach den Grundsätzen der Billigkeit verteilt.

c) Soweit die Ehegatten sich nicht einigen, kann eine gerichtliche Entscheidung erfolgen, vgl. §§ 200 ff. FamFG. Ist die Angelegenheit besonders eilbedürftig, kann das Familiengericht die Benutzung der Ehewohnung und des Haushalts durch einstweilige Anordnung regeln, §§ 49 ff. FamFG.

Beispiel: Ein Kfz, das von den Ehegatten gemeinsam zum Zwecke der Haushalts- und privaten Lebensführung benutzt worden ist, ist **Haushaltsgegenstand** gemäß § 1361 a.[150] Wenn die getrennt lebende Ehefrau die beiden **Kinder** der Beteiligten betreut, sich ein Kind noch im Kleinstkindalter befindet und die Ehefrau zudem unter Rückenproblemen leidet, **benötigt** sie **das Fahrzeug** für ihren abgesonderten Haushalt. Die Zuweisung des Kfz an die Ehefrau entspricht der **Billigkeit**; dem Ehemann ist auch für seine berufliche Tätigkeit (als Rechtsanwalt) die Benutzung öffentlicher Verkehrsmittel oder eines Taxis zuzumuten.[151]

Während früher das Kfz als Haushaltsgegenstand rechtlich nur eingeordnet werden konnte, wenn das Fahrzeug hauptsächlich für private Zwecke verwendet wurde, genügt es mittlerweile, wenn neben der beruflichen Nutzung das Fahrzeug auch zu Familienzwecken verwendet wurde, jedenfalls dann, wenn es sich um das einzige Kfz der Familie handelt.[152]

2. Zuweisung der Ehewohnung bei Getrenntleben, § 1361 b

Die Zuweisung der Ehewohnung an einen Ehegatten setzt eine „unbillige" Härte voraus, § 1361 b Abs. 1 S. 1; die Belange des anderen Ehegatten (z.B. dessen Alleineigentum) sind zu berücksichtigen. Die unbillige Härte kann sich daraus ergeben, dass das Wohl von im Haushalt lebenden Kindern beeinträchtigt ist, § 1361 b Abs. 1 S. 2. **33**

---

150 BGH FamRZ 1991, 43; KG FamRZ 2003, 1927.

151 KG FamRZ 2003, 1927; dazu Anm. Wever S. 1927 f.

152 OLG Frankfurt FamRZ 2019, 783; OLG Stuttgart FamRZ 2019, 1131.

Der Begriff der Ehewohnung ist weit auszulegen und umfasst alle Räume, die die Ehepartner zum gemeinsamen Wohnen benutzt haben oder die als gemeinsame Wohnung bestimmt waren, unabhängig von dem der Nutzung zugrundeliegenden Rechtsverhältnis. Zur Ehewohnung gehören auch der Garten und die Nebenräume, sofern diese nicht ausschließlich beruflich oder gewerblich genutzt wurden. Ein als Gäste- und Saunahaus genutztes Gartenhaus ist demnach ebenfalls Ehewohnung.[153]

Die Qualifizierung als Ehewohnung hängt nicht davon ab, dass noch beide Ehegatten in der Wohnung leben. Sie behält ihren Charakter als Ehewohnung unabhängig von den Eigentumsverhältnissen während der gesamten Trennungszeit. Der Eigentümerehegatte kann – wenn der andere Ehegatte in der Wohnung lebt – keinen Antrag nach § 985 BGB auf Herausgabe stellen; ein solcher Antrag wäre unzulässig. Möglich ist nur der Antrag nach § 203 FamFG auf Zuweisung der Ehewohnung.[154]

Das Alleineigentum eines Ehegatten ist auch im Rahmen der Gesamtabwägung bei Zuweisung der Ehewohnung besonders zu berücksichtigen; dennoch besteht die Möglichkeit, dass im Trennungsjahr der andere Ehegatte die Wohnung zugewiesen bekommt, wenn er auf diese besonders angewiesen ist.[155] Der weichende Ehegatte kann aber nach § 1361 b Abs. 3 S. 2 BGB eine Nutzungsvergütung fordern.[156]

Die gesamte Wohnung ist dem Antragsteller zu überlassen, wenn der Antragsgegner gegen den Antragsteller ein Gewaltdelikt begangen hat, § 1361 b Abs. 2.[157] Der Ausgewiesene hat alles zu unterlassen, was geeignet ist, die Ausübung des Nutzungsrechts zu erschweren oder zu vereiteln, § 1361 b Abs. 3 S. 1.

153 OLG Brandenburg FamRZ 2020, 406.
154 BGH RÜ 2017, 21.
155 Vgl. dazu OLG Karlsruhe NZFam 2016, 89.
156 BGH FamRZ 2017, 693; OLG Düsseldorf FamRZ 2019, 779.
157 Vgl. hierzu OLG Stuttgart NJW-RR 2004, 434.

Zusammenfassende Übersicht zu den allgemeinen Rechtswirkungen der Ehe 34

Eheliche Lebensgemeinschaft, § 1353

- Generalklausel
- Einigungszwang, Funktionsteilung
- Herstellungsantrag (+), nicht vollstreckbar, § 120 Abs. 3 FamFG
- Unterlassungsanspruch gegen Partner o. Dritte bei Eingriff in räuml.-gegenständl. Bereich
- gegen Dritte vollstreckbar, § 890 ZPO; str., ob auch gegen Partner

Familienname, § 1355

- Geburtsname oder der zur Zeit der Eheschließung geführte Name der Frau oder des Mannes; derjenige, dessen Geburtsname nicht Ehename wird, kann seinen Geburts- o. bei Eheschließung geführten Namen dem Familiennamen voranstellen o. anfügen
- Jeder kann den zur Zeit der Eheschließung geführten Namen beibehalten

Pflichtenverteilung, § 1356

- grundsätzlich freie Rollenverteilung
- keine generelle Mitarbeitspflicht aus § 1353 oder Unterhaltspflicht

Schlüsselgewalt, § 1357

- wirksame Ehe, nicht getrennt lebend
- Geschäft zur angemessenen Deckung des Lebensbedarfs der Familie
- aus Umständen ergibt sich nicht etwas anderes
- Geschäftsführungsbefugnis nicht beschränkt oder ausgeschlossen

Rechtsfolgen: Str., ob Gesamtgläubiger oder gemeinschaftliche Berechtigung; nach h.M. keine dingliche Wirkung;

Eigenübliche Sorgfalt, § 1359

- bei spez. ehel. Verpflichtungen und deliktischen Ansprüchen, soweit unmittelbar Zusammenhang mit ehel. Lebensgemeinschaft
- nicht, wenn Ehepartner sich wie Dritte gegenüberstehen und bei gemeinsamer Teilnahme am Straßenverkehr

Unterhalt, §§ 1360 ff.

- angemessener Unterhalt
  - Maßstab: Ausgestaltung der ehelichen Lebensgemeinschaft
  - nachrangig ggü. unverheirateten minderjährigen Kindern, § 1609
  - keine Nachzahlung für Vergangenheit

Gläubigerschutz, § 1362, § 739 ZPO

- Eigentumsvermutung, § 1362 Abs. 1
- zugunsten der Gläubiger des Vollstreckungsschuldners; widerlegbar (§ 771 ZPO)
- Gewahrsamsvermutung, § 739 ZPO, bei Eingreifen der Vermutung des § 1362

Sonderregeln bei Getrenntleben

- Unterhaltspflicht, § 1361
- Haushaltsverteilung, § 1361 a
- Ehewohnung, § 1361 b

4. Abschnitt: Das eheliche Güterrecht (§§ 1363–1563)

A. Überblick über die Güterstände und ihr Verhältnis zueinander

35

I. Der gesetzliche Güterstand

Die Eheleute leben im **gesetzlichen Güterstand der Zugewinngemeinschaft** (§§ 1363 bis 1390), wenn sie nicht durch Ehevertrag etwas anderes vereinbart haben (§ 1363 Abs. 1).

- Die Zugewinngemeinschaft ist **Gütertrennung während der Ehe**.

  Dabei gibt es zwei Einschränkungen:

  - Verfügungen über das Vermögen insgesamt (§ 1365)
  - Verfügungen über Haushaltsgegenstände (§ 1369)

- Bei der Zugewinngemeinschaft entsteht **von Gesetzes wegen kein gemeinsames Vermögen** der Ehegatten, auch keine gemeinsamen Schulden.
- Bei Beendigung der Ehe findet aber ein Zugewinnausgleich statt:

Ausgleich bei Beendigung der Ehe

- Scheidung: Zugewinnausgleich
- Tod: Erhöhung des gesetzl. Erbteils[158]

II. Eheverträge

36 Schließen die Eheleute in einem **Ehevertrag** (vgl. § 1408, zur Form § 1410) den gesetzlichen Güterstand aus oder heben sie ihn auf, so tritt mangels einer abweichenden Vereinbarung **Gütertrennung** ein, § 1414. Sie kann auch im Ehevertrag ausdrücklich vereinbart werden.

1. Inhaltskontrolle bei Eheverträgen nach § 138 oder § 242

Der BGH überprüft Eheverträge, deren grundsätzliche Zulässigkeit nicht infrage gestellt werden kann (vgl. §§ 1408 ff.), zweistufig auf Wirksamkeit.[159] Zunächst wird **bezogen**

158 Vgl. dazu ausführlich Rn. 73.

159 Dazu Bergschneider/Wolf NZFam 2018, 61 ff., 162 ff.

auf den Zeitpunkt des Vertragsschlusses eine etwaige Sittenwidrigkeit ausgeschlossen und im zweiten Schritt eine sog. Ausübungskontrolle nach § 242 praktiziert, d.h. es kann trotz fehlender Sittenwidrigkeit dem durch den Ehevertrag begünstigten Ehegatten die Berufung auf Klauseln des Vertrages versagt sein, wenn sich etwa die Lebensverhältnisse der Beteiligten maßgeblich verändert haben, sodass **bei Trennung** eine grundlegende Benachteiligung eines Partners die Folge wäre. Klargestellt wurde durch den BGH, dass zumindest die **Kernbereiche des Scheidungsfolgenrechts** durch einen Ehevertrag nicht oder nur sehr bedingt angetastet werden dürfen: „Die Grenze ist dort zu ziehen, wo die vereinbarte Lastenverteilung der individuellen Gestaltung der ehelichen Lebensverhältnisse in keiner Weise mehr gerecht wird, weil sie evident einseitig ist." Insbesondere auf den Unterhalt wegen Kindesbetreuung und den Alters- und Krankheitsunterhalt sowie den Versorgungsausgleich können die Ehepartner nicht uneingeschränkt verzichten, zumindest dann nicht, wenn diese Nachteile nicht anderweitig durch Vorteile gemildert werden. Dagegen sei bei der vertraglichen Regelung des Zugewinnausgleichs keine Beschränkung vorhanden.[160]

2. Auswirkungen der Gütertrennung

Bei der Gütertrennung bleiben das Vermögen von Mann und Frau getrennt, es bestehen keine Verfügungsbeschränkungen und bei Beendigung des Güterstandes, z.B. im Falle der Scheidung, erfolgt kein güterrechtlicher Zugewinnausgleich.

Vermögen Ehemann || Vermögen Ehefrau

kein Ausgleich

Ausnahmsweise können Ausgleichsansprüche dennoch gegeben sein:

- bei einer Ehegatteninnengesellschaft;

  Bei der Mitarbeit des Ehegatten kommt bei Gütertrennung der Frage, ob ein Gesellschaftsverhältnis (Ehegatteninnengesellschaft) begründet wurde, besondere Bedeutung zu.[161]

- bei Störung der Geschäftsgrundlage.[162]

III. Gütergemeinschaft

Durch ausdrückliche Vereinbarung in einem Ehevertrag kann **Gütergemeinschaft** 37
(§§ 1415–1518) begründet werden.

Das Wesen der Gütergemeinschaft besteht darin, dass das in die Ehe eingebrachte und später erworbene Vermögen beider Eheleute – mit wenigen Ausnahmen – zu einem gemeinschaftlichen Vermögen zusammengefasst wird, dem sogenannten Gesamtgut. Aufgrund der Kompliziertheit ihrer Regeln und wegen der mit ihr verbundenen Risiken und Abhängigkeiten der Beteiligten voneinander kommt der Gütergemeinschaft keine

160 BGH NJW 2017, 884; BGH NJW 2004, 930.

161 Einzelheiten dazu unten Fall 30, Rn. 87.

162 Einzelheiten dazu unten Fall 27, Rn. 79 ff.

große praktische Bedeutung mehr zu. Anzutreffen ist sie am ehesten noch in den ländlichen Bereichen Süddeutschlands.

Das Vermögen wird bei einer Gütergemeinschaft in Vermögensmassen aufgegliedert, die verschiedenen Rechtsschicksalen unterliegen können:

Sondergut Mann	Vorbehaltsgut Mann	Gesamtgut Mann/Frau	Vorbehaltsgut Frau	Sondergut Frau

- Gesamtgut: Das beiderseitige Vermögen (eingebrachtes und hinzuerworbenes) wird gemeinschaftliches Vermögen zur gesamten Hand, § 1416.[163] Es wird – falls durch Ehevertrag nichts anderes bestimmt ist – auch gemeinschaftlich verwaltet, §§ 1421 ff., 1450 ff.[164]

- Sondergut bei Mann und Frau: Gegenstände, die nicht durch Rechtsgeschäft übertragen werden können (z.B. unpfändbare Lohn- und Gehaltsansprüche), verbleiben dem betreffenden Ehegatten, der sein Sondergut auch selbstständig verwaltet (§ 1417).[165] Das Sondergut ist Alleineigentum des betreffenden Ehegatten. Die Verwaltung erfolgt jedoch für Rechnung des Gesamtgutes, sodass dem Gesamtgut die Nutzungen (Erträge) zufallen, soweit sie durch Rechtsgeschäft übertragbar sind.

- Vorbehaltsgut bei Mann und Frau: Darunter fallen (vgl. § 1418) Gegenstände, die durch Ehevertrag hierzu erklärt sind, die ein Ehegatte von Todes wegen oder durch unentgeltliche Zuwendung Dritter mit der ausdrücklichen Bestimmung erwirbt, dass sie in das Vorbehaltsgut fallen sollen, ferner kraft dinglicher Surrogation Ersatzstücke für einen Gegenstand, der Vorbehaltsgut war.[166] Das Vorbehaltsgut steht im Alleineigentum eines Ehegatten und wird von ihm selbstständig und auf eigene Rechnung verwaltet. Dieser Ehegatte hat auch das Recht, daraus die Nutzungen zu ziehen. Nur hilfsweise steht es für den Familienunterhalt zur Verfügung, vgl. § 1420 BGB.

  Werden Eheleute rechtskräftig geschieden, so muss das Gesamtgut auseinandergesetzt (verteilt) werden. Dies regeln die §§ 1471 ff. BGB. Danach sind die Gesamtgutsverbindlichkeiten zunächst zu berichtigen und danach ist der Überschuss zu teilen. Die Durchführung der Teilung richtet sich nach den Vorschriften über die Gemeinschaft, also nach den §§ 741 ff. BGB.

IV. Güterrechtsregister

38 Der Güterstand hat wegen der Verfügungsbefugnis und der Schuldenhaftung auch Bedeutung für Dritte. Der Kundbarmachung nach außen dient das bei den Amtsgerichten geführte **Güterrechtsregister** (§§ 1558–1563).
Ist eine erhebliche Tatsache nicht eingetragen, so hat sie einem Dritten gegenüber keine Wirkung, es sei denn, er kennt sie (§ 1412 Abs. 1, negative Publizität). Auf den Fortbe-

---

163 PWW/Roßmann § 1416 Rn. 4.

164 Zur Auseinandersetzung des Gesamtguts vgl. Kappler FamRZ 2010, 1294.

165 PWW/Roßmann § 1417 Rn. 3.

166 PWW/Roßmann § 1418 Rn. 3 ff.

stand einer einmal richtig eingetragenen Tatsache kann – solange nichts Gegenteiliges eingetragen ist – vertraut werden. Dagegen besteht kein Vertrauensschutz hinsichtlich der Richtigkeit der Eintragung (ist z.B. Gütergemeinschaft eingetragen, aber der Ehevertrag nichtig, so wird ein Dritter im Vertrauen auf die Gütergemeinschaft nicht geschützt).

Über das Güterrechtsregister kann sich allerdings noch ein Vertrauensschutz aus dem allgemeinen Grundsatz „veranlassten Rechtsscheins" ergeben: Lassen Eheleute eine ihnen bekannte unrichtige Eintragung im Register stehen, so müssen sie diese Eintragung gegen sich gelten lassen, wenn sich der Dritte, ohne dass ihn ein Verschulden trifft, darauf verlassen hat.[167]

B. Die Prinzipien der Zugewinngemeinschaft

Auf die Prinzipien der Zugewinngemeinschaft, die wir im Überblick bereits vorgestellt haben, wollen wir näher eingehen, da die hiermit in Zusammenhang stehenden Fragen erfahrungsgemäß Gegenstand nicht nur mündlicher Prüfungen, sondern auch von Examensklausuren sind. **39**

I. Vermögenstrennung im Rahmen der Zugewinngemeinschaft

1. Die Vermögen der Eheleute (eingebrachte und während der Ehe erworbene) bleiben grundsätzlich getrennt. **Kraft Gesetzes** entsteht **kein gemeinschaftliches Vermögen**, § 1363 Abs. 2 S. 1, und es entstehen auch keine gemeinsamen Schulden. **40**

Der gesetzliche Güterstand der Zugewinngemeinschaft ist prinzipiell „Gütertrennung", sodass jeder Ehegatte sein Vermögen selbstständig verwaltet. Allerdings ist im Falle der Scheidung der in der Ehe erwirtschaftete Zugewinn auszugleichen. Es ist insbesondere ein weit verbreiteter Irrtum, dass ein Ehegatte für Schulden des anderen haften würde.

2. Die **Entstehung gemeinschaftlichen Vermögens** (Miteigentum, Gesamthandseigentum) **nach allgemeinen Rechtsgrundsätzen** bleibt möglich (z.B. gemeinsamer Erwerb durch gemeinsame Erklärung).

Fall 13: Das Sparguthaben auf dem Konto der Ehefrau

Der K und die B sind seit 1992 miteinander verheiratet. Seitdem war die B bis 2019 halbtags erwerbstätig. Seit 2019 bezieht sie eine geringere Rente. K war bis 2017 als Maschinenschlosser tätig. Solange noch eine Barentlohnung erfolgte, übergab er seine Lohntüte der B. Später wurden seine Lohn- und Renteneinkünfte auf ein Girokonto der B überwiesen. Obwohl K hinsichtlich dieses Kontos ebenfalls verfügungsberechtigt war, verfügte hierüber tatsächlich allein die B, da ihr von K die Regelung der gesamten finanziellen Verhältnisse überlassen worden war. Konkrete Abreden darüber, wie die B mit den vereinnahmten Geldern zu verfahren habe, gab es nicht. Die B bestritt von den eingehenden Geldern die Haushaltskosten sowie die weiteren Ausgaben der Lebensführung. Die verbleibenden Beträge zahlte sie auf verschiedene

167 Das Güterrechtsregister gilt mehr oder weniger als ein „totes" Register, da in der Praxis so gut wie keine Eintragungen von den Betroffenen veranlasst werden.

Sparkonten ein, die jeweils auf ihren Namen angelegt worden waren. Anfang März 2020 wurde K nach einem Selbstmordversuch in ein Krankenhaus eingeliefert. Im Anschluss an die Entlassung trennte er sich im Juni 2020 von der B und zog zu seinem Sohn. Kurze Zeit danach widerrief B die Verfügungsberechtigung des K über ihr Girokonto.

K verlangt von B die hälftige Beteiligung an den Kontenständen, außer denen kein nennenswertes Vermögen vorhanden ist.

41 I. **Anspruchsgrundlage § 667?**

Die Qualifizierung einer Vermögensverwaltung als **Auftragsverhältnis i.S.d. §§ 662 ff.** setzt einen Vertrag voraus, der zwar auch durch schlüssiges Verhalten zustande kommen kann, stets aber den Rechtsbindungswillen beider Ehegatten erfordert. Im Hinblick auf die bei einer Vermögensverwaltung entstehenden Pflichten des verwaltenden Ehegatten zur Befolgung von Weisungen, Auskunftserteilung, Rechenschaftslegung, Herausgabe des Erlangten und zur Haftung auf Schadensersatz bei Verstößen gegen die Grundsätze einer ordnungsgemäßen Verwaltung dürfen an die Feststellung eines Verwaltungsvertrages keine geringen Anforderungen gestellt werden.

Im vorliegenden Fall ist die Annahme eines solchen Vertragsschlusses der Parteien nicht gerechtfertigt, denn es gab zu keiner Zeit konkrete Abreden darüber, wie die B mit den vereinnahmten Geldern zu verfahren habe. Es ist somit **kein Auftragsverhältnis** i.S.d. §§ 662 ff. entstanden.[168]

Ein Anspruch aus § 667 scheidet daher aus.

II. **Anspruchsgrundlage §§ 722, 730?**

Dem K könnte ein Ausgleichsanspruch aufgrund einer **Ehegatteninnengesellschaft** zustehen.

Für die Annahme eines gesellschaftsrechtlichen Verhältnisses zwischen Ehegatten kommt es maßgeblich darauf an, welche Zielvorstellungen sie mit der Vermögensbildung verfolgen, insbesondere ob sie einen über die bloße Verwirklichung der ehelichen Lebensgemeinschaft hinausgehenden Zweck erreichen wollen. Indizien für eine entsprechend zu bewertende Zusammenarbeit der Ehegatten können sich aus Planung, Umfang und Dauer der Vermögensbildung, ferner aus Absprachen über die Verwendung und Wiederanlage erzielter Erträge ergeben.[169]

Derartige Indizien sind im vorliegenden Fall nicht ersichtlich. Es hat somit **keine Ehegatteninnengesellschaft** bestanden.
Ein Anspruch aus §§ 722, 730 scheidet daher auch aus.

III. **Anspruchsgrundlage § 430 analog?**

Dem K könnte ein Ausgleichsanspruch nach § 430 entsprechend den Grundsätzen zum **Oderkonto** zustehen. § 430 ist Anspruchsgrundlage betreffend den Gesamtgläubigerausgleich.[170]

---

168 BGH FamRZ 2002, 1696; s. dazu auch RÜ 2003, 6 ff.

169 BGH NJW 2006, 1268; s. hierzu auch unten Fall 30 m.w.N.

170 Vgl. Palandt/Grüneberg § 430 Rn. 1.

Bei dem Oderkonto handelt es sich um ein Gemeinschaftskonto mit jeweiliger Einzelverfügungsbefugnis der Kontoinhaber. Diese sind Gesamtgläubiger der Bank i.S.d. § 428.[171] Die Bank kann – und insoweit besteht ein Unterschied zu § 428 – jedoch nicht nach ihrem Belieben an die Kontoinhaber leisten, sondern sie hat exakt denjenigen Ehegatten zu bedienen, der zuerst ein Zahlungsverlangen äußert (Priorität).[172]
Im Innenverhältnis kommt eine Ausgleichspflicht nach § 430 in Betracht, wenn ein Gläubiger von dem Guthaben mehr für sich allein verwendet hat, als ihm nach der rechtlichen Ausgestaltung im Innenverhältnis zusteht.[173]
Im vorliegenden Fall laufen die Sparkonten allein auf den Namen der B. Es begegnet daher Bedenken, eine dem Oderkonto vergleichbare Lage anzunehmen.[174]

Ein Ausgleichsanspruch nach § 430 entsprechend den Grundsätzen zum **Oderkonto** kommt somit **nicht** in Betracht.

IV. **Anspruchsgrundlage §§ 742, 749 Abs. 1, 752?** **42**

Es könnte ein Ausgleichsanspruch unter dem Gesichtspunkt einer zwischen den Parteien in Ansehung der Kontenforderungen bestehenden **Bruchteilsgemeinschaft** bestehen.[175]
Der Inhaber eines Einzelkontos ist grundsätzlich alleiniger Gläubiger einer Guthabenforderung gegenüber der Bank, also Berechtigter im Außenverhältnis. Im Regelfall steht das Guthaben dem Kontoinhaber auch im Innenverhältnis der Ehegatten alleine zu.[176]

Die Ehegatten können aber – auch stillschweigend – eine **Bruchteilsberechtigung des Ehegatten, der nicht Kontoinhaber ist, an der Kontoforderung** vereinbaren.[177]

Unter welchen Voraussetzungen eine solche konkludente Vereinbarung anzunehmen ist, hängt von den Umständen des Einzelfalles ab. Leisten etwa beide Ehegatten Einzahlungen auf ein Sparkonto und besteht Einvernehmen, dass die Ersparnisse beiden zugutekommen sollen, so steht ihnen die Forderung gegen die Bank im Innenverhältnis im Zweifel zu **gleichen Anteilen** gemäß den §§ 741 ff. zu.[178] Auch wenn es sich um ein Einzelkonto handelt, kann eine Bruchteilsgemeinschaft angenommen werden, wenn das gemeinsame Sparen im Vordergrund steht und die **Kontoinhaberschaft nur von formaler Relevanz** war.[179]

Im vorliegenden Fall liegen Umstände für die Annahme einer Bruchteilsgemeinschaft vor: Die Einkünfte flossen, soweit sie nicht für den Lebensunterhalt der Parteien verbraucht wurden, sämtlich auf die Konten der B. Es rechtfertigt nichts die Annahme, dass K sein gesamtes verbleibendes Vermögen auf die B übertragen wollte. Vielmehr ist davon auszugehen, dass die Ersparnisse den Parteien gemeinsam zugutekommen sollten.

---

171 BGHZ 95, 187; BGH FamRZ 2002, 1096, 1097; Palandt/Grüneberg § 428 Rn. 3.
172 Vgl. dazu Klein/Roßmann, Kap. 2, Rn. 297.
173 Vgl. dazu Wever FamRZ 2010, 247.
174 BGH FamRZ 2002, 1696, 1697.
175 Vgl. dazu auch OLG Brandenburg FamRZ 2011, 114, 117.
176 BGH FamRZ 2002, 1696, 1697.
177 Vgl. auch OLG Bremen FamRZ 2009, 779.
178 BGH FamRZ 2002, 1696, 1697 m.w.N.
179 So OLG Brandenburg FamRZ 2011, 114, 117.

„Denn wenn Eheleute in einer solchen Form sparen, ohne insgesamt einen konkreten Zweck zu verfolgen, so dient ihr Verhalten der Vorsorge für den Fall des Alters oder der Erkrankung oder auch, um Nachkommen zu bedenken, sodass die Gelder letztlich beiden, sei es zu ihrem eigenen Nutzen oder zugunsten ihrer Erben, zugutekommen."[180]

Die Parteien haben somit **konkludent eine Bruchteilsgemeinschaft** an den Kontenforderungen begründet.

Nach **§ 742** ist **im Zweifel** anzunehmen, dass den Teilhabern **gleiche Rechte** zustehen. Gemäß § 749 Abs. 1 kann jeder Teilhaber jederzeit die Aufhebung der Gemeinschaft verlangen. Da ein vertraglicher Ausschluss dieses Rechts nicht ersichtlich ist, hat der K einen durch **Teilung** zu realisierenden Anspruch auf hälftige Teilhabe an dem Gemeinschaftsvermögen.

43 V. Die Durchsetzung des Ausgleichsanspruchs nach den §§ 741 ff. könnte durch die **Bestimmungen über den Zugewinnausgleich** ausgeschlossen sein.

1. Für die im gesetzlichen Güterstand der Zugewinngemeinschaft lebenden Ehegatten sind die während der Ehe gemachten **Zuwendungen** (sog. ehebedingte Zuwendungen) grundsätzlich **allein nach den Vorschriften des Zugewinnausgleichs** gemäß §§ 1372 ff. auszugleichen.

2. Hier liegt jedoch **keine Zuwendung** im obigen Sinne vor. Die Ehegatten haben lediglich um der Verwirklichung der ehelichen Lebensgemeinschaft willen zusammengewirkt und Mittel angespart, die nur einem von ihnen formal zugeordnet waren.

   Ein Vorrang des Güterrechts besteht in einem solchen Fall nicht, vielmehr ist die Auseinandersetzung der Bruchteilsgemeinschaft durchzuführen. Allerdings kann das Ergebnis dieser Auseinandersetzung den (späteren) Zugewinnausgleich durchaus beeinflussen, da eine Forderung eines Ehegatten gegen den anderen in seinem Endvermögen als Aktivposten zu bilanzieren ist, während der Vorgang bei dem anderen Ehegatten als Passivposten auftaucht.

Die Durchsetzung des Ausgleichsanspruchs aus §§ 742, 749 Abs. 1, 752 ist daher nicht durch die Bestimmungen über den Zugewinnausgleich ausgeschlossen.

VI. **Ergebnis:** Dem K steht ein Ausgleichsanspruch in Höhe hälftiger Kontenguthaben gegen die B aus §§ 742, 749 Abs. 1, 752 zu.

II. Verpflichtungs- und Verfügungsbeschränkungen

44 Jeder Ehegatte verwaltet sein Vermögen selbstständig, § 1364. Er unterliegt jedoch gewissen Verfügungsbeschränkungen, §§ 1365–1369, wenn sie nicht durch einen speziellen Ehevertrag ausgeschlossen worden sind.[181]

---

180 BGH FamRZ 2002, 1696, 1697.

181 Vgl. dazu umfassend Löhnig JA 2006, 753 ff.

- Nach h.M. handelt es sich bei den **§§ 1365, 1369** um **absolute Veräußerungsverbote**, auf die sich jedermann berufen kann und deren Rechtsfolgen in den §§ 1365 ff. speziell geregelt sind.[182]

Einigkeit besteht darüber, dass ein **gutgläubiger Erwerb ausscheidet**.[183]

1. Rechtsgeschäfte über das Vermögen im Ganzen, § 1365

Nach § 1365 Abs. 1 kann sich ein Ehegatte nur mit Einwilligung des anderen Ehegatten verpflichten, über sein „Vermögen im Ganzen" zu verfügen. Hat er sich ohne Zustimmung des anderen verpflichtet, so kann er die Verpflichtung nur erfüllen, wenn der andere Ehegatte einwilligt. **45**

Die Zustimmung kann durch das Familiengericht ersetzt werden, § 1365 Abs. 2.

a) § 1365 greift nur im Rahmen des gesetzlichen Güterrechts ein, d.h. nur dann, wenn die **Eheleute** im Güterstand der **Zugewinngemeinschaft** leben. § 1365 verfolgt die **Ziele:**

- den Zugewinnausgleichsanspruch zu sichern;[184]

  Die Einwilligungserfordernisse der §§ 1365–1369 verfolgen den Zweck, die wirtschaftliche Grundlage der Ehe- und Familiengemeinschaft zu erhalten.[185]

  Jedoch abstrahiert die Gesetzesfassung aus Gründen der Rechtssicherheit von diesem Zweck und schützt einen Ehegatten vor Verfügungen seines Ehegatten auch dann, wenn absehbar ist, dass der verfügende Ehegatte im Falle einer künftigen Auflösung der Ehe nicht ausgleichspflichtig sein würde.[186]

  Das Zustimmungserfordernis des § 1365 entfällt grundsätzlich mit Eintritt der Rechtskraft des Scheidungsbeschlusses. Das gilt aber ausnahmsweise dann nicht, wenn das Gesamtvermögensgeschäft zu einem Zeitpunkt getätigt wird, zu welchem zwar die Ehe rechtskräftig geschieden ist, der Zugewinnausgleichsanspruch als abgetrennte Folgesache aber noch rechtshängig ist. Grund für die entsprechende Anwendung des § 1365 in diesen Fällen ist die hier weiterhin anzuerkennende Schutzbedürftigkeit des ausgleichsberechtigten Partners, der vor der endgültigen Regulierung der Zugewinnausgleichsforderung geschieden wurde.[187]

- das Interesse eines Ehegatten an der **Erhaltung des Familienvermögens** zu schützen.[188]

b) Nach § 1365 Abs. 1 ist sowohl die rechtsgeschäftliche **Verpflichtung** eines Ehegatten zur Verfügung über sein Vermögen im Ganzen (S. 1) als auch diese **Verfügung** selbst (S. 2) **unwirksam**.

---

182 BGHZ 40, 218; Palandt/Brudermüller § 1365 Rn. 14; Schwab Rn. 271.
183 BGHZ 40, 218; Dethloff § 5 Rn. 78; Schwab Rn. 271.
184 BGHZ 77, 293, 297; 101, 225, 228; BGH NJW 2000, 1947, 1948 m.w.N.
185 Palandt/Brudermüller § 1365 Rn. 1.
186 BGH NJW 2000, 1947, 1948.
187 OLG Celle FamRZ 2004, 625; Palandt/Brudermüller § 1365 Rn. 10.
188 BGHZ 77, 293, 297; 101, 225, 228; 132, 218, 221; 143, 356, 359; OLG Celle NJW-RR 2001, 866.

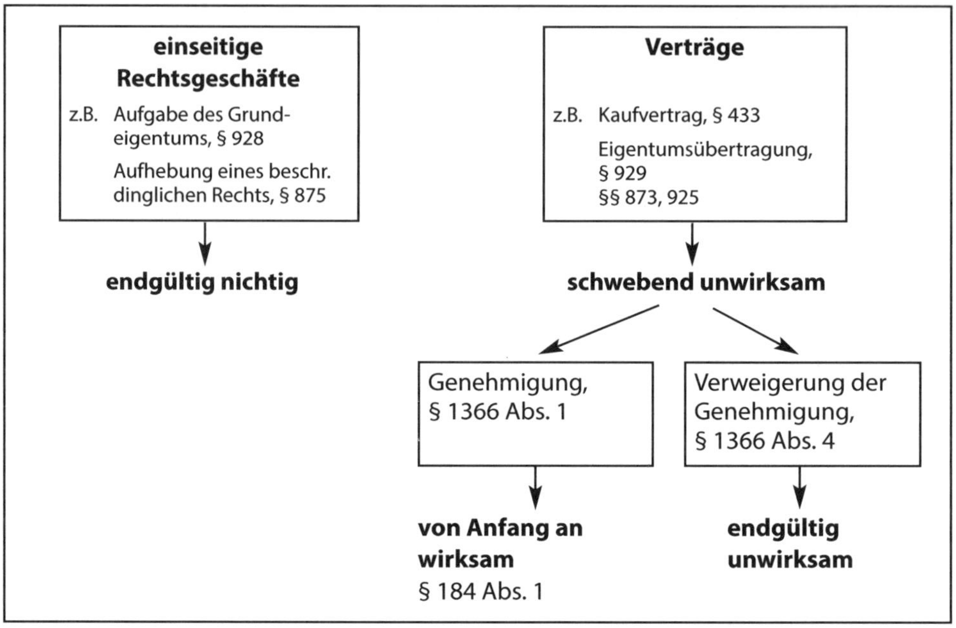

c) In der Praxis und damit auch für die juristische Ausbildung ist der § 1365 von erheblicher Bedeutung. Im Folgenden sollen einige **problematische Fälle** herausgestellt werden.

Fall 14: Unwirksame Grundschuldbestellung

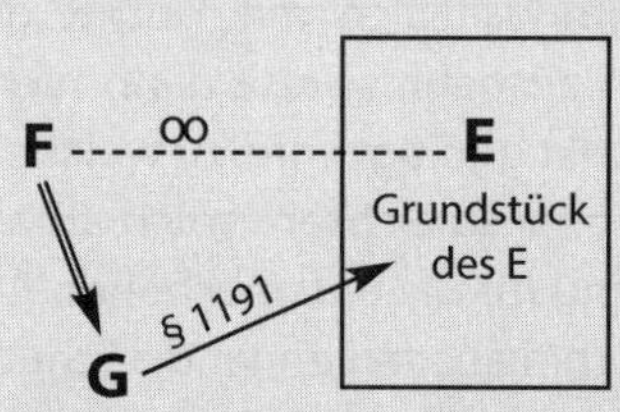

E benötigt ein Darlehen i.H.v. 40.000 €. E bittet seinen Freund G um das Darlehen. G, der die Vermögensverhältnisse des E kennt, weiß, dass der einzige nennenswerte Vermögensgegenstand des E ein unbebautes Grundstück ist und dass dieses Grundstück einen Verkaufswert von etwa 45.000 € hat. G verlangt daher von E eine dingliche Absicherung. In dem Darlehensvertrag verpflichtet sich E gegenüber G, an dem Grundstück zur Sicherung des Darlehens eine Grundschuld i.H.v. 40.000 € zu bestellen. E bewilligt in notariell beglaubigter Form die Eintragung der Grundschuld. Auf seinen Antrag wird die Grundschuld eingetragen. Durch die Belastung wird der Verkehrswert des Grundstücks im Wesentlichen ausgeschöpft. Als die Ehefrau des E hiervon erfährt, erklärt sie, sie sei damit nicht einverstanden. Hat G die Grundschuld erworben?

46 Durch die Erklärung der Ehefrau des E, dass sie mit der Grundschuldbestellung durch ihren Ehemann nicht einverstanden sei, könnte die Verfügung des E gemäß § 1366 Abs. 4 unwirksam sein.

I. Voraussetzungen für die Zustimmungsbedürftigkeit:

1. Das Rechtsgeschäft muss eine **Verpflichtung zu einer Verfügung** oder eine **Verfügung** enthalten.

Hier hat sich E dem G gegenüber zur Vornahme der Grundschuldbestellung (= Verfügung) verpflichtet und die Grundschuldbestellung vorgenommen.

2. Der Einwilligung bedarf nur ein Rechtsgeschäft, das zum Gegenstand **das Vermögen im Ganzen** hat.

Nach h.M. können auch Geschäfte hinsichtlich eines einzelnen Vermögensgegenstandes unter § 1365 fallen, wenn es sich bei diesem Gegenstand wirtschaftlich um das ganze oder nahezu das ganze Vermögen handelt.[189]

Erforderlich ist ein Wertvergleich zwischen dem übertragenen Gegenstand und dem verbliebenen Restvermögen.

Da unter Vermögen i.S.d. § 1365 das Aktivvermögen zu verstehen ist, bleiben die Schulden des handelnden Ehegatten bei dem Vergleich unberücksichtigt, es sei denn, für diese Schulden bestehen bereits Grundpfandrechte an einem Grundstück. Auch ist es nach h.M. unerheblich, ob der Verfügende eine **Gegenleistung** erhält oder ob das Geschäft ihm sogar wirtschaftliche Vorteile bringt (Merke: Geld ist flüchtig!).[190] Die auf einem sicheren Arbeitsverhältnis beruhende **Erwartung künftigen Arbeitseinkommens** bleibt bei dem Wertvergleich außer Betracht.[191]

Die Anwendung des § 1365 BGB hängt davon ab, ob ein kleines oder ein nicht mehr kleines Vermögen betroffen ist. Ein kleines Vermögen liegt vor, wenn dem Verfügenden weniger als 25.000 € Restvermögen verbleiben. Ist nur noch ein kleines Vermögen vorhanden, müssen dem Verfügenden mindestens 15% als Restbetrag des Vermögens verbleiben. Ansonsten liegt die Grenze bei 10%.[192]

Allerdings ist nach Auffassung des BGH[193] ein vorbehaltenes dingliches Wohnrecht bei der Beurteilung, ob die Übertragung eines Grundstücks durch einen Ehegatten sein Vermögen im Ganzen betrifft, als verbliebenes Vermögen zu berücksichtigen.

In der Bestellung eines Grundpfandrechts kann eine nach § 1365 Abs. 1 zustimmungsbedürftige Verfügung liegen.[194]

Anderenfalls wäre eine Umgehung des § 1365 möglich, denn bei einem Widerstand eines Ehegatten gegen die Veräußerung könnte sonst der Eigentümer das Grundstück bis zur äußersten Grenze belasten und es sodann zur Versteigerung kommen lassen.

Herrschend ist die wirtschaftliche Betrachtungsweise. Danach ist eine **Belastung des – das ganze Vermögen ausmachenden – Grundstücks dann eine Verfügung i.S.d. § 1365, wenn die Belastung den Verkehrswert des Grundstücks ganz oder im Wesentlichen ausschöpft – Erschöpfungstheorie.**[195]

Nach OLG Brandenburg[196] können auch mehrere nacheinander vorgenommene Belastungen, die in einem engen zeitlichen und sachlichen Zusammenhang stehen und als einheitlicher Lebensvorgang erscheinen, „eine Verfügung über das Vermögen als Ganzes darstellen." „Für den Anwendungsbereich der Regelung des § 1365 BGB ist … ausreichend, dass die späteren Verfügungen bei wirtschaftlicher Betrachtungsweise auf den früheren Verfügungen aufbauen."

189 So die herrschende **Einzeltheorie**, vgl. BGHZ 35, 135; 132, 218, 220/221 m.w.N.; Schwab Rn. 249 ff.

190 BGHZ 35, 135; 43, 174, 176; Schwab Rn. 251 m.w.N.

191 BGH DNotZ 1988, 174, 175 m. Anm. Küper JA 1988, 44.

192 PWW/Weinreich § 1365 Rn. 8; Kogel FamRB 2018, 200.

193 BGH FamRZ 2013, 607.

194 Vgl. dazu BGH FamRZ 2012, 116.

195 So z.B. BGH NJW 1993, 2441; OLG Brandenburg FamRZ 1996, 1015; Palandt/Brudermüller § 1365 Rn. 5; Dethloff § 5 Rn. 60 ff.

196 OLG Brandenburg FamRZ 1996, 1015.

Im vorliegenden Fall war das Grundstück praktisch das gesamte Vermögen des E. Durch die Belastung mit der Grundschuld (40.000 €) wird der Verkehrswert des Grundstücks (45.000 €) im Wesentlichen ausgeschöpft.

3. **Bei der Verfügung über einzelne Gegenstände muss der Vertragspartner positiv wissen, dass es sich praktisch um das ganze Vermögen des Ehegatten handelt, oder er muss zumindest die Verhältnisse des Verfügenden kennen, aus denen er einen entsprechenden Schluss ziehen kann.**[197]

Wolf[198] steht zwar grundsätzlich auf dem Boden der subjektiven Theorie, macht aber eine Ausnahme für den unentgeltlichen Erwerb: „Der unentgeltliche Erwerb ist (...) nicht schutzwürdig. Soweit der eine Ehegatte unentgeltlich dem Erwerber einen einzelnen Vermögensgegenstand, der wertmäßig nahezu sein ganzes Vermögen darstellt, zuwendet, bedarf die Einzeltheorie nicht der Korrektur durch die subjektive Theorie. Im Fall der unentgeltlichen Zuwendung hat es bei der objektiven Theorie zu verbleiben."

Maßgeblicher Zeitpunkt für die Kenntnis ist nach h.M. nicht die Vollendung des Rechtserwerbs, sondern **derjenige der Verpflichtung**. Wenn der Vertragspartner bei Abschluss des Verpflichtungsgeschäftes nicht weiß, dass nahezu das ganze Vermögen betroffen ist, bedarf auch das Erfüllungsgeschäft trotz nunmehr bestehender Kenntnis keiner Zustimmung. Dies ist die Konsequenz der h.M., wonach gemäß § 1365 Abs. 1 das Erfüllungsgeschäft keiner Zustimmung bedarf, wenn sie für das vorausgegangene Verpflichtungsgeschäft nicht erforderlich war.[199]

Nur bei isolierten Verfügungen kommt es auf die Kenntnis bei Abgabe der Willenserklärung zum Verfügungsgeschäft an.

Im vorliegenden Fall wusste G schon bei Abschluss des obligatorischen Vertrages, dass das Grundstück nahezu das gesamte Vermögen des E ausmacht. Die Voraussetzungen des § 1365 sind gegeben.

II. Da Frau E weder in das Verpflichtungsgeschäft noch in das Verfügungsgeschäft eingewilligt hat (§ 1365), keine nachträgliche Genehmigung durch Frau E erfolgt ist (§ 1366) und auch keine Ersetzung der fehlenden Einwilligung durch das Familiengericht (§ 1365 Abs. 2) vorliegt, ist die Grundschuldbestellung unwirksam.

Ein **gutgläubiger Erwerb** der Grundschuld durch G **scheidet aus.**

Begründet wird dies nach h.M. damit, dass es sich bei den §§ 1365, 1369 um ein absolutes Veräußerungsverbot handelt, sodass die Verweisungen des § 135 Abs. 2 BGB nicht zum Zuge kommen.[200] Es gibt daher keinen gutgläubigen Erwerb, weder gestützt darauf, dass man das Geschäft nicht für zustimmungsbedürftig hält, z.B. weil man den Geschäftspartner für unverheiratet hält, oder weil man annahm, die Zustimmung sei erteilt. Nur bei Verfügungen über einzelne Gegenstände wird die Unkenntnis des Vertragspartners, dass es sich um nahezu das gesamte Vermögen handelt, geschützt. Das Interesse der Ehegatten wird insoweit grundsätzlich über den Verkehrsschutz gestellt. Deshalb wird – um die Wirksamkeit von Geschäften bei verheirateten Vertragspartnern sicher zu

197 OLG Düsseldorf NZFam 2015, 979; BGHZ 43, 174, 177; 77, 293, 295; 123, 93, 95; 132, 218, 221. Anders die objektive Theorie, nach der es auf die Kenntnis des Erwerbers nicht ankommt, vgl. dazu Dethloff § 5 Rn. 62.

198 Wolf JZ 1997, 1094 ff.

199 PWW/Weinreich § 1365 Rn. 16.

200 Schwab Rn. 271.

stellen – in der Praxis vorsorglich die Zustimmung des anderen Ehegatten verlangt, insbesondere bei notarieller Veräußerung von Grundstücken.[201]

G hat somit keine Grundschuld erworben. Das Grundbuch ist unrichtig. Die sich hieraus ergebenden 47
Rechte (z.B. Anspruch gegen G auf Abgabe einer Berichtigungsbewilligung gemäß § 894) kann nicht nur der Verfügende, sondern auch der andere Ehegatte geltend machen. Beide Ehegatten haben die sog. **revokatorische Klage,**[202] **§ 1368**.

Fall 15: Verkauf des Grundstücks ohne Zustimmung des Ehegatten

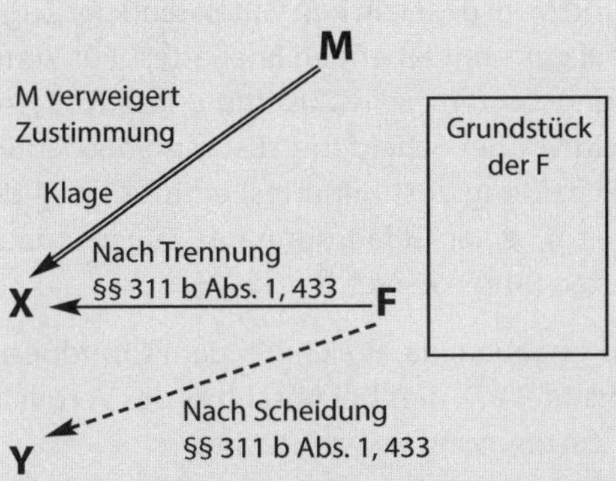

M war mit F im gesetzlichen Güterstand der Zugewinngemeinschaft verheiratet. Die Ehe wurde auf Antrag des M geschieden. Während des Scheidungsverfahrens, als die Parteien bereits getrennt lebten, verkaufte F in einem notariellen Vertrag ihren Grundbesitz für 140.000 € an X und bewilligte die Eintragung einer Auflassungsvormerkung. Dem X war bekannt, dass der verkaufte Grundbesitz nahezu das ganze Vermögen der F ausmachte. M verweigerte dem Kaufvertrag seine Zustimmung nach § 1365. Die Auflassung ist bisher nicht erfolgt.
Nach der Scheidung verkaufte die F den Grundbesitz in einem notariellen Vertrag für 160.000 € an Y. X besteht auf der Durchführung seines Kaufvertrages.
M hat Klage gegen X auf Feststellung erhoben, dass der zwischen F und X geschlossene Kaufvertrag nach § 1365 unwirksam sei; er macht geltend, dass der Verkauf an X unter dem wahren Wert des Anwesens erfolgt sei und dass er zur Sicherung seines Zugewinnausgleichsanspruchs daran interessiert sei, dass seine geschiedene Frau für den Grundbesitz einen höchstmöglichen Verkaufserlös erziele und statt an X an Y verkaufe.

I. Die **Feststellungsklage** müsste **zulässig** sein. 48

1. Die Zulässigkeit der Feststellungsklage ergibt sich **nicht aus § 1368**. Diese Regelung betrifft allein die Geltendmachung der **Unwirksamkeit der Verfügung**. Die Unwirksamkeit des Verpflichtungsgeschäfts kann dagegen nicht nach § 1368 geltend gemacht werden.[203]

2. Die Klage auf Feststellung der **Unwirksamkeit des Verpflichtungsgeschäfts** ist unter den Voraussetzungen des **§ 256 ZPO** zulässig. Der Kläger muss ein „rechtliches Interesse an alsbaldiger Feststellung" haben. Gegenstand einer Feststellungsklage kann auch die Klärung eines Rechtsverhältnisses zwischen der beklag-

---

201 Dethloff § 5 Rn. 78.

202 Dies ist ein Fall der gesetzlichen Prozessstandschaft, vgl. Tiedtke/Schmitt FamRZ 2009, 1105, 1106.

203 BGH NJW-RR 1990, 1154 m.w.N.

ten Partei und einem Dritten sein, wenn der Kläger aus besonderen Gründen ein berechtigtes Interesse an dieser Feststellung gerade gegenüber der beklagten Partei hat.[204]

Diese Voraussetzungen liegen hier vor, da der Kaufvertrag F – X Auswirkungen für die Höhe (§ 1378 Abs. 2) und Durchsetzbarkeit der Zugewinnausgleichsforderung des M hat.

II. Die **Feststellungsklage** ist **begründet**, wenn der Kaufvertrag F – X gemäß **§ 1365** zustimmungsbedürftig war.

1. Bei Abschluss des Vertrages lebten F und M im gesetzlichen Güterstand der Zugewinngemeinschaft. § 1365 gilt auch bei getrennt lebenden Ehegatten. Für Verfügungen nach rechtskräftiger Scheidung besteht kein Zustimmungserfordernis nach § 1365. Wenn jedoch ein Geschäft vor der Scheidung zustimmungsbedürftig war, so bleibt es auch nach der Scheidung zustimmungsbedürftig, weil der Wegfall der Zustimmungsbedürftigkeit zu einer Gefährdung des Zugewinnausgleichsanspruchs des anderen Ehegatten führen kann.[205]
2. Die Voraussetzungen des § 1365 sind gegeben, da es sich bei dem Grundbesitz um das wesentliche Vermögen der F handelte, X dies bei Abschluss des Verpflichtungsgeschäftes wusste und M seine Zustimmung verweigert hat.

Der Klage des M ist daher stattzugeben.

Fall 16: Späte Berichtigungsklage

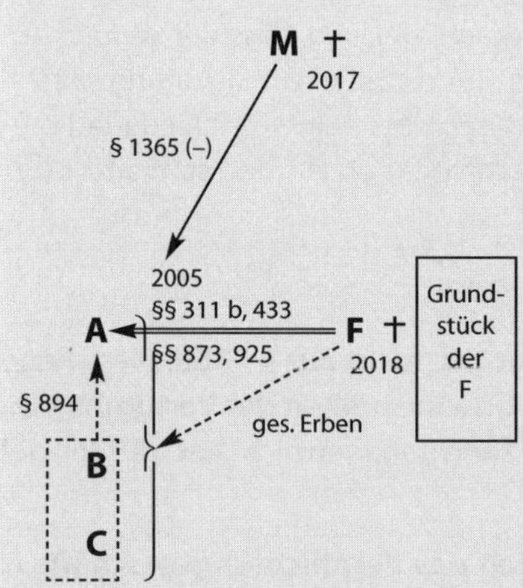

Die Eheleute M und F lebten im gesetzlichen Güterstand der Zugewinngemeinschaft. Sie hatten die Kinder A, B und C. Der F gehörte ein Grundstück, das zum Teil verpachtet war, zum Teil mit einem Einfamilienhaus bebaut ist, in dem die Familie wohnte. Das Grundstück stellte im Wesentlichen das gesamte Vermögen der F dar. Die F wollte, dass allein der Sohn A Eigentümer dieses Grundstücks wurde. Im Jahre 2005 veräußerte die F dem A mit notariellem Vertrag gegen Zahlung einer monatlichen Rente von 1.000 €, Einräumung eines lebenslangen Nießbrauchs an dem verpachteten Gelände und eines lebenslangen unentgeltlichen Wohnrechts für M und F ihren Grundbesitz. Der Notar hatte F und A darauf hingewiesen, dass die F zu dieser Veräußerung der Zustimmung ihres Ehemannes bedurfte, der bei der Beurkundung nicht zugegen war. Zu den Akten des Notars gelangte eine

204 Palandt/Brudermüller § 1368 Rn. 3; BGH NJW-RR 1990, 1154; Dörr NJW 1991, 1090, 1092.

205 BGH FamRZ 1978, 396, 397; OLG Saarbrücken FamRZ 1987, 1248; Palandt/Brudermüller § 1365 Rn. 12.

Genehmigungserklärung, die – wie sich später herausstellte – gefälscht war. A wurde als Eigentümer im Grundbuch eingetragen. Danach ließ M dem Notar und der F mitteilen, dass eine Genehmigung des Vertrages nicht in Betracht komme. Im Dezember 2017 starb M; in seinem Testament hatte er den A nicht bedacht. Die F verstarb im November 2018. Gesetzliche Erben der F sind A, B und C. B und C verklagen A auf Zustimmung zur Grundbuchberichtigung des Inhalts, dass sie zusammen mit A als Eigentümer des Grundstücks in Erbengemeinschaft eingetragen werden. A beantragt Klageabweisung. Er behauptet, sein Vater habe später im Familienkreise entgegen seiner früheren Weigerung sein Einverständnis mit der Grundstücksveräußerung erklärt; dies wird von B und C bestritten. Außerdem ist A der Ansicht, mit dem Tode seines Vaters sei eine Konvaleszenz des Vertrages eingetreten.

Fall nach BGHZ[206] (die Jahreszahlen wurden geändert). Nach Karsten Schmidt[207] ist das Urteil „geradezu ein Musterbeispiel für die Nutzanwendung juristischen Grundwissens in der höchstrichterlichen Rspr., wenn man will, also: der Einheit von Lehre und Praxis."

A. B und C können von A gemäß **§ 894** die Bewilligung der Grundbuchberichtigung verlangen, wenn der Grundbesitz der Erbengemeinschaft A, B und C gehört. Das ist der Fall, wenn er zum Nachlass der F gehörte. Ursprünglich stand er im Eigentum der F. Sie könnte das Eigentum gemäß §§ 873, 925 durch Auflassung und Eintragung auf A übertragen haben. F und A haben die Auflassung erklärt; A ist als neuer Eigentümer im Grundbuch eingetragen worden. Die Auflassung könnte aber nach § 1365 Abs. 1 S. 2 der Zustimmung des M bedurft haben und durch Verweigerung der Genehmigung unwirksam sein, § 1366 Abs. 4. 49

I. **Unwirksamkeit der Auflassung nach § 1366 Abs. 4**

1. Die F war in dem notariellen Vertrag mit A eine **Verpflichtung zu einer Verfügung** (Kaufvertrag) eingegangen und hat eine **Verfügung** (Auflassung) getroffen. Bei dem betroffenen Grundbesitz handelte es sich **wirtschaftlich** um **nahezu das ganze Vermögen** der F. Dies war **dem Vertragspartner** A im **Zeitpunkt des Abschlusses des Verpflichtungsvertrages bekannt**.
   Das Verpflichtungsgeschäft bedurfte daher der Zustimmung des M nach § 1365 Abs. 1 S. 1. Bei fehlender Zustimmung zu dem Verpflichtungsgeschäft bedurfte das Verfügungsgeschäft – die Auflassung – der Zustimmung des M nach § 1365 Abs. 1 S. 2. Die Zustimmung lag bei Abschluss des Verpflichtungs- und Verfügungsgeschäfts nicht vor.

2. Wegen der fehlenden Zustimmung waren sowohl der Kaufvertrag als auch die Auflassung zunächst **schwebend unwirksam**. Mit der Verweigerung der Genehmigung durch M (die ebenso wie eine Zustimmung nicht der Form des § 311 b Abs. 1 S. 1 bedurfte, vgl. § 182 Abs. 2) wurde der Vertrag **von Anfang an unwirksam**, § 1366 Abs. 4.

3. Nach h.M. ist die **Verweigerung** der Genehmigung unwiderruflich.

206 BGHZ 125, 355.

207 Schmidt JuS 1995, 102, 103.

Das Gesetz trifft in §§ 1365 Abs. 2, 1366 Abs. 3 Sonderregelungen. Für zwei **Ausnahmefälle** besteht die Möglichkeit, dem Vertrag trotz Verweigerung der Genehmigung doch noch zur Geltung zu verhelfen:

Ersetzung der Genehmigung durch das Familiengericht, § 1365 Abs. 2 i.V.m. § 1366 Abs. 3 S. 3.

Aufforderung des Dritten an den vertragschließenden Ehegatten, die Genehmigung des anderen zu beschaffen. Diese Aufforderung bewirkt nach § 1366 Abs. 3 S. 1 Hs. 2 zunächst, dass die gegenüber dem veräußernden Ehegatten bereits erklärte Verweigerung unwirksam wird; die Erklärung des anderen Ehegatten ist dann dem Dritten gegenüber abzugeben (§ 1366 Abs. 3 S. 1 u. 2).

Diese Regelung muss als abschließend angesehen werden.[208]

Es kann daher dahingestellt bleiben, ob der M später im Familienkreise entgegen seiner früheren Weigerung sein Einverständnis mit der Grundstücksveräußerung erklärt hat.

4. Mit dem Tode des Vaters könnte **Konvaleszenz** eingetreten sein.

Nach allgemeinen Grundsätzen konvaleszieren schwebend unwirksame Verträge, wenn während des Schwebezustandes der Schutzzweck jener Norm entfällt, welche die schwebende Unwirksamkeit bewirkte; die Konvaleszenz bewirkt die (nachträgliche) Wirksamkeit der bis dahin schwebend unwirksamen Verträge (wie z.B. in § 185 Abs. 2 S. 1 Fall 2 u. 3).[209]

Auch bei Gesamtvermögensgeschäften kann eine Konvaleszenz des Rechtsgeschäfts eintreten, wenn das Zustimmungserfordernis infolge Beendigung des Güterstandes durch Tod des zustimmungsberechtigten Ehegatten entfällt, weil der Schutzzweck des § 1365 – die Erhaltung des Vermögens als wirtschaftliche Grundlage der Familie – nicht mehr besteht.

Voraussetzung der Heilung des Rechtsgeschäfts ist aber jedenfalls, dass es im Zeitpunkt der Beendigung des Güterstandes schwebend unwirksam ist. Ist – wie in unserem Fall – die **Genehmigung verweigert** worden und liegt auch **kein Ausnahmetatbestand** gemäß §§ 1365 Abs. 2, 1366 Abs. 3 (s.o.) vor, **scheidet eine Konvaleszenz** aus.[210]

Zwischenergebnis: Die Auflassung ist nach § 1366 Abs. 4 unwirksam.

II. Die Grundstücksübertragung auf A ist somit unwirksam. Das Grundstück gehörte zum Nachlass der F und ist mit dem Tode der F der Erbengemeinschaft A, B, C zugefallen. Das Grundbuch ist daher unrichtig, der **Berichtigungsanspruch aus § 894 somit begründet**.

Wegen der Leistungen, die A in Vollzug des (unwirksamen) Vertrages an die F erbracht hat (Rentenzahlung), kann A gegen die Erbengemeinschaft einen Bereicherungsanspruch gemäß §§ 812, 1922, 1967 haben. Dieser Anspruch könnte gegenüber dem Berichtigungsanspruch aus § 894 ein Zurückbehaltungsrecht gemäß § 273 begründen. A hätte dann aber die Einrede erheben müssen.[211]

208 BGHZ 125, 355, 359; kritisch hierzu Schmidt JuS 1995, 102, 104 ff.

209 Vgl. Palandt/Ellenberger § 185 Rn. 11 a.

210 BGHZ 125, 355, 361/362.

211 BGHZ 125, 355 geht hierauf nicht ein.

B. Der Grundbuchberichtigungsanspruch folgt auch aus **§ 812 Abs. 1 S. 1**:[212] A hat die Eintragung im Grundbuch (ein kondiktionsfähiges Etwas) durch Leistung der F erlangt. Da die für das Kausalgeschäft erforderliche Zustimmung (§ 1365 Abs. 1 S. 1) fehlte und durch Verweigerung der Genehmigung auch das Kausalgeschäft unwirksam wurde (§ 1366 Abs. 4), hat A die Buchposition ohne rechtlichen Grund erlangt. Er schuldete daher der F nach § 812 Abs. 1 S. 1 die Bewilligung ihrer Wiedereintragung. Mit dem Tode der F ist deren Anspruch gemäß § 1922 auf die Miterben in der Weise übergegangen, dass diese die Bewilligung der Eintragung aller Miterben als Eigentümer fordern können.

Gegenüber dem Anspruch aus § 812 müsste ein evtl. Gegenanspruch des A aus § 812 nicht erst aufgrund einer Einrede, sondern nach den Grundsätzen der Saldotheorie von Amts wegen berücksichtigt werden.

Fall 17: Grundbuchbeschwerde wegen fehlender Ehegattenzustimmung

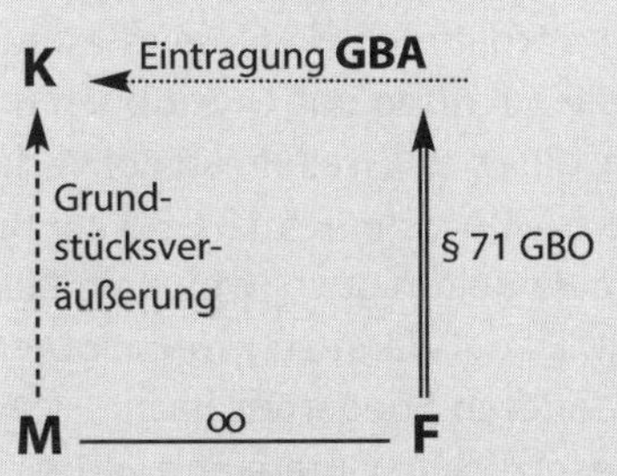

Ehemann M ist der alleinige Eigentümer eines Grundstücks, das nahezu das ganze Vermögen des M ausmacht. Er veräußert das Grundstück ohne Wissen seiner Frau F an K. Der notarielle Veräußerungsvertrag enthält den Passus: „Der Erschienene zu 1. (Veräußerer) ist verheiratet. Er erklärt, dass der Vertragsgegenstand nicht den wesentlichen Teil seines Vermögens ausmacht." K wird im Grundbuch als Eigentümer eingetragen. Die F erhebt Grundbuchbeschwerde mit dem Antrag, einen Amtswiderspruch zugunsten beider Ehegatten einzutragen. Zur Begründung führt sie an, dass ihre nach § 1365 erforderliche Zustimmung fehle.

I. Zulässigkeit der Beschwerde **50**

1. Gemäß § 71 Abs. 2 S. 2 GBO ist die Beschwerde gegen eine Eintragung statthaft mit dem Antrag, dass das Grundbuchamt angewiesen wird, nach § 53 GBO einen Widerspruch einzutragen.

2. Soweit mit der Beschwerde die Eintragung eines Amtswiderspruchs nach § 53 GBO begehrt wird, ist nur **beschwerdeberechtigt**, wer, falls die Eintragung unrichtig wäre, nach § 894 einen Anspruch auf Berichtigung des Grundbuchs hätte, zu dessen Gunsten also der Widerspruch gebucht werden müsste.

   Das wäre hier der M. Aus der Vorschrift des § 1368 folgt jedoch, dass auch **der im Güterstand der Zugewinngemeinschaft lebende Ehegatte beschwerdeberechtigt ist in Bezug auf eine Eintragung, die ohne seine nach § 1365 Abs. 1 erforderliche Zustimmung erfolgt ist, mit dem Ziel, den Widerspruch zugunsten beider Ehegatten einzutragen**.[213]

---

212 § 812 und § 894 sind nebeneinander anwendbar, vgl. Palandt/Herrler § 894 Rn. 13.

213 PWW/Weinreich § 1368 Rn. 3 a.E.

Die Beschwerde der F ist somit zulässig.

II. Begründetheit der Beschwerde.

Die Eintragung eines Amtswiderspruchs setzt nach § 53 GBO voraus, dass das GBA unter Verletzung gesetzlicher Vorschriften eine Eintragung vorgenommen hat, durch die das Grundbuch unrichtig geworden ist. Dabei muss die Gesetzesverletzung des GBA feststehen, während die Unrichtigkeit des Grundbuchs nur glaubhaft sein muss.

Eine Gesetzesverletzung des GBA könnte hier darin liegen, dass das GBA die Eigentumsumschreibung vorgenommen hat, obwohl die Veräußerung wegen Verstoßes gegen § 1365 zunächst (schwebend) unwirksam war.

Das GBA hat die Verfügungsbefugnis des Bewilligenden, insbesondere eine etwa gesetzlich vorgeschriebene Zustimmung eines Dritten, von Amts wegen zu prüfen; es ist zur Anstellung von Ermittlungen jedoch grundsätzlich nicht verpflichtet. Allerdings folgt aus dem Legalitätsgrundsatz, dass das GBA eine Eintragung trotz Vorliegens einer Bewilligung des Betroffenen dann nicht vornehmen darf, wenn es aufgrund feststehender Tatsachen positiv weiß, dass die Buchung das Grundbuch unrichtig macht. Erfährt das GBA bestimmte Tatsachen, die es zu Zweifeln an der Verfügungsbefugnis des Bewilligenden berechtigen, ist das GBA gemäß § 18 GBO zur Beanstandung befugt und verpflichtet. Diese Grundsätze gelten auch, wenn ein Ehegatte über ein ihm gehörendes Grundstück verfügt. Es hat dann zu prüfen, ob ein Rechtsgeschäft vorliegt, das der Zustimmung des anderen Ehegatten nach § 1365 Abs. 1 bedarf. Jedoch folgt aus § 1364, dass ein im gesetzlichen Güterstand verheirateter Ehegatte grundsätzlich über sein Vermögen verfügen kann. Das GBA braucht daher nur dann den Nachweis weiteren Vermögens oder der Zustimmung des anderen Ehegatten zu verlangen,

- wenn ihm positiv bekannt ist, dass nach der Eigentumsumschreibung der Veräußerer kein nennenswertes Vermögen mehr hat,
- oder wenn konkrete Umstände auf ein Geschäft nach § 1365 hinweisen.[214]

Im vorliegenden Fall lag weder eine positive Kenntnis des GBA vor, noch deuteten konkrete Umstände auf ein nach § 1365 zustimmungsbedürftiges Geschäft hin. Im Gegenteil: Das GBA konnte nach der von M im Grundstückskaufvertrag abgegebenen Erklärung davon ausgehen, dass die Grundstücksveräußerung nicht zustimmungsbedürftig war.

Dem GBA ist somit bei der Eintragung des K als Grundstückseigentümer keine Gesetzesverletzung unterlaufen.

Die Beschwerde der F ist folglich unbegründet.

---

214 Vgl. BGHZ 35, 135.

Das Zustimmungserfordernis nach § 1365 setzt ein Rechtsgeschäft voraus, das eine **Verpflichtung zu einer Verfügung** oder eine **Verfügung**[215] enthält. 51

- **Verfügungen** i.S.d. § 1365 sind
  - **Veräußerung,**
  - **Verpfändung,**
  - **Grundschuldbestellung,**
  - **Verfügung über ein Anwartschaftsrecht,**

    Dem Veräußerungsverbot des § 1365 unterliegt nur das gegenwärtige Aktivvermögen des Verfügenden, nicht die Erwartung künftigen Vermögens. Die Anwartschaft stellt bereits gegenwärtiges Vermögen dar. Das ergibt sich u.a. daraus, dass sie auch im Rahmen des Zugewinnausgleichs zu berücksichtigen ist. Dann muss die Anwartschaft auch dem Zustimmungserfordernis des § 1365 unterfallen; denn diese Vorschrift will u.a. den anderen Ehegatten vor einer Gefährdung seines künftigen Anspruchs auf Zugewinnausgleich schützen.[216]

    Bei der Bemessung des Wertes des Anwartschaftsrechts ist der Wert des Kaufgegenstandes um den Betrag zu mindern, der (noch) aufgebracht werden muss, um das Anwartschaftsrecht zum Vollrecht erstarken zu lassen.[217]

  - **Teilungsversteigerung.**

    Will ein Ehegatte hinsichtlich eines Grundstücks, das im Miteigentum beider Ehegatten steht und nahezu das ganze Vermögen darstellt, zwecks Auseinandersetzung der Bruchteilsgemeinschaft (§§ 741 ff.) der Ehegatten an dem Grundstück die Teilungsversteigerung gemäß §§ 180 ff. ZVG betreiben,[218] so kann er den Antrag auf Anordnung der Teilungsversteigerung, obwohl er verfahrensrechtlicher Natur ist und weder eine Verpflichtung zu einer Vermögensverfügung enthält noch den Begriff der Verfügung erfüllt, in entsprechender Anwendung des § 1365 Abs. 1 nur mit Einwilligung des anderen Ehegatten stellen.[219]

    Dies gilt dagegen nicht für den Antrag des Gläubigers eines in Zugewinngemeinschaft lebenden Ehegatten auf Anordnung der Zwangsversteigerung, da er aufgrund eines Pfändungspfandrechts ein eigenes Verwertungsrecht erhält, das dem § 1365 nicht unterliegt.[220]

- **Keine Verfügungen** i.S.d. § 1365 sind
  - das Eingehen einer **Geldschuld,**

    Das Rechtsgeschäft i.S.d. § 1365 muss entsprechend dem Wortlaut zu einer Verfügung verpflichten bzw. eine Verfügung selbst sein. Die Eingehung von Zahlungsverbindlichkeiten – etwa zum Erwerb einer Sache – fällt daher nicht unter die Vorschrift.[221]

    So ist z.B. die Übernahme einer **Bürgschaft** nach h.M. selbst dann kein zustimmungsbedürftiges Rechtsgeschäft i.S.d. § 1365, wenn zu ihrer Erfüllung das ganze Vermögen des bürgenden Ehegatten herangezogen werden müsste.[222]

---

215 Verfügungen sind Rechtsgeschäfte, die auf Rechtsänderung gerichtet sind, d.h. die Belastung, Aufhebung, Änderung oder Übertragung eines Rechts. Keine Verfügung ist hingegen die Begründung eines Rechts, da die Einwirkung auf ein bestehendes Recht erforderlich ist.

216 BGHZ 132, 218, 221 ff.

217 BGHZ 132, 218, 225.

218 Vgl. dazu AS-Skript Vollstreckungsrecht in der Assessorklausur (2018).

219 BGH FamRZ 2007, 1634; OLG Frankfurt/M. FamRZ 1999, 524; 525; Schwab Rn. 257.

220 Palandt/Brudermüller § 1365 Rn. 4.

221 Kritisch dazu Dethloff § 5 Rn. 67.

222 Vgl. dazu BGH FamRZ 1983, 455; Palandt/Brudermüller § 1365 Rn. 5; Schwab Rn. 258, kritisiert, dass § 1365 auf Bürgschaften von der h.M. nicht angewendet wird, da gerade durch Bürgschaften die wirtschaftliche Basis der Ehe und ein eventueller Zugewinnausgleichsanspruch stark gefährdet werden könnten.

- **Miet- und Pachtverträge.**

  Sie stellen keine Verfügungen dar und sind daher genehmigungsfrei, selbst wenn sie langfristig die Nutzungsmöglichkeit durch die Familie ausschließen. § 1365 soll nicht die Nutzung, sondern nur die Vermögenssubstanz der Ehegatten sichern.

2. Verfügungen über Haushaltsgegenstände, § 1369

52 Die wirtschaftlichen Grundlagen des ehelichen Haushalts sollen gegen einseitige Maßnahmen eines Ehegatten gesichert werden. Deshalb bestimmt § 1369 Abs. 1, dass ein Ehegatte über ihm gehörende Gegenstände des ehelichen Haushalts nur mit der Einwilligung des anderen Ehegatten verfügen kann.

Fall 18: Das Fernsehgerät der Ehefrau

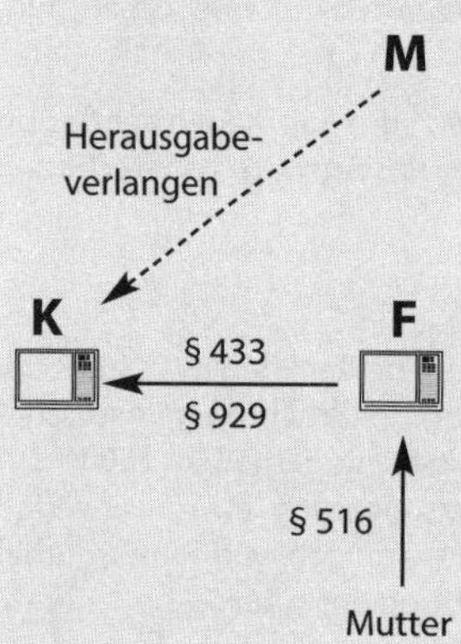

M und F sind verheiratet und leben im gesetzlichen Güterstand der Zugewinngemeinschaft. Die F bekommt von ihrer Mutter ein Fernsehgerät geschenkt, das im Wohnzimmer der Eheleute M und F aufgestellt wird. Nach einem Jahr kommt es zwischen M und F zu schweren Zerwürfnissen, die F zieht aus der gemeinschaftlichen Wohnung aus und mietet für sich eine eigene Wohnung; das Fernsehgerät nimmt sie mit. Wieder ein halbes Jahr später wird die F des Fernsehens überdrüssig. Ohne Wissen des M veräußert sie das Gerät an K. Als M davon erfährt, ist er nicht einverstanden. Er verlangt von K Rückgabe. K verweigert diese. Er erklärt, er habe nur mit der F zu tun und auch nicht gewusst, dass sie verheiratet sei. Allenfalls brauche er das Fernsehgerät nur gegen Rückzahlung des Kaufpreises herauszugeben. Auch die F ist über das Vorgehen des M empört. Sie erklärt, dass sie sich an das Geschäft mit K gebunden fühle und das Gerät auf keinen Fall von K zurücknehmen werde. M meint, dass das Gerät dann an ihn herausgegeben werden müsse, er werde es wieder im Wohnzimmer aufstellen, vielleicht komme die F ja wieder zu ihm zurück.

53 A. Ein Herausgabeanspruch des M gegen K kann sich aus §§ 1369, 1368, 985 ergeben.

Bei einer nach § 1369 unwirksamen Verfügung eines Ehegatten kann der andere Ehegatte nach §§ 1369 Abs. 3, 1368 gegenüber dem Dritten die sich aus der Unwirksamkeit der Verfügung ergebenden Rechte geltend machen. Als ein solches Recht könnte hier ein Herausgabeanspruch nach § 985 in Betracht kommen.

I. §§ 1369, 1368 sind nur anwendbar, wenn F und M **Ehegatten** sind, die im gesetzlichen Güterstand der **Zugewinngemeinschaft** leben. Das ist der Fall.
Zwar leben M und F getrennt. Die **Geltung von § 1369 während des Getrenntlebens** wird aber von der ganz h.M. angenommen: die Schutzfunktion des § 1369 sei für Zeiten einer Ehekrise von besonderer Wichtigkeit.[223]

223 Schwab Rn. 262; Palandt/Brudermüller § 1369 Rn. 2.

II. Es müssen die Voraussetzungen des § 1369 Abs. 1 vorliegen.

Zustimmungsbedürftig sind die von einem Ehegatten während der Ehe vorgenommenen Verpflichtungsgeschäfte, die auf Verfügungen über dem Ehegatten gehörende Haushaltsgegenstände gerichtet sind, sowie die ohne wirksame Verpflichtung während der Ehe vorgenommenen Verfügungen über diese Gegenstände.

So die h.M.:[224] Es ist also trotz des Wortlauts des § 1369 das Verfügungsgeschäft zustimmungsfrei, wenn der andere Ehegatte bereits dem Verpflichtungsgeschäft zugestimmt hat. Es gilt somit bei § 1369 die gleiche Regel wie bei § 1365.

Das Fernsehgerät stand im Alleineigentum der F. Es ist Haushaltsgegenstand i.S.d. § 1369, denn hierzu zählen alle Sachen, die dem ehelichen Haushalt einschließlich der Unterhaltung dienen.

Unerheblich ist im Rahmen des § 1369, dass das Fernsehgerät im Falle der Scheidung bei der Berechnung des Zugewinns gemäß § 1374 Abs. 2 zu dem privilegierten Erwerb der F gehören würde, also ihrem Anfangsvermögen zugerechnet werden müsste und somit für einen etwaigen Ausgleichsanspruch des M unberücksichtigt bliebe (vgl. dazu unten: Zugewinnausgleich). Denn in erster Linie dient § 1369 dem Bestandsschutz für die stoffliche Substanz des Familienzusammenlebens.[225]

Auch ein **Pkw** kann nach überwiegend vertretener Auffassung Haushaltsgegenstand sein, wenn er aufgrund gemeinsamer Zweckbestimmung der Ehegatten für das familiäre und eheliche Zusammenleben genutzt wird. Während früher das Kfz als Haushaltsgegenstand rechtlich nur eingeordnet werden konnte, wenn das Fahrzeug hauptsächlich für private Zwecke verwendet wurde, genügt es mittlerweile, wenn neben der beruflichen Nutzung das Fahrzeug auch zu Familienzwecken verwendet wurde, jedenfalls dann, wenn es sich um das einzige Kfz der Familie handelt.[226]

Die F hat sowohl den Kaufvertrag als auch die Übereignung ohne Einwilligung des M vorgenommen. Damit sind die Voraussetzungen des § 1369 Abs. 1 erfüllt.

III. Hinsichtlich der Rechtsfolgen verweist § 1369 Abs. 3 auf §§ 1366 bis 1368.

1. Der ohne Einwilligung geschlossene Vertrag ist zunächst **schwebend unwirksam**. Er wird **wirksam**, wenn der andere Ehegatte ihn genehmigt, § 1366 Abs. 1; er wird **unwirksam**, wenn der andere Ehegatte die Genehmigung verweigert, § 1366 Abs. 4.

   Dies gilt uneingeschränkt nur dann, wenn die Genehmigung oder die Verweigerung der Genehmigung dem Vertragspartner gegenüber erklärt worden ist. Wird die Genehmigung oder die Verweigerung dem vertragschließenden Ehegatten gegenüber erklärt und fordert der Dritte den vertragschließenden Ehegatten auf, die erforderliche Genehmigung des anderen Ehegatten zu beschaffen, so gilt die Regelung des § 1366 Abs. 3, die Parallelen zu § 108 Abs. 2 enthält.

   Im vorliegenden Fall hat M mit dem Rückgabeverlangen die Genehmigung gegenüber K verweigert. Der von der F geschlossene Vertrag ist daher (endgültig) unwirksam. Das bedeutet, dass zum einen der zwischen F und K geschlossene Kaufvertrag (das Verpflichtungsgeschäft), zum anderen aber auch die

224 Vgl. Schwab Rn. 259.

225 Palandt/Brudermüller § 1369 Rn. 1.

226 Palandt/Brudermüller § 1361 a Rn. 5; OLG Frankfurt FamRZ 2019, 783; OLG Stuttgart FamRZ 2019, 1131.

zwischen F und K getroffene Einigung über den Eigentumsübergang (das Verfügungsgeschäft) unwirksam ist.

54 2. Es handelt sich nach h.M. – wie bei § 1365 – um ein **absolutes Veräußerungsverbot**. Daher können über § 135 Abs. 2 die Gutglaubensvorschriften keine Anwendung finden. Es kommt folglich nicht darauf an, ob der Dritte weiß, dass sein Geschäftspartner verheiratet ist oder dass er im Güterstand der Zugewinngemeinschaft lebt.

3. Nach § 1369 Abs. 3 findet § 1368 Anwendung. Danach ist auch der nicht verfügende Ehegatte berechtigt, die sich aus der Unwirksamkeit der Verfügung ergebenden Rechte geltend zu machen. Es handelt sich um eine sog. Revokationsbefugnis. Revokation bedeutet die Ausübung der dem anderen Ehegatten zustehenden Rechte im eigenen Namen, mithin als Prozessstandschafter.[227]

Bei Herausgabeansprüchen ist umstritten, ob Herausgabe an den klagenden, an den verfügenden oder an beide Ehegatten verlangt werden kann. Bei vorherigem Alleineigentum und -besitz des verfügenden Ehegatten könnte der nicht verfügende Ehegatte mit der revokatorischen Klage nach den allgemeinen Regeln nur Herausgabe an den verfügenden Ehegatten verlangen, da die Prozessstandschaft kein eigenes materielles Recht verleiht. Wegen des Schutzzwecks, die Sache der Familiennutzung zu erhalten, gibt jedoch die wohl überwiegende Ansicht dem nach § 1368 vorgehenden Ehegatten, unabhängig von der zuvor bestehenden Eigentums- und Besitzlage, einen Anspruch auf Herausgabe an sich selbst, jedenfalls dann, wenn der Verfügende die Sache nicht entgegennehmen kann oder will.[228]

M kann daher von K die Herausgabe des Fernsehers nach § 985 an sich verlangen, wenn die Voraussetzungen eines Herausgabeanspruchs in der Person der F vorliegen.

a) Die Voraussetzungen des § 985 sind gegeben, denn die F ist wegen unwirksamer Übereignung noch Eigentümerin des Fernsehgeräts und K ist dessen Besitzer.

b) Ein Recht zum Besitz, § 986, ist für K nicht aufgrund eines Kaufvertrags gegeben, da dieser ebenfalls unwirksam ist (s.o.).

c) K könnte gegenüber F ein Zurückbehaltungsrecht nach §§ 273, 812 haben, da er den Kaufpreis an F gezahlt hat und er diesen wegen der Unwirksamkeit des Kaufvertrags von F zurückfordern kann. Nach h.M. kann K gegenüber M **kein Zurückbehaltungsrecht** ausüben; denn anderenfalls könnte der verfügende Ehegatte durch Nichterfüllung des Bereicherungsanspruchs des Käufers die vom Gesetz angestrebte Wirkung länger hinausziehen, als mit dem Schutzzweck der §§ 1369, 1368 vereinbar ist.[229]

---

227 Vgl. dazu Schwab Rn. 269 ff.

228 Schwab Rn. 270.

229 Palandt/Brudermüller § 1368 Rn. 3; Dethloff § 5 Rn. 87.

K muss daher auf Verlangen des M nach § 985 das Fernsehgerät an M herausgeben, ohne sich gegenüber M wegen der erfolgten Kaufpreiszahlung auf ein Zurückbehaltungsrecht berufen zu können.

B. Ein Anspruch des M gegen K auf Rückgabe des Fernsehgeräts aus **§ 812** scheidet aus.

Zwar ist in der Person der F ein Bereicherungsanspruch aus § 812 Abs. 1 S. 1 Fall 1 gegeben. Der andere Ehegatte, der nicht verfügt hat, kann nach § 1368 aber nur die sich aus der Unwirksamkeit der **Verfügung** ergebenden Rechte geltend machen. Die Unwirksamkeit des **Verpflichtungsgeschäfts**, die ebenfalls aus § 1369 folgt, kann der andere Ehegatte nicht gemäß § 1368 geltend machen.[230]

Nach anderer Auffassung[231] ist Voraussetzung einer Revokation, dass eine Verfügung vorgenommen worden ist. Das Recht zur Revokation entsteht nämlich nicht schon aufgrund des schuldrechtlichen Geschäfts. Allerdings kann der übergangene Ehegatte dann sämtliche sich aus der auch schuldrechtlichen Unwirksamkeit ergebenden Ansprüche geltend machen, mithin auch den Anspruch aus § 812.

Letztere Auffassung verstößt zum einen gegen den eindeutigen Wortlaut des § 1368, zum anderen besteht für eine Ausweitung der Regelung kein Schutzbedürfnis, da die aus der Unwirksamkeit der Verfügung erwachsenen Rechte (§§ 894, 985, 771 ZPO) für den übergangenen Ehegatten ausreichend sind.

Fall 19: Abwandlung des Falles 18

M und F leben nicht getrennt, sondern nach wie vor in der gemeinschaftlichen Wohnung.

A. M kann **als Prozessstandschafter** den Anspruch der F aus § 985 geltend machen (wie im Ausgangsfall). 55

B. **Eigene Ansprüche** des M

In den Fällen des § 1369 können auch eigene Rechte des anderen Ehegatten (Rechte auf Mitbesitz, Miteigentum) verletzt sein. Diese eigenen Rechte kann der andere Ehegatte – neben dem Anspruch aus §§ 1369, 1368, 985 – geltend machen. Diese Ansprüche werden durch § 1368 nicht verdrängt.[232]

I. Ein eigener Anspruch des M gegen K auf Wiedereinräumung des Besitzes gemäß **§ 861** scheitert daran, dass K gegenüber M nicht fehlerhaft besitzt.

M war Mitbesitzer des Fernsehgeräts, denn zwischen Eheleuten besteht grundsätzlich Mitbesitz an den Einrichtungsgegenständen und den gemeinschaftlich benutzten Sachen. Im Falle der Besitzentziehung genießt der Besitzer gegenüber Mitbesitzern Besitzschutz. Die F hat gegenüber M gemäß § 858 Abs. 1 verbotene Eigenmacht begangen. Die Fehlerhaftigkeit des Besitzes muss K als Nachfolger im Besitz aber nur dann gegen sich gelten lassen, wenn er die Fehlerhaf-

230 Dethloff § 5 Rn 86.

231 Palandt/Brudermüller § 1368 Rn. 5.

232 Schwab Rn. 269.

tigkeit des (Allein-)Besitzes der F bei dem Erwerb gekannt hätte, § 858 Abs. 2. Das ist hier nicht der Fall.

II. Ein eigener Anspruch des M kann sich aus **§ 1007 Abs. 2** ergeben.

1. M war Mitbesitzer des Fernsehgeräts; auch dieser wird durch § 1007 Abs. 2 geschützt.[233] Ihm ist das Gerät abhanden gekommen, da er seinen unmittelbaren Mitbesitz ohne seinen Willen verloren hat.

2. Nach § 1007 Abs. 2 kann der frühere Besitzer die Herausgabe des (Mit-)Besitzes auch von einem gutgläubigen gegenwärtigen Besitzer verlangen, es sei denn, dass dieser Eigentümer der Sache ist. Diese Ausnahmesituation liegt hier nicht vor, da K trotz seiner Gutgläubigkeit wegen des absoluten Veräußerungsverbots des § 1369 nicht Eigentümer des Geräts geworden ist (s.o. Ausgangsfall).

3. Ein Ausschlussgrund nach § 1007 Abs. 3 liegt nicht vor, insbesondere hat K kein gegenüber M wirkendes Besitzrecht (§ 1007 Abs. 3 S. 2 i.V.m. § 986); hier ist auch der Kaufvertrag zwischen F und K unwirksam (s.o. Ausgangsfall).

4. Als Rechtsfolge ergibt sich, dass M gegen K einen eigenen Anspruch aus § 1007 Abs. 2 auf Herausgabe des Fernsehgeräts an F und sich hat, und dass er bei Weigerung der F, das Gerät entgegenzunehmen, die Herausgabe an sich allein verlangen kann.

Fall 20: Undankbarer Ehepartner

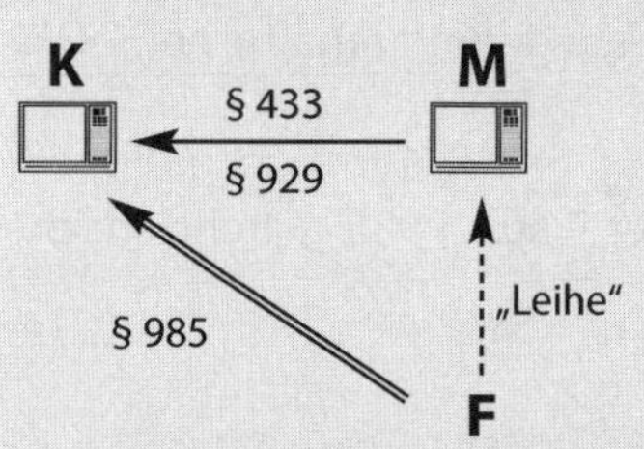

M und F sind verheiratet und leben im gesetzlichen Güterstand der Zugewinngemeinschaft. Sie haben sich auseinandergelebt. Sie vereinbaren, jedenfalls für eine Übergangszeit, getrennt zu leben. Da die F als Krankenschwester meistens Nachtdienst und kaum Zeit hat, fernzusehen, überlässt sie dem M „leihweise" das Fernsehgerät, das sie mit in die Ehe gebracht hat. M veräußert das Gerät an K. Als die F hiervon erfährt, verlangt sie von K das Gerät heraus. K weigert sich: Er habe den M für ledig und für den Eigentümer des Geräts gehalten. Zumindest habe er das Recht, das Gerät bis zur Rückzahlung des von ihm an M gezahlten Kaufpreises zu behalten.

56 Anspruch F gegen K aus § 985?

I. Voraussetzungen des § 985

1. K ist Besitzer des Geräts.

2. F müsste Eigentümerin des Geräts sein. Sie könnte das Eigentum an K verloren haben. K könnte das Eigentum gemäß §§ 929 ff. von M erworben haben.

233 Palandt/Herrler § 1007 Rn. 2.

a) M und K haben sich über den Eigentumsübergang geeinigt. M hat dem K das Gerät übergeben. M war aber nicht Berechtigter, da das Gerät seiner Frau gehörte und er auch nicht mit Zustimmung der F gemäß § 185 gehandelt hat. Der M hat somit als Nichtberechtigter verfügt.

b) Es kommt daher nur ein gutgläubiger Erwerb des K gemäß §§ 929, 932 in Betracht.

aa) Das fehlende Eigentum des M wird durch § 932 überwunden, da K bezüglich der Eigentümerstellung des M gutgläubig war, § 932 Abs. 2, und das Gerät der F nicht abhanden gekommen ist, § 935.

bb) Da Berechtigter i.S.d. § 929 aber nur der **verfügungsberechtigte** Eigentümer ist, reicht es für den Erwerb vom Nichtberechtigten nicht aus, wenn zwar das fehlende Eigentum durch §§ 932 ff. überwunden wird, daneben aber dem M nicht nur wegen des fehlenden Eigentums, sondern aus einem besonderen Grunde die Verfügungsbefugnis fehlt, und diese fehlende Verfügungsbefugnis nicht aufgrund besonderer Gutglaubensvorschriften überwunden wird.

Dem M könnte die Verfügungsbefugnis wegen § 1369 fehlen. Das Getrenntleben der Eheleute schließt § 1369 nicht aus, da die Schutzfunktion des § 1369 für Zeiten einer Ehekrise von besonderer Wichtigkeit ist.[234]

Das Fernsehgerät, das die Eheleute in der gemeinsamen Wohnung benutzten, war ein Gegenstand des ehelichen Haushalts. Es gehörte aber nicht dem M, der darüber verfügte, sondern der F. § 1369 greift daher direkt nicht ein. Fraglich ist, ob § 1369 analog angewandt werden kann, wenn ein Ehegatte Gegenstände des ehelichen Haushalts, die dem **anderen** Ehegatten gehören, an einen gutgläubigen Dritten veräußert.
Nach einer Ansicht ist der ehegüterrechtliche Schutz erst recht geboten, wenn der Gegenstand nicht einmal dem Verfügenden gehört.[235]

Nach der Gegenmeinung regeln die §§ 932 ff. den Ausgleich zwischen Eigentümerschutz und Verkehrsinteressen abschließend; es scheide daher eine analoge Anwendung des § 1369 aus, wenn der Ehegatte als Nichtberechtigter verfüge.[236]

Wir folgen hier im Hinblick auf den Schutzcharakter des § 1369 der Ansicht, die eine analoge Anwendung bejaht.[237] Da M ohne Einwilligung der F verfügt hat, fehlte dem M entsprechend § 1369 die Verfügungsbefugnis. Weil es sich bei § 1369 um ein absolutes Veräußerungsverbot handelt, scheidet insoweit die Möglichkeit eines gutgläubigen Erwerbs nach § 135 Abs. 2 i.V.m. §§ 932 ff. aus. K hat daher kein Eigentum an dem Fernsehgerät erworben. Die Voraussetzungen des § 985 liegen somit vor.

234 Weinreich/Klein § 1369 Rn. 3.
235 Dethloff § 5 Rn. 76; Palandt/Brudermüller § 1369 Rn. 1.
236 MünchKomm/Koch § 1369 Rn. 14.
237 Vgl. auch Löhnig/Schneider, JA 2015, 255 ff.

II. K hat gegenüber der F kein Recht zum Besitz.

Bei der analogen Anwendung des § 1369 ist auch das Verpflichtungsgeschäft, hier also der Kaufvertrag zwischen M und K, unwirksam. K kann von M den Kaufpreis nach § 812 Abs. 1 S. 1 Fall 1 herausverlangen. Daraus folgt aber kein Zurückbehaltungsrecht gemäß § 273 gegenüber der F.

5. Abschnitt: Das Ehescheidungsrecht

A. Voraussetzungen der Scheidung

57 Eine Ehe kann nur durch gerichtlichen Beschluss geschieden werden. Die Rechtskraft des rechtsgestaltenden Beschlusses bewirkt die Auflösung der Ehe. Die Voraussetzungen für eine Ehescheidung ergeben sich erschöpfend aus den §§ 1565–1568.

Voraussetzungen der Ehescheidung sind

- **Scheitern der Ehe** (= einziger Scheidungsgrund), § 1565 Abs. 1,
- **kein Eingreifen der Härteklausel** nach § 1568.

Unterschiede ergeben sich aus der Dauer des Getrenntlebens.

I. Scheidung nach dreijähriger Trennung

Fall 21: Vergeblicher Versöhnungsversuch

Im Mai 2017 hatte M seine Ehefrau F verlassen und war zu seiner Geliebten G gezogen. Im Frühjahr 2019 war M zur F zurückgekehrt, um sich wieder mit ihr zu versöhnen. M verließ die F jedoch bereits nach einem Monat wieder, weil die versuchte Versöhnung scheiterte. Im Juli 2020 stellt M Antrag auf Scheidung der Ehe. Die F widerspricht der Scheidung, weil die Zerrüttung der Ehe allein auf dem Verschulden des M beruhe und außerdem auch zwei Kinder im Alter von sechs und acht Jahren vorhanden seien.

58 1. Nach **§ 1565 Abs. 1 S. 1** kann die **Ehe** geschieden werden, wenn sie **gescheitert** ist. Das Scheitern der Ehe setzt nach § 1565 Abs. 1 S. 2 zum einen voraus, dass die **Lebensgemeinschaft der Ehegatten aufgehoben** ist **(Diagnose)**, zum anderen, dass ihre **Wiederherstellung nicht erwartet werden kann (Prognose)**.

Leben die Ehegatten **länger als drei Jahre getrennt**, so wird **unwiderlegbar vermutet**, dass die Ehe gescheitert ist, **§ 1566 Abs. 2**.
Getrenntleben ist gegeben, wenn zwischen den Ehegatten keine häusliche Gemeinschaft besteht und ein Ehegatte sie erkennbar nicht herstellen will, weil er die eheliche Lebensgemeinschaft ablehnt, § 1567 Abs. 1 S. 1.

Die räumliche Trennung (z.B. bei längerer berufsbedingter Abwesenheit, stationäre Krankenhausbehandlung, Strafhaft usw.) bedeutet noch kein Getrenntleben. Entscheidend ist das subjektive Element – der Trennungswille.[238] Ein Getrenntleben kann ohne räumliche Trennung gegeben sein, wenn innerhalb der ehelichen Wohnung die eheliche Lebensgemeinschaft aufgelöst wird und einer

238 KG FamRZ 2019, 526; BGH FamRZ 2016, 1142 (Tz 14).

der Ehegatten sie ablehnt (§ 1567 Abs. 1 S. 2). Ehegatten leben innerhalb der Ehewohnung getrennt, wenn sie nicht mehr zusammen wirtschaften, schlafen und essen. Verbleibende Gemeinsamkeiten, z.B. das dem trennungswilligen Teil aufgedrängte Putzen der Wohnung und Waschen der Wäsche, ändern daran nichts, wenn sie bei einer Gesamtwürdigung unwesentlich erscheinen.[239]

Nach § 1567 Abs. 2 unterbricht oder hemmt ein Zusammenleben über kürzere Zeit (Obergrenze dafür ist ein Zeitraum von drei Monaten), welches der Versöhnung der Ehegatten dienen soll, den Fristablauf für das Getrenntleben nicht.[240]

Da M seit Mai 2017 die eheliche Gesinnung nicht mehr hatte und sich von der Ehe lossagte, liegt eine mehr als 3-jährige Trennung vor. Damit wird das Scheitern der Ehe unwiderlegbar vermutet.

2. Nach der **Härteklausel** des § 1568 soll die Ehe nicht geschieden werden, obwohl sie gescheitert ist,

- wenn und solange die Aufrechterhaltung der Ehe im Interesse der aus der Ehe hervorgegangenen minderjährigen Kinder aus besonderen Gründen ausnahmsweise notwendig ist – **Kinderschutzklausel** –
- oder wenn und solange die Scheidung für den Antragsgegner, der sie ablehnt, aufgrund außergewöhnlicher Umstände eine so schwere Härte darstellen würde, dass die Aufrechterhaltung der Ehe auch unter Berücksichtigung der Belange des Antragstellers ausnahmsweise geboten erscheint – **persönliche Härteklausel**.

a) Allein das Vorhandensein minderjähriger Kinder rechtfertigt nicht die Anwendung der Kinderschutzklausel. Es müssen besondere Gründe vorliegen, die die Aufrechterhaltung der Ehe im Interesse der Kinder ausnahmsweise notwendig machen. Die Ausnahmesituation ist äußerst selten und hier nicht gegeben.

Die „Kinderschutzklausel" greift z.B. ein, wenn ein auf ein Elternteil besonders fixiertes Kind durch die Scheidung zum jetzigen Zeitpunkt in eine krankhafte Identitätskrise geraten würde bzw. die Gefahr der Selbsttötung gegeben wäre.[241]

b) Die persönliche Härteklausel ist als seltene Ausnahme für die Fälle gedacht, in denen sie das einzige Mittel ist, um einen Ehegatten vor einer für ihn nicht erträglichen Lage zu bewahren, die durch die Scheidung entstehen würde. Demgemäß können keine Härten berücksichtigt werden, die bereits durch das Zerbrechen der Ehe selbst entstanden sind.

Die Härteklausel greift nur ein, wenn Umstände vorliegen, die gerade durch den Scheidungsausspruch erzeugt werden. Eine allgemeine Umschreibung der unter § 1568 Alt. 2 zu subsumierenden Fälle ist daher nicht möglich.

Ein Beispiel für eine unzumutbare Härte i.S.v. § 1568 Alt. 2, das in der Rspr. des BGH Anerkennung gefunden hat, ist die akute Selbstmordgefahr i.V.m. der Dauer der Ehe.[242]

239 Weinreich/Klein § 1567 Rn. 4.
240 Palandt/Brudermüller § 1567 Rn. 6, 8.
241 Schwab Rn. 376.
242 BGH FamRZ 1984, 1161, 1162.

Der Umstand, dass die Zerrüttung der Ehe allein auf einem Verschulden des die Scheidung begehrenden Antragstellers beruht, begründet keinen Härtefall i.S.d. § 1568. Die Ehe ist daher zu scheiden.

II. Scheidung nach einjähriger Trennung bei Einverständnis

59 Wenn die Ehegatten seit einem Jahr getrennt leben, wird unwiderlegbar vermutet, dass die **Ehe gescheitert** ist, wenn beide Ehegatten die Scheidung beantragen oder der Antragsgegner der Scheidung zustimmt, § 1566 Abs. 1.

Der **beiderseitige Scheidungsantrag** ist in der Praxis deshalb häufig anzutreffen, um auch im Falle der Rücknahme des Antrags durch den anderen Ehegatten die Scheidung abzusichern.[243] Dafür genügt die bloße Zustimmung zur Scheidung nämlich nicht.

Von den Härteklauseln des § 1568 kann bei einverständlicher Scheidung nur die zugunsten minderjähriger Kinder infrage kommen.

III. Scheidung nach einjähriger Trennung bei Widerspruch

Fall 22: Trennung von Tisch und Bett

Zwischen den Eheleuten M und F war es wegen wiederholter ehelicher Untreue des M zu Zerwürfnissen gekommen. Nach einem heftigen Streit erklärte der M der F, dass er ihre dauernden Vorhaltungen leid sei, sie möge sich scheiden lassen. Die F wollte das jedoch nicht. Daraufhin zog M am nächsten Tage in die Mansarde des gemeinsamen Einfamilienhauses. Der F erklärte er, sie solle sehen, wie sie allein zurechtkomme. Aus dem Hause werde er nicht ausziehen, weil das für ihn wirtschaftlich zurzeit nicht tragbar sei. Er wolle aber mit der F nichts mehr zu tun haben. In der Folgezeit lebten M und F nebeneinander her. Der M brachte öfter seine Geliebte mit. Wiederholt schikanierte er auch F, um sie zur Einreichung eines Scheidungsantrags zu veranlassen. Die F unternahm aber nichts, weil sie immer noch auf eine Aussöhnung hoffte. Nachdem dieser Zustand bereits über zwei Jahre lang angedauert hat, stellt M seinerseits Antrag auf Ehescheidung. Die F widerspricht der Scheidung.

60 Eine Ehe kann durch Beschluss geschieden werden, wenn sie gescheitert ist.

I. Zerrüttungsvermutung

Eine Vermutung für das Scheitern der Ehe, § 1566, greift hier nicht ein. Der Antragsteller muss also das Scheitern der Ehe beweisen.

II. Die Voraussetzungen für eine Scheidung sind daher positiv nach § 1565 Abs. 1 festzustellen.

---

243 SBW/Roßmann § 124 Rn. 9.

1. Einjähriges Getrenntleben

   Die Eheleute müssen ein Jahr getrennt gelebt haben. Dies ergibt sich durch Umkehrschluss zu § 1565 Abs. 2. Ausreichend ist, dass die Voraussetzungen einjähriger Trennung im Zeitpunkt der letzten mündlichen Verhandlung im Scheidungsverfahren vorliegen.[244] Diese Anforderungen sind gewahrt.

2. Diagnose

   Im vorliegenden Fall besteht eine eheliche Lebensgemeinschaft nicht mehr. Die häusliche Gemeinschaft ist aufgehoben, denn der M ist in die Mansarde gezogen, ein gemeinsamer Haushalt wird nicht mehr geführt, und es bestehen auch keine wesentlichen persönlichen Beziehungen mehr.

3. Prognose

   Dem M fehlt jegliche eheliche Gesinnung und es kann deshalb nicht erwartet werden, dass die Ehegatten die Lebensgemeinschaft wiederherstellen.

Ergebnis: Die Ehe ist gescheitert. Sie wird geschieden.

IV. Scheidung ohne Trennung bzw. vor einjähriger Trennung

Fall 23: Widerspruch trotz Ehebruchs

M unterhält seit längerer Zeit ehebrecherische Beziehungen zu einer anderen Frau. Gleichwohl leben die Eheleute M/F noch in der Ehewohnung; sie benutzen die gemeinsamen Zimmer und schlafen auch – allerdings ohne sexuelle oder erotische Kontakte – im Eheschlafzimmer. Das dritte Zimmer wird von der Tochter bewohnt. Die Eheleute essen gemeinsam zu Abend, wobei die Ehefrau F das Essen zubereitet. Beide stellen in der üblichen Weise Mittel für die Haushaltsführung zur Verfügung. Über dieses rein äußerliche Zusammenleben hinausgehende persönliche Kontakte bestehen zwischen den Eheleuten nicht mehr. Die Aufforderung der F an M, die eheliche Wohnung zu verlassen, hat M unter Berufung auf seine finanzielle Beengtheit abgelehnt.

Die Ehefrau F beantragt die Scheidung, weil die Ehe gescheitert sei. Die Fortsetzung der Ehe stelle für sie eine unzumutbare Härte dar, denn der Antragsgegner treffe sich nahezu täglich mit der anderen Frau. Überdies komme er oft betrunken nach Hause und habe sie in diesem Zustand des Öfteren geschlagen. Der M widerspricht diesem Vortrag nicht, lehnt aber dennoch die Scheidung ab.

I. Voraussetzung für die Scheidung ist ein Scheitern der Ehe, § 1565 Abs. 1. **61**

Eine Vermutung für das Scheitern der Ehe besteht nicht; die gemeinsame Haushaltsführung schließt ein Getrenntleben aus. Da keine Vermutung besteht, muss das **Scheitern konkret festgestellt** werden.

244 Palandt/Brudermüller § 1566 Rn. 1.

Trotz äußerlichen Zusammenlebens ist eine eheliche Lebensgemeinschaft beseitigt, wenn die Ehegatten oder einer von ihnen jede innere Zuneigung und jedes Verständnis für die Verpflichtung zur gegenseitigen Achtung und Rücksichtnahme verloren haben bzw. hat. Das ist hier der Fall, da M gewillt ist, sein ehebrecherisches Verhältnis fortzusetzen.

II. Da die Parteien **noch nicht ein Jahr getrennt** leben, kann die Ehe, auch wenn sie gescheitert ist, nur geschieden werden, **wenn die Fortsetzung der Ehe für die Antragstellerin F aus Gründen, die in der Person des Antragsgegners M liegen, eine unzumutbare Härte darstellen würde, § 1565 Abs. 2**.

Es muss das bloße Fortbestehen des juristischen Ehebandes – also das „Weiter-miteinander-verheiratet-sein" unzumutbar sein.[245] Das Gesetz mutet somit den Ehegatten auch in Fällen, in denen die Ehe bereits mit Sicherheit gescheitert ist, aber die Partner noch in häuslicher Gemeinschaft oder noch kein Jahr getrennt leben, grundsätzlich zu, die Jahresfrist abzuwarten.

Die Verletzung der ehelichen Treuepflichten ist für sich betrachtet grundsätzlich nicht genügend.[246] Im vorliegenden Fall kommen aber erschwerende Umstände, nämlich Trunksucht verbunden mit mehrfachen Tätlichkeiten hinzu. Es liegt eine unzumutbare Härte i.S.d. § 1565 Abs. 2 vor.[247]

Ergebnis: Die Ehe ist zu scheiden.

62

	Voraussetzungen der Ehescheidung		
Getrenntleben § 1567 Abs. 1 S. 1	**Scheitern der Ehe § 1565 Abs. 1**	**Keine Härteklausel § 1568**	**Härteklausel § 1565 Abs. 2**
3 Jahre	unwiderlebar vermutet § 1566 Abs. 2	■ Kinderschutz ■ keine Härte für Antragsgegner	
1 Jahr	■ Einverständnis vermutet § 1566 Abs. 1 ■ Widerspruch: feststellen	■ Kinderschutz ■ Kinderschutz ■ pers. Härte	
weniger als 1 Jahr	■ feststellen		■ Fortsetzung der Ehe für Antragsteller aus Gründen in der Person des anderen unzumutbar

245 Weinreich/Klein § 1565 Rn. 20.

246 Palandt/Brudermüller § 1565 Rn. 9.

247 OLG Düsseldorf FamRZ 1986, 998; Dörr NJW 1989, 488, 490 m.w.N.

B. Folgen der Scheidung

I. Name

Der geschiedene Ehegatte behält den Ehenamen, § 1355 Abs. 5 S. 1. Er kann durch Erklärung gegenüber dem Standesbeamten seinen Geburtsnamen oder den Namen wieder annehmen, den er bis zu der Bestimmung des Ehenamens geführt hat, oder seinen Geburtsnamen dem Ehenamen voranstellen oder anfügen, § 1355 Abs. 5 S. 2. Eine Frist für die Namensänderung nach Scheidung besteht nicht. 63

Eine ehevertragliche Absprache über eine Namensänderung im Scheidungsfall ist möglich und wirksam.[248]

Nach früherer Gesetzeslage konnte der angeheiratete Name nach der Scheidung nicht an den neuen Ehepartner weitergegeben werden. Das BVerfG sah darin einen Verstoß gegen das allgemeine Persönlichkeitsrecht.[249] Nunmehr ist § 1355 Abs. 2 geändert worden, sodass der angeheiratete Name in einer neuen Ehe zum Ehenamen bestimmt werden kann.

II. Elterliche Sorge

1. Fortdauer der gemeinsamen Sorge kraft Gesetzes

§ 1671 lässt ohne Antrag die gemeinsame Sorge fortbestehen und macht Alleinsorge von einem Antrag abhängig. Daraus ergibt sich: 64

- **Die Scheidung lässt** – wie die Trennung – **die gemeinsame Sorge unberührt**.
- Nur dann, **wenn** ein **Antrag** auf völlige oder partielle Alleinsorge (z.B. die Übertragung nur des sog. Aufenthaltsbestimmungsrechts) gestellt wird, trifft das **FamG** eine **Entscheidung**, § 1671 Abs. 1.
  - An einen gemeinsamen Antrag der Eltern ist das FamG grundsätzlich gebunden, es sei denn, dass das Kind das 14. Lebensjahr vollendet hat und der Übertragung widerspricht, § 1671 Abs. 2 Nr. 1.
  - Bei einem einseitigen Antrag ohne Zustimmung des anderen Elternteils ist dem Antrag stattzugeben, soweit zu erwarten ist, dass die Aufhebung der gemeinsamen Sorge **und** die Übertragung auf den Antragsteller dem Wohl des Kindes am besten entspricht, § 1671 Abs. 2 Nr. 2.[250]

2. Entscheidungsrecht bei gemeinsamer elterlicher Sorge getrennt lebender Eltern

Im Regelfall lebt das Kind trotz gemeinsamer Sorge der geschiedenen Eltern nur bei einem Elternteil (sog. Residenzmodell). In diesem Fall ist nach der **Sonderregel des § 1687** zu unterscheiden:

---

248 BGH NJW 2008, 1528.

249 Vgl. dazu BVerfG NJW 2004, 1155 = FPR 2004, 206; s. dazu Manteuffel NJW 2004, 1773.

250 Vgl. dazu unten Fall 37, Rn. 132.

- Für die Angelegenheiten, „deren Regelung für das Kind von erheblicher Bedeutung ist", ist das gegenseitige Einvernehmen erforderlich.

  Beide sorgeberechtigten Eltern haben die Befugnis, für das Kind bei Gefahr im Verzug allein zu handeln, § 1687 Abs. 1 S. 5 i.V.m. § 1629 Abs. 1 S. 4.

- Für Angelegenheiten des täglichen Lebens (tatsächliche Betreuung) hat der Elternteil, bei dem sich das Kind aufhält, das Entscheidungsrecht.

III. Die Unterhaltsverpflichtung unter den Ehegatten nach der Scheidung

65 **1.** Jeder der geschiedenen Ehegatten hat mit seinem Vermögen, seinen Einkünften und durch eine ihm zumutbare Erwerbstätigkeit für seinen Unterhalt selbst aufzukommen. Jeder hat daher die Obliegenheit, eine angemessene Erwerbstätigkeit (§ 1574) aufzunehmen, unter Umständen eine infolge der Ehe unterbrochene Ausbildung fortzusetzen oder sich umschulen zu lassen (§ 1575). Nach der Scheidung gilt somit der **Grundsatz der Eigenverantwortung**.

Nur soweit ein geschiedener Ehegatte außerstande ist, selbst für seinen Unterhalt zu sorgen, gibt es einen Unterhaltsanspruch gegen den anderen Ehegatten, § 1569 S. 2. Der Grundsatz der Eigenverantwortung wird somit eingeschränkt durch den **Grundsatz der nachehelichen Mitverantwortung**. Unterhaltsansprüche des bedürftigen Ehegatten ergeben sich aus der fortwirkenden nachehelichen Verantwortung für den bedürftigen Partner.[251] Für die Mitverantwortung des geschiedenen Ehepartners genügt aber nicht die Bedürftigkeit des anderen Teils. Es muss einer der Tatbestände der §§ 1570–1573, 1575 oder 1576 Unterhalt rechtfertigen:

Betreuung eines gemeinschaftlichen Kindes (§ 1570); Alter (§ 1571); Krankheit oder Gebrechlichkeit (§ 1572); fehlende Möglichkeit, nach der Scheidung eine angemessene Erwerbstätigkeit zu finden (§ 1573); Aufstockungsunterhalt (§ 1573 Abs. 2); ehebedingte unzureichende Schul- oder Berufsausbildung (§ 1575); besondere Härtefälle – Auffangtatbestand – (§ 1576).

2. Die **Bemessung des nachehelichen Unterhalts** erfolgt nach § 1578.

a) Der zu gewährende Unterhalt umfasst den **gesamten Lebensbedarf** (§ 1578 Abs. 1 S. 2), einschließlich Sonderbedarf (§ 1578 Abs. 2) und Vorsorgeunterhalt (§ 1578 Abs. 3).

b) Für den nachehelichen Unterhaltsanspruch sind grundsätzlich die **ehelichen Lebensverhältnisse im Zeitpunkt der Scheidung** maßgeblich (§ 1578 Abs. 1 S. 1).[252]

Die Bedeutung der ehelichen Lebensverhältnisse darf aber nicht dahingehend missverstanden werden, dass zu einem maßgeblichen Stichtag ein bestimmter Bedarf festgestellt wird, den dann der unterhaltsberechtigte Ehegatte ohne Rücksicht auf spätere Veränderungen beanspruchen kann (sog. Lebensstandardgarantie). Die Anknüpfung in § 1578 Abs. 1 S. 1 an den Zeitpunkt der Rechtskraft des Scheidungsbeschlusses begründet daher für den unterhaltsberechtigten Ehegatten keine die früheren ehelichen Lebensverhältnisse unverändert fortschreibende Lebensstandardgarantie, die ihre Grenzen nur an einer fehlenden Leistungsfähigkeit des unterhaltsverpflichteten Ehegatten findet.

---

251 BGH MDR 1999, 613.

252 Ausführlich dazu Roßmann/Viefhues, Kap. 3, Rn. 287 ff.

Eine nach den Lebensverhältnissen zu dürftige Lebensführung bleibt bei der Ermittlung des Bedarfs ebenso außer Betracht wie ein übertriebener Aufwand. Die für das Maß des Unterhalts ausschlaggebenden ehelichen Lebensverhältnisse werden grundsätzlich von den für den allgemeinen Lebensbedarf genutzten Einkünften geprägt.[253]

Der Bedarf nach den ehelichen Lebensverhältnissen bestimmt sich im Grundsatz nach den bis zur **Rechtskraft der Ehescheidung** eingetretenen Umständen, wobei auch nacheheliche Entwicklungen einzubeziehen sind, sofern sie einen Bezug zur Ehe haben.[254] Es gilt insoweit also das **Stichtagsprinzip**.

Veränderungen der Lebensverhältnisse vor Trennung der Eheleute sind immer prägend, ebenso entsprechende Belastungen. Eheleute nehmen an der Entwicklung der ehelichen Lebensverhältnisse grundsätzlich bis zur Rechtskraft der Scheidung teil. Daher ist der Zeitpunkt der Rechtskraft des Scheidungsbeschlusses der maßgebliche Zeitpunkt für die Bemessung der ehelichen Lebensverhältnisse.[255]

Es gibt jedoch Ausnahmen von diesem Stichtagsprinzip:

- **Einkommenssteigerungen** des Unterhaltspflichtigen nach der Scheidung werden grundsätzlich berücksichtigt, es sei denn, dass sie nicht durch die gemeinsame Leistung der Ehegatten erreicht worden sind (z.B. beim sog. **Karrieresprung**).[256]
- Umgekehrt hat der Unterhaltsberechtigte eine **Einkommensminderung** des Unterhaltsverpflichteten ebenfalls grundsätzlich mitzutragen; das wäre ja auch bei fortbestehender Ehe der Fall gewesen.

  Wenn der unterhaltspflichtige Ehegatte anstelle seines bisherigen Erwerbseinkommens eine niedrigere Rente bezieht, kann ein Unterhaltsbeschluss nach Maßgabe des § 238 FamFG (Unterhaltsabänderungsantrag) abgeändert werden.[257]

c) Wenn der Ehegatte, der während der Ehe wegen der Haushaltsführung und Kinderbetreuung nicht berufstätig war, **nach der Scheidung erstmals eine Erwerbstätigkeit aufnimmt**, wegen der geringeren Einkünfte aber nach § 1573 Abs. 2 unterhaltsberechtigt bleibt, so erfolgt die Berechnung nach der **Differenzmethode bzw. Additionsmethode**.

Ein nachträglich erzieltes Erwerbseinkommen des Unterhaltsberechtigten, „welches gleichsam als Surrogat des wirtschaftlichen Wertes seiner bisherigen Familienarbeit angesehen werden kann", wird als die ehelichen Lebensverhältnisse prägend mit berücksichtigt. Die so ermittelten „Einkünfte" beider Eheleute werden mit ihren anrechenbaren bereinigten Nettoanteilen zusammengerechnet und dann nach einem bestimmten Schlüssel (1/2 : 1/2 oder 4/7 : 3/7) auf beide Ehegatten verteilt, wie dies i.S.d. sog. „Differenzmethode" bei beiderseits in der Ehezeit verdienenden Ehegatten geschieht. Damit wird jetzt mittelbar die frühere Haushalts- und Betreuungstätigkeit für die „ehelichen Lebensverhältnisse" i.S.d. § 1578, wonach sich der nacheheliche Unterhalt auszurichten hat, mit berücksichtigt.[258]

d) Der unterhaltspflichtige Ehegatte kann wieder heiraten. Dadurch wird eine weitere Unterhaltsverpflichtung für ihn begründet.[259]

---

253 OLG Düsseldorf FF 2016, 205.

254 Palandt/Brudermüller § 1578 Rn. 1.

255 OLG Brandenburg FamRB 2017, 331.

256 Vgl. dazu OLG Karlsruhe FamRZ 2020, 93; OLG Hamm FamRZ 2017, 38; Palandt/Brudermüller § 1578 Rn. 22.

257 Vgl. dazu Roßmann/Viefhues Rn. 2240 ff.

258 BGH FamRZ 2001, 986; s. dazu auch Scholz FamRZ 2003, 265; BGH FamRZ 2003, 848, 851; Schwab Rn. 401 ff. m.w.N.

259 Vgl. dazu Schwab Rn. 448.

Fall 24: Der neue Ehegatte

M und F werden nach 25 Jahren Ehe im Frühjahr 2020 rechtskräftig geschieden. Der 60-jährige M heiratet am 12.06.2020 die 58-jährige Y. M wurde im Scheidungsverfahren verpflichtet, der 55-jährigen F 1.500 € Aufstockungsunterhalt nach § 1573 Abs. 2 zu zahlen. Grundlage der gerichtlichen Entscheidung waren jeweils bereinigte Nettoeinkünfte des M von 4.000 € sowie Nettoeinkünfte der F von 1.000 €. Nachdem M die Y geheiratet hat, reduziert er im Juli 2020 den Unterhalt für F auf 1.000 €. Die F fordert ihn sofort auf, den bisherigen Unterhalt weiter zu bezahlen, sonst würde sie gegen ihn vollstrecken. M trägt vor, er müsse nun auch der Y Unterhalt gewähren, welche ebenso wie F bereinigt monatlich 1.000 € netto verdiene. Eine Dreiteilung der Einkünfte ergebe 6.000 € /3, sodass jeder Beteiligte 2.000 € zum Leben benötige. Da F bekanntlich 1.000 € selbst verdienen würde, sei nur noch ein Betrag von 1.000 € Unterhalt monatlich geschuldet. Wie ist die Rechtslage?

66 F könnte einen Anspruch auf Aufstockungsunterhalt nach § 1573 Abs. 2 haben.

I. Unterhaltstatbestand:

Nach § 1573 Abs. 2 ergibt sich ein Unterhaltsanspruch, wenn die Beteiligten beide Erwerbseinkünfte haben, die jedoch unterschiedlich hoch sind. Die Vorschrift hat insbesondere bei Doppelverdienerehen Bedeutung. Sie ermöglicht, dass beide Eheleute ihren bisherigen Lebensstandard aufrechterhalten können. Die Voraussetzungen des § 1573 Abs. 2 liegen vor.

II. Unterhaltsbedarf, § 1578

Die ehelichen Lebensverhältnisse waren durch die Einkünfte des M und der F geprägt. Nunmehr hat M erneut geheiratet. Dies könnte zur Folge haben, dass das verfügbare Einkommen nicht entsprechend dem Halbteilungsgrundsatz zwischen den ehemaligen Ehegatten aufgeteilt wird, sondern eine **Drittelaufteilung** erforderlich wird.[260]

Diese frühere Rspr. des BGH wurde vom BVerfG jedoch für unvereinbar mit § 1578 erklärt.[261] Die ehelichen Lebensverhältnisse i.S.v. § 1578 Abs. 1 werden durch die Umstände bestimmt, die bis zur Rechtskraft der Ehescheidung eingetreten sind. Nacheheliche Entwicklungen wirken sich auf die Bedarfsbemessung nach den ehelichen Lebensverhältnissen aus, wenn sie auch bei fortbestehender Ehe eingetreten wären oder in anderer Weise in der Ehe angelegt und mit hoher Wahrscheinlichkeit zu erwarten waren (z.B. normale berufliche Weiterentwicklung, wirtschaftliche Selbstständigkeit der Kinder, Schuldentilgung usw.).

Die Unterhaltspflichten für neue Ehegatten sowie für nachehelich geborene Kinder und den dadurch bedingten Betreuungsunterhalt nach § 1615 l sind nicht bei der Bemessung des Unterhaltsbedarfs eines geschiedenen Ehegatten nach § 1578 Abs. 1 zu berücksichtigen.[262]

260 So BGH FamRZ 2010, 111, 113.

261 BVerfG FamRZ 2011, 437.

262 BGH FamRZ 2012, 281.

Damit ergibt sich entsprechend dem sog. Halbteilungsgrundsatz ein Bedarf der F von 5.000 €/2, d.h. sie benötigt, um ihren bisherigen Lebensstandard aufrechterhalten zu können, 2.500 €. Die konkrete Unterhaltshöhe beträgt mithin 1.500 €, da F ihren Bedarf von 2.500 € i.H.v. 1.000 € selbst verdient.

III. M muss **leistungsfähig** sein, vgl. § 1581. Im Rahmen der Leistungsfähigkeit des Unterhaltspflichtigen ist ebenfalls der Halbteilungsgrundsatz zu beachten, was zu einem sog. Mangelfall führen kann, wenn dem Unterhaltspflichtigen für den eigenen Unterhalt weniger verbleibt, als der Unterhaltsberechtigte mit dem Unterhalt zur Verfügung hat. Sonstige Verpflichtungen gegenüber anderen Unterhaltsberechtigten, die nicht bereits den Bedarf des Unterhaltsberechtigten beeinflusst haben, sind daher entsprechend ihrem Rang zu berücksichtigen.

Sind ein geschiedener und ein neuer Ehegatte nach § 1609 gleichrangig, ist im Rahmen der Leistungsfähigkeit des Unterhaltspflichtigen eine Billigkeitsabwägung in Form einer Dreiteilung des gesamten unterhaltsrelevanten Einkommens zu praktizieren.[263]

Die F und die Y sind jedoch nicht gleichrangig. Die F befindet sich nach § 1609 Nr. 2 im 2. Rang, (Ehe von langer Dauer[264]) die Y hingegen nur im 3. Rang (vgl. § 1609 Nr. 3).

Damit kann die F nach wie vor einen Unterhalt von 1.500 € fordern.

Für M und Y verbleibt danach ein Betrag von insgesamt 3.500 €. Der sog. Selbstbehalt ist aber nicht gefährdet (1.280 €: Stand Düsseldorfer Tabelle zum 01.01.2020). Die neue Ehe hat damit eine Verringerung der Lebensverhältnisse des M zur Folge; würde die neue Ehefrau sehr hohe Einkünfte haben, könnte die F daran aber umgekehrt auch nicht partizipieren, sodass das Ergebnis letztlich konsequent ist.

IV. F ist bedürftig (vgl. § 1577), da sie ihren Bedarf (s.o.) nicht selbst erwirtschaften kann.

V. Im Einzelfall kann eine Begrenzung oder Befristung des Unterhalts nach § 1578 b der Billigkeit entsprechen.[265] Dafür liegen jedoch keine Anhaltspunkte vor.

VI. **Ergebnis:** Der Unterhaltsanspruch der F beträgt 1.500 €.

Fall 25: Doppelverdienerehe

Nach 12-jähriger Ehe werden M und F im Juni 2020 rechtskräftig geschieden. M hat während der Ehe 3.000 € als angestellter Architekt verdient, während F den Haushalt führte. Nunmehr hat F trennungsbedingt eine Bürotätigkeit bei einem Kfz-Händler angenommen und verdient 1.000 €. F fordert von M nachehelichen Unterhalt. Dies lehnt M ab, da F ausreichende eigene Einkünfte habe. Wie ist die Rechtslage?

263 BGH FamRZ 2012, 281.

264 Vgl. dazu Palandt/Brudermüller § 1609 Rn. 19 ff.

265 Dazu Schwab Rn. 463 ff.; Langheim FamRZ 2010, 409.

67 F könnte einen Anspruch auf Aufstockungsunterhalt nach § 1573 Abs. 2 haben.

I. Unterhaltstatbestand:

Nach § 1573 Abs. 2 ergibt sich ein Unterhaltsanspruch, wenn die Parteien beide Erwerbseinkünfte haben, die jedoch unterschiedlich hoch sind. Die Vorschrift hat insbesondere bei Doppelverdienerehen Bedeutung. Sie ermöglicht, dass beide Eheleute ihren bisherigen Lebensstandard aufrechterhalten können. Die Voraussetzungen des § 1573 Abs. 2 liegen vor.

II. Unterhaltsbedarf, § 1578

Die ehelichen Lebensverhältnisse waren vor allen Dingen durch die Einkünfte des M geprägt. Allerdings sind auch die jetzigen Einkünfte der F zu berücksichtigen; sie stellen das Surrogat für die frühere Haushaltsführung dar.[266] Damit ergibt sich entsprechend dem sog. Halbteilungsgrundsatz ein Bedarf der F von 4.000 €/2, d.h. sie benötigt, um ihren bisherigen Lebensstandard aufrechterhalten zu können, 2.000 €.

Die konkrete Unterhaltshöhe beträgt mithin 1.000 €, da F ihren Bedarf von 2.000 € i.H.v. 1.000 € selbst verdient.

III. M ist leistungsfähig, vgl. § 1581. Er hat nach Zahlung des Unterhalts immer noch 2.000 € selbst verfügbar.

IV. F ist bedürftig (vgl. § 1577), da sie ihren Bedarf (s.o.) nicht selbst erwirtschaften kann.

V. Im Einzelfall kann eine Begrenzung oder Befristung des Unterhalts nach § 1578 b der Billigkeit entsprechen.[267] Dafür liegen jedoch keine Anhaltspunkte vor.

VI. **Ergebnis:** Der Unterhaltsanspruch der F beträgt 1.000 €.

---

68 **3.** Der **laufende Unterhalt** ist durch eine monatlich im Voraus zu zahlende **Geldrente** zu gewähren, § 1585. Aus wichtigem Grund (z.B. eine beabsichtigte Geschäftsaufnahme) kann Kapitalabfindung verlangt werden, wenn der Verpflichtete dadurch nicht unbillig belastet wird.

4. Auch wenn die Voraussetzungen nach §§ 1570–1573, 1575, 1576 gegeben sind, kann der **Anspruch ganz oder teilweise scheitern:**

a) kraft Gesetzes

- bei Einkünften und Vermögen des Unterhaltsberechtigten, § 1577;
- bei grober Unbilligkeit, § 1579;
  - Nr. 1: eine kurze Ehedauer

    Der BGH hat eine Faustregel aufgestellt, wonach eine Ehe von nicht mehr als zwei Jahren als kurz, hingegen eine Ehe von mehr als drei Jahren als nicht mehr kurz anzusehen sei. Maßgeblich für die

266 Vgl. dazu auch Schwab Rn. 447.

267 Dazu Schwab Rn. 463 ff.; Langheim FamRZ 2010, 409.

Berechnung ist die Zeit ab Eheschließung bis zur Rechtshängigkeit des Scheidungsantrags. Dieser Grundsatz gelte aber nur für den Regelfall. Ausnahmen seien nicht auszuschließen, sofern sie wegen besonderer Umstände eines Einzelfalles eine andere Beurteilung der kurzen Ehedauer geboten erscheinen ließen.[268]

Die Kindesbelange und die Betreuung gemeinschaftlicher Kinder durch den Unterhaltsberechtigten sind bei der umfassenden Billigkeitsabwägung im Hinblick auf die Bejahung der „kurzen Ehe" besonders zu berücksichtigen. Dabei sind nicht nur abgelaufene Kindererziehungszeiten, sondern auch Zeiten für noch in der Zukunft zu erbringende Betreuungsleistungen zu berücksichtigen. Keinesfalls darf aber die Zeit der Kinderbetreuung der Ehezeit hinzugerechnet werden. Denn andernfalls würde bei Vorhandensein gemeinschaftlicher Kinder eine „kurze Ehe" nie gegeben sein.

- Nr. 2: verfestigte neue Lebensgemeinschaft

Nach der Rspr. des BGH kann ein länger dauerndes Verhältnis des Unterhaltsberechtigten zu einem neuen Partner dann zur Annahme eines Härtegrundes i.S.d. Auffangtatbestandes des § 1579 Nr. 2 – mit der Folge der Unzumutbarkeit einer weiteren (uneingeschränkten) Unterhaltsbelastung für den Verpflichteten – führen, wenn sich die Beziehung in einem solchen Maße verfestigt hat, dass sie als eheähnliches Zusammenleben anzusehen und gleichsam an die Stelle einer Ehe getreten ist. Dabei setzt die Annahme einer derartigen Lebensgemeinschaft nicht zwingend voraus, dass die Partner räumlich zusammenleben und einen gemeinsamen Haushalt führen, auch wenn eine solche Form des Zusammenlebens in der Regel ein typisches Anzeichen hierfür sein wird.[269]

Welcher **Zeitraum** erforderlich ist, um eine verfestigte Lebensgemeinschaft anzunehmen, kann dem Gesetz nicht entnommen werden. In der Regel wird eine Dauer von zwei bis drei Jahren erforderlich sein, um eine Verfestigung zu bejahen, es sei denn, es liegen sonstige Umstände vor, etwa die Geburt eines gemeinsamen Kindes, die eine frühere Verfestigung, unter Umständen schon nach einem Jahr, zum Ausdruck bringen.[270]

Bei einer Beziehung, die nicht überwiegend durch ein Zusammenwohnen und auch nicht durch ein gemeinsames Wirtschaften geprägt ist, ist eine verfestigte Beziehung etwa dann erreicht, wenn die Partner seit fünf Jahren in der Öffentlichkeit, bei gemeinsamen Urlauben und der Freizeitgestaltung als Paar auftreten und Feiertage und Familienfeste zusammen mit Familienangehörigen verbringen.[271]

Dabei kommt es nicht darauf an, ob es sich um die Aufnahme einer gleichgeschlechtlichen oder einer heterosexuellen Beziehung handelt.[272]

- Nr. 3: Verbrechen oder vorsätzliche schwere Vergehen gegen den Verpflichteten oder einen nahen Angehörigen des Verpflichteten

Z.B. fortgesetzte schwere Beleidigungen, Verleumdungen und schwerwiegende falsche Anschuldigungen, wenn sie geeignet sind, dem anderen nachhaltig persönlich oder beruflich in der Öffentlichkeit zu schaden.[273]

- Nr. 4: mutwillige Herbeiführung der Bedürftigkeit 69

Es reicht eine unterhaltsbezogene Leichtfertigkeit aus, z.B. ein Hineingleitenlassen in die Alkoholabhängigkeit[274] oder Unterlassen zumutbarer Arbeit.[275]

268 BGH MDR 1999, 613; dazu auch Weinreich/Klein § 1579 Rn. 26.

269 KG FamRZ 2017, 202; BGH FamRZ 2011, 1498, BGH NJW 2002, 217, 219 m.w.N.

270 Vgl. dazu BGH FamRZ 2012, 1201.

271 OLG Brandenburg NZFam 2016, 983.

272 BGH RÜ 08/2008, 492.

273 BGH NJW 1982, 100; vgl. auch OLG Hamm NJW 1990, 1119.

274 BGH NJW 1987, 1554, 1555.

275 BGH FamRZ 1983, 803.

- Nr. 5: das mutwillige Hinwegsetzen über schwerwiegende Vermögensinteressen des Verpflichteten

  Z.B., wenn der Berechtigte den Verpflichteten bei dessen Arbeitgeber anschwärzt.[276]

- Nr. 6: die längere gröbliche Verletzung von Unterhaltspflichten in der Zeit vor der Trennung

  Die in der Unterhaltspflichtverletzung liegende persönliche Eheverfehlung muss so schwerwiegend sein, dass sie den anderen Härteklauseln – z.B. in Nr. 3: Verbrechen oder schweres vorsätzliches Vergehen – potenziell gleichsteht und dass ihre Nichtberücksichtigung mit unseren Gerechtigkeitsvorstellungen schlechthin unvereinbar wäre.[277]

- Nr. 7: ein offensichtlich schwerwiegendes, eindeutig beim Berechtigten liegendes Fehlverhalten gegen den Verpflichteten

  Unter Nr. 7 fallen insbesondere die Konkubinatsfälle: Nach OLG Hamm[278] ist ein Anspruch der Ehefrau auf Trennungsunterhalt als grob unbillig anzusehen, wenn sie eine frühere ehebrecherische Beziehung zu einem Dritten wieder aufgenommen hat.[279] Nach OLG Koblenz[280] bleibt der Anspruch auf nachehelichen Unterhalt auch dann verwirkt, wenn die Unterhaltsberechtigte während der Ehe ein über Jahre andauerndes intimes Verhältnis zu einem Freund der Familie unterhalten hat, das Verhältnis vor der Trennung beendet wurde und erst nachher wieder auflebte.[281]

- Nr. 8: ein anderer Grund, der ebenso schwer wiegt wie die in den Nr. 1–7 aufgeführten Gründe

- bei mangelnder Leistungsfähigkeit, §§ 1581, 1582.

  Hat der Verpflichtete nach der Scheidung wiederum geheiratet, schuldet er sowohl dem geschiedenen als auch dem neuen Ehegatten Unterhalt. Das Rangverhältnis bestimmt sich nach § 1609.

70 **b)** durch Verzicht

Unterhaltsverträge für die Zeit nach der Scheidung sind möglich, § 1585 c. Sie bedürfen keiner besonderen Form, wenn Sie nach Rechtskraft der Scheidung vereinbart werden. Eine Vereinbarung, die **vor der Rechtskraft der Scheidung** getroffen wird, bedarf hingegen der notariellen Beurkundung, welche aber nach § 127 a durch Aufnahme der Vereinbarung in ein gerichtliches Protokoll ersetzt werden kann, etwa im Zusammenhang mit der Scheidung.[282] Häufig wird der gegenseitige völlige Verzicht auf jegliche nacheheliche Unterhaltsansprüche einschließlich des Kindesbetreuungsunterhalts nach § 1570 und des Notunterhalts vereinbart.

5. Für die Vergangenheit kann Scheidungsunterhalt nur gefordert werden, wenn die Voraussetzungen des § 1613 vorliegen, vgl. § 1585 b Abs. 2.

Erforderlich ist danach, dass der Unterhaltsschuldner zur Auskunft über seine Einkünfte und sein Vermögen aufgefordert wurde, Verzug mit Unterhaltszahlungen eingetreten ist oder Rechtshängigkeit des Unterhaltsanspruchs vorliegt. Ansonsten besteht keine Verpflichtung zur Zahlung rückständigen Unterhalts.

---

276 Vgl. OLG Zweibrücken FamRZ 1980, 1010, 1011; OLG Hamm FamRZ 1987, 946; OLG Karlsruhe OLG-Report 1998, 51.
277 MünchKomm/Maurer § 1579 Rn. 42.
278 FamRZ 1996, 289.
279 Vgl. auch OLG Hamm FamRZ 1997, 1484.
280 MDR 2000, 35.
281 Dazu Anm. Wenger MDR 2000, 35 f.
282 Vgl. dazu BGH FamRZ 2014, 728.

Unterhaltsrückstände können im Übrigen, sogar wenn sie tituliert sind (also z.B. rechtskräftig durch gerichtlichen Beschluss festgestellt wurden), **verwirkt** sein.

Allgemein anerkannt ist, dass der Geltendmachung eines **Unterhaltsrückstands** die aus dem Grundsatz von Treu und Glauben hergeleitete rechtsvernichtende, von Amts wegen zu berücksichtigende Einwendung der illoyalen Verspätung der Rechtsausübung entgegengesetzt werden kann; dies auch bereits vor Eintritt der Verjährung.[283] Voraussetzung dafür, dass eine Verwirkung angenommen werden kann, ist, dass der Unterhaltsberechtigte den fälligen Unterhaltsanspruch längere Zeit hinweg nicht geltend gemacht hat (= Zeitmoment), obwohl er dazu in der Lage gewesen wäre und der Unterhaltspflichtige sich mit Rücksicht auf das gesamte Verhalten des Berechtigten darauf einrichten durfte, dass der Berechtigte sein Recht auch in Zukunft nicht geltend machen werde (= Umstandsmoment).[284]

Bei Unterhaltsrückständen werden an das **Zeitmoment** der Verwirkung keine strengen Anforderungen zu stellen sein.[285] Von einem Unterhaltsgläubiger, der lebensnotwendig auf Unterhaltsleistungen angewiesen ist, muss eher als von einem Gläubiger anderer Forderungen erwartet werden, dass er sich zeitnah um die Durchsetzung des Anspruchs bemüht. Andernfalls können Unterhaltsrückstände zu einer erdrückenden Schuldenlast anwachsen. Diesen Rechtsgedanken kann im Rahmen der Bemessung des Zeitmoments in der Weise Rechnung getragen werden, dass das Verstreichenlassen einer Frist von mehr als einem Jahr ausreichen kann.

Entscheidende Bedeutung kommt regelmäßig dem Umstandsmoment zu. Nur wenn der Unterhaltsschuldner darauf vertrauen durfte, nicht mehr in Anspruch genommen zu werden, kann eine Verwirkung angenommen werden. Das Umstandsmoment kann jedenfalls nicht bejaht werden, wenn der Unterhaltsberechtigte den Unterhaltsanspruch nur deshalb nicht geltend macht oder vollstreckt, weil der Unterhaltspflichtige überschuldet ist. Denn der Unterhaltsgläubiger handelt nicht illoyal und seine Untätigkeit ist ihm auch nicht vorwerfbar, wenn er in Anbetracht einer desolaten, bekanntermaßen unzureichenden Vermögenssituation des Unterhaltspflichtigen von offensichtlich nicht erfolgversprechenden Vollstreckungsmaßnahmen absieht.[286] Das bloße Unterlassen der Geltendmachung des Unterhalts kann das Umstandsmoment der Verwirkung nicht begründen.[287]

6. Die **Rückgewähr überzahlten Unterhalts** erfolgt nach Bereicherungsrecht.

Wird z.B. ein Unterhaltsbeschluss, ein Vergleich oder eine vollstreckbare Urkunde des Unterhaltsverpflichteten rückwirkend abgeändert, entfällt für dessen Leistung nachträglich der rechtliche Grund nach § 812 Abs. 1 S. 2. Der Anspruch scheitert, wenn der Empfänger nicht mehr bereichert ist (§ 818 Abs. 3) und auch keiner verschärften Haftung gemäß §§ 818 Abs. 4, 819, 820 unterliegt. Erforderlich war danach bislang, dass der Rückzahlungsanspruch mittels Leistungsklage rechtshängig gemacht wurde. Neuer-

283 KG, 13 UF 75/16; NZFam 2017, 1012.

284 OLG München NZFam 2017, 308.

285 BGH NZFam 2018, 263; OLG Brandenburg FuR 2012, 440; vgl. aber auch OLG Stuttgart FamRZ 2016. 1777 (LS).

286 KG, 13 UF 75/16; NZFam 2017, 1012.

287 Vgl. dazu auch BGH NZFam 2018, 263 (Verwirkung rückständigen Kindesunterhalts).

dings genügt bereits die Rechtshängigkeit eines auf Herabsetzung gerichteten Abänderungsantrags, um die verschärfte Bereicherungshaftung jedenfalls für Unterhaltszahlungen nach Rechtshängigkeit auszulösen, vgl. § 241 FamFG.[288]

71 **7.** Der Unterhaltsanspruch **erlischt** mit dem Tode des Berechtigten, ebenso mit dessen Wiederheirat, § 1586. Allerdings kann bei Auflösung auch der neuen Ehe unter bestimmten Voraussetzungen der Unterhaltsanspruch gegen den ersten Ehepartner wieder aufleben, § 1586 a. Mit dem Tode des Verpflichteten geht die Unterhaltspflicht mit gewissen Einschränkungen (Beschränkungsmöglichkeit auf den fiktiven Pflichtteil[289]) auf den Erben als Nachlassverbindlichkeit über, § 1586 b.

IV. Zugewinnausgleich

72 Bei Beendigung des gesetzlichen Güterstandes der Zugewinngemeinschaft findet ein Zugewinnausgleich statt. Der Güterstand der Zugewinngemeinschaft ist maßgeblich, sofern die Eheleute durch Ehevertrag nicht etwas anderes vereinbart haben, vgl. § 1408. Der bei Beendigung dieses Güterstandes erforderliche Zugewinnausgleich soll sicherstellen, dass beide Ehegatten an dem, was sie während der Ehe erworben haben, je zur Hälfte beteiligt sind. Die Zugewinngemeinschaft ist aber keine Vermögensgemeinschaft, d.h. die Eigentumsverhältnisse während des ehelichen Zusammenlebens werden nicht verändert und jeder verwaltet sein Vermögen selbstständig, vgl. § 1364.

Der Gesetzgeber hat die Regelungen über das Zugewinnausgleichsrecht mit Wirkung zum 01.09.2009 geändert. Ziel der Neuerungen war es, gewisse Ungerechtigkeiten des früheren Rechts auszugleichen (etwa durch die Berücksichtigung eines negativen Anfangsvermögens) und mehr Schutz vor unredlichen Vermögensverschiebungen zum Nachteil des anderen Ehegatten nach Eintritt des Güterstandes zu gewähren.[290] Auch wurde die Auskunftspflicht der Ehegatten betreffend ihr Vermögen nach § 1379 erweitert, insbesondere sind nunmehr auch Belege vorzulegen.[291]

1. Die Voraussetzungen für den Zugewinnausgleich

73 Der Zugewinnausgleich wird auf unterschiedliche Weise verwirklicht:

- Beendigung des Güterstandes durch **Tod eines Ehegatten**
  - **erbrechtliche Lösung**
    - Ist der überlebende Ehegatte **gesetzlicher Erbe**, so erhält er neben seinem Erbteil keinen nach güterrechtlichen Regeln festgestellten Zugewinnausgleich, sondern es **erhöht sich sein gesetzlicher Erbteil** (§ 1931) pauschal **um 1/4** (§ 1371 Abs. 1 Hs. 1), und zwar unabhängig davon, ob die Ehegatten einen Zugewinn erzielt haben oder nicht (§ 1371 Abs. 1 Hs. 2).

      Entsprechend erhöht sich der zu berechnende Pflichtteil zum **„großen Pflichtteil"**, was für Beschränkungen und Beschwerungen gemäß § 2306 bedeutsam werden kann.

288 Roßmann ZFE 2008, 245 ff.

289 Vgl. dazu Palandt/Brudermüller § 1586 b Rn. 6 f.

290 Ausführlich dazu Eichel ZFE 2008, 84 ff.

291 Vgl. dazu OLG Koblenz FamRZ 2018, 1573.

- Ist er **Erbe** aufgrund einer **Verfügung von Todes wegen**, erhält er **daneben keinen Zugewinnausgleich**, der rechnerisch mögliche Zugewinnausgleich ist mit der letztwilligen Zuwendung abgegolten.

  Für die Berechnung eines evtl. Rest-Pflichtteils nach § 2305 und für Beschränkungen und Beschwerungen nach § 2306 ist wiederum der **„große Pflichtteil"** anzusetzen.

  Das Gleiche gilt, wenn der überlebende Ehegatte zwar nicht Erbe wird, ihm aber durch Verfügung von Todes wegen ein **Vermächtnis** zugewendet wird.

  Schlägt der Vermächtnisnehmer das Vermächtnis nicht aus, so kann ein Anspruch auf einen Teil des Pflichtteils gemäß § 2307 Abs. 1 S. 2 bestehen. Auch hier ist von dem **„großen Pflichtteil"** auszugehen.

- **güterrechtliche Lösung**
  Wird der überlebende Ehegatte – gleich aus welchem Grunde – **nicht Erbe** und auch **nicht Vermächtnisnehmer**, so ist für eine erbrechtliche Verwirklichung des Zugewinnausgleichs kein Raum. Es bleibt bei der „güterrechtlichen Lösung" der §§ 1373 ff. Der überlebende Ehegatte kann also den Zugewinnausgleich nach den **güterrechtlichen Regeln** verlangen; daneben kann er nur den **„kleinen Pflichtteil"** (ohne Erhöhung nach § 1371 Abs. 1) verlangen, § 1371 Abs. 2.

  Wird der überlebende Ehegatte aufgrund einer Ausschlagung der Erbschaft nicht Erbe und ist er auch kein Vermächtnisnehmer, so kann er neben dem güterrechtlichen Zugewinnausgleich den „kleinen Pflichtteil" grundsätzlich auch dann verlangen, wenn dieser ihm nach den erbrechtlichen Bestimmungen nicht zustünde, § 1371 Abs. 3.[292]

  Eine Wahlmöglichkeit, anstelle der güterrechtlichen Lösung den „großen Pflichtteil" zu verlangen, besteht nicht.[293]

Der Zugewinnausgleich beim Tode eines Ehegatten ist eine das Erbrecht berührende Frage und wird im Einzelnen dort behandelt. Hier soll daher nur der Zugewinnausgleich zu Lebzeiten beider Ehegatten behandelt werden.

- Beendigung des Güterstandes durch **Scheidung der Ehe**
  Wird eine im gesetzlichen Güterstand geführte Ehe geschieden, so endet mit der Rechtskraft des Scheidungsbeschlusses die Zugewinngemeinschaft. Als Stichtag für die Berechnung des Zugewinns ist gemäß § 1384 der Zeitpunkt der Rechtshängigkeit des Scheidungsantrags maßgeblich.[294]

  Wenn ein Ehegatte verstirbt, während ein Scheidungsverfahren anhängig ist, wird der Güterstand zwar durch den Tod des Ehegatten beendet. Gleichwohl ist, falls es zum güterrechtlichen Ausgleich kommt (§ 1371 Abs. 2), für die Berechnung des Zugewinns nicht der Zeitpunkt des Todes des Erblassers, sondern die Rechtshängigkeit des Scheidungsantrags maßgeblich – vorausgesetzt, das Scheidungsverfahren hätte zum Erfolg geführt, wenn die Ehe nicht schon zuvor durch den Tod aufgelöst worden wäre.[295]

Der Zugewinnausgleich zu Lebzeiten beider Ehegatten erfolgt durch Einräumung einer schuldrechtlichen Ausgleichsforderung des einen gegen den anderen Ehegatten (§ 1378 Abs. 1).[296]

---

292 Vgl. dazu Palandt/Weidlich § 2303 Rn. 15.
293 BGHZ 42, 182; Palandt/Weidlich § 2303 Rn. 16.
294 S. dazu Schröder FamRZ 2003, 277 ff.
295 BGH NJW 2004, 1321, 1322.
296 Zur Entwicklung der Rspr. zum Zugewinnausgleich vgl. Koch FamRZ 2016, 1021 ff. und FamRZ 2017, 1023 ff.

2. Der güterrechtliche Zugewinnausgleich

74 Nach § 1378 steht einem Ehegatten Zugewinnausgleich zu, soweit der Zugewinn des anderen Ehegatten den Zugewinn des fordernden Ehegatten übersteigt; **die Ausgleichsforderung beträgt die Hälfte des Überschusses, § 1378 Abs. 1**.

Fall 26: Zugewinnausgleich trotz Ehebruchs?

M	
bei Heirat:	20.000 €
Zuwachs aus:	
▪ Erwerbstätigkeit	20.000 €
bei Scheidung:	40.000 €

F	
bei Heirat:	10.000 € Schulden
Zuwachs aus:	
▪ Erbschaft	10.000 €
▪ Erwerbstätigkeit	12.000 €
bei Scheidung:	12.000 €

Die Ehe von M und F wird geschieden. M hatte bei der Eheschließung 20.000 € Vermögen. Im Zeitpunkt der Rechtshängigkeit des Scheidungsantrags betrug sein Vermögen 40.000 €; der Vermögenszuwachs stammt aus der Berufstätigkeit des M.

Die F hatte bei der Eheschließung Schulden i.H.v. 10.000 €. Bei Rechtshängigkeit des Scheidungsantrags hatte sie die Schulden abgebaut und ein Restvermögen von 12.000 €; dieses resultiert i.H.v. 10.000 € aus einer Erbschaft, im Übrigen aus Erwerbstätigkeit. F verlangt von M Zugewinnausgleich. M ist der Meinung, dass die F überhaupt keinen Anspruch auf Zugewinnausgleich habe, weil sie „einen Berg Schulden" mit in die Ehe gebracht und sie die Zerrüttung der Ehe durch ehewidrige Beziehungen verschuldet habe.

75 I. Der Anspruch auf Zugewinnausgleich ergibt sich aus § 1378 Abs. 1.

Voraussetzungen sind:

- **Wirksame Ehe**, im Güterstand der **Zugewinngemeinschaft**,
- **Beendigung des Güterstandes zu Lebzeiten** beider Ehegatten (§ 1372), hier durch Scheidung,
- der **Zugewinn** des Anspruchsgegners muss den Zugewinn des Anspruchstellers **übersteigen** (§ 1378 Abs. 1).

Zugewinn ist der Betrag, um den das Endvermögen eines Ehegatten sein Anfangsvermögen übersteigt (§ 1373).

1. **Anfangsvermögen, § 1374**

Das Anfangsvermögen soll jenes Vermögen aus dem ausgleichspflichtigen Zugewinn nehmen, das selbst bei typisierender Betrachtung nicht auf das gemeinsame Wirtschaften zurückführbar ist.[297]

297 Rauscher Jura 2003, 465, 466.

a) **Originäres Anfangsvermögen, § 1374 Abs. 1** **76**

Zum Anfangsvermögen eines Ehegatten gehören alle rechtlich geschützten Positionen mit wirtschaftlichem Wert, die ihm vor dem Eintritt des Güterstandes, i.d.R. also im Zeitpunkt der Eheschließung, gehörten.

Die Berechnung erfolgt grundsätzlich durch Summierung aller Aktiva und Abzug aller Verbindlichkeiten. Nach § 1374 Abs. 3 sind die Verbindlichkeiten über die Höhe des Vermögens hinaus abzuziehen, sodass das Anfangsvermögen durchaus auch negativ sein kann.

Die Möglichkeit eines negativen Anfangsvermögens gibt es erst seit der Güterrechtsreform mit Wirkung zum 01.09.2009. Der Gesetzgeber empfand es als ungerecht, dass die Schuldentilgung beim Zugewinnausgleich unberücksichtigt blieb. Hatte etwa M 50.000 € Schulden bei Eheschließung, die F hingegen ein Anfangsvermögen von 0 €, und erzielten dann beide jeweils einen Zugewinn von 50.000 € während der Ehezeit, war der Zugewinnausgleichsanspruch nicht 0 €, sondern M konnte von F Zahlung von 25.000 € fordern. Die Entschuldung des M war rechtlich nicht zu erfassen, weil das Anfangsvermögen nach früherem Recht mindestens 0 € betrug, auch wenn der betreffende Ehegatte überschuldet war. Mittels § 1374 Abs. 3 wurde dies geändert.

Da jeder Ehegatte durch ein möglichst hohes Anfangsvermögen seinen Zugewinn mindert, ist jeder Ehegatte mit dem Nachweis seines Anfangsvermögens belastet. Ein gemeinsam erstelltes Verzeichnis des Anfangsvermögens begründet die Vermutung der Richtigkeit, § 1377 Abs. 1. Wenn kein Verzeichnis aufgenommen worden ist, wird, solange der Gegenbeweis nicht geführt ist, vermutet, dass ein Anfangsvermögen nicht vorhanden war, das gesamte Vermögen eines Ehegatten also sein Zugewinn ist, § 1377 Abs. 3.
Im vorliegenden Fall steht fest, dass das originäre Anfangsvermögen des M = 20.000 €, das der F = -10.000 € ist.

Soweit es sich bei dem Aktivvermögen um Forderungen handelt, ist es nicht erforderlich, dass sie beim Eintritt des Güterstandes bereits fällig oder der Höhe nach konkret bezifferbar sind.[298]

b) **Privilegiertes Anfangsvermögen, § 1374 Abs. 2**

Bei der F könnte sich eine Veränderung ergeben, weil sie während der Ehe 10.000 € geerbt hat.

aa) Zum Anfangsvermögen gehören auch diejenigen Vermögenswerte, die ein Beteiligter während der Ehe durch Erbgang oder andere in § 1374 Abs. 2 genannte Erwerbsvorgänge erhalten hat.

Mit dem Zugewinnausgleich sollen grundsätzlich nur solche Vermögenswerte ausgeglichen werden, die während der Ehe durch Arbeit, gewinnbringende Vermögensverwendung usw. entstanden sind. Dagegen soll Vermögen, das ein Ehegatte von einem Dritten unentgeltlich oder aufgrund besonderer persönlicher Beziehungen erhalten hat, nicht ausgleichspflichtig sein. Das wird dadurch erreicht, dass solche Zuwendungen dem

298 OLG Hamm FamRZ 1999, 1068, 1070; Dörr/Hansen NJW 2000, 3174/3175.

Anfangsvermögen zugerechnet werden, § 1374 Abs. 2 (sog. privilegierter Erwerb).[299]

- Zum **privilegierten Erwerb**, welcher gemäß § 1374 Abs. 2 dem Anfangsvermögen zuzurechnen ist, gehören z.B.
  - Schenkungen von dritter Seite, da diese auf eheneutralen Außenbeziehungen beruhen,
  - Erwerb von Todes wegen,
  - Erwerb mit Rücksicht auf ein künftiges Erbrecht („vorweggenommene Erbfolge"),
  - Ausstattungen aus dem Elternvermögen (§ 1624),
  - Lebensversicherungssumme, die ein Ehegatte als Bezugsberechtigter aus der Versicherung eines ihm nahestehenden Dritten erhält.[300]
  - Zuwendungen, die ein Ehegatte um der Ehe willen zu deren dauerhafter wirtschaftlicher Sicherung von seinen Schwiegereltern erhalten hat, unterliegen ebenfalls der Vorschrift des § 1374 Abs. 2, d.h. sie sind dem Anfangsvermögen (und später auch dem Endvermögen) des Begünstigten hinzuzurechnen.[301]
  - Behindertengerechtes Fahrzeug, welches im Eigentum der Ehefrau steht, aber mit Zuwendungen gemeinnütziger Einrichtungen i.H.v. 16.900 € zweckgebunden finanziert wurde zur Beförderung des behinderten Sohnes, der auf einen Rollstuhl angewiesen ist.[302]
- **Kein privilegierter Erwerb** i.S.d. § 1374 Abs. 2 sind nach h.M.
  - Schenkungen unter Ehegatten,[303]
  - unbenannte Zuwendungen unter Ehegatten.[304]
- Nach h.M. enthält § 1374 Abs. 2 eine abschließende Aufzählung der privilegierten Erwerbsvorgänge. Die Vorschrift ist einer ausdehnenden Anwendung im Wege **der Analogie nicht zugänglich**.[305] Die h.M. zählt daher nicht zum privilegierten, sondern zum **ausgleichspflichtigen Vermögen**:
  - Lottogewinn,[306]
  - Schmerzensgeld,[307]
  - Verdienstausfallentschädigung nach Verkehrsunfall.[308]

Im vorliegenden Fall sind der F während des Güterstandes der Zugewinngemeinschaft 10.000 € durch Erbschaft zugeflossen. Nach § 1374 Abs. 2 sind diese 10.000 € dem Anfangsvermögen der F zuzurechnen.

bb) Das überschuldete Anfangsvermögen der F ist nunmehr mit dem privilegierten Erwerb zu verrechnen. Damit ist das Anfangsvermögen der F mit 0 € anzusetzen.

---

299 BGHZ 130, 377, 379 f.; Rauscher Jura 2003, 465, 467.
300 BGHZ 130, 377, 382; kritisch Gernhuber JZ 1996, 205 ff.
301 BGH NJW 2010, 2202.
302 BGH RÜ 2017, 154.
303 BGHZ 101, 791; Rauscher Jura 2003, 465, 467.
304 BGHZ 82, 227, 234; Rauscher Rn. 487 ff.
305 BGHZ 130, 377, 381.
306 BGHZ 68, 43, 44.
307 BGHZ 80, 384, 388.
308 BGHZ 82, 145, 148.

2. **Endvermögen, § 1375** 77

   Endvermögen i.S.v. § 1375 Abs. 1 ist das Vermögen jedes Ehegatten bei Beendigung des Güterstandes (= Rechtshängigkeit des Scheidungsantrags, § 1384). Verbindlichkeiten können das Endvermögen unter Null drücken, vgl. § 1375 Abs. 1 S. 2.

3. Für den **Zugewinn** ergibt sich im vorliegenden Fall folgende (Ausgangs-)Berechnung:

   a) Zugewinn des M:

	Endvermögen, § 1375:	40.000 €
minus	Anfangsvermögen, § 1374:	20.000 €
		20.000 €

   b) Zugewinn der F:

	Endvermögen, § 1375:	12.000 €
minus	Anfangsvermögen, § 1374:	0 €
		12.000 €

   Der Zugewinn des M übersteigt somit den Zugewinn der F um 8.000 €. Das rechnerische Zwischenergebnis wäre daher eine Ausgleichsforderung der F i.H.v. 4.000 € (die Hälfte des Überschusses, § 1378 Abs. 1).

II. Dieses Zwischenergebnis kann eine **Korrektur** erfahren.

1. Nach § 1378 Abs. 2 wird die Höhe der Ausgleichsforderung durch den Wert des Vermögens begrenzt, das der ausgleichspflichtige Ehegatte bei Beendigung des Güterstandes hat. In unserem Falle wirkt sich § 1378 Abs. 2 nicht aus.

   Obwohl es nach neuem Recht sowohl ein negatives Anfangs- als auch Endvermögen gibt, kann der Zugewinn selbst nicht negativ sein. Im Übrigen ist nach § 1378 Abs. 2 S. 1 die Höhe der Ausgleichsforderung durch den Wert des Vermögens begrenzt, welches nach Abzug der Verbindlichkeiten bei Beendigung des Güterstandes vorhanden ist. Ansonsten müsste der Schuldner zur Erfüllung seiner Ausgleichspflicht u.U. Schulden machen, was der Gesetzgeber verhindern will.

   Beispiel: M hat bei Eingehung der Ehe 100.000 € Schulden, die er bis zur Rechtshängigkeit des Scheidungsantrags auf 10.000 € Schulden reduzieren kann; F hat weder Anfangs- noch Endvermögen. Zwar hat M einen wirtschaftlichen Zugewinn von 90.000 € erwirtschaftet, er schuldet dennoch keinen Ausgleich, weil nach § 1378 Abs. 2 der Anspruch auf das vorhandene Vermögen begrenzt ist.

   Fraglich ist, ob eine Korrektur von § 1378 Abs. 2 S. 1 in Betracht kommt, wenn der ausgleichspflichtige Ehegatte nach der Rechtshängigkeit des Scheidungsantrags, aber vor Rechtskraft der Scheidung sein Vermögen unverschuldet erheblich einbüßt.

   Beispiel: Die seit 2005 verheirateten Ehegatten M und F lebten im gesetzlichen Güterstand der Zugewinngemeinschaft. Am 12.12.2019 wurde das Scheidungsverfahren rechtshängig. Am 18.03.2020 erfolgte der Scheidungsausspruch, der am 30.04.2020 rechtskräftig wurde. Die Ehefrau erzielte keinen Zugewinn. Der Ehemann hatte am 12.12.2019 ein Endvermögen von 500.000 €, woraus sich ein Zugewinn von 450.000 € ergab. Im April 2020 belief sich sein Vermögen aufgrund gefallener Aktienkurse infolge der Coronakrise nur noch auf 276.200 €. Das Familiengericht sprach der Ehefrau einen Zugewinnausgleichsanspruch i.H.v. 225.000 € zu.[309]

309 Beispiel nach BGH RÜ 10/2012, 625.

Das sog. Stichtagsprinzip des Güterrechts ist nur gewahrt, wenn auf den Stichtag selbst abgestellt wird, nämlich im Beispiel auf den 12.12.2019 (Eintritt der Rechtshängigkeit des Scheidungsantrags). Dadurch soll der Ausgleichsberechtigte vor Handlungen des Verpflichteten geschützt werden, die seinen Anspruch beeinträchtigen können, d.h., er muss an Vermögensminderungen bis zur rechtskräftigen Scheidung nicht mehr teilnehmen.

Umstritten ist, ob dies auch dann gilt, wenn der Ausgleichspflichtige in diesem Zeitraum unverschuldet sein Vermögen verliert, etwa durch Kurseinbrüche seiner Wertpapiere. Die h.M. lehnt jedoch eine entsprechende Anwendung von § 1378 Abs. 2 S. 1 auf Grund des eindeutigen Gesetzeswortlauts des § 1384 ab.[310] Dessen Anwendung könnte nämlich zu Benachteiligungen auf beiden Seiten führen. Auch § 1381 ist auf die Fälle schuldlosen Vermögensverlusts nicht anwendbar. Dieser gibt eine rechtsvernichtende Einrede, die vom Ausgleichspflichtigen erhoben werden kann, falls eine grobe Unbilligkeit besteht. Die Entwicklung des Vermögens zwischen Rechtshängigkeit des Scheidungsantrags und der Rechtskraft der Scheidung vermag jedoch für sich allein betrachtet keine grobe Unbilligkeit nach § 1381 zu begründen.[311] Sehr umstritten ist, ob der M, der nach Zahlung eines Zugewinnausgleichs i.H.v. 225.000 € selber nur noch ein Vermögen von 51.200 € besitzt, sich im Hinblick auf diese Vermögensentwicklung auf § 242 berufen kann.[312] Überwiegend wird eine Anwendung von § 242 auf diese Fälle abgelehnt, da M grundsätzlich die Möglichkeit hat, sich durch eine Veräußerung der Aktien unmittelbar nach Rechtshängigkeit des Scheidungsverfahrens zu schützen, d. h. dadurch die Zugewinnausgleichsforderung der F abzusichern.

Im Hinblick auf die Coronakrise, die ähnlich wie die Bankenkrise im Jahr 2009, erhebliche Aktienverluste ausgelöst hat, ist aber davon auszugehen, dass diese Fragestellung die Gerichte in der nächsten Zeit beschäftigen wird.

Damit ist M verpflichtet, der F einen Zugewinnausgleich i.H.v. 225.000 € zu entrichten.

2. Nach § 1380 sind Zuwendungen der Ehegatten (z.B. wechselseitige Geschenke) auf die Ausgleichsforderung anzurechnen, wenn die Anrechnung ausdrücklich bestimmt worden ist oder wenn die Zuwendung den Wert von Gelegenheitsgeschenken übersteigt und ihre Anrechnung nicht ausgeschlossen wurde. Im vorliegenden Fall ergibt sich aus § 1380 nichts.

3. Nach § 1381 kann die Erfüllung der Ausgleichsforderung verweigert werden (Einrede), soweit der Ausgleich des Zugewinns nach den Umständen des Falles grob unbillig wäre.

Ein Beispiel für grobe Unbilligkeit findet sich in § 1381 Abs. 2. Ist z.B. die Ehefrau ihrer Verpflichtung aus § 1360, zum Unterhalt der Familie beizutragen, längere Zeit schuldhaft nicht nachgekommen, greift § 1381 ein.

Ein Fall der Unbilligkeit läge auch vor, wenn die Ehe nur ein Jahr gedauert hat und der Ehemann als Schriftsteller in diesem Jahr das gesamte Honorar für ein Buch erhalten hat, an dem er zuvor fünf Jahre gearbeitet hat. Es wäre grob unbillig, wenn die Frau davon die Hälfte erhielte.

F hat die Zerrüttung der Ehe durch ehewidrige Beziehungen verschuldet. Die Verletzung persönlicher Ehepflichten kann aber ein Leistungsverweigerungsrecht nach § 1381 nur begründen, wenn weitere Umstände hinzukommen.

Diese weiteren Umstände müssen nach einer Meinung gerade in wirtschaftlichen Auswirkungen liegen.[313] Nach einer anderen Meinung sind wirtschaftliche Auswirkungen nicht erforderlich. Es genügt danach eine im Verhältnis zur Dauer der Ehe und des Güterstandes über längere

---

310 Vgl. Schwab Rn. 299.

311 Palandt/Brudermüller § 1381 Rn. 6.

312 Vgl. dazu Büte FuR 2013, 618.

313 So Palandt/Brudermüller § 1381 Rn. 1.

Zeit andauernde nachhaltige Störung der ehelichen Lebensgemeinschaft durch Eheverfehlungen, z.B. jahrelanger Ehebruch. Allerdings sind an die grobe Unbilligkeit i.S.d. § 1381 wesentlich strengere Anforderungen als an die i.S.d. § 1579 Abs. 1 zu stellen.[314]

Ergebnis: F hat einen Anspruch gegen M auf Zahlung von 4.000 €.

---

3. Rechtshandlungen in Benachteiligungsabsicht

Soweit einem Ehegatten gemäß § 1378 Abs. 2 eine Ausgleichsforderung nicht zusteht, **78**
weil der andere Ehegatte in der Absicht, ihn zu benachteiligen, unentgeltlich Zuwendungen an einen Dritten gemacht hat (vgl. § 1375 Abs. 2), ist der Dritte verpflichtet, das Erlangte nach den Vorschriften über die Herausgabe einer ungerechtfertigten Bereicherung an den Ehegatten zum Zwecke der Befriedigung wegen der ausgefallenen Ausgleichsforderung herauszugeben. Der Dritte kann die Herausgabe durch Zahlung des fehlenden Betrages abwenden. Das Gleiche gilt für andere Rechtshandlungen, wenn die Absicht, den Ehegatten zu benachteiligen, dem Dritten bekannt war (§ 1390 Abs. 1 u. 2, sog. „Auffüllungsanspruch“).[315]

V. Unbenannte Zuwendungen[316]

1. Unbenannte Zuwendungen unter Eheleuten

Fall 27: Familienheim

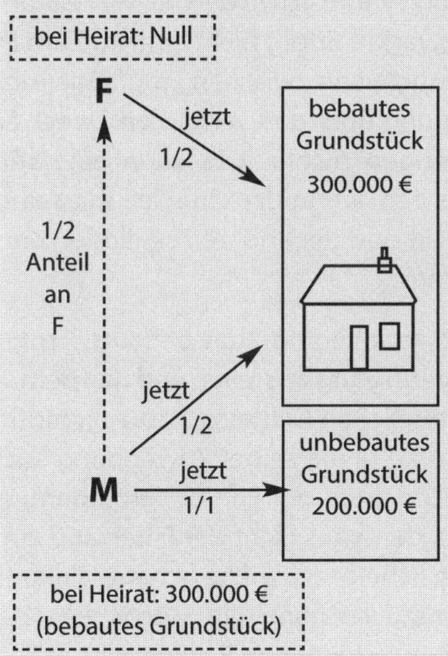

M und F heiraten. Im Zeitpunkt der Heirat ist M Eigentümer eines unbelasteten, mit einem Einfamilienhaus bebauten Grundstücks im Werte von 300.000 €; die F hat kein Vermögen. Das Haus soll als Familienheim der Familie dienen. Wenige Tage nach der Eheschließung überträgt M den hälftigen Miteigentumsanteil „unentgeltlich“ – wie es in dem notariellen Vertrag heißt – auf die F. Nach zehnjähriger Ehe kommt es zur Trennung und Scheidung, weil sich die F nunmehr einem anderen Mann zugewandt hat. Im Zeitpunkt der Scheidung ist das Grundstück nach wie vor lastenfrei, der M hat inzwischen ein weiteres unbebautes Grundstück im Werte von 200.000 € lastenfrei zu Alleineigentum erworben. Die den Haushalt führende F hat außer ihrem 1/2 Miteigentumsanteil an dem

---

314 BGH FamRZ 1983, 117, 119.

315 Vgl. dazu OLG Brandenburg NZFam 2019, 127 (analoge Anwendung von § 1390 bei Zuwendungen an einen Dritten nach Rechtshängigkeit des Scheidungsantrags).

316 Vgl. dazu Röthel Jura 2006, 641 ff. (Rückgewähr von Zuwendungen durch Verlobte, Ehegatten und Lebenspartner).

Hausgrundstück kein Vermögen. M und F streiten um den Verbleib des Hauses. M möchte dies primär behalten und von der F den übertragenen Anteil wiederhaben; ansonsten begehrt er Zugewinnausgleich. Die F verweigert die Rückübertragung, aber auch jegliche Zahlung von Zugewinnausgleich. Wie ist die Rechtslage?

79 A. Anspruch des M gegen F auf **Rückgewähr** des Eigentumsanteils

I. Ein Anspruch auf **Rückgabe** kann sich **nicht** aufgrund der **Zugewinnausgleichsregelung** nach §§ 1372, 1378 Abs. 1 ergeben, denn der Zugewinnausgleich gibt keine Ansprüche auf Übertragung oder Rückübertragung konkreter Gegenstände, sondern gibt nur einen Zahlungsanspruch auf einen Teil des Vermögens, das während der Ehe angesammelt worden ist.

II. Ein Anspruch auf **Rückgewähr** könnte sich aus **§§ 812 ff.** ergeben.[317]

1. Ein Anspruch aus **§ 812 Abs. 1 S. 1 Alt. 1** setzt voraus, dass der M der F den Miteigentumsanteil ohne rechtlichen Grund zuwandte.

Nach h.M. erfolgt eine Leistung ohne Rechtsgrund, wenn der mit der Leistung verfolgte Zweck der Befreiung von einer einredefreien Verbindlichkeit nicht eintritt.

Hier wussten die Beteiligten, dass M mit seiner Leistung an F keine Erfüllungswirkung verfolgte, M mithin auch nicht ohne Rechtsgrund leistete.[318]

2. Ein Anspruch aus **§ 812 Abs. 1 S. 2 Alt. 2** setzt voraus, dass der mit der Leistung nach dem Inhalt des Rechtsgeschäfts bezweckte Erfolg nicht eintritt. Zum Inhalt des Rechtsgeschäfts wird der Zweck nur, wenn zwischen Empfänger und Leistendem eine tatsächliche Willenseinigung über den verfolgten Zweck erzielt wurde; einseitige Erwartungen genügen nicht.[319] Es kann eine stillschweigende Einigung angenommen werden, wenn der eine Teil mit seiner Leistung einen bestimmten Erfolg bezweckt und der andere Teil dies erkennt und die Leistung ohne Widerspruch annimmt.[320]

M hat mit seiner Zuwendung an F den Zweck verfolgt, das bebaute Grundstück als gemeinsames Familienheim zur Verfügung zu stellen und den Beitrag der F als Hausfrau zur Verwirklichung der ehelichen Gemeinschaft zu honorieren. Dieser Zweck wurde nicht verfehlt. Sollte M mit seiner Zuwendung auch den Zweck verfolgt haben, ein künftiges Scheitern der Ehe zu verhindern, so wäre diese Erwartung einseitig geblieben; denn aus Sicht der F bestand zum Zeitpunkt der Zuwendung kein Anlass, ein Scheitern der Ehe in naher Zukunft anzunehmen; auch kann eine Vermögenszuwendung die Möglichkeit des Scheiterns der Ehe nicht ausschließen. Dies war für M und F erkennbar, sodass

317 Vgl. dazu Wever FamRZ 2010, 237.

318 BGHZ 82, 227, 231; 84, 361, 363/364; OLG Hamm FamRZ 1983, 494, 495.

319 BGHZ 44, 321, 323.

320 BGHZ 115, 261, 263.

es an der Vereinbarung des Zwecks „Verhinderung des Scheiterns der Ehe" fehlt. Daher scheidet ein Anspruch des M aus § 812 Abs. 1 S. 2 Alt. 2 aus.[321]

III. In Betracht kommen kann ein **Rückerstattungsanspruch** aufgrund des **Widerrufs einer Schenkung, §§ 531 Abs. 2, 812 Abs. 1 S. 2 Fall 1** (condictio ob causam finitam). Dann müsste M der F eine Schenkung gemacht und diese gemäß §§ 530 Abs. 1, 531 Abs. 1 wirksam widerrufen haben. Nach h.M. ist § 530 auch im Verhältnis zwischen Ehegatten anwendbar.[322] 80

Es müsste eine **Schenkung** vorliegen. Das ist aber nicht der Fall.

Eine **Zuwendung unter Ehegatten** in der Form der Übertragung von Vermögenssubstanz, der die Vorstellung oder Erwartung zugrunde liegt, dass die eheliche Lebensgemeinschaft Bestand haben werde, oder die sonst um der Ehe willen als Beitrag zur Verwirklichung oder Ausgestaltung, Erhaltung oder Sicherung der ehelichen Lebensgemeinschaft erbracht wird und die darin ihre Geschäftsgrundlage hat, stellt **keine Schenkung**, sondern eine **ehebezogene (unbenannte) Zuwendung** dar.[323]

Das maßgebende Unterscheidungskriterium ist nicht die auch bei ehebezogenen Zuwendungen auftretende objektive Unentgeltlichkeit; es liegt vielmehr im subjektiven Bereich.[324] Bei der Schenkung handelt es sich um ein bewusst und gewollt einseitig begünstigendes Rechtsgeschäft aus Freigebigkeit des Zuwendenden, ohne dass der beiderseitige Vertragswille auf die Verfolgung gemeinsamer Zwecke durch die Eheleute gerichtet ist. Die ehebedingte Zuwendung dagegen hat die Vorstellung der Eheleute zum Gegenstand, dass sie der individuellen Ausgestaltung und Sicherung der ehelichen Lebensgemeinschaft dient. Das bedeutet, dass auch Zuwendungen, die ausdrücklich als Schenkung bezeichnet werden, wie eine unbenannte Zuwendung zu behandeln sind, wenn sie um der Ehe willen, also vom Fortbestand der Ehe abhängig gemacht werden.[325]

Von einer solchen Vorstellung der Beteiligten und damit von einer **ehebedingten Zuwendung** ist hier auszugehen. Darauf deutet die Tatsache hin, dass die Überlassung des hälftigen Miteigentumsanteils durch M an F nur wenige Tage nach der Eheschließung erfolgt ist. Von besonderer Bedeutung für die rechtliche Qualifizierung ist die gemeinsame Absicht von M und F, das bebaute Grundstück als Familienheim zu nutzen.[326]

Der Umstand, dass in dem notariellen Vertrag die Übertragung als „unentgeltlich" bezeichnet worden ist, steht der Behandlung der Grundstücksüberlassung als ehebedingte Zuwendung nicht entgegen, da nach § 133 der wirkliche Wille der Parteien maßgebend ist.[327]

---

321 BGHZ 84, 361, 363; 115, 261, 264; Koch FamRZ 1995, 321; Kleinle FamRZ 1997, 1383, 1385; kritisch Ludwig FuR 1992, 1, 5; Lipp JuS 1993, 89, 96.

322 BGH NJW-RR 1993, 450.

323 BGH FamRZ 2012, 1789; BGH NJW 2006, 2330; BGH FamRZ 2003, 230.

324 Schwab Rn. 330.

325 St.Rspr., vgl. BGH NJW 2006, 2330; s. dazu auch Rauscher Rn. 489.

326 OLG Bamberg FamRZ 1995, 1221, 1222; s. dazu auch Langenfeld NJW 1986, 2541 f.

327 Zu steuerlichen Fragestellungen (Schenkungssteuer?) in Zusammenhang mit ehebezogenen Zuwendungen äußern sich Kuckenburg/Perleberg-Kölbel FuR 2018, 242.

Es liegt somit keine Schenkung i.S.d. § 516 vor. Deshalb kommt auch ein Schenkungswiderruf nach §§ 530 ff. nicht in Betracht, unabhängig davon, ob die tatsächlichen Voraussetzungen eines Widerrufs vorliegen oder nicht.

81 IV. Eine **Rückabwicklung** des Übertragungsvertrages könnte sich aus dem Rechtsgedanken der **Störung der Geschäftsgrundlage** aus **§ 313 Abs. 1 und 3 S. 1 i.V.m. § 346** ergeben.

Im Falle des Scheiterns der Ehe können ehebedingte Zuwendungen nach den Regeln über die Störung der Geschäftsgrundlage (§ 313) zu Ausgleichsansprüchen des Zuwendenden führen, wenn ihm die Beibehaltung der Vermögensverhältnisse, die durch die Zuwendung herbeigeführt worden sind, nach Treu und Glauben nicht zuzumuten ist.[328]

- Dies gilt in erster Linie für Fälle der **Gütertrennung**.[329]
- Anders ist es **für die während der Ehe gemachten Zuwendungen** im Falle des gesetzlichen Güterstandes der **Zugewinngemeinschaft**.

Im gesetzlichen Güterstand der **Zugewinngemeinschaft** ist ein Ausgleich zwar nicht schlechthin ausgeschlossen, dort aber **nur gerechtfertigt**, wenn besondere Umstände den **güterrechtlichen Ausgleich als nicht tragbare Lösung erscheinen lassen**.

Für die Anpassung der Vermögenslage an den Umstand des Scheiterns der Ehe ist daher im Fall des gesetzlichen Güterstandes der Zugewinngemeinschaft grundsätzlich allein das vom Gesetzgeber speziell geregelte Verfahren des Zugewinnausgleichs gemäß §§ 1372 ff. maßgeblich. Dies gilt auch für Vermögensverschiebungen unter Ehegatten durch ehebedingte Zuwendungen, deren Anpassung an die durch das Scheitern der Ehe veränderten Umstände nach den Grundsätzen der Störung der Geschäftsgrundlage nur ausnahmsweise in Betracht kommt, wenn das Ergebnis der güterrechtlichen Abwicklung **schlechthin unangemessen und unzumutbar** ist.[330]

Ob dies der Fall ist, kann nur nach einer umfassenden Interessenabwägung unter Würdigung aller Umstände festgestellt werden.[331]

Im vorliegenden Fall sind keine Umstände ersichtlich, die erkennen lassen, dass bei Vornahme eines Zugewinnausgleichs eine außergewöhnliche Unbilligkeit für M verbleiben würde. Folgt man der Rspr., so scheidet ein Rückübertragungsanspruch des M nach den Regeln über die Störung der Geschäftsgrundlage aus.

V. **Ergebnis zu A.:** M hat gegen F keinen Anspruch auf Rückübertragung des hälftigen Eigentumsanteils.

82 B. M könnte gegen F einen **Zahlungsanspruch** aufgrund des **Zugewinnausgleichs** haben.

328 BGH FamRZ 2015, 490.

329 Vgl. dazu OLG Düsseldorf NJW-RR 1996, 644; 2003, 1513; Kleinle FamRZ 1997, 1183.

330 BGHZ 115, 132, 135, 138; BGH FamRZ 2003, 230; OLG Bremen FamRZ 2017, 279 ff.; OLG Oldenburg NJW 1998, 433, 435; Palandt/Brudermüller § 1372 Rn. 4; Dethloff § 5 Rn. 224 ff.

331 BGH FamRZ 2015, 492.

I. Anfangsvermögen

1. Das Anfangsvermögen des M betrug 300.000 € (Wert des bebauten Grundstücks).

2. Die F hatte bei der Heirat ein Anfangsvermögen von Null. Sie hat während des Bestehens der Zugewinngemeinschaft von M im Wege der unbenannten Zuwendung den 1/2 Eigentumsanteil im Werte von 150.000 € erhalten. Unbenannte Zuwendungen unter Ehegatten sind kein privilegierter Erwerb i.S.d. § 1374 Abs. 2,[332] sodass sie nicht dem Anfangsvermögen zuzurechnen sind. Das Anfangsvermögen der F ist somit Null geblieben.

II. Endvermögen

1. M hat ein Endvermögen von 150.000 € (1/2 Grundstücksanteil) plus 200.000 € (unbebautes Grundstück) = 350.000 €.

2. Die F hat ein Endvermögen von 150.000 € (1/2 Grundstücksanteil).

(Evtl. Wertverschiebungen beim Grundstück können hier mangels Angaben im Sachverhalt nicht berücksichtigt werden.)

III. Berechnung des Zugewinns

1. Zugewinn des M:

	Endvermögen, § 1375:	350.000 €
minus	Anfangsvermögen, § 1374:	300.000 €
		50.000 €

2. Zugewinn der F:

	Endvermögen, § 1375:	150.000 €
minus	Anfangsvermögen, § 1374:	0 €
		150.000 €

3. Der Zugewinn der F übersteigt somit den Zugewinn des M um 100.000 €. M hat somit eine Ausgleichsforderung i.H.v. 50.000 €.

IV. Da die F von M einen Vermögenswert von 150.000 € erhalten hat, behält sie letztlich einen Vermögenswert von 100.000 € aus dem Vermögen des M.

Diese Vermögenslage wäre rechnerisch auch eingetreten, wenn M nicht den 1/2 Anteil auf die F übertragen hätte. Es ergäbe sich dann:

	M	F
Anfangsvermögen	300.000 €	0 €
Endvermögen	500.000 €	0 €
Zugewinn	200.000 €	0 €

Der Unterschied besteht darin, dass M im Falle der unbenannten Zuwendung (unser Fall) nicht die Rückgabe der konkreten Sache fordern kann, sondern nur einen Zahlungsanspruch hat.

332 BGHZ 82, 227, 234.

Anmerkung: *Die Vorschrift des § 1380 greift in diesen Konstellationen auch deshalb nicht ein, weil sie nur gilt, wenn der beschenkte Ehegatte einen Zugewinnausgleichsanspruch hat.*[333]

V. **Ergebnis zu B.:** M hat gegen F einen Zugewinnausgleichsanspruch i.H.v. 50.000 €.

83 C. Die **Zuteilung der Ehewohnung nach der Scheidung** richtet sich nach § 1568 a.

Wenn sich die Ehegatten nicht darüber einigen können, wer von ihnen die Ehewohnung künftig bewohnen und wer die Wohnungseinrichtung und den sonstigen Haushalt erhalten soll, ist ein Verfahren in Ehewohnungszuweisungs- und Haushaltssachen nach §§ 200 ff. FamFG erforderlich.

Materiell-rechtlich ist § 1568 a die maßgebliche Regelung betreffend die Ehewohnung, welche selbst bei Alleineigentum eines Ehegatten eingreift, d. h. auch Herausgabeansprüche nach § 985 BGB (falls der Nichteigentümer-Ehegatte in der Ehewohnung leben sollte) verdrängt.[334]

Die Verteilung der Haushaltsgegenstände behandelt nach Rechtskraft der Scheidung § 1568 b. Steht das Alleineigentum eines Ehegatten fest, so erhält dieser Ehegatte den betreffenden Haushaltsgegenstand, d. h. er kann diesen gegebenenfalls auch nach § 985 BGB herausverlangen. § 1568 b regelt daher nur die Verteilung von Haushaltsgegenständen, die sich im **gemeinsamen Eigentum** der Eheleute befinden. Dies ist grundsätzlich zu vermuten, solange das Alleineigentum eines Ehegatten nicht sicher festgestellt werden kann, vgl. § 1568b Abs. 2. Grundsätzlich ist eine Lösung zu finden, die die Bedürfnisse der gemeinsamen Kinder besonders berücksichtigt.

D. Die Auseinandersetzung der Bruchteilsgemeinschaft (Miteigentum an dem Hausgrundstück) kann – wenn sich M und F nicht gütlich einig werden – im Wege der **Teilungsversteigerung** gemäß §§ 180–185 ZVG erfolgen.[335]

Verzögert ein Ehepartner treuwidrig den freihändigen Verkauf des gemeinsamen Grundstücks zu einem über dem Verkehrswert liegenden Kaufpreis und erleidet der andere Ehepartner durch die Versteigerung des Grundstücks in dem Teilungsversteigerungsverfahren zu einem unter dem Verkehrswert liegenden Kaufpreis einen Schaden, so steht dem geschädigten Ehepartner ein Anspruch auf Ersatz des Schadens (Hälfte des Differenzbetrags zwischen dem zu erzielenden Kaufpreis und dem im Teilungsversteigerungsverfahren gezahlten Kaufpreis) grundsätzlich nicht zu.[336] Die Auseinandersetzung der **Miteigentumsgemeinschaft an Immobilien** wird von den §§ 741, 749 ff. BGB geregelt. Die Teilungsversteigerung ist gesetzlich der dafür vorgesehene Weg. Diese Rechte wahrzunehmen, kann nicht schadensersatzpflichtig machen. Zumal die Interessenlage der Beteiligten unterschiedlich ist: Der eine Beteiligte möchte die Immobilie bestmöglich veräußern, während sie der Andere möglicherweise selbst erwerben will, und dies natürlich günstig.

Nur das LG Münster[337] hat in einem Ausnahmefall einen Schadenersatzanspruch angenommen. Beide Ehegattenmiteigentümer wollten den freihändigen Verkauf. Ein Interessent war bereit, die Immobilie zu einem Preis über dem Verkehrswert zu erwerben. Kurz vor Vertragsschluss stellte der Ehemann seine Mitwirkung ein und setzte die Teilungsversteigerung fort. Dadurch wurde die Immobilie zu einem um 60.000 € geringeren Kaufpreis versteigert. Der durch Vertragsverhandlung geschaffene Vertrauenstatbestand führte zu einer Schadenersatzpflicht gegenüber der Ehefrau in Höhe der hälftigen Differenz.[338]

---

333 Vgl. dazu Palandt/Brudermüller § 1380 Rn. 15.

334 OLG Brandenburg FamRZ 2020, 406; OLG Frankfurt FamRZ 2020, 414; differenzierend OLG Karlsruhe FamRZ 2020, 410.

335 Vgl. dazu Wever FamRZ 2018, 651.

336 OLG Bremen FamRZ 2017; NJW 2017, 3245 = FamRB 2018, 4; Kogel FamRB 2018, 195.

337 LG Münster FamRZ 2003, 1666.

338 Vgl. dazu auch Kogel FamRB 2018, 195 f.

***Beachte:** Keine unentgeltlichen ehebezogenen Zuwendungen liegen vor, wenn an den Ehegatten Leistungen erbracht oder für ihn Verbindlichkeiten eingegangen werden, die nicht um der Ehe willen zur Verwirklichung der ehelichen Gemeinschaft o.Ä. erbracht werden.*

Bestellt z.B. ein Ehegatte für Geschäftsschulden des anderen Sicherheiten, so kann er nach Scheitern der Ehe Befreiung von der Verbindlichkeit oder Erstattung geleisteter Zahlungen verlangen, und zwar aufgrund eines (konkludent) geschlossenen Auftrags i.S.v. § 662 nach § 670.[339]

2. Zuwendungen an späteren Ehegatten vor der Heirat

Fall 28: Schenkung an die Verlobte

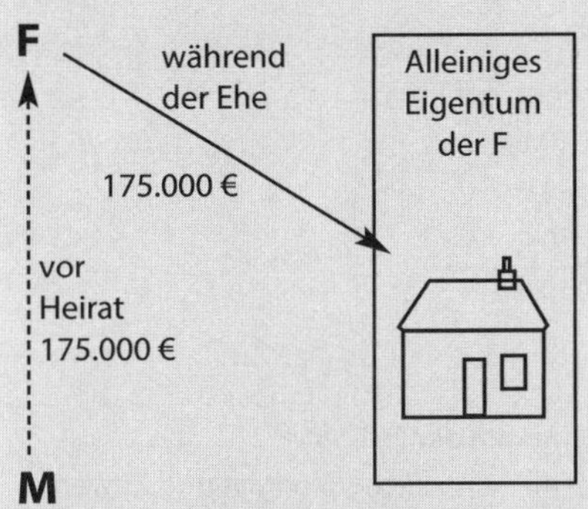

M und F sind Eheleute. Sie heirateten am 03.01.2018. Vor Beginn der Ehe schenkte M der F 175.000 €. Er ließ einen Tag vor der Eheschließung folgenden Text öffentlich beglaubigen: „Hiermit bestätige ich, dass ich meiner Ehefrau (...) aus Anlass unserer Eheschließung den Erlös aus dem Verkauf meiner Eigentumswohnung (...) im Betrage von 175.000 € zum Geschenk gemacht habe." Das Geld floss in den Erwerb eines Hausgrundstücks, das in alleinigem Eigentum der F stand. Es wurde von M und F bis zu ihrer Trennung im Mai 2020 bewohnt. Derzeit ist beim FamG ein Scheidungsverfahren anhängig, in dem beide Parteien einer Scheidung zustimmen. M verlangt von der F Rückzahlung der 175.000 €.

I. Ein Ausgleichsanspruch des M gegen die F wegen der geschenkten 175.000 € aus **§ 1378 Abs. 1 – Zugewinnausgleich – scheidet aus**, da die voreheliche Leistung im Hinblick auf §§ 1373 ff. nicht dem ehelichen Zugewinn unterfällt.[340] **84**

II. Für **voreheliche Zuwendungen** kann ein schuldrechtlicher Ausgleichsanspruch nach den Grundsätzen über die **Störung der Geschäftsgrundlage gemäß § 313 i.V.m. §§ 346 ff.** in Betracht kommen.

1. Die Zuwendung hat den Grund in der Eingehung der Ehe gehabt. Die Geschäftsgrundlage ist mit dem Scheitern der Ehe weggefallen. Hätten die Parteien die alsbaldige Scheidung vorausgesehen, wäre es nicht zu der Zuwendung gekommen. Ein Festhalten am unveränderten Vertrag ist dem M nicht zuzumuten. Es liegen somit die Voraussetzungen des § 313 Abs. 1 vor.

2. Da die voreheliche Zuwendung nicht dem ehelichen Zugewinn unterfällt (s.o. I.), muss ein Ausgleich nach den Grundsätzen über die Störung der Geschäftsgrundlage erfolgen. Der M kann aber nicht gemäß § 346 Abs. 1 die gesamte Schenkung in vollem Umfang zurückverlangen. Es liegt kein Grund vor, den M gegenüber dem (gedachten) Fall, dass die Zuwendung erst nach der Eheschließung erfolgt wäre, besser zu stellen. Der Rückgewähranspruch des M ist daher danach zu be-

339 OLG Hamm FamRZ 2003, 97, 98.

340 OLG Köln NJW 2002, 3784.

messen, was er an Mehr als Zugewinn erhalten würde, wenn aus dem Anfangsvermögen der F der Betrag von 175.000 € herausgerechnet würde und sodann unterstellt würde, der M habe nach Eheschließung der F diesen Betrag zum Erwerb der Ehewohnung auf ihren Namen zugewandt (fiktiver Zugewinnausgleichsanspruch). In diesem Fall wäre im Hinblick auf die hälftige Beteiligung an dem Zugewinn der Zugewinnausgleichsanspruch des M rechnerisch um 87.500 € höher als im Falle der Hinzurechnung der Schenkung zum Anfangsvermögen der F.[341]

M hat somit gegen F einen Rückgewähranspruch aus § 313 Abs. 1 und Abs. 3 S. 1 i.V.m. § 346 Abs. 1 i.H.v. 87.500 €.

Gegenüberstellung der aufgezeigten Berechnungsmethoden bei Außerachtlassung sonstigen ausgleichspflichtigen Vermögens:

- Bei Einberechnung der 175.000 € in das Anfangsvermögen der F:

	F	M
Anfangsvermögen	175.000 €	0 €
Endvermögen	175.000 €	0 €
Zugewinn	0 €	0 €

Kein Ausgleich.

- Bei Nichteinrechnung der 175.000 € in das Anfangsvermögen der F:

	F	M	
Anfangsvermögen	0 €	175.000 €	(Schenkungen und Zuwendungen unter Ehegatten sind kein privilegierter Erwerb i.S.d. § 1374 Abs. 2)
Endvermögen	175.000 €	0 €	
Zugewinn	175.000 €	0 €	

Ausgleich zugunsten des M 1/2 von 175.000 € = 87.500 €.

3. Zuwendungen an Schwiegerkinder

Fall 29: Enttäuschte Erwartungen

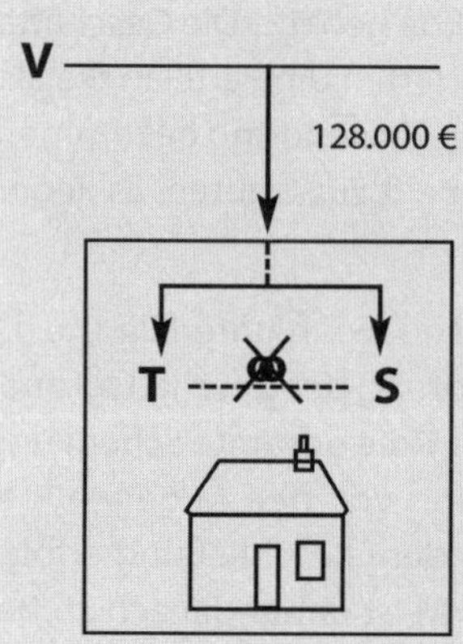

Die T ist die Tochter von M und V. Sie war seit 2012 mit S verheiratet. M und V verlangen von S die Erstattung von Geldbeträgen, die sie für die Errichtung eines Einfamilienhauses auf dem Grundstück des S aufgewandt haben. Im Januar 2017 bekam S von seinem Vater ein unbebautes Grundstück übertragen, auf dem er ein Einfamilienhaus errichtete. M und V leisteten zum Hausbau im Juni 2017 finanzielle Beiträge i.H.v. 128.000 €. Zum damaligen Zeitpunkt waren S und T beide 30 Jahre alt. Geschäftsgrundlage der Zuwendung war die auch dem S erkennbare Erwartung von M und V, die Ehe des S mit

341 BGH FamRZ 2012, 1789; OLG Köln NJW 2002, 3784; vgl. dazu auch Härtl NZFam 2016, 1166.

T werde Bestand haben. Im Oktober 2017 war das Haus fertiggestellt und wurde von S und T sowie den gemeinsamen Kindern bezogen. Im Mai 2019 zog die T mit einem der Kinder aus dem Haus aus und lebte seitdem von S getrennt. Nachdem T im März 2020 den Scheidungsantrag rechtshängig gemacht hatte, wurde im Juni 2020 die Ehe rechtskräftig geschieden.

M und V, die vom Scheidungsverfahren informiert waren, verlangen von S im Juli 2020 die Rückerstattung der von ihnen geleisteten Zahlungen i.H.v. 128.000 €.

S hält dem Anspruch insbesondere entgegen, dass er die Zuwendung bereits über den Zugewinnausgleich der T ausgleichen müsse und so die Gefahr bestehe, doppelt in Anspruch genommen zu werden. Die Erwartung der Schwiegereltern habe sich ausreichend dadurch erfüllt, dass die Ehe nach der Zuwendung noch fast zwei Jahre Bestand gehabt habe. Schließlich erhebt er die Einrede der Verjährung.

I. Der Rückzahlungsanspruch der Schwiegereltern könnte sich aus §§ 516, 313 Abs. 1, Abs. 3 i.V.m. § 346 ergeben. Dann müssten die Schwiegereltern wegen **Störung der Geschäftsgrundlage** vom Schenkungsvertrag wirksam zurückgetreten sein. **85**

1. Die Grundsätze des Wegfalls der Geschäftsgrundlage müssten vorliegend anwendbar sein.

   a) Fraglich ist, ob die Zuwendung von M und V eine Schenkung ist.

      Die Zuwendungen von M und V sind nicht sog. **unbenannte Zuwendungen**, sondern **Schenkungen** an den S.[342] Schwiegerelterliche Zuwendungen erfüllen nämlich auch dann sämtliche tatbestandlichen Voraussetzungen des § 516 Abs. 1, wenn sie um der Ehe des eigenen Kindes willen erfolgen. Insbesondere fehlt es im Falle schwiegerelterlicher Zuwendungen nicht an einer mit der Zuwendung einhergehenden dauerhaften Vermögensminderung beim Zuwendenden, wie sie § 516 Abs. 1 voraussetzt. Insoweit unterscheidet sich die Situation von der Vermögenslage, die durch unbenannte Zuwendungen unter Ehegatten entsteht, grundlegend. Dort ist eine Schenkung regelmäßig deshalb zu verneinen, weil der zuwendende Ehegatte die Vorstellung hat, der zugewendete Gegenstand werde ihm letztlich nicht verloren gehen, sondern der ehelichen Lebensgemeinschaft und damit auch ihm selbst zugutekommen. Demgegenüber übertragen Schwiegereltern den zuzuwendenden Gegenstand regelmäßig in dem Bewusstsein auf das Schwiegerkind, künftig an dem Gegenstand nicht mehr selbst zu partizipieren. Die Zuwendung aus ihrem Vermögen hat also eine dauerhafte Verminderung desselben zur Folge.[343]

   b) Die Regelungen des Schenkungsrechts könnten die Regelungen über die Störung der Geschäftsgrundlage nach § 313 verdrängen.

      Die im Schenkungsrecht ausdrücklich vorgesehenen Anspruchsgrundlagen für die Rückforderung von Geschenken wegen Nichterfüllung einer Auflage,

342 Vgl. BGH RÜ 2016, 205; BGH NJW 2010, 2202 bzw. NJW 2010, 2884.

343 Kritisch dazu Wever FamRZ 2010, 1047.

wegen Verarmung und wegen groben Undanks des Beschenkten (§§ 527, 528, 530) sind Sonderfälle des Wegfalls der Geschäftsgrundlage. Jedoch ist allgemein anerkannt, dass das Rechtsinstitut des Wegfalls der Geschäftsgrundlage anwendbar ist, soweit der Sachverhalt außerhalb des Bereichs der speziellen Herausgabeansprüche des Schenkers liegt. Um einen Sachverhalt außerhalb des Bereichs der Sondervorschriften handelt es sich indes auch bei dem Scheitern der Ehe.[344]

Somit sind auf Schenkungsverträge die Grundsätze des Wegfalls der Geschäftsgrundlage anwendbar.[345]

2. Nunmehr ist zu prüfen, ob eine Störung der Geschäftsgrundlage vorliegt.

Geschäftsgrundlage sind die nicht zum eigentlichen Vertragsinhalt erhobenen, bei Vertragsschluss aber zutage getretenen gemeinsamen Vorstellungen beider Vertragsparteien sowie die der einen Vertragspartei erkennbaren und von ihr nicht beanstandeten Vorstellungen der anderen vom Vorhandensein oder dem künftigen Eintritt gewisser Umstände, sofern der Geschäftswille der Parteien auf diesen Vorstellungen aufbaut.[346] Ist dies hinsichtlich der Vorstellung der Eltern, die eheliche Lebensgemeinschaft des von ihnen beschenkten Schwiegerkindes mit ihrem Kind werde Bestand haben und ihre Schenkung demgemäß dem eigenen Kind dauerhaft zugutekommen, der Fall, so bestimmt sich bei Scheitern der Ehe eine Rückabwicklung der Schenkung nach den Grundsätzen über den Wegfall der Geschäftsgrundlage.

Geschäftsgrundlage der Schenkung von M und V war für den S deren erkennbare Erwartung, dessen Ehe mit T werde Bestand haben; mit der Schenkung werde zur Schaffung einer Familienwohnung beigetragen, die der Tochter auf Dauer zugutekomme. Diese Geschäftsgrundlage ist mit dem Auszug der Tochter aus dem im Alleineigentum des S stehenden Haus und der Scheidung der Ehe endgültig entfallen.

Der BGH (10. Senat)[347] meint hingegen, bei der Annahme, dass Vorstellungen dieser Art die Geschäftsgrundlage der Schenkung bilden, sei Zurückhaltung geboten. Die Schenkung würde **kein Dauerschuldverhältnis** begründen, das den Beschenkten dauerhaft an die Vorstellungen bindet, die die Bereitschaft des Schenkers zur Abgabe des Schenkungsversprechens bestimmt oder jedenfalls beeinflusst haben. Der Zuwendende trage das **Schenkungsrisiko**, sodass auch einkalkuliert werden muss, dass die Beziehung des Schwiegerkindes mit dem eigenen Kind nicht von lebenslanger Dauer ist.[348]

---

344 BGH FamRZ 1990, 600, 602.

345 BGH FamRZ 2015, 490; BGH NJW 2010, 2202 = FamRZ 2010, 958 Rn. 25 ff.; vgl. ferner BGH NJW 2003, 510 = FamRZ 2003, 223; NJW 1999, 1623 = FamRZ 1999, 705, 707.

346 BGH NJW 2010, 522.

347 BGH FamRZ 2019, 1595 mit Anm. Wever; ausführlich dazu Roßmann FuR 2019, 622.

348 Der BGH weist daraufhin, dass die durchschnittliche Ehedauer zum Zeitpunkt der Scheidung in Deutschland im Jahr 2017 (vgl. Statistisches Bundesamt, www.destatis.de/DE/Themen/Gesellschaft-Umwelt/Bevoelkerung/Eheschliessungen-Ehescheidungen-Lebenspartnerschaften/Tabellen/masszahlen-ehescheidungen.html) 15 Jahre war.

Eine Störung der Geschäftsgrundlage nach § 313 kommt danach nur noch in Betracht, wenn nach der Zuwendung die Beziehung des eigenen Kindes mit dem Schwiegerkind **nur noch von kurzer Dauer** ist, also mehr oder weniger unmittelbar oder zeitnah nach der Zuwendung beendet wurde. Hat also die gemeinsame Nutzung der Immobilie entgegen der mit der Schenkung verbundenen Erwartung nur kurze Zeit angedauert, kommt ein Wegfall der Geschäftsgrundlage auch nach dieser Auffassung in Betracht.

Damit ist klärungsbedürftig, wann die Beziehung des eigenen Kindes mit dem Schwiegerkind **nur noch von kurzer Dauer** war. Der BGH[349] will sich diesbezüglich an § 1579 Nr. 1 orientieren. Eine Ehe von kurzer Dauer nach § 1579 Nr. 1 kann angenommen werden, wenn die Ehezeit nicht über drei Jahre hinausgeht. Grundsätzlich gilt, dass eine Ehedauer von nicht mehr als zwei Jahren regelmäßig als kurz anzusehen ist, eine solche von über drei Jahren hingegen nicht mehr als kurz eingeordnet werden darf. Bei einer Ehedauer zwischen zwei und drei Jahren ist der Einzelfall ausschlaggebend.[350] Berechnet wird dies im Rahmen von § 1579 Nr. 1 von dem Tag der Eheschließung ausgehend bis zur Zustellung des Scheidungsantrags. Orientiert man sich an § 1579 Nr. 1, wird man im Falle der Schwiegerelternansprüche auf die Zeit von der Zuwendung bis zur Trennung (entsprechend der Vorschrift des § 1567) der Beteiligten abzustellen haben.[351]

Danach ist auch bei Anwendung dieser einschränkenden Auffassung des 10. Zivilsenats des BGH von einem Wegfall der Geschäftsgrundlage auszugehen, da die Beteiligten sich vor Ablauf von zwei Jahren nach Zuwendung bereits getrennt hatten.

3. Die Grundsätze über die Störung der Geschäftsgrundlage unterliegen den Prinzipien von Treu und Glauben. Die Erfüllung des Rückforderungsanspruchs ist dem S nicht zumutbar, wenn er dadurch im Hinblick auf den Zugewinnausgleich einer doppelten Inanspruchnahme ausgesetzt wäre.

   Das Schwiegerkind braucht aber eine Inanspruchnahme im Wege des Zugewinnausgleichs nicht zu befürchten. Dies ergibt sich daraus, dass schwiegerelterliche Schenkungen nicht nur im End-, sondern auch im Anfangsvermögen des Schwiegerkindes zu berücksichtigen sind und sich somit im Zugewinnausgleich nicht auswirken. Die Schenkung der Schwiegereltern kann nämlich als privilegiertes Anfangsvermögen nach § 1374 Abs. 2 verstanden werden, auch wenn sie um der Ehe des eigenen Kindes willen erfolgt ist.

   Allerdings ist die privilegierte schwiegerelterliche Schenkung lediglich in einer um den Rückforderungsanspruch verminderten Höhe in das Anfangsvermögen des Schwiegerkindes einzustellen. Denn der Beschenkte hat den zugewendeten Gegenstand nur mit der Belastung erworben, die Schenkung im Falle des späteren Scheiterns der Ehe schuldrechtlich ausgleichen zu müssen. Zwar steht bei Eingehen der Ehe noch nicht fest, ob und in welcher Höhe der Rückforderungsanspruch entstehen wird, es handelt sich also um eine ungewisse Forderung. Allerdings besteht in der Regel nur Veranlassung, das Anfangsvermögen zu ermitteln, wenn die Ehe gescheitert ist.

349 BGH FamRZ 2019, 1595.

350 FamR-Komm/Eder § 1579 Rn. 16 und 19.

351 Vgl. auch BGH FamRZ 2019, 1595.

Dann steht aber auch fest, dass und in welcher Höhe die Forderung entstanden ist. Daher kann sie mit ihrem vollen Wert in das Anfangsvermögen des Beschenkten eingestellt werden.

Ist demgemäß nicht nur die Schenkung selbst, sondern auch der Rückforderungsanspruch der Schwiegereltern sowohl im End- als auch im Anfangsvermögen des Schwiegerkindes zu berücksichtigen, folgt hieraus zugleich, dass die Schenkung der Schwiegereltern regelmäßig im Zugewinnausgleichsverfahren vollständig unberücksichtigt bleiben kann.

4. Die Höhe des Rückforderungsanspruchs ist unter Abwägung sämtlicher Umstände des Einzelfalls zu ermitteln.[352] Die Geschäftsgrundlage einer schwiegerelterlichen Schenkung ist die Erwartung, dass die Zuwendung dem eigenen Kind auf Dauer zugutekommt. Falls das eigene Kind sich von dem begünstigten Schwiegerkind trennt, endet die Begünstigung des eigenen Kindes entgegen der Erwartung seiner Eltern vorzeitig. Der Zweck der Schenkung wurde daher allenfalls teilweise erreicht. Jedenfalls für die Zeit des Zusammenlebens wird ein Abschlag für den Rückforderungsanspruch für angemessen angesehen.

   Die Berechnung des Abschlags ist allerdings umstritten.[353]

   Bislang wurde vertreten, dass von einer Zweckerreichung auszugehen ist, wenn die Ehe nach der Schenkung noch 20 Jahre Bestand hatte. Scheitert die Ehe zehn Jahre nach der Schenkung, wäre ein Abschlag von 50 % angemessen sowie bei Scheitern nach fünf Jahren von 25 %.[354]

   Der BGH hat derartige „Formeln" jedoch abgelehnt. Maßgeblich sei der Umfang der durch die Zuwendung bedingten, beim Empfänger noch vorhandenen Vermögensmehrung.[355] Ein Rückforderungsanspruch setze grundsätzlich eine beim Wegfall der Geschäftsgrundlage noch vorhandene, messbare Vermögensmehrung voraus, die zugleich den Anspruch nach oben begrenzt.

   Das OLG Bremen[356] knüpft nunmehr diesbezüglich an die Lebenserwartung der Beschenkten an: „Der Senat favorisiert die … Lösung, wonach sich der Abschlag für teilweise Zweckerreichung danach bemisst, in welchem Verhältnis die Dauer nach der Zuwendung bis zum Scheitern der Ehe zur angenommenen Gesamtdauer der Ehe im Zeitpunkt der Zuwendung, der so genannten Eheerwartung, steht. Dieser Vorschlag ist anderen Berechnungsmodellen deshalb vorzuziehen, weil er an die Erwartung des Zuwendenden im Zeitpunkt der Zuwendung anknüpft, die in aller Regel dahingeht, dass die Ehe, die er mit seiner Zuwendung begünstigen will, lebenslang Bestand haben wird. Aus diesem Grund muss die Eheerwartung an die Lebenserwartung beider Ehegatten im Zeitpunkt der Zuwendung anknüpfen. Die Lebenserwartung lässt sich Sterbetafeln entnehmen und kann auch mit Hilfe der Internetadresse www.statistik.at/Lebenserwartung/action.do errechnet werden."

---

352 BGH FamRZ 2015, 393; FamRZ 2015, 490.

353 Vgl. dazu Weinreich/Klein-Roßmann, Vor §§ 1372 Rn 193; Wever FamRZ 2013, 1 ff.

354 OLG Düsseldorf FamRZ 2014, 162, 163.

355 BGH FamRZ 2015, 493.

356 OLG Bremen FamRZ 2016, 504 = NJW 2016, 83.

Die Zuwendung der Schwiegereltern ist beim Empfänger noch vorhandenen, d.h. eine Vermögensmehrung besteht.

Stellt man nunmehr auf die Lebenserwartung der Beschenkten ab, so hat dies zur Folge, dass der Rückforderungsanspruch um 10 % zu reduzieren ist. Dies ergibt sich daraus, dass die beschenkten Eheleute im Jahre 2017 jeweils 30 Jahre alt waren. Die Lebenserwartung ist mit mindestens 80 Jahren anzusetzen, sodass die drei Jahre von der Schenkung bis zur rechtskräftigen Scheidung allenfalls einen Abschlag von 6 % rechtfertigen. Damit ergibt sich ein Rückforderungsanspruch der Schwiegereltern i.H.v. 120.320 €.

Soweit die Auffassung vertreten wird, dass ein Wegfall der Geschäftsgrundlage nur in Betracht kommt, wenn die Ehe nach der Zuwendung nur noch kurze Zeit bestanden hat, wird es für derartige Konstellationen für angemessen gehalten, die Zuwendung vollständig zurückgewähren zu müssen. Es sei in diesem Fall dem Zuwender, sofern nicht besondere Umstände vorliegen, nicht zuzumuten, dem Beschenkten das Geschenk auch nur teilweise zu belassen.[357]

Folgt man dieser Auffassung, so können die Schwiegereltern den Betrag von 128.000 € vollständig zurück verlangen.

5. Verjährung

S erhebt die Einrede der Verjährung. Damit stellt sich die Frage, welche Verjährungsfrist gilt und wann die Verjährung bei einer schwiegerelterlichen Schenkung überhaupt beginnt.

Der Rückgewähranspruch nach § 313 ist schuldrechtlicher Natur und verjährt nach §§ 195, 199 Abs. 1 in drei Jahren.[358] Ist Gegenstand der Zuwendung eine Immobilie, so ist die Sonderregelung des § 196 BGB anzuwenden, die zu einer zehnjährigen Verjährungsfrist bei Grundstückszuwendungen führt.

Da das Scheitern der Ehe regelmäßig **spätestens mit der Zustellung des Scheidungsantrags** zum Ausdruck kommt, liegt die für den Beginn der regelmäßigen Verjährungsfrist erforderliche Kenntnis der Schwiegereltern vom Scheitern der Ehe ihres Kindes jedenfalls dann vor, wenn sie von der Zustellung des Scheidungsantrags Kenntnis erlangt haben oder ohne grobe Fahrlässigkeit hätten erlangen müssen.[359]

Damit begann die Verjährungsfrist mit der Rechtshängigkeit des Scheidungsantrags im März 2020 zu laufen. Auch wenn mit der Geldzuwendung eine Immobilie verwirklicht werden sollte, ist nicht die 10-jährige Verjährungsfrist nach § 196 maßgeblich, sondern Verjährung tritt nach drei Jahren ein, §§ 195, 199 Abs. 1. Damit ist die Einrede der Verjährung nicht erfolgreich.

357 BGH FamRZ 2019, 1595.

358 BGH FamRZ 2015, 393 ff.

359 BGH RÜ 2016, 205.

Ergebnis: Der Rückforderungsanspruch der Schwiegereltern ist i.H.v. 128.000 € begründet.

II. Der Rückforderungsanspruch der Schwiegereltern kann sich auch wegen **Zweckverfehlung aus § 812 Abs. 1 S. 2 Alt. 2** ergeben.

1. Fraglich ist zunächst, ob bereicherungsrechtliche Ansprüche aufgrund eines Vorrangs der Grundsätze über die Störung der Geschäftsgrundlage verdrängt werden. Die h.M.[360] geht allerdings nicht von einem Vorrang der Grundsätze des § 313 aus, auch wenn diese Prinzipien flexibler sein mögen.

2. Es müsste eine **Zweckvereinbarung** der Beteiligten vorliegen.

   Eine Zweckabrede i.S.d. § 812 Abs. 1 S. 2 Alt. 2 setzt positive Kenntnis von der Zweckvorstellung des anderen Teils voraus; ein bloßes Kennenmüssen genügt nicht.[361] Häufig nehmen die Beteiligten im Zeitpunkt der Schenkung die Möglichkeit eines späteren Scheiterns der Ehe allerdings nicht in ihre Überlegungen auf. In diesen Fällen mag zwar dennoch eine gemeinsame Vorstellung vom Fortbestand der ehelichen Lebensgemeinschaft vorliegen, welche die Geschäftsgrundlage der Schenkung bildet; eine entsprechende Zweckvereinbarung kommt jedoch von vornherein nicht in Betracht.

   Für S war im vorliegenden Fall erkennbar, dass M und V die Zuwendung nur machten, weil sie vom Bestand der Ehe ausgingen. Dies war die erkennbare Zweckvorstellung.

3. Aufgrund des Scheiterns der Ehe nach nicht einmal zwei Jahren seit der Zuwendung ist es allenfalls zur teilweisen Zweckerreichung gekommen, weshalb die Voraussetzungen des § 812 Abs. 1 S. 2 Alt. 2 gegeben sind. Auch dieser Anspruch ist aufgrund dieser kurzen Zeit nicht zu reduzieren (s.o.).

4. Die Einrede der Verjährung ist gegenüber diesem Anspruch nicht erfolgreich, da die Verjährungsfrist auch hierfür drei Jahre beträgt, §§ 195, 199 Abs. 1, und erst mit der Kenntnis der Schwiegereltern von der Rechtshängigkeit des Scheidungsantrags beginnt.

Ergebnis: Danach ergibt sich ein Rückzahlungsanspruch von M und V gegen S wegen teilweiser Zweckverfehlung auch aus § 812 Abs. 1 S. 2 Alt. 2 i.H.v. 128.000 €.

---

360 Vgl. dazu ausführlich BGH NJW 2010, 2884, 2886.

361 BGH NJW 1992, 427.

86

Zusammenfassende Übersicht zum ehelichen Güterrecht

gesetzlicher Güterstand	subsidiär (Ehevertrag)
▪ Zugewinngemeinschaft, §§ 1363 ff.	▪ Gütertrennung, § 1414 ▪ Gütergemeinschaft, §§ 1415 ff.

„Gütertrennung"

- kraft Gesetzes kein gemeinschaftliches Vermögen, § 1363 Abs. 2 S. 1, d.h. jeder Ehegatte wirtschaftet mit seinem Vermögen selbstständig

Einschränkung der Verfügungsmacht, § 1365

- Verpflichtung zu einer Verfügung bzw. Verfügung
- über das Vermögen im Ganzen
  - Einzeltheorie (h.M.): auch einzelner Gegenstand, wenn wirtschaftlich nahezu das ganze Vermögen
- positives Wissen im Zeitpunkt der Verpflichtung oder Kennen der Umstände

Rechtsfolge:
- unwirksam bei fehlender Zustimmung des Partners, §§ 1365, 1366, u. fehlender Ersetzung durch Familiengericht, § 1365 Abs. 2
- absolutes Veräußerungsverbot
- revokatorische Klage, § 1368

Haushaltsgegenstände, § 1369

- zustimmungsbedürftig sind
  - Verpflichtungsgeschäfte, gerichtet auf Verfügungen über dem sich Verpflichtenden gehörende Haushaltsgegenstände
  - Verfügungen über Haushaltsgegenstände, falls wirksame Verpflichtung fehlt
- str., ob analog, wenn Haushaltsgegenstände dem anderen Ehegatten gehören

Rechtsfolge: § 1369 Abs. 3 verweist auf §§ 1366–1368 (s.o.)

Zugewinnausgleich, §§ 1363 ff.

- erbrechtliche Lösung: bei Tod eines Ehegatten → § 1371 Abs. 1
- güterrechtliche Lösung: Beendigung des Güterstandes unter Lebenden
  - Zugewinn = Betrag, um den das Endvermögen eines Ehegatten sein Anfangsvermögen übersteigt, § 1373
    - Endvermögen, § 1375 } § 1376
    - Anfangsvermögen, § 1374 } § 1376
  - Ausgleich = 1/2 des Überschusses, § 1378 Abs. 1
  - Auffüllungsanspruch gegen Dritte, § 1390

Ehebedingte (unbenannte) Zuwendungen

- nur ausnahmsweise Schenkung, wenn Einigung über Unentgeltlichkeit
- i.d.R. nur Ausgleich nach den Regeln des Zugewinnausgleichs, wobei die ehebedingte Zuwendung nicht nach § 1374 Abs. 2 dem Anfangsvermögen zuzurechnen ist

VI. Ehegatteninnengesellschaft

Fall 30: Lagerarbeiter oder Gesellschafter

M und F heirateten im Februar 2015. Sie vereinbarten in einem notariellen Ehevertrag zuvor Gütertrennung. Die F gründete Ende März 2015 ein Unternehmen und stellte den M in ihrem Unternehmen mit Arbeitsvertrag vom 01.04.2015 als Lagerarbeiter ein. Tatsächlich führte M die Geschäfte des Unternehmens selbstständig, während die F in einem anderen Unternehmen vollzeitig tätig war. M war am Unternehmen insbesondere deshalb nicht beteiligt, weil er in der Vergangenheit wegen erheblicher Schulden die eidesstattliche Versicherung der Vermögenslosigkeit nach § 802 c Abs. 3 ZPO abgelegt hatte. Das von M bezogene Arbeitsentgelt von 900 € wurde anfangs bar ausgezahlt, ab 2017 erfolgte eine Überweisung auf ein Konto von F, von dem die Lebenshaltung bestritten wurde. Nachdem sich M und F im März 2019 getrennt hatten, reichte die F im April 2020 die Scheidung bei Gericht ein. Der Arbeitsvertrag wurde einvernehmlich zum 30.06.2020 aufgehoben. M vertritt die Auffassung, es habe eine Ehegatteninnengesellschaft bestanden, und verlangt Ausgleich in Höhe des hälftigen Unternehmenswertes. Unstreitig ist zwischen M und F, dass die maßgebliche Geschäftsführung für das Unternehmen von M geleistet wurde, während F die Buchführung machte und mit ihrem Vermögen die erforderlichen finanziellen Investitionen tätigte, was jeweils hälftig zum Erfolg der Unternehmung geführt hat. Rechtslage?

87 I. Ein Anspruch auf Zugewinnausgleich nach § 1378 ist nicht gegeben, da die Eheleute in einem notariellen Vertrag Gütertrennung vereinbart haben.

II. Der Anspruch des M setzt zwischen den Ehegatten eine zumindest konkludent begründete sog. Innengesellschaft nach § 705 voraus.[362]

1. Die §§ 705 ff. sind neben den familienrechtlichen Ausgleichsbestimmungen anwendbar.[363] Es besteht keine Subsidiarität, d.h. bei einer Ehegatteninnengesellschaft kommt ein Ausgleichsanspruch eines Ehegatten nicht erst dann in Betracht, wenn der Zugewinnausgleich nicht zu einem angemessenen Ergebnis führt. Ein gesellschaftsrechtlicher Ausgleichsanspruch besteht vielmehr neben einem Anspruch auf Zugewinnausgleich.[364]

Der Umstand, dass die Ehegatten im gesetzlichen Güterstand leben, ist aber als gewichtiges Indiz gegen das Zustandekommen einer Innengesellschaft durch schlüssiges Verhalten anzusehen, weil der im Fall der Scheidung gebotene Vermögensausgleich in der Regel bereits durch die Vorschriften über den Zugewinnausgleich gesichert ist. Die Vorstellung der Ehegatten, über den Zugewinnausgleich an dem gemeinsam Erarbeiteten teilzuhaben, wird vielfach dagegen sprechen, ihr Verhalten hinsichtlich ihrer gemeinsamen Arbeit oder Wertschöpfung als Abschluss eines Gesellschaftsvertrages auszulegen.[365] Ausgeschlossen ist die Möglichkeit einer Ehegatteninnengesellschaft jedoch nicht. Vorliegend haben M und F Gütertrennung vereinbart, sodass dieses Indiz nicht greift.

---

362 Vgl. dazu Schmidt JuS 2006, 754.

363 Ausführlich dazu Dauner-Lieb FuR 2009, 361 ff.

364 KG FamRZ 2013, 787; BGH NJW 2006, 1268 ff.

365 Vgl. dazu auch Kogel FamRZ 2006, 1799.

2. Eine konkludente Vereinbarung einer Innengesellschaft könnte gegeben sein. Erforderlich ist dafür:

   - Die Eheleute müssen durch ihre beiderseitigen Leistungen einen über den typischen Rahmen der ehelichen Lebensgemeinschaft hinausgehenden Zweck verfolgen, indem sie etwa durch Einsatz von Vermögenswerten und Arbeitsleistungen gemeinsam ein Unternehmen aufbauen oder gemeinsam eine berufliche oder gewerbliche Tätigkeit ausüben.

   - ***Anmerkung:*** *Ein konkludenter Gesellschaftsvertrag kann bei Ehegatten nur angenommen werden, wenn ein über den typischen Rahmen der ehelichen Lebensgemeinschaft hinausgehender Zweck (= Sonderzweck) verfolgt wird, weil anderenfalls jede Ehe automatisch eine GbR wäre und infolgedessen das eheliche Güterrecht durch das Gesellschaftsrecht unterlaufen würde. Erwerben Eheleute eine Immobilie für sich und die gemeinsamen Kinder als Familienwohnung, so ist diese Investition nicht geeignet, eine GbR zu begründen; werden danach von den Eheleuten allerdings gemeinsam weitere Immobilien als Vermögensanlage erworben, um auch mit den Mieteinnahmen den Unterhalt zu bestreiten und Vorsorge für das Alter zu betreiben, so kommt diesbezüglich eine GbR wegen des „eheübergreifenden" Charakters in Betracht.*

   - Des Weiteren muss die Tätigkeit des mitarbeitenden Ehegatten von ihrer Funktion her grundsätzlich als **gleichberechtigte** Mitarbeit anzusehen sein.[366]

   Ein konkludent geschlossener Gesellschaftsvertrag liegt danach vor. Die Parteien haben gemeinsam ein Unternehmen betrieben. Dass M formal am Unternehmen nicht beteiligt war, ist durch die frühere Überschuldung bedingt gewesen. Auch der abgeschlossene Arbeitsvertrag steht dazu nicht in Widerspruch. Denn er sieht für den M ein Entgelt von 900 € monatlich vor, das für eine Tätigkeit als Lagerarbeiter vereinbart worden ist, für die tatsächlich ausgeübte Geschäftsführungstätigkeit aber keine adäquate Vergütung darstellt.

Somit hat zwischen den Eheleuten eine Ehegatteninnengesellschaft nach § 705 bestanden.

III. Die Beendigung der Innengesellschaft begründet einen Ausgleichsanspruch in Form eines schuldrechtlichen Anspruchs auf Zahlung des Auseinandersetzungsguthabens, der sich nach den §§ 738 ff. sowie einzelnen Vorschriften der §§ 730 ff. bestimmt.[367] Maßgebender Stichtag für die Auseinandersetzung ist nicht ohne Weiteres der Tag, an dem die Ehegatten sich getrennt haben, sondern der Zeitpunkt, zu dem sie ihre Zusammenarbeit tatsächlich beendet haben und die F das Unternehmen allein weitergeführt hat.

---

366 Vgl. dazu BGH FamRZ 2016, 965 (Tierzuchtbetrieb); der BGH erklärt in dieser Entscheidung, dass das Erfordernis der gleichgeordneten Mitarbeit wegen der unterschiedlichen Möglichkeiten der Beteiligung zukünftig nicht mehr überbetont werden soll. Nach Auffassung des BGH sollen deutlich unterschiedliche Arbeitsleistungen bzw. unterschiedlicher Vermögenseinsatz dadurch Berücksichtigung finden, dass von der Regelung des § 722 Abs. 1 BGB abgewichen wird, d.h. die Verteilung am Auseinandersetzungsguthaben soll mit einer anderen Quote als 50 % erfolgen.

367 Schwab Rn. 327.

Damit ist für die Auseinandersetzung der Ehegatteninnengesellschaft auf den 30.06.2020 abzustellen (einvernehmliche Aufhebung des „Arbeitsvertrages").

IV. Fraglich ist freilich, mit welchem Anteil die Gesellschafter am Gewinn teilnehmen.

1. Haben die Ehegatten – wie zumeist – hierüber keine ausdrückliche Absprache getroffen, ist – ggf. anhand einer ergänzenden Vertragsauslegung – zu prüfen, ob sich etwa aus anderen feststellbaren Umständen Hinweise auf eine bestimmte Verteilungsabsicht ergeben.[368] Ein Indiz dafür, dass die Gesellschafter eine vom Grundsatz gleicher Beteiligung abweichende Verteilung gewollt haben, sind unterschiedlich hohe Beiträge. Dabei sind nicht nur Arbeitsleistungen, sondern auch Geld- und Sachleistungen einzubeziehen. Haben die Ehegatten etwa Arbeitsleistungen in deutlich unterschiedlichem Umfang erbracht, spricht dies gegen eine hälftige Beteiligung. Das Gleiche gilt, wenn beide Ehegatten in gleichem Umfang mitgearbeitet haben, ein Ehegatte aber zusätzlich nennenswerte finanzielle Investitionen erbracht hat.[369]

   Unstreitig ist laut Sachverhalt zwischen M und F, dass die maßgebliche Geschäftsführung für das Unternehmen von M geleistet wurde, während F die Buchführung machte und mit ihrem Vermögen die erforderlichen finanziellen Investitionen tätigte, was jeweils hälftig zum Erfolg der Unternehmung geführt hat. Damit ist davon auszugehen, dass die Beteiligten sich – wenn auch in unterschiedlicher Art und Weise – mit gleichem Einsatz für die Unternehmung eingebracht haben, sodass von einer vom Grundsatz gleicher Beteiligung abweichenden Verteilungsabsicht nicht ausgegangen werden kann.

2. Fehlt es hieran, so greift die Regelung des § 722 Abs. 1 ein, wonach jeder Gesellschafter ohne Rücksicht auf Art und Größe seines Beitrags einen gleich hohen Anteil hat.[370]

V. **Ergebnis:** M steht ein Ausgleichsanspruch in Höhe des hälftigen Unternehmenswertes zu.

VII. Der Versorgungsausgleich

88 Er bezweckt, während der Ehe erworbene Anwartschaften auf Versorgung wegen Alters oder wegen Berufs- oder Erwerbsunfähigkeit unter den Ehegatten auszugleichen.[371] Die Regelung beruht auf demselben Grundgedanken wie der Zugewinnausgleich: Die Aufwendungen, die während des Bestehens der Ehe zum Erwerb von Versorgungsanwartschaften gemacht wurden, sind gewissermaßen als gemeinsame Leistungen beider Ehegatten anzusehen. **Der Ehezeitanteil ist auszugleichen.**

---

368 Vgl. Schulz/Hauß, Vermögensauseinandersetzung, Kap. 6 Rn. 1660.
369 BGH FamRZ 2016, 965.
370 BGH FamRZ 1999, 1580 ff.
371 Vgl. dazu Borth FamRZ 2010, 1210; Schwab Rn. 501 ff.

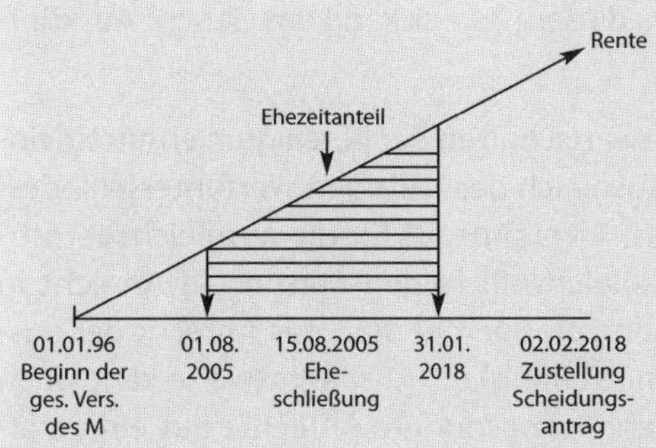

Beispiel: M und F haben am 15.08.2005 geheiratet. Die Ehe wurde geschieden. Der Scheidungsantrag der F ist dem M am 02.05.2020 zugestellt worden. M ist seit dem 01.01.1996 als Angestellter bei der Deutschen Rentenversicherung Bund versichert. Die F übt keinen Beruf aus, sie hat keine eigenen Versorgungsrechte. Die während der Ehezeit erworbenen Anrechte des M bei der Rentenversicherung Bund sind auszugleichen, hier für die Zeit vom 01.08.2005 bis zum 30.04.2020.

Bestehen unterschiedlich hohe Anwartschaften, so findet hinsichtlich des Wertunterschieds ein Ausgleich statt. Der Versorgungsausgleich ist grundsätzlich unabhängig vom Güterstand. **89**

Der Versorgungsausgleich

- **findet grundsätzlich statt** bei der Ehescheidung und der Eheaufhebung,
- findet von vornherein nicht statt,

  wenn er durch Ehevertrag wirksam vollständig ausgeschlossen worden ist, § 1408 Abs. 2 i.V.m. § 6 Abs. 1 VersAusglG. Allerdings gehört der Versorgungsausgleich (quasi der Unterhalt im Alter) zum Kernbereich des Familienrechts.[372] Dies bedeutet, dass ein Ehevertrag, der den Versorgungsausgleich ausschließt, streng auf eine etwaige Sittenwidrigkeit zu prüfen ist, vgl. auch § 8 VersAusglG. Die hochrangige Bedeutung des Versorgungsausgleichs innerhalb des Systems der Scheidungsfolgen rechtfertigt sich daraus, dass die Ansammlung von Vorsorgevermögen – gerade in den Regelsicherungssystemen – wirtschaftlichen Dispositionen der Ehegatten weitgehend entzogen und auch auf diese Weise sichergestellt ist, dass das gebildete Vermögen entsprechend seiner Zweckbestimmung für die Absicherung bei Alter oder Invalidität tatsächlich zur Verfügung steht.[373]

1. § 1 VersAusglG enthält die Grundkonzeption, dass im Versorgungsausgleich die in der Ehezeit erworbenen Anteile von Anrechten (Ehezeitanteile) jeweils zur Hälfte zwischen den geschiedenen Ehegatten zu teilen sind.

Die Ehezeit i.S.d. VersAusglG beginnt nach § 3 Abs. 1 VersAusglG mit dem ersten Tag des Monats, indem die Ehe geschlossen worden ist; sie endet am letzten Tag des Monats vor Zustellung des Scheidungsantrags. Bei einer Ehezeit von bis zu drei Jahren findet nach § 3 Abs. 3 VersAusglG ein Versorgungsausgleich nur statt, wenn ein Ehegatte dies beantragt.

372 BGH NJW 2014, 1101; BGH NJW 2004, 930.

373 BGH NJW 2014, 1101.

90 **2.** Auszugleichen ist der **Wert** der Anwartschaften, vgl. dazu die §§ 39 ff. VersAusglG. Dieser ist für jeden Ehegatten zu ermitteln. Zu diesem Zweck kann das Gericht Auskünfte bei den Versicherungsträgern usw. einholen.

3. Hat das Familiengericht die Versorgungsanwartschaften der Beteiligten ermittelt, findet der Wertausgleich statt. Das Ziel ist der Ausgleich des hälftigen Wertunterschiedes. Das Familiengericht überträgt nach § 10 Abs. 1 VersAusglG für die ausgleichsberechtigte Person zulasten des Anrechts der ausgleichspflichtigen Person ein Anrecht in Höhe des Ausgleichswerts bei dem Versorgungsträger, bei dem das Anrecht der ausgleichspflichtigen Person besteht (sog. interne Teilung).[374] Ausnahmsweise kann auch eine externe Teilung durchzuführen sein, wenn insbesondere Anrechte aus einem öffentlich-rechtlichen Dienst- oder Amtsverhältnis (§ 16 VersAusglG) oder Betriebsrenten (§ 17 VersAusglG) auszugleichen sind. In solchen Fällen begründet das Familiengericht für die ausgleichsberechtigte Person zulasten des Anrechts der ausgleichspflichtigen Person Anrechte in Höhe des Ausgleichswerts bei einem anderen Versorgungsträger als demjenigen, bei dem das Anrecht der ausgleichspflichtigen Person besteht, vgl. §§ 14 ff. VersAusglG.

4. Der Versorgungsausgleich kann durch **Härteklauseln** aus Billigkeitsgründen ausgeschlossen sein. Ein Versorgungsausgleich findet nach § 27 VersAusglG ausnahmsweise nicht statt, soweit er grob unbillig wäre. Dies ist nur der Fall, wenn die gesamten Umstände des Einzelfalls es rechtfertigen, von der Halbteilung abzuweichen.

Beispiel: Ausschluss des Versorgungsausgleichs bei Faulheit in der Ehe

Ein Ehepartner, der während einer 17 Jahre dauernden Ehe trotz eines kurz nach der Eheschließung geborenen Kindes keiner regelmäßigen Erwerbstätigkeit nachgeht, um den Barunterhalt der Familie sicherzustellen und auch keine Aufgaben der Haushaltsführung und Kindererziehung übernimmt, verletzt seine Unterhaltspflicht nachhaltig und gröblich i.S.d. § 27 VersAusglG. Der Versorgungsausgleich ist auszuschließen.[375]

Übersicht: Ehescheidung

Ehescheidung → **Rechtswirkungen**

Ehescheidung:

Voraussetzungen, §§ 1565 ff.:
- Scheitern der Ehe Vermutungen je nach Dauer des Getrenntlebens
- keine Härteklausel, § 1568, § 1565 Abs. 2

Rechtswirkungen:

- Jeder behält Ehenamen, kann früheren wieder annehmen
- Elterliche Sorge für gemeinschaftliche Kinder bleibt grds. unberührt
- Ehelicher Güterstand wird beendet
- Verteilung, Hausrat und Ehewohnung
- Unterhalt: grds. jeder für sich; Ausnahme §§ 1570 ff.
- Zugewinnausgleich bei gesetzlichem Güterstand
- Versorgungsausgleich

374 Vgl. dazu Bergmann FuR 2009, 421 ff.

375 OLG Hamm OLG-Report 1999, 310.

C. Eheverträge

Eheverträge unterlagen früher so gut wie keiner gerichtlichen Kontrolle, d.h. es bestand eine mehr oder minder uneingeschränkte Vertragsfreiheit.[376] 91

Das BVerfG[377] hat im Jahre 2001 mit zwei Entscheidungen die zur Inhaltskontrolle von Bürgschaftsverträgen entwickelten Grundsätze auf Eheverträge und Unterhaltsvereinbarungen übertragen. Danach setzt die durch Art. 2 Abs. 1 GG gewährleistete Privatautonomie voraus, dass die Voraussetzungen der Selbstbestimmung auch tatsächlich gegeben sind. Der Staat hat folglich der Freiheit der Ehegatten, ihre ehelichen Beziehungen und wechselseitigen Rechte und Pflichten mit Hilfe von Verträgen zu gestalten, dort Grenzen zu setzen, wo der Vertrag nicht Ausdruck gleichberechtigter Lebenspartnerschaft ist, sondern eine auf ungleichen Verhandlungspositionen basierende einseitige Dominanz eines Ehepartners widerspiegelt (sog. gestörte Vertragsparität). Der BGH[378] hat grundlegend zu dieser Thematik im Jahre 2004 Stellung genommen und diese Rspr. mittlerweile konkretisiert.[379]

I. Gestaltungsmöglichkeiten

Die gesetzlichen Regelungen über nachehelichen Unterhalt, Zugewinn und Versorgungsausgleich unterliegen grundsätzlich der vertraglichen Disposition der Ehegatten; einen unverzichtbaren Mindestgehalt an Scheidungsfolgen zugunsten des berechtigten Ehegatten kennt das geltende Recht nicht.[380] 92

Die grundsätzliche Vertragsfreiheit rechtfertigt sich dadurch, dass die Bestimmungen des BGB „als gesetzliches Leitbild eine Ehe zu Grunde legen, in der nur ein Ehegatte ein Erwerbseinkommen erzielt, während der andere unter Aufgabe eigener Erwerbstätigkeit die Familienarbeit übernimmt. Indessen können sich wegen der weitgehenden Autonomie der Ehegatten, ihr Verhältnis einvernehmlich zu gestalten, hiervon Abweichungen in mehrfacher Hinsicht ergeben. Die Ehegatten können, auch wenn die Ehe dem gesetzlichen Leitbild entspricht, den wirtschaftlichen Wert von Erwerbseinkünften und Familienarbeit unterschiedlich gewichten. Sie können aber auch die Ehe, abweichend vom gesetzlichen Leitbild, so ausgestalten, dass sich von vornherein für keinen von ihnen berufliche Nachteile ergeben, etwa in einer Doppelverdienerehe, in der die Kinder durch Dritte betreut werden. Korrespondierend zur Autonomie der Ehegatten bei der Ausgestaltung ihrer Lebensverhältnisse unterliegen die Scheidungsfolgen daher grundsätzlich der vertraglichen Disposition der Ehegatten. Andererseits liegt dem gesetzlichen Scheidungsfolgensystem der Gedanke zugrunde, dass ehebedingte Nachteile, die ein Ehegatte um der Ehe oder der Kindererziehung willen in seinem eigenen beruflichen Fortkommen und dem Aufbau einer entsprechenden Altersversorgung oder eines entsprechenden Vermögens auf sich genommen hat, nach der Scheidung ausgeglichen werden sollen, wobei Erwerbstätigkeit und Familienarbeit – wenn die Parteien nichts anderes vereinbart haben – grundsätzlich als gleichwertig behandelt werden. Ob eine ehevertragliche Scheidungsfolgenregelung mit diesem Grundgedanken vereinbar ist, ist, wie dargelegt, in jedem Einzelfall nach den Grundlagen der Vereinbarung und den Vorstellungen der Ehegatten bei ihrem Abschluss sowie der verwirklichten Gestaltung des ehelichen Lebens konkret zu prüfen."[381]

---

376 Vgl. dazu Bergschneider/Wolf NZFam 2018, 61 ff.; 162 ff.; Dethloff, Rn. 7–40.

377 BVerfG FamRZ 2001, 343 sowie FamRZ 2001, 985.

378 BGH NJW 2004, 930.

379 BGH NJW 2018, 1015; BGH NJW 2015, 58 = FamRZ 2014, 1978; BGH FamRZ 2008, 386 ff.; BGH NJW 2006, 3142; vgl. auch Bergschneider FamRZ 2004, 1757; Grziwotz FamRB 2004, 199.

380 BGH FamRZ 2008, 387.

381 BGH NJW 2005, 2386.

1. Form

93 Ehegatten können einen Vertrag über den nachehelichen Unterhalt schließen. Dieser bedarf der notariellen Beurkundung, wenn er vor der Rechtskraft der Scheidung geschlossen wird. Nach Rechtskraft der Scheidung können die Ehegatten auch eine formfreie Vereinbarung über den nachehelichen Unterhalt wirksam schließen (vgl. § 1585 c). Regelungen betreffend den Güterstand oder den Versorgungsausgleich setzen hingegen stets eine notarielle Beurkundung eines solchen Ehevertrages voraus, §§ 1410, 7 VersAusglG.[382]

2. Grenzen der Vertragsfreiheit

94 Die grundsätzliche Disponibilität der Scheidungsfolgen darf indes nicht dazu führen, dass der Schutzzweck der gesetzlichen Regelungen durch vertragliche Vereinbarungen beliebig unterlaufen werden kann. Das wäre der Fall, wenn dadurch eine evident einseitige und durch die individuelle Gestaltung der ehelichen Lebensverhältnisse nicht gerechtfertigte Lastenverteilung entstünde.[383]

3. Kernbereichslehre

95 Die Rspr.[384] hat, um der Kontrolle von Eheverträgen einen Maßstab zu geben, eine sog. Kernbereichslehre entwickelt.[385] Die Belastungen des einen Ehegatten werden also umso schwerer wiegen und die Belange des anderen Ehegatten umso genauerer Prüfung bedürfen, je unmittelbarer die vertragliche Abbedingung gesetzlicher Regelungen in den Kernbereich des Scheidungsfolgenrechts eingreift.

- **1. Rang:** Der (wichtigste) Kernbereich besteht aus dem Betreuungsunterhalt (§ 1570).
- **2. Rang:** Danach folgen der Krankheitsunterhalt (§ 1572) und der Unterhalt wegen Alters (§ 1571). Auf derselben Stufe wie der Altersunterhalt rangiert der Versorgungsausgleich, der einerseits als vorweggenommener Altersunterhalt zu werten, andererseits aber auch dem Zugewinnausgleich verwandt ist.
- **3. Rang:** Unterhaltspflicht wegen Erwerbslosigkeit (§ 1573 Abs. 1 BGB).
- **4. Rang:** Verzichtbar sind weitestgehend Ansprüche auf Aufstockungs- und Ausbildungsunterhalt (§§ 1573 Abs. 2, 1575).
- Nicht zum Kernbereich gehörend, erweist sich der Zugewinnausgleich schließlich ehevertraglicher Disposition am weitesten zugänglich.[386]

Die in den ersten beiden Rängen genannten Unterhaltstatbestände sind Ausdruck nachehelicher Solidarität, sodass sie nicht uneingeschränkter Disposition unterliegen. Verzichte oder Modifikationen der Unterhaltsansprüche wegen Alters oder Krankheit sind aber nicht schlechthin ausgeschlossen. Nachrangig ist hingegen Unterhalt wegen Erwerbslosigkeit, da das Gesetz das Arbeitsplatzrisi-

382 Vgl. Dethloff § 5 Rn. 7 ff.

383 BVerfG FamRZ 2001, 343 (346).

384 BGH NJW 2004, 930; 2005, 2386; 2006, 3142, FamRZ 2008, 386.

385 Vgl. dazu Bergschneider/Wolf NZFam 2018, 62.

386 Vgl. dazu Langenfeld/Milzer, Hdb. der Eheverträge, Rn. 71 ff.

ko ohnehin auf den Berechtigten verlagert, sobald ein gesicherter Arbeitsplatz gefunden wurde.[387] Am ehesten verzichtbar sind auch Ansprüche auf Aufstockungs- und Ausbildungsunterhalt, da diese Unterhaltspflichten vom Gesetz am schwächsten ausgestaltet wurden.

Das Güterrecht und damit auch der Zugewinnausgleich ist schon wegen der vom Gesetz ausdrücklich zur Verfügung gestellten verschiedenen (Wahl-)Güterstände der ehevertraglichen Gestaltung weitgehend zugänglich. Das BGB kennt keine bestimmte Zuordnung des Vermögenserwerbs innerhalb der Ehe.

Die höher einzustufende Wertigkeit des Unterhaltsrechts und des Versorgungsausgleichs gegenüber dem Zugewinnausgleich rechtfertigt sich insbesondere dadurch, dass Zugewinnausgleich lediglich auf eine einmalige Ausgleichsleistung gerichtet ist, während Unterhalt und Versorgungsausgleich als Variante des Altersunterhalts durch ihren rentenartigen Leistungscharakter den regelmäßigen Lebensbedarf des Berechtigten sichern. Anders als das Unterhaltsrecht und der Versorgungsausgleich ist somit das Güterrecht kein Ausgleichsystem zur Regelung aktueller Bedarfslagen oder zur Existenzsicherung.

II. Richterliche Kontrolle

Eheverträge können zum einen nach § 138 nichtig sein, zum anderen ist eine sog. Ausübungskontrolle nach § 242 möglich. Erforderlich ist im Rahmen der richterlichen Kontrolle eine Gesamtschau der getroffenen Vereinbarungen, der Gründe und Umstände ihres Zustandekommens sowie der beabsichtigten und verwirklichten Gestaltung des ehelichen Lebens. **96**

1. Nichtigkeit nach § 138

Die Prüfung, ob ein Ehevertrag sittenwidrig ist, bezieht sich auf den **Zeitpunkt des Zustandekommens**. Maßgeblich ist, dass bereits zu diesem Zeitpunkt die Vereinbarung offenkundig zu einer derart einseitigen Lastenverteilung für den Scheidungsfall führt, dass ihr – und zwar losgelöst von der zukünftigen Entwicklung der Ehegatten und ihrer Lebensverhältnisse – wegen Verstoßes gegen die guten Sitten die Anerkennung der Rechtsordnung ganz oder teilweise mit der Folge zu versagen ist, dass an ihre Stelle die gesetzlichen Regelungen treten (§ 138 Abs. 1). **97**

Entscheidende Bedeutung bei der Überprüfung eines Ehevertrages auf Sittenwidrigkeit hat die subjektive Seite. Ein Ehevertrag kann objektiv betrachtet extrem nachteilig für einen Ehegatten sein; erforderlich ist jedoch zusätzlich eine unterlegene Verhandlungsposition des belasteten Ehegatten, die vom begünstigten Ehegatten ausgenutzt wird. Eine lediglich auf die Einseitigkeit der Lastenverteilung gegründete tatsächliche Vermutung für die subjektive Seite der Sittenwidrigkeit lässt sich bei familienrechtlichen Verträgen damit nicht aufstellen. Ein unausgewogener Vertragsinhalt mag zwar ein gewisses Indiz für eine unterlegene Verhandlungsposition des belasteten Ehegatten sein. Gleichwohl wird das Verdikt der Sittenwidrigkeit in der Regel nicht gerechtfertigt sein, wenn sonst außerhalb der Vertragsurkunde keine verstärkenden Umstände zu erkennen sind, die auf eine **subjektive Imparität**, insbesondere infolge der Ausnutzung einer Zwangslage, sozialer oder wirtschaftlicher Abhängigkeit oder intellektueller Unterlegenheit, hindeuten könnten.[388]

387 BGH FamRZ 2008, 582.
388 BGH FamRZ 2013, 457.

Hinsichtlich der **subjektiven Unterlegenheit** im Rahmen des § 138 geht die Rspr. davon aus, dass eine Schwangerschaft der Frau bei Abschluss des Ehevertrages für sich allein zwar noch keine Sittenwidrigkeit des Ehevertrages zu begründen vermag. Sie indiziert aber eine ungleiche Verhandlungsposition und damit eine Disparität bei Vertragsabschluss.[389]

2. Ausübungskontrolle nach § 242

98 Soweit ein Vertrag nicht sittenwidrig ist, erfolgt eine Ausübungskontrolle nach § 242. Dafür sind nicht nur die Verhältnisse im Zeitpunkt des Vertragsschlusses maßgebend. Entscheidend ist vielmehr, ob sich nunmehr – **im Zeitpunkt des Scheiterns der Lebensgemeinschaft** – aus dem vereinbarten Ausschluss der Scheidungsfolge eine evident einseitige Lastenverteilung ergibt, die hinzunehmen für den belasteten Ehegatten auch bei angemessener Berücksichtigung der Belange des anderen Ehegatten und seines Vertrauens in die Geltung der getroffenen Abrede sowie bei verständiger Würdigung des Wesens der Ehe unzumutbar ist.[390] Das kann insbesondere dann der Fall sein, wenn die tatsächliche einvernehmliche Gestaltung der ehelichen Lebensverhältnisse von der ursprünglichen, dem Vertrag zugrunde liegenden Lebensplanung grundlegend abweicht.

Beispiel: Die Eheleute wollten eine Doppelverdienerehe führen, d.h. hatten bei Abschluss des Ehevertrages Karriereabsichten. Später haben sie diese Absichten jedoch aufgegeben, Kinder gezeugt und mehr oder weniger einer Haushaltsführungsehe geführt (vgl. Fall 31, Rn. 100).

Die Rechtsausübungskontrolle führt nicht zur Unwirksamkeit des vertraglich vereinbarten Ausschlusses. Allerdings kann sich der begünstigte Ehegatte zumindest zeitweilig auf den Ehevertrag nicht berufen.

3. Störung der Geschäftsgrundlage, § 313

99 Des Weiteren finden auf Eheverträge, soweit die tatsächliche Gestaltung der ehelichen Lebensverhältnisse von der ursprünglichen Lebensplanung, die die Parteien dem Vertrag zugrunde gelegt haben, abweicht, auch die Grundsätze über die Störung der Geschäftsgrundlage (§ 313) Anwendung.[391] Die Folge ist eine Vertragsanpassung. Dies könnte insbesondere dann denkbar sein, wenn die dem Vertrag zugrunde liegenden Einkommensverhältnisse neu zu beurteilen sind. „Weicht die tatsächliche Gestaltung der ehelichen Lebensverhältnisse von der ursprünglichen Lebensplanung ab, können auch die Grundsätze der Störung der Geschäftsgrundlage (§ 313 BGB) Anwendung finden (…). Dies wird insbesondere dann der Fall sein, wenn die abweichende Gestaltung der ehelichen Lebensverhältnisse nicht auf einer Entscheidung der Eheleute, sondern auf einer von beiden Beteiligten unbeeinflussten Veränderung von Umständen außerhalb von Ehe und Familie beruht (…).“[392]

389 BGH FamRZ 2008, 387; vgl. auch BGH NZFam 2018, 267 (Bleiberechtehe).
390 BGH NJW 2015, 58 = FamRZ 2014, 1978.
391 BGH NJW 2005, 2386 ff.
392 BGH NJW 2018, 2871.

Fall 31: Der ärgerliche Ehevertrag

M und F hatten im Jahre 2017 die Ehe geschlossen. Aus der Ehe sind die Zwillinge Frank und Klaus, geboren am 11.01.2019, hervorgegangen. Zuvor hatten die Parteien mittels eines notariellen Ehevertrages Gütertrennung vereinbart, den Versorgungsausgleich ausgeschlossen und auf Unterhalt jedweder Art wechselseitig verzichtet.
In dem Vertrag heißt es u.a.: „Der Notar … hat insbesondere angeregt, den Unterhaltsverzicht unter eine auflösende Bedingung für den Fall zu stellen, dass Kinder aus der Ehe hervorgehen. Wir wünschen eine solche Bedingung nicht und versichern beide, dass die vorstehenden Vereinbarungen von uns wohlüberlegt und aus freien Stücken getroffen sind."
Grundlage der Vereinbarung war, dass M und F beide als Manager mit einem Einkommen von rund 5.000 € berufstätig waren und ein Kinderwunsch nicht bestand. Sie verfolgten die Absicht, in ihrem Beruf Karriere zu machen. Die Ehe von M und F wird am 04.06.2020 rechtskräftig geschieden.
Nunmehr möchte F die Kinder betreuen und fordert nachehelichen Unterhalt von M. Dieser verweist auf den bestehenden Ehevertrag. Wie ist die Rechtslage?

F könnte einen Anspruch auf Unterhalt wegen Betreuung der Kinder aus § 1570 gegen **100**
M haben.

Fraglich ist nur, ob F wirksam durch Ehevertrag auf Unterhalt verzichtet hat. Grundsätzlich können Ehegatten Vereinbarungen über den nachehelichen Unterhalt treffen, § 1585 c. Die Form der notariellen Beurkundung, vgl. § 1585 c S. 2, wurde gewahrt.

Fraglich ist jedoch, ob der Ehevertrag einer richterlichen Inhaltskontrolle standhält.

I. Vereinbarungen, durch welche Ehegatten den Unterhalt oder ihre Vermögensverhältnisse für den Fall der Scheidung abweichend von den gesetzlichen Vorschriften regeln, unterliegen der Inhaltskontrolle. Hierbei unterscheidet man zwischen einer Wirksamkeitskontrolle gemäß § 138, die auf den Zeitpunkt des Zustandekommens abzustellen hat, und einer Ausübungskontrolle gemäß § 242, bei der – abgestellt auf die aktuellen Lebensverhältnisse der Parteien – überprüft wird, ob die Berufung auf einzelne oder alle vertraglichen Regelungen nunmehr unzulässig ist. Sittenwidrigkeit kommt nur in Betracht, wenn durch den Vertrag Regelungen aus dem Kernbereich des gesetzlichen Scheidungsfolgenrechts ganz oder jedenfalls zu erheblichen Teilen abbedungen werden, ohne dass dieser Nachteil für den anderen Ehegatten durch anderweitige Vorteile gemildert oder durch besondere Verhältnisse der Ehegatten, den von ihnen angestrebten oder gelebten Ehetyp oder durch sonstige gewichtige Belange des begünstigten Ehegatten gerechtfertigt wird. Der Kernbereich des Scheidungsfolgenrechts stellt sich wie folgt dar: Der Betreuungsunterhalt (§ 1570) ist am höchsten in der Rangabstufung anzusetzen, danach folgen der Krankheitsunterhalt (§ 1572) und Unterhalt wegen Alters (§ 1571). Der Versorgungsausgleich steht mit dem Altersunterhalt auf gleicher Stufe. Auch der Erwerbslosenunterhalt ist geschützt. Weitestgehend disponibel sind der Aufstockungsunterhalt, Ausbildungsunterhalt und insbesondere das Güterrecht.

II. **Sittenwidrigkeit** des Ehevertrages wird man nicht annehmen können. Zwar betrifft der Betreuungsunterhalt die höchste Rangstufe, die intensiver Kontrolle ausgesetzt ist. Jedoch ist zu beachten, dass M und F zur **Zeit des Vertragsschlusses** beide berufstätig waren, ein relativ hohes Einkommen hatten und ein Kinderwunsch nicht bestand. Karriereabsichten standen damals im Vordergrund. Wollen Eheleute eine solche Ehe führen (double income, no kids), ist es möglich, sämtliche Scheidungsfolgen abzubedingen. Es kommt hinzu, dass die erforderliche unterlegene Verhandlungsposition eines Ehegatten nicht erkennbar ist.[393]

III. Bei der **Ausübungskontrolle** ist zu überprüfen, inwieweit M die ihm durch die Vereinbarung eingeräumte Rechtsmacht entgegen § 242 missbraucht, wenn er sich auf die im Ehevertrag vorgesehene Regelung beruft. Dafür sind anders als bei der Wirksamkeitskontrolle die Verhältnisse zum Zeitpunkt des Scheiterns der Lebensgemeinschaft maßgebend.[394] Ergibt sich aus diesem Blickwinkel eine einseitige Lastenverteilung, die für den belasteten Ehegatten – hier die F – unter angemessener Berücksichtigung der Belange des Beklagten und dessen Vertrauen in die Geltung der getroffenen Vereinbarung sowie bei verständiger Würdigung des Wesens der Ehe unzumutbar ist, so ist diejenige Rechtsfolge anzuordnen, die den berechtigten Belangen beider Parteien Rechnung trägt. Dabei wird man sich umso stärker an der gesetzlichen Regelung orientieren müssen, je zentraler die Rechtsfolge im Kernbereich des gesetzlichen Scheidungsfolgenrechts angesiedelt ist.

Eine unzumutbare Belastung kann sich daraus ergeben, dass die Gestaltung der Lebensverhältnisse von der dem Ehevertrag zugrunde liegenden Eheplanung abweicht.[395]

1. Eine grundlegende Abweichung der tatsächlichen Lebenssituation von den Lebensumständen, wie sie sich die Parteien beim Vertragsschluss vorgestellt hatten, liegt hier vor. Nach den damaligen Planungen der Ehegatten wollten diese keine Kinder; sie wollten vielmehr „beide berufstätig sein und Karriere machen". Mit der Geburt der Kinder hat sich dieser geplante Lebenszuschnitt grundlegend geändert. Der Umstand, dass die Parteien – entgegen der Anregung des Notars – ihren Unterhaltsverzicht nicht unter eine auflösende Bedingung für den Fall, dass Kinder aus der Ehe hervorgehen sollten, gestellt haben, ergibt nichts Gegenteiliges.

2. Allerdings lässt nicht jede Abweichung der späteren tatsächlichen Lebensverhältnisse von der ursprünglich zugrunde gelegten Lebensplanung es als unzumutbar erscheinen, am ehevertraglichen Ausschluss von Scheidungsfolgen festzuhalten, mag dieser Ausschluss infolge der veränderten Umstände auch eine einseitige Lastenverteilung unter den Ehegatten bewirken. Die Frage, ob eine solche einseitige Lastenverteilung nach Treu und Glauben hinnehmbar ist, kann vielmehr nur unter Berücksichtigung der Rangordnung der Scheidungsfolgen beantwortet werden: Je höherrangig die vertraglich ausgeschlossene und nunmehr dennoch geltend gemachte Scheidungsfolge ist, umso schwerwiegender müssen die

393 BGH NZFam 2018, 26.
394 BGH NJW 2018, 2871; BGH FamRZ 2008, 389.
395 BGH FamRZ 2014, 1978.

Gründe sein, die – unter Berücksichtigung des inzwischen einvernehmlich verwirklichten tatsächlichen Ehezuschnitts – für ihren Ausschluss sprechen.

Der Betreuungsunterhalt gehört, wie dargelegt, zum Kernbereich der Scheidungsfolgen. Der Betreuungsunterhalt wird dem betreuenden Elternteil nicht nur um seiner selbst, sondern auch um der gemeinsamen Kinder willen geschuldet, deren Betreuung dem Elternteil durch den Unterhalt ermöglicht werden soll. Damit stellt sich der Betreuungsunterhalt zugleich als der typische Fall des Ausgleichs ehebedingter Nachteile dar: Die Pflege und Erziehung der gemeinsamen Kinder ist die gemeinsame Aufgabe der Ehegatten; wird diese Aufgabe nur noch von einem Ehegatten wahrgenommen, muss dieser wirtschaftlich so gestellt werden, dass ihm aus der Übernahme dieser Aufgabe keine Nachteile entstehen.

Daraus folgt, dass M sich nach Treu und Glauben nicht auf den Ehevertrag berufen darf.

IV. **Ergebnis:** F kann monatlichen Unterhalt verlangen.

D. Die Kontrolle von Eheverträgen

I. Kernbereichslehre 101

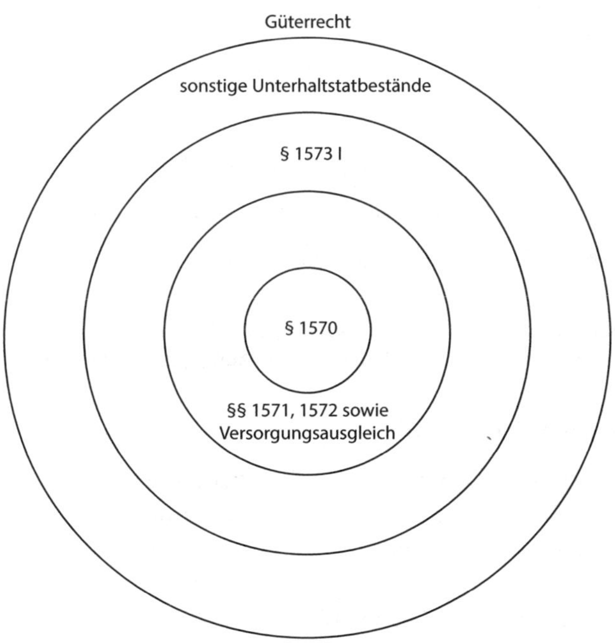

II. Vertragsfreiheit

Wird von außen nach innen zunehmend eingeschränkt.

III. Wirksamkeitskontrolle

1. § 138

- Zeitpunkt: Vertragsschluss
- obj.: Eingriff in Kernbereich der Scheidungsfolgen
- subj.: Unterlegene Verhandlungsposition eines Ehegatten
- Schwangerschaft: für sich betrachtet nicht ausreichend, aber Indiz, sodass verstärkte richterliche Kontrolle erforderlich
- RF.: Ehevertrag nichtig

2. § 242 (Ausübungskontrolle)

- Zeitpunkt: Scheitern der Ehe
- Ausschluss der Scheidungsfolge hat eine evident einseitige, unzumutbare Lastenverteilung zur Folge
- RF.: Begünstigter Ehegatte kann sich nach § 242 nicht auf Ehevertrag berufen

3. § 313 (Störung der Geschäftsgrundlage)

- Zeitpunkt: Scheitern der Ehe
- Beispiel: wirtschaftliche Veränderungen
- RF.: Ehevertrag wird angepasst

IV. Form

1. Grundsätzlich notarielle Beurkundung erforderlich, § 1410

2. Wichtige Ausnahmen, d.h. formfreier Vereinbarung möglich:

- Vereinbarungen zum nachehelichen Unterhalt, § 1585 c, die nach Rechtskraft der Scheidung getroffen werden
- Vereinbarungen über den Versorgungsausgleich, § 7 Abs. 1 VersAusglG, die nach Rechtskraft der Entscheidung über den Wertausgleich bei der Scheidung geschlossen werden

E. Das Scheidungsverfahren

102 Das Scheidungsverfahren[396] gehört zu den **Ehesachen (vgl. § 121 Nr. 1 FamFG)**, für welche die ausschließliche Zuständigkeit des **Familiengerichts** gegeben ist, nämlich örtlich nach § 122 FamFG, sachlich nach § 23 a Abs. 1 Nr. 1 GVG i.V.m. § 111 Nr. 1 FamFG. Obgleich das Familiengericht eine Abteilung des Amtsgerichts ist, § 23 b GVG, besteht grundsätzlich Anwaltszwang, § 114 Abs. 1 FamFG.

Das Familiengericht entscheidet über den Scheidungsantrag durch Beschluss.

396 Vgl. dazu Roßmann ZFE 2009, 244 ff.

Die Beschwerde (vgl. §§ 58 ff. FamFG) geht an das OLG – Familiensenat – § 119 Abs. 1 Nr. 1 a GVG. Gegen den Beschwerdebeschluss findet die Rechtsbeschwerde (§§ 70 ff. FamFG) an den BGH statt, wenn sie das OLG zugelassen hat, § 70 Abs. 1 FamFG.

Das Scheidungsverfahren wird durch Einreichung einer **Antragsschrift** anhängig. Die Parteien heißen Antragsteller und Antragsgegner, § 113 Abs. 5 FamFG.

§ 124 S. 1 FamFG ordnet an, dass Verfahren in Ehesachen durch Einreichung einer Antragsschrift anhängig werden; rechtshängig wird das Verfahren durch Zustellung beim Antragsgegner, vgl. §§ 261 Abs. 1, 253 Abs. 1 ZPO. Der Scheidungsantrag bedarf nach § 124 S. 1 FamFG der Schriftform.

§ 124 S. 2 FamFG verweist im Übrigen auf § 253 ZPO. Für das Bestimmtheitserfordernis ist es ausreichend, dass die Scheidung der Ehe beantragt wird. Ferner sind nach § 253 Abs. 2 Nr. 2 ZPO die Voraussetzungen des Scheiterns der Ehe darzulegen. Ein mangelhafter Antrag kann bis zum Schluss der mündlichen Verhandlung korrigiert werden; ansonsten ist er als unzulässig abzuweisen. Zuvor ist ein richterlicher Hinweis nach § 139 ZPO zu geben.

Der Antrag wird wie folgt formuliert:

Die am … vor dem Standesbeamten des Standesamtes …, Heiratsregister-Nr.: … geschlossene Ehe der Beteiligten wird geschieden.

Nach § 127 FamFG gilt in beschränktem Umfang der Amtsermittlungsgrundsatz; das Gericht darf von sich aus Tatsachen in den Prozessstoff einführen, die der Aufrechterhaltung der Ehe dienen. Die Dispositionsmaxime ist eingeschränkt: Anerkenntnis und Geständnis haben nicht die sonstigen prozessualen Wirkungen, § 113 Abs. 4 FamFG. Das Gericht kann das Verfahren aussetzen, wenn nach seiner Überzeugung Aussicht auf Fortsetzung der Ehe besteht; das geht allerdings nicht bei bereits einjähriger Trennung gegen den Widerspruch beider Ehegatten, § 136 FamFG. Ein Versäumnisbeschluss gegen den Antragsgegner ist unzulässig, § 130 Abs. 2 FamFG.

Nach § 137 FamFG besteht zwischen einer erstinstanzlich anhängigen Scheidungssache und anhängigen sog. Folgesachen ein **Verfahrensverbund**. Der Begriff der „Folgesache“ wird von § 137 Abs. 2 bzw. Abs. 3 FamFG definiert. Folgesachen sind danach die Familiensachen des § 137 Abs. 2 Nr. 1 bis 4 FamFG (Versorgungsausgleich, Unterhalt, Wohnungszuweisung und Hausrat sowie Güterrecht), in denen für den Fall der Scheidung eine Entscheidung zu treffen ist, sowie die Familiensachen des § 137 Abs. 3 FamFG (z.B. elterliche Sorge) allgemein, wenn ein Ehegatte die Einbeziehung beantragt. Nur für die Durchführung des Versorgungsausgleichs gemäß § 137 Abs. 2 S. 2 FamFG bedarf es keines Antrags.

Die Besonderheit des Scheidungsverbundes ist es, dass eine Entscheidung insgesamt erst zulässig ist, wenn in allen Angelegenheiten des Verbundes Entscheidungsreife eingetreten ist. Dies kann ein langwieriges Verfahren zur Folge haben.[397]

397 Heiderhoff NZFam 2018, 533 stellt aktuelle Fragen des Scheidungsverbundverfahrens dar.

2. Teil: Kindschafts- und Verwandtschaftsrecht

1. Abschnitt: Verwandte und Verschwägerte

A. Die Begriffe Verwandtschaft und Schwägerschaft

103 **I.** Nach § 1589 sind **verwandt** Personen, die durch Abstammung miteinander verbunden sind (Blutsverwandtschaft). Personen, die voneinander abstammen, sind in gerader Linie verwandt (z.B. Großvater/Vater/Kind); Personen, die von derselben dritten Person abstammen, sind in der Seitenlinie verwandt (z.B. Geschwister/Neffe/Onkel). Der Grad der Verwandtschaft bestimmt sich durch die Zahl der sie vermittelnden Geburten.[398]

Eine Ausnahme vom Prinzip der Blutsverwandtschaft liegt in der Adoption. Durch Annahme als Kind (§§ 1741 ff.) wird ein Kindschaftsverhältnis im Rechtssinn und damit ein Verwandtschaftsverhältnis begründet, ohne dass Blutsverwandtschaft vorzuliegen braucht (§ 1754).

II. Schwägerschaft ist das Verhältnis eines Ehegatten zu den Verwandten des anderen Ehegatten (§ 1590). Eine Person ist also verschwägert mit den Ehegatten seiner Verwandten (z.B. mit der Ehefrau seines Bruders) und mit den Verwandten seines Ehegatten (z.B. mit dem Bruder seiner Frau). Linie und Grad der Schwägerschaft bestimmen sich nach Linie und Grad der sie vermittelnden Verwandtschaft. Die Schwägerschaft dauert fort, auch wenn die Ehe, durch die sie begründet wurde, aufgelöst ist (§ 1590 Abs. 2).

III. Bei der Ermittlung der **Verwandtschaft** (Linie und Grad) einer Person muss man, ausgehend von dieser Person, die Abstammungslinien bis zu der anderen Person verfolgen. Bei Ermittlung der **Schwägerschaft** (Linie und Grad) einer Person muss man, ausgehend vom Ehegatten dieser Person, die Abstammungslinien des Ehegatten zu der anderen Person verfolgen.

Ein Beispiel zeigt nachfolgende **Tabelle**. Bei dieser Tabelle betrachten wir die Verwandtschafts- und Schwägerschaftsverhältnisse bezogen auf Herrn •. Die mit ihm durch einen durchgehenden Strich – verbundenen Personen sind mit ihm verwandt (aber beachte: Herr • ist mit seiner Frau nicht verwandt, denn Eheleute untereinander sind weder verwandt noch verschwägert). Die mit Herrn • durch einen unterbrochenen Strich --- verbundenen Personen sind mit ihm verschwägert. Die Linie der Verwandtschaft oder Schwägerschaft ist durch „G" (gerade Linie) oder „S" (Seitenlinie) angegeben, der Grad durch die jeweilige Zahl.
In der Tabelle haben wir die von Herrn • aus gesehenen gebräuchlichen Bezeichnungen gewählt, die aber nicht immer gleichzeitig ein Verwandtschafts- oder Schwägerschaftsverhältnis kennzeichnen müssen (z.B. die Frau des Schwagers).

398 Dethloff § 1 Rn. 65.

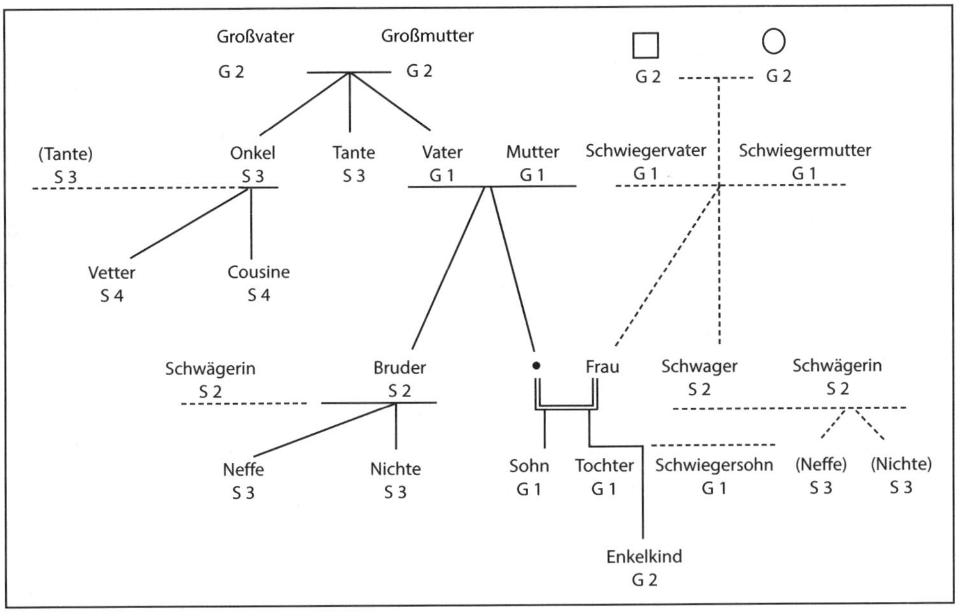

B. Abstammungsrecht[399]

I. Mutterschaft

1. Mutter eines Kindes ist die Frau, die es geboren hat, § 1591 (Geburts-Mutter)

Die Definition knüpft an die seit alters her geltende Rechtsregel an: „mater semper certa est" und beseitigt den zwischenzeitlich aufgekommenen Streit zu der Frage, wer Mutter ist, wenn die genetische Mutter, von der die Eizelle stammt, nicht mit der Frau identisch ist, die das Kind austrägt und zur Welt bringt, also in Fällen der sog. **gespaltenen Mutterschaft**: Mutter ist ausschließlich und von vornherein unverrückbar die biologische (Geburts-)Mutter, auch wenn sie lediglich die befruchtete Eizelle einer anderen Frau austrägt. In diesen Fällen spricht man gewöhnlich, wenn auch rechtlich missverständlich, von „Leihmutterschaft".[400] 104

Mutter im Rechtssinne ist selbstverständlich auch die sog. Ersatzmutter.[401]

Ersatzmutterschaft liegt vor, wenn eine Frau ihr genetisch eigenes Kind austrägt und es nach der Geburt zum Zwecke der Adoption an die Wunschmutter herausgibt.

§ 13 a Adoptionsvermittlungsgesetz[402] bezeichnet auch die Leihmutterschaft (s.o.) als Ersatzmutterschaft.

399 Wellenhofer NZFam 2018, 719 – Rechtsprechungsübersicht zum Abstammungsrecht (2016–2018).
400 Vgl. dazu Löhnig NZFam 2017, 546.
401 Dethloff § 10 Rn. 92.
402 BGBl. I, 2002, 355 ff.

Problematisch ist die Mutterschaft bei **transsexuellen** Elternteilen.

Beispiel 1 **(Frau-zu-Mann-Transsexueller):** Das Kind K wurde am 16.06.2020 geboren. Fraglich ist, ob X der Vater oder die Mutter von K ist. X wurde im Jahr 1985 als Kind weiblichen Geschlechts geboren. Ihm wurden die weiblichen Vornamen „Y" erteilt. Am 01.11.2008 schloss X die Ehe mit einem Mann. Im Jahr 2010 wurden die Vornamen von X durch Beschluss des AG in den männlichen Vornamen „X" geändert. Durch weiteren Beschluss des AG vom 11.04.2011 – rechtskräftig seit dem 07.06.2011 – wurde festgestellt, dass X als dem männlichen Geschlecht zugehörig anzusehen ist. Die Ehe von X wurde am 18.02.2013 durch einen am gleichen Tage rechtskräftig gewordenen Beschluss des AG geschieden. Am 16.06.2020 gebar X das Kind K männlichen Geschlechts. X bringt hierzu vor, er habe nach Zuerkennung des männlichen Geschlechts die Hormone abgesetzt, wodurch er wieder fruchtbar geworden sei. Das Kind sei durch eine Samenspende („Bechermethode") entstanden; mit dem Samenspender sei vereinbart worden, dass dieser nicht rechtlicher Vater des Kindes werde. Das Standesamt hat Zweifel, wie die Geburt des betroffenen Kindes im Geburtenregister zu beurkunden ist.

Nach h.M.[403] ist ein Frau-zu-Mann-Transsexueller, der nach der rechtskräftigen Entscheidung über die Änderung der Geschlechtszugehörigkeit ein Kind geboren hat, im Rechtssinne **Mutter des Kindes**. Er ist sowohl im Geburtenregister des Kindes als auch in den aus dem Geburtenregister erstellten Geburtsurkunden – sofern dort Angaben zu den Eltern aufzunehmen sind – als „Mutter" mit seinen früher geführten weiblichen Vornamen einzutragen. Nur auf diese Weise ist auch gewährleistet, dass im Geburtenregister noch der tatsächliche Vater eingetragen werden kann. Mutter ist nämlich die Person, die das Kind geboren hat, Vater die Person, bei der aufgrund sozialer Beziehungen zur Mutter bei typisierender Betrachtungsweise davon ausgegangen werden kann oder bei der aufgrund gerichtlicher Feststellung erwiesen ist, dass es sich bei ihr um den genetischen Erzeuger des Kindes handelt. Mit dieser Zuordnung entspricht das Gesetz dem verfassungsrechtlich aus Art. 6 Abs. 2 S. 1 GG hergeleiteten Gebot, die auf Abstammung gegründete Zuweisung der elterlichen Rechtsposition grundsätzlich an der biologischen Herkunft des Kindes auszurichten und dadurch möglichst eine Übereinstimmung zwischen leiblicher und rechtlicher Elternschaft zu erreichen. Durch die Regelung des § 11 S. 1 TSG[404] ist sichergestellt, dass den betroffenen Kindern trotz der Geschlechtsänderung eines Elternteils rechtlich immer ein Vater und eine Mutter zugeordnet bleiben oder werden.

Auch der umgekehrte Fall wurde bereits in der Rechtsprechung entschieden.[405]

Beispiel 2: Das Kind K wurde im Juni 2020 von M geboren. Die F ist Mann-zu-Frau-Transsexuelle und deutsche Staatsangehörige. K wurde mit dem Samen der F gezeugt. Der Beschluss über die Feststellung ihrer Zugehörigkeit zum weiblichen Geschlecht ist seit August 2018 rechtskräftig. F möchte als Mutter von K im Geburtsregister eingetragen werden.

Eine Mann-zu-Frau-Transsexuelle, mit deren konserviertem Spendersamen ein Kind gezeugt wurde, das nach rechtskräftiger Entscheidung über die Änderung der Geschlechtszugehörigkeit geboren worden ist, kann abstammungsrechtlich nur die Vater- und nicht die Mutterstellung erlangen. Auch insoweit gilt, dass Mutter des Kindes nach § 1591 die Frau ist, die das Kind geboren hat. Das deutsche bürgerliche Recht kennt nur

403 BGH NJW 2017, 3379.

404 § 11 S. 1 TSG hat folgenden Wortlaut: „Die Entscheidung, daß der Antragsteller als dem anderen Geschlecht zugehörig anzusehen ist, läßt das Rechtsverhältnis zwischen dem Antragsteller und seinen Eltern sowie zwischen dem Antragsteller und seinen Kindern unberührt, bei angenommenen Kindern jedoch nur, soweit diese vor Rechtskraft der Entscheidung als Kind angenommen worden sind."

405 BGH NJW 2018, 471 = RÜ 2018, 160.

die Zuordnung einer einzigen Mutter kraft Gesetzes. Damit hat der Gesetzgeber andere mögliche Formen der abstammungsrechtlichen Mutter-Kind-Zuordnung, insbesondere die Mutterschaft der Eizellspenderin im Fall der Leihmutterschaft, bewusst ausgeschlossen.[406] Eine Mutterschaftsanerkennung sieht das geltende Recht nicht vor. Weitere Formen der Entstehung einer beiderseits weiblichen Elternschaft kraft Abstammung, etwa die Mit- oder Co-Mutterschaft bei konsentierter heterologer Insemination, sind im deutschen Recht ebenfalls nicht vorgesehen.[407]

Aufgrund des Fortpflanzungsbeitrags der F durch Samenspende ist mithin nur die Begründung der Vaterschaft möglich. Dass diese ungeachtet der Zugehörigkeit der F zum weiblichen Geschlecht möglich ist, ergibt sich aus § 11 S. 1 TSG. § 11 S. 1 TSG erfasst auch Sachverhalte, in denen das leibliche Kind eines Transsexuellen – wie hier – zeitlich erst nach der gerichtlichen Entscheidung über die Änderung der elterlichen Geschlechtszugehörigkeit geboren wird (vgl. auch BT-Drs. 8/2947, 16).[408]

---

406 BGH NJW 2015, 479.

407 Vgl. dazu BGH NJW 2016, 2322.

408 Kritisch dazu Dethloff § 10 Rn. 6; ebenso Wapler FamRZ 2017, 1861 f.

105 **Übersicht zur Mutterschaft**

I. Die genetische und die gebärende Mutter sind identisch
Eine Frau trägt ein genetisch eigenes Kind aus. → **Mutterschaft**

- Intrakorporale (in vivo) Befruchtung der Eizelle
  - auf normale Weise
    - mit dem Samen des Ehemannes
    - mit dem Samen eines anderen Mannes als des Ehemannes
  - künstliche Insemination
    - mit dem Samen des Ehemannes → **homologe Insemination in vivo**
    - mit dem Samen eines anderen Mannes als des Ehemannes → **heterologe Insemination in vivo**
- Extrakorporale Befruchtung der Eizelle (In-vitro-Fertilisation)
  Einer Frau wird eine Eizelle entnommen und außerhalb des Körpers befruchtet
  - mit dem Samen des Ehemannes → **homologe Insemination in vitro**
  - mit dem Samen eines anderen Mannes als des Ehemannes → **heterologe Insemination in vitro**

  Das so entstandene Embryo wird in die Gebärmutter der Frau, von der die Eizelle stammt, transferiert.

II. Die genetische Mutter und die gebärende Mutter sind nicht identisch → **gespaltene Mutterschaft**

Die Frau, von der das Kind genetisch stammt, ist nicht die gebärende Mutter
- Das Ei einer anderen Frau wird mit dem Samen des Ehemannes extrakorporal befruchtet und anschließend der Ehefrau eingepflanzt → **Eispende**
- Das Ei einer anderen Frau wird mit dem Samen eines anderen Mannes als des Ehemannes extrakorporal befruchtet und anschließend der Ehefrau eingepflanzt → **Embryonenspende**
- Das Ei der Ehefrau wird mit dem Samen des Ehemannes extrakorporal befruchtet und anschließend einer anderen Frau eingepflanzt → **Leihmutterschaft**

III. Die genetische Mutter und die gebärende Mutter sind identisch → **Ersatzmutterschaft**

- Aber die Mutter soll das Kind nach der Geburt zum Zwecke der Adoption an die „Wunscheltern" herausgeben (vgl. § 13 a AdVermiG)

In Deutschland sind die Vermittlung von Leih- bzw. Ersatzmüttern nach §§ 13 c, 13 d AdVermiG und die Übertragung einer unbefruchteten fremden Eizelle oder eines Embryos nach § 1 Abs. 1 Nr. 1 und 7 EmbryonenschutzG (vom 13.12.1990, BGBl. I, 2746) verboten.

Die Vereinbarung darüber ist daher nach h.M. gemäß § 134 nichtig. Wenn jedoch im Ausland oder trotz des Verbots im Inland infolge einer Leihmutterschaft oder Eispende ein Kind ausgetragen wird, hat das Zivilrecht die Frage der Mutterschaft zu beantworten.

Eine gespaltene Mutterschaft kann auch aufgrund von Verwechselungen eintreten.

Von einem **Beispiel** berichtete die Zeitung „Die Welt" in der Ausgabe vom 30.10.2002: Glasbehälter, in denen in einer britischen Befruchtungsklinik Embryos aufbewahrt wurden, waren falsch markiert worden. Dadurch wurden drei Frauen betroffen. Bei der ersten waren durch künstliche Befruchtung mehrere Embryos erzeugt worden – solche von „guter" und solche von „minderer" Qualität. Irrtümlich wurden der Frau nur die „weniger guten" Embryos eingesetzt, während die „guten" einer anderen Frau implantiert wurden. Deren Embryos wiederum bekam eine dritte Frau.

2. Keine Anfechtung

§ 1591 enthält eine definitive Zuweisung: **Mutter ist immer und unumstößlich die gebärende Frau.**[409] **Eine Anfechtung der Mutterschaft ist ausgeschlossen.** Eine analoge Anwendung der Vaterschaftsanfechtung auf die Mutterschaft kommt nicht in Betracht. Nach dem Wortlaut des § 1598 a Abs. 1 kann aber die rechtliche Mutterschaft auf ihre biologische Richtigkeit überprüft werden.[410] 106

II. Vaterschaft

1. Vaterschaft kraft Ehe mit der Mutter, § 1592 Nr. 1

a) Grundsatz

Vater eines Kindes ist der Mann, der zum Zeitpunkt der Geburt mit der Mutter verheiratet ist, § 1592 Nr. 1. 107

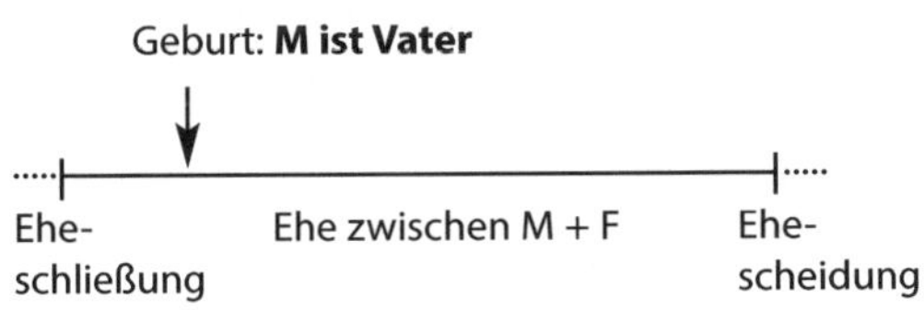

Fraglich ist, ob § 1592 Nr. 1 analogiefähig ist.

Fall:[411] Die F und die M hatten bereits am 16.05.2016 eine gleichgeschlechtliche eingetragene Lebenspartnerschaft miteinander begründet. Am 12.10.2017 haben sie die Ehe miteinander geschlossen.

Die M hat 2017 das Kind K geboren. K war mit Einverständnis beider Ehegattinnen durch Insemination mithilfe einer Samenspende aus einer Samenbank gezeugt worden.

Die Geburt der Betroffenen ist vom Standesamt wie folgt eingetragen worden:

Kind	Geburtsname:	…	Vorname(n):	…	Geburtstag:	…
Mutter	Familienname:	…	Geburtsname:	…	Vorname(n):	…

Die F ist Ehepartnerin der Mutter des Kindes und möchte als dessen Elternteil (Co-Mutter) im Geburtenregister eingetragen werden und argumentiert, das Kind sei innerhalb

409 BGH NJW 2018, 471; NJW 2015, 479.

410 Helms FamRZ 2008, 1033.

411 Nach OLG Dresden FamRZ 2018, 1165.

der Ehe geboren. Sie möchte damit erreichen, dass ihr das Sorgerecht gemeinsam mit ihrer Ehepartnerin M zusteht – ohne die Notwendigkeit, das Kind in einem gesonderten Akt adoptieren zu müssen. Zur Begründung beruft sie sich darauf, dass Ehe und Familie nach dem Grundgesetz unter dem besonderen Schutz des Staates stehen; das müsse auch hier gelten. Ein Ehemann gelte als Elternteil des von seiner Frau geborenen Kindes, ohne dass es darauf ankäme, ob dieses Kind auch tatsächlich biologisch von ihm abstamme. Gleichgeschlechtliche Ehepartner seien genauso zu behandeln wie verschiedengeschlechtliche Ehepartner, sodass § 1592 Nr. 1 zumindest analog gelte. Wie ist die Rechtslage?

Die Antragstellerin könnte als weiterer Elternteil bzw. weitere Mutter der Betroffenen im Geburtenregister einzutragen sein.

I. Dass grundsätzlich auch zwei gleichgeschlechtliche Personen rechtliche Eltern eines Kindes sein können, z.B. nach Adoption, ist rechtlich geklärt.[412]

II. Die von der Antragstellerin begehrte Eintragung kann jedoch nicht nach § 1592 Nr. 1 erfolgen, da sie nach derzeit geltendem deutschen Recht kein Elternteil des Kindes ist.

Träger des Elternrechts können nur Personen sein, die in einem durch Abstammung oder durch einfachgesetzliche Zuordnung begründeten Elternverhältnis zum Kind stehen. Daran fehlt es hier.

1. Die Antragstellerin ist nicht Mutter des betroffenen Kindes, denn **§ 1591** definiert ausdrücklich, dass Mutter eines Kindes die Frau ist, die es geboren hat. Das war hier nicht die Antragstellerin.

2. Sie ist nicht Vater des Kindes, denn Vater kann nach dem eindeutigen Wortlaut des **§ 1592** nur ein Mann sein (unter bestimmten weiteren Voraussetzungen).

3. Sie hat das Kind – bisher – auch nicht durch wirksame Adoption angenommen.

4. Der deutsche Gesetzgeber hat zwar die Ehe für gleichgeschlechtliche Paare eingeführt, die Regelungen zur Abstammung jedoch bisher unverändert gelassen. Eine gesetzliche Regelung, wonach etwa das in einer Ehe geborene Kind ohne Weiteres auch als Kind der Ehefrau der Mutter gelten würde, existiert bisher nicht.

III. Die F könnte **in analoger Anwendung des § 1592 Nr. 1** aufgrund der bestehenden Ehe zum rechtlichen Elternteil des von ihrer Ehefrau geborenen Kindes geworden sein.

Die Vorschrift des **§ 1592 Nr. 1** ist nach h.M.[413] keiner Analogie zugänglich. Die Rechtsprechung ist an Recht und Gesetz gebunden und darf hier keine Neuregelung der Abstammung und des Elternrechts schaffen. Eine solche Neuregelung bzw. Ergänzung des Abstammungsrechts muss dem Gesetzgeber vorbehalten bleiben. Den Gesetzesmaterialien zum Gesetz auf Einführung des Rechts auf Eheschließung für Personen gleichen Geschlechts lässt sich nicht entnehmen, dass nach dem Willen des Gesetzgebers **§ 1592 Nr. 1** unmittelbare Anwendung auch auf Kinder finden soll, die in gleichgeschlechtli-

412 Vgl. dazu BVerfG FamRZ 2013, 521; BVerfG FamRZ 2009, 1653.

413 OLG Dresden FamRZ 2018, 1165; Kaiser FamRZ 2017, 1889, 1895; Hammer, Anm. zu OLG Hamburg FamRZ 2017, 1234, 1236; Schmidt NZFam 2017, 832.

chen Ehen geboren werden. Erwähnt ist dort lediglich die rechtliche Gleichstellung von gleichgeschlechtlichen und verschiedengeschlechtlichen Ehen in Bezug auf das Adoptionsrecht (BT-Drs. 18/6665, S. 9).[414]

Eine Mindermeinung[415] bejaht dagegen eine Regelungslücke, die durch analoge Anwendung des § 1592 Nr. 1 zu schließen ist. Die Vorschrift bezwecke nicht nur, die typischerweise gegebene biologische Vaterschaft des Ehepartners der Mutter abzubilden, sondern vor allem, die sozial familiäre Beziehung des Kindes zum Ehepartner der Mutter zu schützen. Es sei daher notwendig, die zur Zeit der Geburt des Kindes mit der Mutter verheiratete Frau wie den Ehemann der Mutter zu behandeln.

Die Mindermeinung ist vorzugswürdig. Zwar wäre eine gesetzliche Regelung wünschenswert. Solange diese allerdings fehlt, ist die bestehende Regelungslücke durch analoge Anwendung des § 1592 Nr. 1 zu schließen. Dem Argument, dass die Vorschrift des § 1592 Nr. 1 nicht auf der Vermutung der genetischen Abstammung basiert, sondern schwerpunktmäßig auf dem Schutz sozial-familiäre Beziehungen beruht, ist zuzustimmen.

Ergebnis: Damit ist die F analog § 1592 Nr. 1 als Elternteil des Kindes im Geburtenregister einzutragen.

b) Eine **Ausnahme** von § 1592 Nr. 1 macht **§ 1599 Abs. 2 bei der Geburt nach Anhängigkeit des Scheidungsantrags und Anerkennung durch einen Dritten**. 108

Wird ein Kind zwar während der Ehe, aber nach Anhängigkeit des Scheidungsantrags geboren, so endet die Vaterschaft des Ehemannes, wenn ein Dritter die Vaterschaft mit Zustimmung der Mutter und des Ehemannes anerkennt, und zwar noch während der bestehenden Ehe oder binnen Jahresfrist ab Rechtskraft des Scheidungsbeschlusses. Voraussetzung ist die Zustimmung des rechtlichen Vaters. Die Anerkennung wird frühestens mit Rechtskraft des dem Scheidungsantrag stattgebenden Beschlusses wirksam. Bis dahin bleibt die Vaterschaft des Ehemannes wirksam, die Anerkennung des leiblichen Vaters bleibt bis dahin schwebend unwirksam.[416]

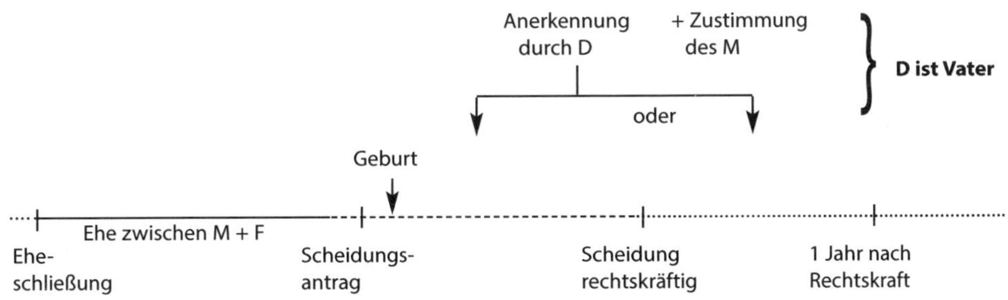

414 Vgl. dazu auch Pressemitteilung Nr. 172/2018 des BGH vom 30.10.2018.

415 Kiehnle NZFam 2018, 759; Löhnig NZFam 2017, 643; Binder/Kiehnle NZFam 2017, 742, und Engelhardt NZFam 2017, 1042.

416 BGH NJW 2004, 1595.

c) Keine Vaterschaft besteht bei der Geburt nach rechtskräftiger Scheidung, arg. e § 1592 Nr. 1.

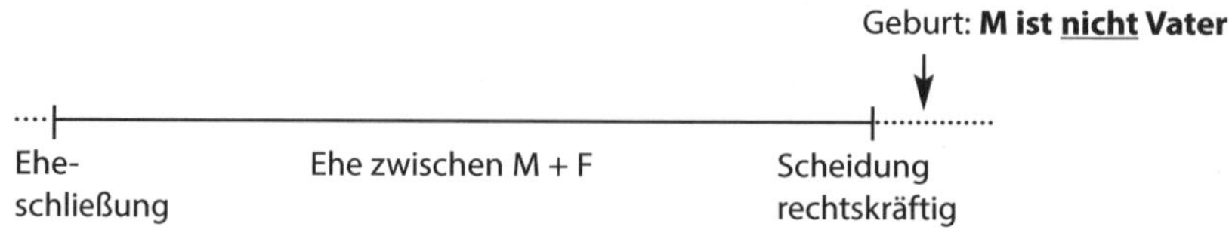

Der Gesetzgeber geht heute davon aus, dass ein nach rechtskräftiger Scheidung geborenes Kind wohl nur selten der zerrütteten Ehe entstammen kann, wenn man das den scheidungswilligen Eheleuten verordnete Trennungsjahr ernst nimmt.[417]

d) Wird ein Kind innerhalb von 300 Tagen nach dem Tod des Ehemannes geboren, so gilt der verstorbene Ehemann grundsätzlich als Vater, § 1593 S. 1.

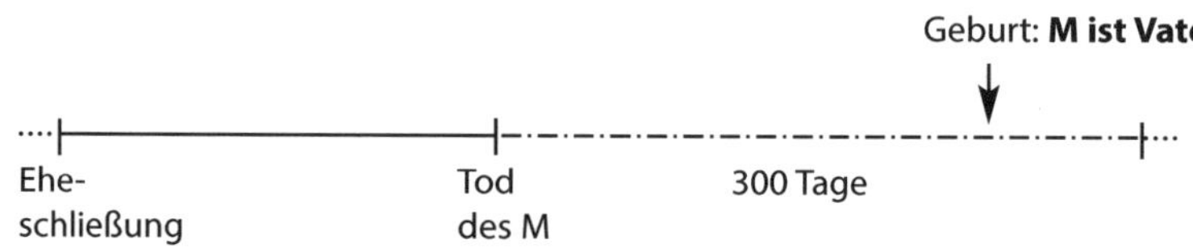

Anders ist es, wenn die **Witwe innerhalb der 300 Tage erneut heiratet** und innerhalb von 300 Tagen nach dem Tod des verstorbenen Ehemannes, aber nach der erneuten Heirat, ein Kind gebiert. Hier wäre das Kind sowohl nach § 1593 S. 1 Kind des früheren Ehemannes als auch nach § 1592 Nr. 1 Kind des neuen Ehemannes. Der Gesetzgeber geht von der **Vaterschaft des neuen Ehemannes aus, § 1593 S. 3**. Es bleibt dann bei dem Grundsatz: Vater ist der Mann, der zum Zeitpunkt der Geburt mit der Mutter verheiratet ist.

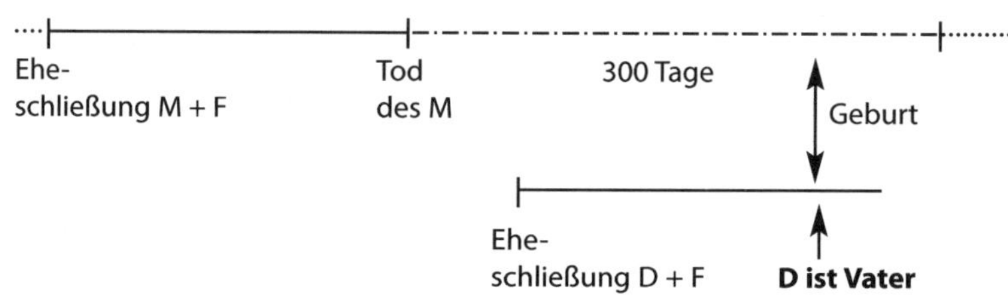

Ficht jedoch der neue Ehemann mit Erfolg die Vaterschaft an, ist der verstorbene Ehemann der Vater, § 1593 S. 4.

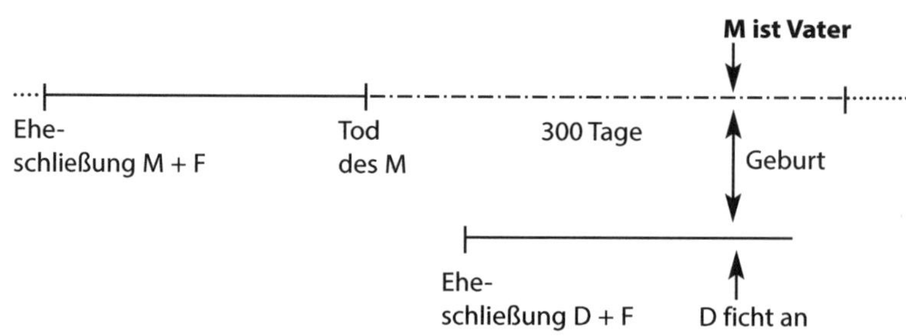

417 Vgl. Schwab/Wagenitz FamRZ 1997, 1377, 1378; Gaul FamRZ 1997, 1441, 1447.

2. Vaterschaft kraft Anerkennung, § 1592 Nr. 2

Vater eines Kindes ist der Mann, der die Vaterschaft anerkannt hat. **109**

Die Anerkennung ist eine einseitige, nicht empfangsbedürftige Willenserklärung.[418] Sie bedarf gemäß § 1595 Abs. 1 stets der Zustimmung der Mutter und nach § 1595 Abs. 2 nur dann noch zusätzlich der Zustimmung des Kindes, wenn insoweit der Mutter die elterliche Sorge nicht zusteht. Bei fehlender Geschäftsfähigkeit gilt § 1596.

Die Anerkennung wirkt auf den Zeitpunkt der Geburt zurück, aber die Rückwirkung kann nicht vor dem Wirksamwerden der Anerkennung geltend gemacht werden;[419] dies ergibt sich aus § 1594 Abs. 1, wonach die Rechtswirkungen der Anerkennung grundsätzlich erst von dem Zeitpunkt an geltend gemacht werden können, zu dem die Anerkennung wirksam wird, u.a. auch die Formerfordernisse nach § 1597 erfüllt sind.[420]

Die Anerkennung bleibt schwebend unwirksam, solange ein anderer Mann als Vater des Kindes gilt. Erst mit erfolgreicher Anfechtung der Vaterschaft wird die Anerkennung des neuen Vaters wirksam, § 1594 Abs. 2. Weiterhin ist das Wechselspiel mit § 1599 Abs. 2 zu beachten, wonach unter bestimmten Voraussetzungen die Anerkennung durch den leiblichen Vater die Vaterschaft kraft Ehe mit der Mutter ausschließt (s. dazu schon oben Rn. 108).

Die Anerkennung der Vaterschaft (und auch die Zustimmung der Mutter, vgl. § 1597 a Abs. 4) darf nicht **rechtsmissbräuchlich** nach § 1597 a sein.[421] Die Vorschrift bezweckt, Vaterschaftsanerkennungen zu verhindern, die zur Erlangung eines Aufenthaltsrechts erfolgen. So erwirbt das betreffende Kind infolge der Anerkennung durch einen deutschen Mann die deutsche Staatsangehörigkeit (§ 4 StAG) und seine Mutter erhält in der Regel eine Aufenthaltserlaubnis zur Ausübung der Personensorge.[422] Nach § 1597 a Abs. 2 hat eine die Vaterschaftsanerkennung beurkundende Behörde das Beurkundungsverfahren auszusetzen, wenn sie aufgrund konkreter Anhaltspunkte den Verdacht hat, dass eine Anerkennung rechtsmissbräuchlich ausschließlich zum Zweck der Erlangung ausländerrechtlicher Vorteile erfolgt.[423] Die Vorschrift des § 1597a Abs. 5 stellt klar, dass eine Anerkennung der Vaterschaft dann nicht rechtsmissbräuchlich sein kann, wenn der Anerkennende der leibliche Vater des Kindes ist.

3. Vaterschaft kraft gerichtlicher Feststellung, § 1592 Nr. 3

Vater eines Kindes ist der Mann, dessen Vaterschaft nach § 1600 d oder § 182 Abs. 1 FamFG gerichtlich festgestellt ist. **110**

418 Dethloff § 10 Rn. 15.

419 Dethloff § 10 Rn. 28.

420 Palandt/Brudermüller § 1594 Rn. 5.

421 Ausführlich dazu Balzer NZFam 2018, 5 ff.

422 Dethloff § 10 Rn. 22.

423 Vgl. dazu auch Wellenhofer NZFam 2018, 720.

a) Gerichtliche Feststellung der Vaterschaft nach § 1600 d

- Die gerichtliche Feststellung der Vaterschaft kommt als Alternative zur Anerkennung in Betracht, wenn keine Vaterschaft nach §§ 1592 Nr. 1 und 2, 1593 besteht. Die Feststellung ist daher nicht zulässig, solange die Vaterschaftsanerkennung eines anderen Mannes besteht.[424]

- Nach § 1600 d Abs. 4 kann der Samenspender nicht als Vater eines Kindes festgestellt werden, wenn dieses durch eine ärztlich unterstützte künstliche Befruchtung in einer Einrichtung der medizinischen Versorgung i.S.v. § 1 Nr. 9 des Transplantationsgesetzes nach dem 01.07.2018 unter heterologer Verwendung von Samen gezeugt wurde, der vom Spender eine Entnahmeeinrichtung i.S.v. § 2 Abs. 1 S. 1 Samenspenderregistergesetz zur Verfügung gestellt wurde.[425] Das Recht des Kindes auf Kenntnis seiner Abstammung wird durch die Speicherung der Spenderdaten in einem Samenspenderregister geschützt.[426]

- Nach § 1600 d Abs. 2 S. 1 besteht eine auf die Beiwohnung gegründete Zeugungsvermutung.

  Nach §§ 169, 177 Abs. 1 FamFG hat das Familiengericht in Abstammungssachen von Amts wegen die Wahrheit zu ermitteln. Erst dann, wenn das Gericht sich weder positiv noch negativ von der Abstammung überzeugen kann, kommt die Vermutung ins Spiel.[427]

- Antragsberechtigt ist (vgl. § 172 FamFG)

  - der Vater,[428]

    gemeint ist damit der genetische Erzeuger, der seine rechtliche Vaterschaft festgestellt wissen will.

  - das Kind,

    es hat gegen die Mutter einen Anspruch auf Auskunft über den vollständigen Namen und die Anschrift des leiblichen Vaters bzw. des Mannes, der ihr in der Empfängniszeit geschlechtlich beigewohnt hat. Ein dahin lautender Beschluss kann nach § 95 Abs. 1 FamFG i.V.m. § 888 ZPO durch Zwangsgeldfestsetzung vollstreckt werden.[429]

  - die Mutter.[430]

---

424 BGH NJW 1999, 1632.

425 Spender, deren Samen vor dem 01.07.2018 verwendet wurde oder auch künftig privat verwendet wird, können aber weiterhin gerichtlich als Vater festgestellt werden, vgl. dazu Dethloff § 10 Rn. 92.

426 Helms FamRZ 2017, 1537 stellt familienrechtliche Aspekte des Samenspenderregistergesetzes dar.

427 Dazu Wellenhofer JuS 2007, 85 ff.

428 Kein Anfechtungsrecht hat die Ehefrau des Putativvaters, vgl. BGH FamRZ 2017,623.

429 OLG Hamm NJW 2001, 1870.

430 Vgl. Palandt/Brudermüller § 1600 d Rn. 3.

Fall 32: Mehrverkehr mit Zwillingsbrüdern

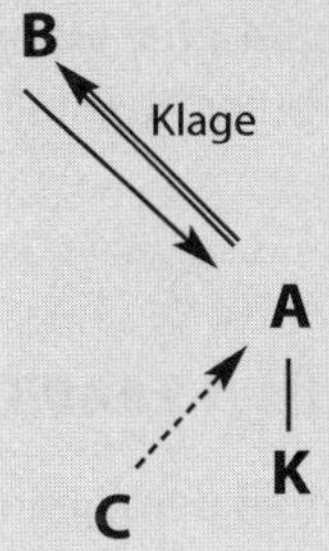

Die nicht verheiratete A gebar das Kind K. A bat den B, die Vaterschaft anzuerkennen. B verwies darauf, dass A nicht nur mit ihm, sondern auch mit seinem eineiigen Zwillingsbruder C während der gesetzlichen Empfängniszeit geschlechtlich verkehrt habe. Die A erhebt vor dem Amtsgericht – Familiengericht – Antrag gegen B auf Feststellung der Vaterschaft. In dem Verfahren gegen B kommt ein serologisches Gutachten zu dem Ergebnis, für B und für C bestehe eine Vaterschaftswahrscheinlichkeit von 99,9994 % bzw. 99,9995 %.

I. Es handelt sich um ein „Verfahren in Abstammungssachen" (vgl. §§ 169 ff. FamFG), **111**
für das das Familiengericht (Amtsgericht) zuständig ist.[431]

Das Familiengericht entscheidet auf Antrag des Mannes gegen das Kind oder auf Antrag der Mutter oder des Kindes gegen den Mann über die Feststellung oder die Anfechtung der Vaterschaft, vgl. §§ 171, 172 FamFG.

II. Der B hat der A während der Empfängniszeit (vgl. § 1600 d Abs. 3) beigewohnt. Es wird daher seine Vaterschaft vermutet, es sei denn, dass schwerwiegende Zweifel an der Vaterschaft bestehen, § 1600 d Abs. 2 S. 2. Diese könnten sich wegen des Mehrverkehrs der Kindesmutter ergeben. Das Gericht hat von Amts wegen alle Beweise zu erheben, die zur Klärung der Abstammung führen. Angebotene Mehrverkehrszeugungen sind in jedem Fall in eine Begutachtung einzubeziehen, selbst bei einer Vaterschaftsplausibilität von über 99,94 %.[432]

1. Wenn die anderen „Mehrverkehrer" als mögliche Väter ausgeschlossen werden können (Blutgruppengutachten etc.), dann bestehen trotz des Mehrverkehrs keine schwerwiegenden Zweifel an der Vaterschaft des Antragsgegners.

2. Wenn die anderen „Mehrverkehrer" als mögliche Väter nicht auszuschließen sind, dann bestehen nach h.M. trotz Mehrverkehrs keine schwerwiegenden Zweifel an der Vaterschaft des Antragsgegners, wenn seine Vaterschaft wahrscheinlicher ist als die der anderen. Gleiche Wahrscheinlichkeit der Vaterschaft zweier Männer führt zur Antragsabweisung. Im vorliegenden Fall besteht gleiche Wahrscheinlichkeit. Der Antrag gegen B wird daher abgewiesen.

Auch ein Beschluss, der nicht die Vaterschaft feststellt, sondern den Feststellungsantrag abweist oder die Beschwerde hiergegen zurückweist, ist ein Beschluss, in dem über die Vaterschaft entschieden wurde. Gegen einen solchen rechtskräftigen Beschluss ist ein **Restitutionsantrag** nach § 185 FamFG zulässig und gemäß § 185 Abs. 4 FamFG nicht an die Frist des § 586 Abs. 2 S. 2 ZPO gebunden, wenn ein Beteiligter ein neues Gutachten über die Vaterschaft vorlegt, das allein oder in Verbindung mit den in dem früheren Verfahren erhobenen Beweisen eine andere Entscheidung herbeigeführt haben würde.[433]

---

431 Zum Verfahren in Abstammungssachen nach §§ 169 ff. FamFG vgl. Roßmann, 1933 ff.

432 BGH NJW 2006, 2854.

433 BGH NJW 2003, 3708, 3709.

112 Bisher war von dem positiven Feststellungsantrag die Rede. Er bedarf keines besonderen Feststellungsinteresses.

Die Zulässigkeit eines **negativen** Feststellungsantrags – dass ein bestimmter Mann nicht der Vater ist, ist bei Vorliegen eines besonderen Rechtsschutzinteresses ebenfalls zulässig,[434]

so z.B., wenn sich ein Mann der Vaterschaft berühmt.

b) Gerichtliche Feststellung der Vaterschaft nach § 182 Abs. 1 FamFG

Der leibliche Vater hat ein eigenes Anfechtungsrecht der Vaterschaft gemäß dem geänderten § 1600 Abs. 1 Nr. 2 (dazu noch später unter Rn. 114). Der stattgebende **rechtskräftige Beschluss** beinhaltet zugleich die **Feststellung der Vaterschaft des Anfechtenden**, § 182 Abs. 1 FamFG.[435]

4. Vaterschaft bei homologer und heterologer Insemination

113 **a) Die homologe Insemination** ist die künstliche Befruchtung der Eizelle mit der Samenzelle des Ehemannes der gebärenden Frau. Die künstliche Insemination kann **in vivo** oder **in vitro** erfolgen (s. dazu schon oben Rn. 105).[436] Diese Methode wird generell als ethisch und rechtlich zulässig angesehen, da das Kind genetisch von den Eltern abstammt, in deren Ehe es geboren wird.

Die homologe Insemination steht rechtlich der Beiwohnung gleich.

Wird ein Kind nach der In-vitro-Fertilisation geboren, so ergibt sich die **Vaterschaft** des in der Ehe geborenen Kindes für den Ehemann aus der **allgemeinen Regel** des § 1592 Nr. 1.

Es ist technisch möglich, Sperma durch Tiefgefrieren zu konservieren, sog. **Kryokonservierung**, sodass die Frau auch nach dem Tod ihres Mannes künstlich befruchtet werden kann.[437]

b) Die heterologe Insemination erfolgt mit der Samenzelle eines Mannes, der mit der das Kind gebärenden Mutter nicht verheiratet ist.

aa) Die heterologe Insemination ist gesetzlich zulässig und begründet gemäß § 1592 Nr. 1 die Vaterschaft des Ehemanns.[438] Nach Palandt/Ellenberger[439] sind **Rechtsgeschäfte über eine heterologe Insemination** aber nur wirksam, wenn das Recht des Kindes auf Kenntnis der eigenen Abstammung gewährleistet ist.

bb) Ein durch heterologe Insemination erzeugtes Kind, das während der Ehe geboren worden ist, ist so lange als **eheliches Kind** anzusehen, wie seine Ehelichkeit nicht angefochten ist.

---

434 Schwab Rn. 710.

435 Vgl. dazu Roßmann Rn. 1983.

436 Vgl. dazu Dethloff § 10 Rn. 74.

437 Das BVerfG FamRZ 2017, 446 hat eine Verfassungsbeschwerde nicht angenommen, durch die der Beschwerdeführer erreichen wollte, gerichtlich als Vater von mehreren in einer kalifornischen Fortpflanzungsklinik kryokonservierten Embryonen festgestellt zu werden. Das LG Bonn FamRZ 2017, 447 hat sich mit dem Herausgabeanspruch einer Frau betreffend kryokonservierter Eizellen bzw. sog. 2-PN-Zellen (Eizellen im Vorkernstadium) auseinandergesetzt und dies abgelehnt.

438 Palandt/Brudermüller Einf v § 1591 Rn. 17.

439 Palandt/Ellenberger § 138 Rn. 48; vgl. auch AG Essen FamRZ 1992, 936.

Ist das Kind mit Einwilligung des Mannes und der Mutter durch künstliche Befruchtung mittels Samenspende eines Dritten gezeugt worden, also durch heterologe Insemination, so ist die Anfechtung der Vaterschaft durch den Mann oder die Mutter gesetzlich ausgeschlossen, vgl. § 1600 Abs. 4. Das Anfechtungsrecht des Kindes bleibt hiervon jedoch unberührt.[440]

Wird das Kind von einer nicht verheirateten Frau geboren oder hat der Ehemann die Vaterschaft (z.B. wegen fehlender Einwilligung) angefochten und hat der Samenspender die Vaterschaft nicht anerkannt, so kann die **Vaterschaft des Samenspenders** gemäß § 1592 Nr. 3 gerichtlich festgestellt werden. Es ist die Samenspende als „Beiwohnung" i.S.d. § 1600 d Abs. 2 anzusehen.

cc) Nach h.M. gefährdet die Geheimhaltung des Spendernamens das Kindeswohl. Das Kind hat einen Anspruch auf Kenntnis seiner blutsmäßigen Abstammung.[441] Dieses Recht ist Bestandteil des Persönlichkeitsrechts und durch Art. 1 und 2 GG abgesichert.[442] Das Kind hat daher nach h.M. gegen den die Insemination vornehmenden Arzt aus § 242 einen Anspruch auf Nennung des Spendernamens.[443]

Praktisch kann der Anspruch aber daran scheitern, dass die Samenspende anonym erfolgte. Abhilfe soll deshalb zukünftig ein Samenspenderregister, in dem die personenbezogenen Daten des Spenders gespeichert werden, schaffen. Das Samenspenderregistergesetz vom 17.07.2017 sieht die Schaffung eines solchen Registers vor, das beim Deutschen Institut für medizinische Dokumentation und Information (DIMDI) geführt wird. Kinder, die nach Inkrafttreten des Gesetzes am 01.07.2018 gezeugt wurden, können nach Vollendung des 16. Lebensjahres Auskunft zur Verwirklichung ihres Rechts auf Kenntnis der eigenen Abstammung beim DIMDI einholen. Gespeichert werden dort auch andere personenbezogene Daten des Spenders wie z.B. Körpergröße, Augenfarbe, Hobbys usw.; insbesondere kann auch der Beweggrund für die Spende mitgeteilt werden.[444] Umgekehrt ist zu beachten, dass unter den Voraussetzungen des § 1600 d Abs. 4 der Samenspender nicht als Vater des Kindes festgestellt werden kann, dadurch auch nicht unterhaltspflichtig wird.

III. Anfechtung der Vaterschaft

- **Anfechtbar** ist 114
  - die Vaterschaft kraft Ehe mit der Mutter
    - nach § 1592 Nr. 1 (s.o. Rn. 107)
    - und nach § 1593 S. 1 (s.o. Rn. 108),
  - die Vaterschaft kraft Anerkennung, § 1592 Nr. 2 (s.o. Rn. 109).

440 Dethloff § 10 Rn. 86.
441 BGH FamRZ 2015, 642.
442 Vgl. BVerfGE 79, 256, 268, 269.
443 Dethloff § 10 Rn. 90.
444 Dethloff § 10 Rn. 90.

Bei der Vaterschaft kraft gerichtlicher Feststellung nach § 1592 Nr. 3 (s.o. Rn. 110) kann der die Feststellung aussprechende Statusbeschluss nur im Wege der Wiederaufnahme des Verfahrens nach §§ 578 ff. ZPO, § 185 FamFG beseitigt werden.[445]

115 ■ **Anfechtungsberechtigt** ist gemäß **§ 1600**

- **der Mann, dessen Vaterschaft nach §§ 1592 Nr. 1 u. 2, 1593 besteht**, **§ 1600 Abs. 1 Nr. 1**.
- der Mann, der an Eides statt versichert, der Mutter des Kindes während der Empfängniszeit beigewohnt zu haben, § 1600 Abs. 1 Nr. 2.

  Der leibliche Vater hat ein eigenes Anfechtungsrecht der Vaterschaft, wenn zwischen dem rechtlichen Vater und dem Kind keine „sozial-familiäre" Beziehung besteht oder im Zeitpunkt seines Todes bestanden hat, § 1600 Abs. 2.

  Bei der Anfechtung durch den leiblichen Vater ist zu beachten, dass das Kind nicht vaterlos gestellt wird, sondern seinen biologischen Vater zum rechtlichen Vater erhält, vgl. § 182 Abs. 1 S. 1 FamFG. Das Negativmerkmal der sozial-familiären Beziehung zum rechtlichen Vater dient im Interesse des Kindes dem Schutz der bestehenden sozialen Familie. Maßgeblich ist, ob der Anfechtung eine verfassungsrechtlich schützenswerte, sozial gehaltvolle Beziehung zwischen dem Kind und dem rechtlichen Vater entgegensteht.[446] Hierfür genügt ein bloßes Vertrauensverhältnis, wie es auch zu Verwandten, Freunden oder Babysittern bestehen kann, noch nicht. Die Übernahme tatsächlicher Verantwortung i.S.d. § 1600 Abs. 3 S. 1 kann sich vielmehr nur aus der Wahrnehmung typischer Elternrechte und -pflichten ergeben.[447]

  Besteht jedoch eine sozial-familiäre Beziehung zwischen dem Kind und dem rechtlichen Vater, ist der Antrag des leiblichen Vaters auf Anfechtung der Vaterschaft stets unbegründet.[448] Eine Auslegung des Gesetzes dahin, dass die Anfechtung dennoch möglich sei, wenn der leibliche Vater seinerseits ebenfalls eine sozial-familiäre Beziehung zu dem Kind habe und mit ihm in einer Familie zusammenlebe, ist nicht zulässig.

- **die Mutter**.

  In diesem Verfahren, in dem die Mutter die Vaterschaft anficht, ist auch das Kind Beteiligter, vgl. § 172 Abs. 1 Nr. 1 FamFG. Das Kind erhält für das Verfahren einen Beistand nach §§ 173, 174 FamFG. Das Jugendamt ist grundsätzlich nach § 176 FamFG anzuhören.

- **das Kind**.[449]

116 ■ Die **Anfechtungsfrist** (§ 1600 b)

- beträgt zwei Jahre, beginnend mit der Kenntnis der gegen die Vaterschaft sprechenden Umstände, frühestens mit Geburt des Kindes (Ausschlussfrist).

---

445 Vgl. dazu Gaul FamRZ 1997, 1441, 1454.
446 BVerfG FamRZ 2014, 449, m. Anm. Helms.
447 OLG Hamm RÜ 2016, 429.
448 BGH FamRZ 2018, 275; BGH FamRZ 2018, 41.
449 Siede FamRZ 2018, 149 (zur Vertretung des Kindes in Vaterschaftsanfechtungsverfahren).

Die für den Fristbeginn maßgebliche Kenntnis liegt vor, wenn Tatsachen bekannt werden, die bei sachlicher Beurteilung geeignet sind, Zweifel an der Vaterschaft zu wecken und die nicht ganz fernliegende Möglichkeit der Nichtvaterschaft zu begründen. Der Anfechtungsberechtigte muss nicht persönlich aus den ihm bekannten Tatsachen die Überzeugung gewinnen, dass das Kind nicht von ihm abstammt; es genügt vielmehr der objektive Verdacht, d.h. dass aus der Sicht eines verständigen, medizinisch-naturwissenschaftlich nicht vorgebildeten Laien die Vaterschaft ernstlich infrage gestellt ist bzw. die Nichtvaterschaft nicht gänzlich fernliegt.[450]

Die Kenntnis von derartigen Umständen kann sich bereits aus dem Verhalten der Mutter im Zusammenhang mit der Art und Weise ergeben, wie sie und der anfechtende Vater sich kennengelernt haben.

- Für das Kind, dessen gesetzlicher Vertreter nicht rechtzeitig angefochten hat, beginnt der Fristenlauf neu mit der Volljährigkeit, bei späterer Erlangung eigener Kenntnis erst mit dieser, § 1600 b Abs. 3. Erlangt das Kind Kenntnis von Umständen, aufgrund derer die Folgen der Vaterschaft für das Kind unzumutbar werden, beginnt für das Kind mit diesem Zeitpunkt die Frist erneut, § 1600 b Abs. 6.

- Die **Vaterschaftsvermutung und ihre Widerlegung, § 1600 c** **117**
  - Im Verfahren auf Anfechtung der Vaterschaft wird vermutet, dass das Kind von dem Mann abstammt, dessen Vaterschaft nach §§ 1592 Nr. 1 oder Nr. 2, 1593 begründet ist.
  - Die Vermutung kann widerlegt werden (§ 292 ZPO) durch den Beweis des Gegenteils. Entscheidend ist, dass das Kind nicht von dem Mann abstammt. Ein solcher Nachweis ist dem Abstammungsverfahren heute mit naturwissenschaftlichen Methoden unproblematisch möglich.[451]

Fall 33: Die heimliche DNA-Analyse

K und M lebten bis 2018 in nichtehelicher Lebensgemeinschaft. Am 03.10.2017 brachte die auch jetzt noch mit ihrer Tochter in Würzburg lebende M die B zur Welt. Mit Urkunde der Stadt Würzburg vom 20.10.2017 erkannte K die Vaterschaft an. Das Jugendamt Würzburg stimmte dem Anerkenntnis zu. Nachdem K im Juli 2019 von Umständen erfahren hatte, die gegen seine Vaterschaft sprachen, erhob er Ende 2019 einen Vaterschaftsanfechtungsantrag, den er auf ein Gutachten über seine verminderte Zeugungsfähigkeit stützte. Der Antrag wurde mit Beschluss vom 09.04. 2020 abgewiesen.

Seinen erneuten Antrag im Juli 2020 vor dem Familiengericht Würzburg stützt der mittlerweile in Hamburg lebende K auf das Ergebnis einer DNA-Vaterschaftsanalyse, die er ohne Kenntnis und ohne Einverständnis der allein sorgeberechtigten M am 21.06.2020 in Auftrag gegeben hatte. Nach dem Privatgutachten vom 01.07.2020 ist mit 100 % Sicherheit ausgeschlossen, dass der Spender der einen Probe der Vater des

450 BGH FamRZ 1990, 507; vgl. dazu auch Dethloff § 10 Rn. 46.

451 Vgl. auch Dethloff § 10 Rn. 57.

Spenders (oder der Spenderin) der zweiten Probe ist. K kann nachweisen, dass Grundlage der Untersuchung zum einen sein eigener Speichel, zum anderen ein von der B benutztes Kaugummi war. M widerspricht der Verwertung des Gutachtens. Ist der zulässige Antrag des K begründet?

118 Das Vaterschaftsanfechtungsverfahren richtet sich nach den §§ 1599 ff.

I. K ist anfechtungsberechtigt nach § 1600 Abs. 1 Nr. 1 i.V.m. § 1592 Nr. 2, da er ausweislich der Urkunde der Stadt Würzburg die Vaterschaft im Oktober 2017 anerkannt hat. Die Anfechtung ist nach h.M. sogar bei einer bewusst wahrheitswidrigen Anerkennung möglich, da ein Interesse daran besteht, die wahre Abstammung zu klären. Mitunter basiert die Anerkennung auch auf einer Kurzschlusshandlung.[452]

II. Die Anfechtungsfrist des § 1600 b Abs. 1 von zwei Jahren ist gewahrt, da K erst im Juli 2019 von Umständen erfahren hatte, die gegen seine Vaterschaft sprachen.

III. Da der Vaterschaftsanfechtungsantrag (§ 1599 Abs. 1) dem Untersuchungsgrundsatz des § 177 Abs. 1 FamFG unterliegt, muss der Anfechtungsberechtigte nicht selbst beweisen, dass er nicht der Vater ist. Der Anfechtungsantrag muss aber (um Anfechtungen ins Blaue hinein zu verhindern) **schlüssig** sein.[453] Der entsprechende Nachweis wird dann notfalls durch Beweisaufnahme von Amts wegen eingeholt (s. aber die Verfahrensvermutung in § 1600 c Abs. 1; vgl. dazu § 292 ZPO). Zur Schlüssigmachung reicht nach der Rspr. des BGH[454] das bloße Vorbringen des Antragstellers, er sei nicht der Vater des Kindes und ein gerichtliches Sachverständigengutachten werde seine Vaterschaft ausschließen, im Rahmen des Vaterschaftsanfechtungsantrags nicht aus. Vielmehr muss er Umstände vortragen, die bei objektiver Betrachtung geeignet sind, Zweifel an der Abstammung des Kindes von dem als Vater geltenden Antragsteller zu wecken und die Möglichkeit der Abstammung des Kindes von einem anderen Mann als nicht ganz fernliegend erscheinen zu lassen (z.B. von der Mutter während der Empfängniszeit eingeräumter Mehrverkehr).

1. Möglicherweise kann ein solcher Anfangsverdacht daraus begründet werden, dass sich die Mutter M auch im Namen des Kindes weigert, die Einholung des DNA-Gutachtens nachträglich zu genehmigen und in seine Verwertung einzuwilligen. Allerdings ist ein solches Verhalten Ausfluss des – negativen – informationellen Selbstbestimmungsrechts. Dieses würde ausgehöhlt, wenn die Weigerung, an einer außergerichtlichen Begutachtung mitzuwirken, das Vaterschaftsanfechtungsverfahren eröffnen würde, mit der Folge, dass die Informationen, die dieses Grundrecht schützen will, immer dann in einer Beweisaufnahme preisgegeben werden müssten, wenn dies dem Willen des Betroffenen zuwiderläuft und die freiwillige Preisgabe deshalb zuvor abgelehnt wurde.

2. Ein Anfangsverdacht kann sich aber aus dem von K vorgelegten Privatgutachten ergeben. Aus der DNA-Analyse ergibt sich nämlich in Verbindung mit dem von K

452 Dethloff § 10 Rn. 36.

453 Vgl. Palandt/Brudermüller § 1599 Rn. 6.

454 Vgl. etwa BGH NJW 2006, 1657; BGH FamRZ 1998, 955, 956; 2003, 155, 156; a.A. teilweise die Lit., vgl. Wellenhofer FamRZ 2005, 665; Frank/Helms FamRZ 2007, 1277.

geführten Nachweis, dass seine Vaterschaft „zu 100 % ausgeschlossen" ist. Das Gutachten begründet ohne Weiteres einen entsprechenden Anfangsverdacht. Fraglich ist jedoch, ob das Gutachten im Anfechtungsverfahren verwertet werden darf.

a) Die heimliche Auswertung der DNA des Kindes B greift in das durch Art. 2 Abs. 1 i.V.m. Art. 1 Abs. 1 GG verbürgte Persönlichkeitsrecht, hier in der Ausprägung des Rechts auf informationelle Selbstbestimmung, ein.

b) **Der Eingriff in das informationelle Selbstbestimmungsrecht der B kann durch widerstreitende Interessen des K gerechtfertigt sein.** Zu berücksichtigen ist nämlich, dass aus dem informationellen Selbstbestimmungsrecht des (Schein-)Vaters aus Art. 2 Abs. 1, 1 GG das Recht folgt, seine Nichtvaterschaft gerichtlich feststellen zu lassen. Eine Abwägung dieser widerstreitenden Interessen führt allerdings nur dann zu einer Rechtmäßigkeit des Eingriffs in Rechte des Kindes, wenn die Interessen des (Schein-)Vaters als höherrangig anzusehen sind. Dies ist freilich nicht der Fall. Das zeigt sich schon daran, dass ihre Durchsetzung im Vaterschaftsanfechtungsverfahren u.a. durch die gesetzliche Fristenregelung des § 1600 b wesentlich eingeschränkt sind, während das aus dem informationellen Selbstbestimmungsrecht des Kindes folgende Recht, der Erhebung oder Verwertung genetischer Daten zu widersprechen, keiner zeitlichen Schranke unterworfen ist.

c) Der Eingriff ist somit nicht gerechtfertigt. Er verletzt Grundrechte des Kindes. Dies ist im Rahmen der Auslegung des § 1599 Abs. 1 im Vaterschaftsanfechtungsverfahren zu berücksichtigen. Dies führt dazu, dass heimlich veranlasste DNA-Vaterschaftsanalysen rechtswidrig und im Vaterschaftsanfechtungsverfahren gegen den Willen des Kindes oder seines gesetzlichen Vertreters nicht verwertbar sind.[455] Damit verbleiben keine verwertbaren Anhaltspunkte, welche einen für die Schlüssigkeit des Anfechtungsantrags erforderlichen Anfangsverdacht zu begründen vermögen.

IV. **Ergebnis:** Der Antrag des K wird abgewiesen.

Richtigerweise hätte K nicht heimlich ein Privatgutachten einholen sollen, sondern den Anspruch auf Klärung der leiblichen Abstammung des Kindes nach § 1598 a Abs. 1 (dazu auch Rn. 121) geltend machen müssen. Dieses Verfahren setzt keinen Anfangsverdacht voraus und ist auch nicht an Fristen gebunden. Ein Rechtsschutzbedürfnis besteht selbst dann, wenn die Anfechtungsfrist nach § 1600 b verstrichen ist.[456] Ist die Frist allerdings noch offen, kann auf der Grundlage der nach § 1598 a eingeholten genetischen Untersuchung eine Anfechtung der Vaterschaft wirksam im Abstammungsverfahren umgesetzt werden.[457]

---

455 Vgl. BVerfG FamRZ 2007, 441; Palandt/Brudermüller, Einf. v. § 1591 Rn. 13.

456 Vgl. OLG Koblenz FamRZ 2014, 406.

457 OLG Naumburg NJW-RR 2013, 1413; vgl. auch Dethloff § 10 Rn 70.

IV. Keine Vaterschaftsanfechtung durch den Mann oder die Mutter nach heterologer Insemination

119 Vater eines Kindes ist

- nach § 1592 Nr. 1 der Mann, der zum Zeitpunkt der Geburt mit der Mutter verheiratet ist,
- nach § 1592 Nr. 2 der Mann, der die Vaterschaft anerkannt hat,

auch dann, wenn das Kind mittels einer Samenspende eines Dritten gezeugt worden ist.

Eine spätere Anfechtung der Vaterschaft ist in solchen Fällen gemäß § 1600 Abs. 4 durch den Vater, aber auch die Mutter, ausgeschlossen, wenn sie zur heterologen Insemination eingewilligt haben. Das auf diese Weise gezeugte Kind soll davor geschützt werden, dass es Unterhalts- und Erbansprüche und persönliche Beziehungen zu seinem (bisherigen) Vater verliert.[458]

V. Auskunftsanspruch des Kindes gegen seine Mutter auf Benennung des Vaters

120 Ein Kind, dessen Vater nicht feststeht, hat aus persönlichen und aus wirtschaftlichen Gründen ein Interesse daran, Namen und Anschrift seines leiblichen Vaters zu erfahren. Die Auskunft kann ihm am ehesten seine Mutter erteilen. Der Auskunftspflicht der Kindesmutter kann deren Recht auf Privat- und Intimsphäre entgegenstehen.

1. Die h.M. bejaht einen **Anspruch des Kindes gegen seine Mutter auf Auskunft**, allerdings nur bei Abwägung der widerstreitenden grundrechtlich geschützten Interessen.

Als **Anspruchsgrundlage** wird genannt:

- **§ 1618 a** (gemeinsame Pflicht zu Beistand und Rücksichtnahme),
- **§ 242** i.V.m. Art. 2 Abs. 1, 1, 6 Abs. 5 GG
- oder das **allgemeine Persönlichkeitsrecht**.[459]

Allerdings bedarf es zur Begründung des Anspruchs einer durch Grundrechte geschützten Interessenlage, um einer extensiven Anwendung des § 1618 a (oder der sonst genannten Anspruchsgrundlagen) vorzubeugen.[460]

2. Der Auskunftsanspruch ist als sog. **sonstige Familiensache** nach § 266 Abs. 1 Nr. 4 FamFG anzusehen und vor dem Familiengericht geltend zu machen. Nach der heute h.M. ist der Auskunftsanspruch als unvertretbare Handlung nach § 888 Abs. 1 ZPO (Zwangsgeld oder Zwangshaft) **zu vollstrecken**.[461]

458 Schwab Rn. 714.

459 Dethloff § 10 Rn. 42; BVerfG NJW 1997, 1769.

460 BVerfG NJW 1977, 1769; LG Münster FamRZ 1999, 1441, 1442.

461 OLG Hamm NJW 2001, 1870.

VI. Klärung der leiblichen Abstammung, § 1598 a

Nach der bisherigen Rechtslage hatte der rechtliche Vater eines Kindes (vgl. § 1592) bei 121
Zweifeln an seiner Vaterschaft keine Möglichkeit, seine biologische Vaterschaft außerhalb des Vaterschaftsanfechtungsverfahrens (§§ 1600 ff.) feststellen zu lassen, wenn sich auch nur einer der Betroffenen (Mutter, Kind) gegen ein privates Abstammungsgutachten (Vaterschaftstest durch DNA-Analyse) sperrte. Es bestand also nur die Möglichkeit, in einem Vaterschaftsanfechtungsverfahren eine gerichtliche Anordnung der Begutachtung zu beantragen.

Aus diesem Grunde wurden immer öfter heimliche Vaterschaftstests mit Haaren oder Speichel des Kindes durchgeführt, was einen schwerwiegenden Verstoß gegen das informationelle Selbstbestimmungsrecht des Kindes begründete (s.o. Fall 33, Rn. 118).

Stellte sich hingegen in einem ansonsten erforderlichen Anfechtungsverfahren tatsächlich heraus, dass der rechtliche Vater nicht der biologische ist, war damit zwangsläufig das rechtliche Band zwischen Vater und Kind zerrissen, selbst wenn sich der Wunsch des rechtlichen Vaters allein darauf richtete, zu wissen, ob das Kind wirklich von ihm abstammt, ohne zugleich seine rechtliche Vaterschaft aufgeben zu wollen.

Diese Rechtslage wurde vom BVerfG[462] beanstandet: „Doch kann sich der Wunsch eines rechtlichen Vaters auch allein darauf richten, zu wissen, ob das Kind wirklich von ihm abstammt, ohne zugleich seine rechtliche Vaterschaft aufgeben zu wollen. Der Gesetzgeber hat einen Verfahrensweg zu eröffnen, der dem Recht auf Kenntnis und Feststellung der Abstammung aus Art. 2 I i.V.m. Art. 1 I GG zur Verwirklichung verhilft, ohne dies zwingend mit einem Anfechtungsverfahren zu verbinden."

Der Gesetzgeber hat reagiert und die Vorschrift des § 1598 a in Kraft gesetzt.

1. Vater, Mutter und Kind haben nach § 1598 a Abs. 1 jeweils gegen die anderen Familienangehörigen einen Anspruch auf Klärung der Abstammung. Danach müssen die Betroffenen in die genetische Abstammungsuntersuchung einwilligen und die Entnahme der erforderlichen Proben dulden. Nach dem eindeutigen Wortlaut der Vorschrift kann auch die rechtliche Mutterschaft auf ihre biologische Richtigkeit überprüft werden.[463]

2. Willigen die anderen Familienangehörigen nicht freiwillig ein, kann sich der Klärungsberechtigte an das Familiengericht wenden, das auf Antrag gemäß § 1598 a Abs. 2 die fehlenden Einwilligungen ersetzt (= gerichtliches Klärungsverfahren).

3. Damit der Anspruch nicht ohne Rücksicht auf das minderjährige Kind zu einem ungünstigen Zeitpunkt durchgesetzt werden kann, sieht § 1598 a Abs. 3 allerdings in außergewöhnlichen Fällen eine Aussetzungsmöglichkeit vor.

Künftig existieren damit zwei Verfahren nebeneinander:

- das Verfahren zur Klärung der Abstammung gemäß § 1598 a und
- das Verfahren zur Anfechtung der Vaterschaft gemäß §§ 1600 ff.

---

462 BVerfG NJW 2007, 753, 757 f.

463 Helms FamRZ 2008, 1033.

Das zweifelnde Familienmitglied hat die Wahl, ob es eines der beiden Verfahren oder beide, d.h. zunächst das Klärungsverfahren und dann das Anfechtungsverfahren, in Anspruch nehmen will.

Die Anfechtungsfrist wird nach § 1600 b Abs. 5 S. 1 durch die Einleitung eines gerichtlichen Klärungsverfahrens i.S.v. § 1598 a Abs. 2 gehemmt.

VII. Unterhaltszahlungen des Scheinvaters

Fall 34: Rückgriffsanspruch des Scheinvaters gegen den leiblichen Vater

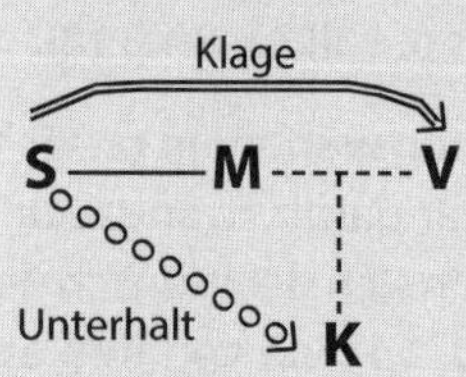

S, der Ehemann der Mutter M des Kindes K, hat als vermeintlicher Vater des K von dessen Geburt an bis zur Vollendung des 17. Lebensjahres Unterhalt gezahlt. Nach dem Eintritt der Volljährigkeit des K wird infolge eines Anfechtungsantrags des S rechtskräftig festgestellt, dass S nicht der Vater des K ist. Weiterhin wird auf Antrag des K festgestellt, dass V der Vater des K ist.

S möchte nunmehr für die an K gezahlten Unterhaltsleistungen von V Ersatz verlangen. Außerdem soll V die durch das Anfechtungsverfahren des S entstandenen Kosten bezahlen.

122 I. **Unterhaltsanspruch**

Nach **§ 1607 Abs. 3 S. 2** geht der Unterhaltsanspruch des Kindes gegen seinen Vater auf einen Dritten über, wenn der Dritte dem Kind als Vater Unterhalt gewährt hat. Nach rechtskräftiger Feststellung, dass S nicht der Vater des K ist, ist die Unterhaltsverpflichtung des S gegenüber K rückwirkend weggefallen. Nicht der Scheinvater S, sondern der wahre Vater war von Anfang an der Unterhaltspflichtige.

Der Anspruch richtet sich gegen den Vater. Die Vaterschaft des V ist festgestellt.[464]

II. **Kosten des Anfechtungsverfahrens**

Der Anspruch des Scheinvaters auf Erstattung der durch das Ehelichkeitsanfechtungsverfahren entstandenen Kosten gegen den Erzeuger des Kindes wird aus der **analogen Anwendung des § 1607 Abs. 3** hergeleitet.[465]

Ergebnis: Die Ansprüche des S gegen V sind begründet.

---

464 Zum Unterhaltsregress des Scheinvaters im Einzelnen Huber FamRZ 2004, 145 ff.

465 Palandt/Brudermüller § 1607 Rn. 18.

Fall 35: Sperrwirkung oder Inzidentfeststellung

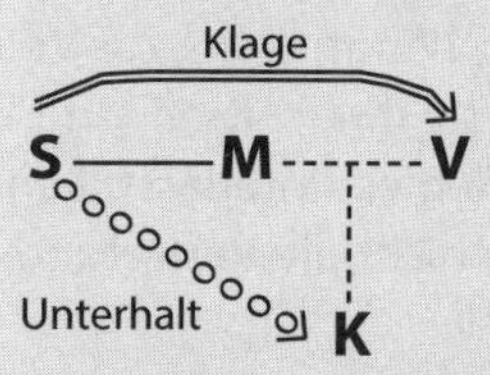

Während bestehender Ehe des S mit der M wurde das Kind K geboren. S leistete etwa ein Jahr Unterhalt, bis M mit K zu ihrem Freund V zog. Die Ehe zwischen S und M wurde geschieden. Es wurde rechtskräftig die Nichtehelichkeit des K festgestellt. In dem Vaterschaftsanfechtungsverfahren nach § 169 Nr. 4 FamFG war ein Blutgruppen- und serologisches Gutachten erstellt worden, in welches K, M und der „Freund" V der M einbezogen wurden. Das Gutachten kommt zu dem Ergebnis, dass es „offenbar unmöglich" ist, dass der S Erzeuger des K ist, dass jedoch für V eine Vaterschaftswahrscheinlichkeit von 99,99999 % spricht.

Aufgrund dieser Tatsache „rühmt" sich V gegenüber den Vertretern des Jugendamts, der Vater des K zu sein. Er verhindert jedoch im kollusiven Zusammenwirken mit der M die Feststellung seiner Vaterschaft.
S geht gerichtlich gegen den V vor. S begehrt die inzidente Feststellung, dass V der Erzeuger des K sei und aus übergeleitetem Recht die Verpflichtung des V, Unterhalt für K an S zu zahlen, und zwar den Mindestunterhalt, den V in der Zeit hätte zahlen müssen, in der S den Unterhalt geleistet hat.

S kann wegen der an K geleisteten Unterhaltszahlungen einen **Regressanspruch** ge- **123**
gen V aus **§ 1607 Abs. 3 S. 2** haben.

A. S begehrt eine **Inzidentfeststellung der Vaterschaft** des V **zur Verwirklichung des Regressanspruchs**.

I. Ein Rückgriffsanspruch des Scheinvaters gegen den leiblichen Vater ist grundsätzlich erst nach der Vaterschaftsfeststellung möglich. Ein Scheinvater kann wegen des Unterhalts, den er seinem vermeintlichen Kind geleistet hat, grundsätzlich erst dann Rückgriff beim leiblichen Vater nehmen, wenn die Vaterschaft dessen, den er für den Erzeuger hält, mit Wirkung für und gegen alle feststeht, § 1600 d Abs. 5.[466]

Eine **inzidente Abstammungsprüfung im Rahmen eines Regressverfahrens kommt grundsätzlich nicht in Betracht.**[467]

Antragsbefugt im Vaterschaftsfeststellungsverfahren sind nur die Mutter im eigenen Namen oder als gesetzliche Vertreterin des Kindes, der leibliche Vater und auf Antrag der Mutter das Jugendamt als Beistand des Kindes (§ 1712 Abs. 1 Nr. 1, § 173 FamFG). Der Scheinvater hat keinerlei Möglichkeit, die Vaterschaftsfeststellung zu betreiben.[468]

Im vorliegenden Fall wollen weder die M noch der V die Vaterschaft des V feststellen lassen. Demnach hätte S keine Möglichkeit, den V in Regress zu nehmen.

466 Regresssperre, vgl. dazu Huber FamRZ 2004, 145; vgl. auch BGH FamRZ 2017, 900 (902).
467 BGHZ 121, 299, 302.
468 S. dazu auch Huber FamRZ 2004, 145.

II. Die Rechtsausübungssperre kann jedoch in besonders gelagerten Einzelfällen eine Durchbrechung erfahren.[469] Solange der potenzielle Erzeuger des Kindes nicht selbst einen Vaterschaftsfeststellungsantrag erhebt, hängt es bis zur Volljährigkeit des Kindes allein vom Willen der Mutter ab, ob sie ihrerseits einen Vaterschaftsfeststellungsantrag erhebt oder nicht. Wenn sie dies unterlässt, kann das Familiengericht ihr nach § 1629 Abs. 2 S. 3 Hs. 2 auch nicht die Vertretungsmacht für diese Angelegenheit entziehen.

Weil der Scheinvater selbst nach § 172 FamFG für einen Antrag auf Feststellung der Vaterschaft nicht antragsbefugt ist, sondern nur den Anfechtungsantrag erheben kann (vgl. § 169 Nr. 4 FamFG), würde sich der Rückgriffsanspruch des Scheinvaters gegen den mutmaßlichen Erzeuger des Kindes bei strikter Anwendung der Rechtsausübungssperre des § 1600 d Abs. 5 BGB in einer Vielzahl von Fällen als undurchsetzbar erweisen. Wenn weder mutmaßlicher Erzeuger noch Kindesmutter noch Kind von ihrem Recht, die Vaterschaft gerichtlich feststellen zu lassen, Gebrauch machen, steht kein Vater fest, gegen den der Scheinvater seinen Rückgriffsanspruch richten kann.

Eine teleologische Reduktion des § 1600 d Abs. 5 ist daher unter folgenden Voraussetzungen gerechtfertigt:[470]

- *Die Vaterschaft eines konkreten anderen Mannes muss unter den Beteiligten unstreitig sein.*
- *Die Feststellung der Vaterschaft dieses anderen Mannes ist in absehbarer Zeit nicht zu erwarten; davon ist auszugehen, wenn seit der Vaterschaftsanfechtung bzw. Kenntnis von der Vaterschaftsfeststellungsmöglichkeit mehr als 18 Monate verstrichen sind.*[471]
- *Schützenswerte Interesse des Kindes dürfen der inzidenten Feststellung nicht entgegenstehen.*

Die bisher getroffenen Feststellungen und das Verhalten des V in der Öffentlichkeit (s. Sachverhalt) rechtfertigen es, hier ausnahmsweise inzidenter die Vaterschaft des V festzustellen.

III. Die Rspr.[472] verlangt aber zwingend, dass der rechtliche Vater seine Vaterschaft zuvor im Statusverfahren nach § 1599 bzw. § 169 Nr. 4 FamFG wirksam angefochten hat. Ansonsten gilt seine Vaterschaft für und gegen alle, auch gegenüber einem mutmaßlichen Erzeuger, fort.

Eine gerichtliche Entscheidung darf dieser Wirkung nicht widersprechen und zwar unabhängig davon, ob über die Vaterschaft unmittelbar oder lediglich als Vorfrage zu entscheiden wäre. Für das Statusverfahren ist dies ausdrücklich in § 1600 d Abs. 1 geregelt, wonach eine gerichtliche Feststellung der Vaterschaft voraussetzt, dass keine andere Vaterschaft nach §§ 1592 Nr. 1 und 2, 1593 BGB besteht. Auch die Vorschriften der §§ 1593 S. 4, 1600 Abs. 2 stellen sicher, dass durch die Änderung

469 Vgl. dazu BGH FamRZ 2012, 437; BVerfG FamRZ 2010, 1235.
470 BGH RÜ 2017, 427; BGH FamRZ 2012, 200.
471 Vgl. BGH FamRZ 2009, 32.
472 BGH FamRZ 2012, 437.

der statusrechtlichen Wirkung keine doppelte Vaterschaft entstehen kann. Große praktische Bedeutung hat daher die Anfechtungsfrist des § 1600 b (zwei Jahre), die vom Scheinvater unbedingt einzuhalten ist, wenn er sich seine Rückgriffsrechte erhalten möchte.[473]

B. **Ergebnis:** Die Voraussetzungen für die Inzidentfeststellung der Vaterschaft des V sind daher gegeben. S kann damit den übergegangenen Unterhaltsanspruch gegen V gemäß § 1607 Abs. 3 S. 2 durchsetzen. Die Verjährung dieses Anspruchs beginnt frühestens am Schluss des Jahres, in dem die Entscheidung über die erfolgreiche Anfechtung der Vaterschaft rechtskräftig geworden ist und beträgt drei Jahre nach §§ 195, 199 Abs. 1 Nr. 2.[474]

VIII. Auskunftsanspruch des Scheinvaters gegen die Kindesmutter auf Benennung des Vaters

Nach der Ehescheidung hat der geschiedene Ehemann, der die Vaterschaft über ein in der Ehe geborenes Kind wirksam angefochten hat, ein Interesse daran, von der geschiedenen Ehefrau Namen und Anschrift des wahren Vaters zu erfahren, um gegen diesen wegen gezahlten Unterhalts Regressansprüche aus § 1607 Abs. 3 S. 2 geltend machen zu können. 124

- Es besteht keine Sonderbeziehung aus der inzwischen geschiedenen Ehe, die zur Auskunft verpflichten könnte.

  Die sich aus § 1353 ergebenden Pflichten sind zeitlich auf die Dauer der Ehe beschränkt und wirken nicht über die Scheidung hinaus fort.[475]

- Eine Auskunftspflicht ergibt sich auch nicht unmittelbar aus **§ 1605**.

  Danach sind Verwandte in gerader Linie einander verpflichtet, auf Verlangen über ihre Einkünfte und ihr Vermögen Auskunft zu erteilen, soweit dies zur Feststellung eines Unterhaltsanspruchs oder einer Unterhaltsverpflichtung erforderlich ist. Diese ausdrücklich geregelte materiell-rechtliche Auskunftspflicht erstreckt sich lediglich auf Auskünfte über die Grundlagen der Einkommensermittlung, nämlich die Einkommens- und Vermögensverhältnisse der Beteiligten, soweit dies zur Feststellung eines Unterhaltsanspruchs oder einer Unterhaltsverpflichtung erforderlich ist. Eine Auskunft zur Person des mutmaßlich leiblichen Elternteils nach erfolgreicher Vaterschaftsanfechtung ist danach nicht geschuldet.[476]

- Nach Auffassung des BGH sollte der Anspruch aus § 242 folgen.[477]

  Die Verpflichtung zur Auskunft über die Person des mutmaßlichen Vaters ihres Kindes berührt zwar das **Persönlichkeitsrecht der Mutter nach Art. 2 Abs. 1 GG i.V.m. Art. 1 Abs. 1 GG.** In Fällen, in denen die Mutter den Mann zur Abgabe eines Vaterschaftsanerkenntnisses veranlasst hatte, wiegt ihr allgemeines Persönlichkeitsrecht aber regelmäßig nicht stärker als der Anspruch des Mannes auf effektiven Rechtsschutz aus Art. 20 Abs. 3 GG i.V.m. Art. 2 Abs. 1 GG zur Durchsetzung seines Unterhaltsregresses nach erfolgreicher Vaterschaftsanfechtung.[478]

473 Kritisch gegenüber dieser Frist Wellenhofer FamRZ 2012, 441.
474 BGH RÜ 2017, 427.
475 OLG Oldenburg FamRZ 1994, 651, 652.
476 BGH FamRZ 2012, 200.
477 Vgl. dazu auch Horndasch FuR 2012, 58.
478 So BGH FamRZ 2012, 200.

Das BVerfG lehnt einen Auskunftsanspruch gegen die Mutter ab.[479]

Die Verpflichtung zur Preisgabe geschlechtlicher Beziehungen zu bestimmten Personen stellt eine schwerwiegende Beeinträchtigung des allgemeinen Persönlichkeitsrechts der Mutter dar. Dafür ist eine hinreichend deutliche gesetzlichen Grundlage erforderlich, an der es fehle.

Die Herleitung des Anspruchs aus § 242 BGB überschreitet nach Auffassung des BVerfG die verfassungsrechtlichen Grenzen richterlicher Rechtsfortbildung. Die mit der Auskunftsverpflichtung einhergehende Grundrechtsbeeinträchtigung der Frau wiegt schwer. Dem steht allein das Interesse des Scheinvaters an einer Stärkung der Durchsetzungsfähigkeit seines einfachgesetzlichen Regressanspruchs gegenüber. Dass der Gesetzgeber den Regressanspruch durchsetzungsschwach ausgestaltet hat, indem er es unterlassen habe, diesen durch einen entsprechenden Auskunftsanspruch zu flankieren, bedarf aus verfassungsrechtlicher Sicht keiner Korrektur. Wie das Interesse der Mutter an der Geheimhaltung intimer Daten ihres Geschlechtslebens und das finanzielle Regressinteresse des Scheinvaters zum Ausgleich gebracht werden, liegt im Ausgestaltungsspielraum des Gesetzgebers.

Nunmehr ist der Gesetzgeber aufgefordert, eindeutige gesetzliche Grundlagen zu kodifizieren.[480]

IX. Schadensersatzansprüche des Scheinvaters gegen die Kindesmutter wegen Regressvereitelung

125 Einen Schadensersatzanspruch unter dem Gesichtspunkt einer Regressvereitelung gewährt die Rspr. nicht.

Fall 36: Regressvereitelung

Aus der Ehe von M und F geht das Kind K hervor. Die Ehe wird danach geschieden. Aufgrund eines Abstammungsverfahrens wird festgestellt, dass das Kind K nicht das Kind von M ist. M fordert nunmehr wiederholt erfolglos die F auf, den Namen des Vaters zu nennen. Danach fordert M von F Schadensersatz unter dem Gesichtspunkt einer Regressvereitelung i.H.v. rund 40.000 € wegen Unterhalts, welchen er dem Kind geleistet hat.

I. Anspruchsgrundlage für einen entsprechenden Schadensersatzanspruch könnte § 280 BGB sein.

   Gemäß § 280 Abs. 1 S. 1 BGB trägt der Anspruchsteller die Darlegungs- und Beweislast für die Pflichtverletzung, die Schadensentstehung und den Ursachenzusammenhang zwischen Pflichtverletzung und Schaden.

II. Die frühere Ehefrau ist nicht auskunftspflichtig, wer als Vater des Kindes in Betracht kommt. Zwar hat der BGH bislang die Meinung vertreten, dass die Mutter dem

479 BVerfG NJW 2015, 1506.

480 Diese befinden sich zurzeit in Vorbereitung (BT-Drs. 18/10343).

Scheinvater aus Treu und Glauben gemäß § 242 BGB auskunftspflichtig darüber ist, wer ihr während der Empfängniszeit beigewohnt hat.[481] Diese Rspr. ist jedoch verfassungswidrig, da dies eine schwerwiegende Beeinträchtigung des allgemeinen Persönlichkeitsrechts der Mutter darstellt, wofür eine gesetzliche Grundlage zurzeit nicht besteht.[482]

III. Ohne eine Auskunft der Mutter zu der Person, die ihr während der Empfängniszeit beigewohnt hat, kann der Ehemann den Anspruch auf Unterhaltsregress nach § 1607 Abs. 3 S. 2 BGB mangels Kenntnis des Anspruchsgegners nicht durchsetzen.

IV. Ein Schadensersatzanspruch aus dem Gesichtspunkt einer Regressverhinderung kann den Anspruchsteller jedoch nur so stellen, wie er stünde, wenn die auskunftspflichtige Mutter den tatsächlichen Vater benannt hätte und damit der Scheinvaterregress nach § 1607 Abs. 3 S. 2 BGB eröffnet wäre.

„Die Unterhaltsleistung durch den Scheinvater an das Kind hat gemäß § 1607 III BGB zur Folge, dass der Unterhaltsanspruch des Kindes gegen den tatsächlichen Vater auf den Leistenden übergeht. Dabei behält der übergegangene Anspruch seine Rechtsnatur als Unterhaltsanspruch (...). Das bedeutet, dass sich die Höhe der Regressforderung nicht nach dem richtet, was der Scheinvater an Unterhalt geleistet hat, sondern danach, welchen Unterhaltsanspruch das Kind gegenüber seinem tatsächlichen Vater hat (...). Die Werthaltigkeit des übergegangenen Anspruchs hängt mithin in erster Linie von der Leistungsfähigkeit des leiblichen Vaters ab (...)."[483]

Um einen Schadensersatzanspruch nach § 280 Abs. 1 BGB schlüssig zu begründen, müsste M also darlegen, in welcher Höhe er bei dem tatsächlichen Vater hätte Regress nehmen können, was ihm freilich ohne die Auskunft nicht möglich ist.

Ergebnis: Nach h.M. ist ein Regressanspruch des M gegen F nicht gegeben.

Der Regressanspruch läuft damit so lange leer, bis der Gesetzgeber einen Auskunftsanspruch schafft. Allerdings kann ein Anspruch gegen die Mutter aus § 826 in Betracht kommen, wenn diese einen Ehebruch begangen hat und unzutreffende Angaben zur Abstammung des Kindes macht (siehe oben Fall 5, Rn. 14).

C. Sorgerecht

Das heutige Sorgerecht ist dadurch gekennzeichnet, dass auch nicht miteinander verheiratete Eltern eine gemeinsame Sorge für gemeinsame Kinder begründen können und dass ein Gewaltverbot entwürdigende Erziehungsmaßnahmen verbietet.[484] **126**

481 BGH FamRZ 2012, 200 = NJW 2012, 450.

482 BVerfG NJW 2015, 1506.

483 BGH FamRZ 2013, 941, FuR 2013, 447.

484 Rechtsprechungsübersicht dazu bei Döll FamRZ 2018, 1209 ff.

I. Träger der elterlichen Sorge

1. Gemeinsames Sorgerecht der Eltern

127 Es besteht ein **gemeinsames Sorgerecht der Eltern**,

- wenn das Kind in der Ehe geboren wird, § 1626, oder die Eltern nach der Geburt heiraten, § 1626 a Abs. 1 Nr. 2,
- wenn sie nicht miteinander verheiratet sind, aufgrund der Erklärung beider Elternteile, die Sorge für das Kind gemeinsam übernehmen zu wollen, § 1626 a Abs. 1 Nr. 1.

  Die Sorgeerklärung kann schon vor der Geburt des Kindes abgegeben werden (§ 1626 b Abs. 2).

- wenn das FamG den Eltern die elterliche Sorge gemeinsam überträgt, § 1626 a Abs. 1 Nr. 3.

Das BVerfG[485] sah ursprünglich die Regelung des § 1626 a Abs. 2 a.F., wonach die Mutter originär die alleinige elterliche Sorge bei nicht miteinander verheirateten Eltern hatte, als verfassungsgemäß an. Der EuGHMR[486] entschied hingegen, dass die deutsche Regelung gegen das Diskriminierungsverbot des Art. 14 i.V.m. Art. 8 EMRK verstößt. Das alleinige Sorgerecht der Mutter nach § 1626 a Abs. 2 a.F., welches eine Einzelfallprüfung nicht zulässt, stelle eine Ungleichbehandlung des Vaters dar, die auch nicht durch Gründe des Kindeswohls zu rechtfertigen sei.

Danach hat auch das BVerfG[487] seine Meinung geändert. Nach Auffassung der höchsten Richter liegt eine Verletzung des Elternrechts des Vaters eines nichtehelichen Kindes aus Art. 6 Abs. 2 GG vor, weil er ohne Zustimmung der Mutter generell von der Sorgetragung für sein Kind ausgeschlossen ist und nicht überprüfen lassen kann, ob es aus Gründen des Kindeswohls angezeigt ist, ihm zusammen mit der Mutter die Sorge für sein Kind einzuräumen oder ihm anstelle der Mutter die Alleinsorge für sein Kind zu übertragen.[488]

Nach § 1626 a Abs. 2 überträgt nunmehr das Familiengericht auf Antrag eines Elternteils die elterliche Sorge oder einen Teil der elterlichen Sorge beiden Eltern gemeinsam, wenn die Übertragung dem Kindeswohl nicht widerspricht. Dies wird generell vermutet, vgl. § 1626 a Abs. 2 S. 2. Die Mutter hat aber die Möglichkeit, Gründe vorzubringen, die der Übertragung der gemeinsamen elterlichen Sorge entgegenstehen könnten. Verfahrensrechtlich gilt für die Übertragung der gemeinsamen elterlichen Sorge nach § 1626 a Abs. 2 die Vorschrift des § 155 a FamFG. Diese lässt in einem beschleunigten und nur schriftlichen Verfahren – ohne persönliche Anhörung der Eltern – die Übertragung der gemeinsamen elterlichen Sorge zu. Widerspricht die Mutter allerdings der gemeinsamen elterlichen Sorge und benennt dafür potentielle kindeswohlrelevante Gründe oder werden derartige Gründe dem Gericht sonst bekannt, muss ein normales Kindschaftsverfahren mit Anhörung der Eltern und unter Beteiligung des Jugendamtes stattfinden. Der Gesetzgeber sieht dies letztlich allerdings als Ausnahme an.[489] Die Regelung des § 1626 a Abs. 2 ist damit auch ein Signal an alle nicht miteinander verheirateten Eltern, verstärkt über die einvernehmliche gemeinsame Sorge nachzudenken.[490]

2. Alleiniges Sorgerecht der Mutter

128 Ansonsten besteht ein **alleiniges Sorgerecht der Mutter**, wenn die o.g. Voraussetzungen für ein gemeinsames Sorgerecht nicht vorliegen, d.h. wenn das Kind nicht in einer

485 BVerfG NJW 2003, 955.
486 EuGHMR FamRZ 2010, 103.
487 BVerfG NJW 2010, 103.
488 Vgl. dazu auch Peschel/Gutzelt NJW 2010, 2990.
489 Vgl. dazu Huber/Antomo FamRZ 2013, 665.
490 Grziwotz FamRZ 2018, 487.

Ehe geboren wird, die Eltern nicht nach der Geburt heiraten, keine Bereitschaft zur gemeinsamen Sorge erklären und auch das Familiengericht die gemeinsame elterliche Sorge nicht anordnet, § 1626 a Abs. 3.

Eine originäre Alleinsorge des Vaters gibt es nicht.

3. Beistandschaft des Jugendamts

Die sog. Beistandschaft des Jugendamts ist in §§ 1712 ff. geregelt.[491] 129

§ 1713 Abs. 1 S. 2 bestimmt, dass bei gemeinsamer elterlicher Sorge der Elternteil, in dessen Obhut das Kind lebt, eine Beistandschaft beantragen kann (vgl. die Parallele in § 1629 Abs. 2 S. 2). Beistand des Kindes wird das Jugendamt. Die Beistandschaft tritt ein, sobald der Antrag dem Jugendamt zugeht. Dies gilt auch, wenn der Antrag vor der Geburt des Kindes gestellt wird (§ 1714). Der Beistand wird bestellt für die Feststellung der Vaterschaft sowie die Geltendmachung von Unterhaltsansprüchen des Kindes (§ 1712 Abs. 1). Der Beistand ist in seinem Aufgabenkreis gesetzlicher Vertreter des Kindes; die elterliche Sorge wird durch die Beistandschaft nicht eingeschränkt (§ 1716). Die Beistandschaft endet, wenn der Antragsteller dies schriftlich verlangt, mit dem Verlust seiner Alleinsorge oder mit Aufgabenerfüllung (§ 1715).

4. Verfahrensbeistand für Minderjährige

Nach § 158 Abs. 1 FamFG kann das Familiengericht dem minderjährigen Kind einen Beistand (sog. „Anwalt des Kindes") für ein seine Person betreffendes Kindschaftsverfahren (z.B. Umgang oder elterliche Sorge) bestellen, soweit dies zur Wahrnehmung seiner Interessen erforderlich ist. Hierdurch werden in einem Kindschaftsverfahren der Eltern die Interessen des Kindes hinreichend geschützt.[492] 130

II. Änderungen der Sorgeberechtigung

1. Infolge Ausfalls eines Elternteils

Automatisch, wenn ein Elternteil „ausfällt" durch Verhinderung oder Ruhen (§ 1678 Abs. 1 Hs. 1), Tod oder Todeserklärung (§§ 1680 Abs. 1, 1681 Abs. 1), Entzug (§ 1680 Abs. 3). 131

Bei Tod eines Elternteils kann dem überlebenden Elternteil das Sorgerecht (teilweise) entzogen und auf das Jugendamt in Form der Vormundschaft gemäß §§ 1666, 1666 a übertragen werden, wenn begründete Besorgnis besteht, dass bei Beibehaltung der vollen elterlichen Sorge bei dem überlebenden Elternteil das Wohl des Kindes beeinträchtigt wird.[493]

2. Infolge Trennung der Eltern

Für den Fall, dass die Eltern (nicht nur vorübergehend) getrennt leben, ermöglicht § 1671 Abs. 1 den Weg zur Alleinsorge. Dabei ist es unerheblich, ob die Eltern verheiratet oder geschieden sind.[494] Die Voraussetzungen für eine derartige Übertragung der

491 Vgl. dazu Dethloff § 13 Rn. 236.
492 BGH FamRZ 2012, 436.
493 BVerfG NJW 2010, 2333.
494 Weinreich/Klein § 1671 Rn. 1.

elterlichen Sorge ergeben sich insbesondere aus § 1671 Abs. 1 S. 2. Die Übertragung kann auf einem Konsens der Beteiligten basieren (Nr. 1) oder aus Gründen des Kindeswohls bedingt sein (Nr. 2). Materiell handelt es sich um die Aufgabe bzw. den Entzug der elterlichen Sorge aufseiten des Antragsgegners mit der Folge, dass der Antragsteller zum alleinigen Inhaber der elterlichen Sorge wird.

Die Vorschrift des § 1671 Abs. 1 enthält kein Regel-Ausnahme-Verhältnis in dem Sinn, dass eine Priorität zugunsten der gemeinsamen elterlichen Sorge besteht und die Alleinsorge eines Elternteils nur in Ausnahmefällen als ultima ratio in Betracht kommen sollte.[495] Einer solchen Regelung stünde bereits entgegen, dass sich elterliche Gemeinsamkeit in der Realität nicht verordnen lässt.

Es sind daher für die Aufrechterhaltung der gemeinsamen elterlichen Sorge trotz des Getrenntlebens der Eltern deren objektive Kooperationsfähigkeit und subjektive Kooperationsbereitschaft Grundvoraussetzung.[496] Maßstab ist letztlich allein das Kindeswohl, vgl. § 1697 a.

Das Familiengericht trifft auf Antrag eines Elternteils eine Sorgerechtsentscheidung.

Fall 37: Monteur im Ausland

M und F, die seit 2015 verheiratet sind, trennen sich im Frühjahr 2020. Aus ihrer Ehe ist der 4-jährige Johannes hervorgegangen (geb. Im März 2016). Johannes lebt seit der Trennung der Eltern bei der Mutter F, die ihn versorgt. M und F führen seit der Trennung keine Gespräche mehr miteinander und lehnen Kontakt beiderseitig auch für die Zukunft ab. M ist beruflich viel unterwegs, d.h. er arbeitet als Monteur mehrere Monate im Jahr auf Baustellen im Ausland. F stellt beim Familiengericht den Antrag auf Übertragung der alleinigen elterlichen Sorge. Wie wird das Familiengericht entscheiden?

132 Eine Übertragung der elterlichen Sorge auf F setzt voraus, dass die Anforderungen des § 1671 Abs. 1 gewahrt sind.

I. Antrag

Nur durch einen entsprechenden Antrag wird das Verfahren nach § 1671 eingeleitet.[497] Der Elternteil, der einen Antrag zur alleinigen Sorge stellt, kann nur die Übertragung auf sich begehren. Das betroffene Kind oder das Jugendamt haben kein eigenes Sorgerecht.

Es handelt sich um keinen Sachantrag; vielmehr liegt nur ein sog. Verfahrensantrag vor, d.h. ein Gesuch an das Gericht, in dieser Sache tätig zu werden. Das Familiengericht wird in derartigen Fällen tätig und ermittelt von Amts wegen die entscheidungserheblichen Tatsachen, vgl. § 26 FamFG. Maßgeblich ist, dass die spätere Entscheidung dem Kindeswohl entspricht.

495 BGH FamRZ 2016, 1439 (1443); vgl. auch Dethloff § 13 Rn. 168.

496 BGH FamRZ 2005, 1167; OLG Hamm FamRZ 2006, 1697.

497 Roßmann, Rn. 1754.

II. Getrenntleben

Der Begriff des Getrenntlebens ist der gleiche wie in § 1567. Notwendig ist eine dauerhafte Trennung, die eine Störung der elterlichen Lebensgemeinschaft signalisiert.

III. Übertragungsvoraussetzungen

1. § 1671 Abs. 1 S. 2 Nr. 1 (Elterneinigung)

Eine Übertragung der elterlichen Sorge oder eines Teils derselben kommt im Falle der Elterneinigung dann infrage, wenn der andere Elternteil der verlangten Regelung zustimmt und auch kein Widerspruch eines Kindes, das älter als 14 Jahre ist, vorliegt.

Eine derartige Elterneinigung ist für das Gericht bindend, d.h. es ist grundsätzlich keine Richtigkeitskontrolle vorzunehmen und das Gericht hat kein Auswahlermessen.[498]

Eine Elterneinigung ist im vorliegenden Fall nicht gegeben, sodass eine Übertragung der elterlichen Sorge nach dieser Regelung nicht möglich ist.

2. § 1671 Abs. 1 S. 2 Nr. 2 (Kindeswohlentscheidung)

Die Voraussetzungen der Übertragung der elterlichen Sorge nach § 1671 Abs. 1 S. 2 Nr. 2 liegen dann vor, wenn die Aufhebung der gemeinsamen Sorge für die gemeinsamen Kinder gegenüber der Beibehaltung der gemeinsamen Sorge die bessere Sorgealternative darstellt.[499]

Die Übertragung der elterlichen Sorge auf den Antragsteller kommt in Betracht, wenn nach einer am Kindeswohl orientierten, § 1697 a, zweistufigen Prüfung (1) die Erwartung besteht, dass die Aufhebung der gemeinsamen Sorge dem Wohl des Kindes am besten entspricht und (2) die Erwartung besteht, dass die Übertragung der elterlichen Sorge auf den Antragsteller dem Wohl des Kindes am besten entspricht (sog. doppelte Kindeswohlprüfung).

a) Erwartung, dass die Aufhebung der gemeinsamen Sorge dem Wohl des Kindes am besten entspricht:

- Die gemeinsame elterliche Sorge setzt eine Kommunikationsfähigkeit der Eltern und damit eine objektive und subjektive Kooperationsbereitschaft voraus. Fehlt es daran, d.h. beide Elternteile erklären etwa in ihren Anhörungen entsprechend § 160 Abs. 1 FamFG mehrmals übereinstimmend, dass sie sich in den wesentlichen Fragen der Erziehung nicht einigen können, dann ist die Erwartung berechtigt, dass die Aufhebung der gemeinsamen elterlichen Sorge für das Kind die bessere Lösung gegenüber der tatsächlich bestehenden Situation ist.
- Dies gilt selbstverständlich auch dann, wenn ein Elternteil zur Erziehung bzw. Pflege des Kindes ungeeignet ist. Dies ist insbesondere anzunehmen

498 Palandt/Götz § 1671 Rn. 10.

499 Vgl. dazu Dethloff § 13 Rn. 167 ff.

bei Alkoholismus oder anderen Suchtkrankheiten,[500] psychischen Krankheiten, Gewaltausübung[501] oder Vernachlässigung. In diesem Fall kommt nur die Übertragung der elterlichen Sorge auf den anderen Elternteil infrage, es sei denn, dieser Elternteil ist ebenfalls erziehungsungeeignet.

b) Erwartung, dass die Übertragung der elterlichen Sorge auf den Antragsteller dem Wohl des Kindes am besten entspricht: Damit hat der Gesetzgeber für den Fall, dass die Eltern über die elterliche Sorge streiten, maßgebend auf das Kindeswohl abgestellt. Kriterien zur Konkretisierung des Kindeswohls sind das Förderungsprinzip, der Kontinuitätsgrundsatz, die Kindesbindungen und der Kindeswille.[502]

- **Förderungsprinzip:** Das Förderungsprinzip fragt danach, welcher der Elternteile für die Persönlichkeitsentwicklung des Kindes am meisten tun kann. Ein maßgebliches Kriterium ist insoweit die sog. Bindungstoleranz, d.h. die Fähigkeit und Bereitschaft, den Kontakt des Kindes mit dem anderen Elternteil zu unterstützen.
- **Kontinuitätsgrundsatz:** Die Entwicklung des Kindes soll durch die Trennung der Eltern möglichst wenig beeinträchtigt werden. Deshalb ist eine Lösung vorzuziehen, die den Kindern wenig Veränderung abverlangt, damit sie Verhaltenskonstanten aufbauen können. Den Kindern soll weiterhin Ihr alltägliches gewohntes Umfeld erhalten bleiben. Dies ist insbesondere wichtig, wenn sich die Kinder in diesem Umfeld – Schule, Kindergarten – wohlfühlen.
- **Kindesbindungen:** Die normale emotionale Entwicklung des Gefühls- und Affektlebens der Kinder, d.h. ihr positives Lebensgefühl bedarf nicht nur der räumlichen, sondern auch der persönlichen Kontinuität. Insoweit ist grundsätzlich auch eine Geschwistertrennung zu vermeiden. Nach gesicherten kinderpsychologischen Erkenntnissen machen Kinder, die gemeinsam aufgewachsen sind, gemeinsame Erfahrungen, die gekennzeichnet werden durch gegenseitige Unterstützung. Kinder legen des Weiteren Wert auf ihre Spielkameraden, die sie nicht verlieren möchten.
- **Kindeswille:** Der Kindeswille ist schließlich auch zu berücksichtigen. Seine Bedeutung ist allerdings vom Alter des Kindes abhängig. Hat das Kind das vierzehnte Lebensjahr vollendet, kommt seinem Widerspruch gegen den Vorschlag der Eltern sogar die Bedeutung zu, dass die Entscheidung des Gerichts sich nach dem Kindeswillen zu richten hat. Der Kindeswille kann aber dann nicht berücksichtigt werden, wenn er erkennbar von falschen unrealistischen Prämissen ausgeht bzw. eine erhebliche Beeinflussung durch einen Elternteil vorausging.

IV. Dies bedeutet, dass die elterliche Sorge für Johannes der Mutter zu übertragen ist. Die Mutter versorgt Johannes bislang; der Vater wäre aufgrund seiner beruflichen

500 OLG Brandenburg NZFam 2014, 186; OLG Frankfurt FamRZ 2003, 1317.
501 BVerfG FamRZ 2004, 354.
502 Ausführlich dazu Wanitzek FamRZ 2008, 935; vgl. auch Palandt/Götz § 1671 Rn. 26 ff.

Tätigkeit dazu auch nicht imstande. Allerdings ist dem Vater ein Umgangsrecht einzuräumen, damit der Kontakt zu seinem Kind bestehen bleibt, vgl. dazu § 1684.

V. **Ergebnis:** Die elterliche Sorge wird der F übertragen.

III. Übertragung des Aufenthaltsbestimmungsrechts

1. Rechtsgrundlage

Mitunter ist eine Lösung derartiger Fälle auch dahingehend möglich, dass nur das sog. **133**
Aufenthaltsbestimmungsrecht einem Elternteil – unter Beibehaltung der gemeinsamen Sorge im Übrigen – übertragen wird (letztlich wird die elterliche Sorge hier „schonend" aufgespalten).[503]

Rechtsgrundlage für die Regelung des Aufenthaltsbestimmungsrechts ist nicht die Bestimmung des § 1628, sondern diejenige des § 1671 Abs. 1. Dessen Wortlaut erlaubt es ausdrücklich, einen Teilbereich der elterlichen Sorge aus dem gemeinsamen Sorgerecht der Eltern herauszulösen und auf einen Elternteil allein zu übertragen, wenn insoweit eine Einigungsfähigkeit der Eltern nicht besteht. Der Anwendungsbereich des § 1628 ist dagegen auf situative Entscheidungen beschränkt; er betrifft nur Einzelfälle, in denen Eltern konkrete Meinungsverschiedenheiten nicht allein zu überwinden vermögen.

2. Entscheidungsrecht in alltäglichen Angelegenheiten

In diesem Zusammenhang ist hinsichtlich der Angelegenheiten des täglichen Lebens das Alleinentscheidungsrecht des betreuenden Antragstellers zu beachten, vgl. § 1687 Abs. 1 S. 2. Dies befähigt ihn, die täglich anfallenden, nicht den wesentlichen zuzuordnenden Entscheidungen für die Kinder allein und ohne vorherige Rücksprache mit dem anderen Elternteil zu treffen.

Welche Angelegenheiten von erheblicher Bedeutung sind bzw. nur solche des täglichen Lebens, hängt von den Lebensumständen ab. Nachfolgende Aufzählung gibt aber einen Anhaltspunkt:

Erhebliche Bedeutung:[504]

- Schulwechsel
- Berufswahl
- Aufnahme in ein Internat
- Medizinische Eingriffe (Ausnahme Notfall)
- Auslandsaufenthalt
- Veröffentlichung von Bildern des Kindes im Internet[505]

---

503 Schwab Rn. 941 spricht insoweit von „partieller Alleinsorge".

504 Vgl. dazu Palandt/Götz § 1687 Rn. 4.

505 OLG Oldenburg FuR 2018, 477.

Angelegenheiten des täglichen Lebens:[506]

- Freizeitgestaltung
- Teilnahme an schulischen Veranstaltungen
- Ärztliche Routineuntersuchung
- Verwaltung kleinerer Geldbeträge

Umstritten ist, ob die Entscheidung über **Schutzimpfungen** eine Angelegenheit des täglichen Lebens ist. Zum Teil wird die Auffassung vertreten, sog. Standard- oder Routineimpfungen unterfielen der Alltagssorge nach § 1687 Abs. 1 S. 2.[507] Demgegenüber sind andere der Meinung, die Durchführung von Schutzimpfungen stelle durchweg eine Angelegenheit von erheblicher Bedeutung für das Kind dar.[508]

Die h.M.[509] folgt zutreffend der letztgenannten Meinung. Entscheidungen in Angelegenheiten des täglichen Lebens sind nach § 1687 Abs. 1 S. 3 BGB in der Regel nur solche, die häufig vorkommen und die keine schwer abzuändernden Auswirkungen auf die Entwicklung des Kindes haben. Bei Impfungen handelt es sich bereits nicht um Entscheidungen, die häufig vorkommen. Denn hierfür ist auf jede einzelne Impfung gesondert abzustellen. Auch soweit die jeweilige Impfung eine oder mehrere Wiederholungen oder Auffrischungen erforderlich macht, ist die Entscheidung sinnvollerweise nur einheitlich zu treffen. Die Entscheidung, ob das Kind während der Minderjährigkeit gegen eine bestimmte Infektionskrankheit geimpft werden soll, fällt mithin im Gegensatz zu Angelegenheiten des täglichen Lebens regelmäßig nur einmal an. Zudem kann die Entscheidung schwer abzuändernde Auswirkungen auf die Entwicklung des Kindes haben, wobei zunächst offenbleiben kann, ob die Infektionsrisiken im Fall der Nichtimpfung die Impfungsrisiken überwiegen oder umgekehrt. Die Bedeutung der Angelegenheit ist dabei unabhängig von der jeweils ins Auge gefassten Entscheidungsalternative zu beurteilen.

IV. Veränderung des alleinigen Sorgerechts der Mutter durch Übertragung auf den Vater, § 1671 Abs. 2

134 Leben die Eltern nicht nur vorübergehend getrennt und steht die elterliche Sorge nach § 1626 a Abs. 3 allein der Mutter zu, so kann auf Antrag des Vaters ihm das Sorgerecht ganz oder teilweise übertragen werden, wenn die Mutter zustimmt, es sei denn, die Übertragung widerspricht dem Wohl des Kindes oder das Kind hat das 14. Lebensjahr vollendet und widerspricht der Übertragung, § 1671 Abs. 2 S. 2 Nr. 1.

Das Familiengericht kann weiterhin dem Vater auf Antrag die elterliche Sorge oder einen Teil der elterlichen Sorge übertragen, soweit eine gemeinsame elterliche Sorge nicht in Betracht kommt und zu erwarten ist, dass dies dem Kindeswohl am besten entspricht, § 1671 Abs. 2 S. 2 Nr. 2.

V. Gerichtliche Neubewertung

135 Gerichtliche Entscheidungen in Kindschaftssachen erwachsen nicht in materielle Rechtskraft, sodass eine spätere Abänderung bzw. einer Anpassung an veränderte Verhältnisse möglich ist.[510] Nachdem das Familiengericht eine Sorgerechtsentscheidung

506 Vgl. auch Palandt/Götz § 1687 Rn. 7.

507 OLG Frankfurt FamRZ 2011, 47; OLG Dresden FamRZ 2011, 48; Schwab FamRZ 1998, 457, 469; Schilling NJW 2007, 3233, 3234; Staudinger/Salgo, BGB, 2014, § 1687 Rn. 45.

508 OLG Frankfurt FamRZ 2016, 834; Brissa, JR 2012, 401, 404; Osthold FamRZ 2016, 1179.

509 BGH RÜ 2017, 501.

510 BVerfG FamRZ 2005, 783; Palandt/Götz § 1696 Rn 1.

gemäß § 1671 Abs. 1 oder Abs. 2 gefällt hat, kann daher infolge einer späteren Entwicklung eine Veränderung der Sorgerechtsentscheidung getroffen werden, und zwar entweder, weil der allein sorgeberechtigte Elternteil ausfällt (z.B. wegen Krankheit) oder weil die Eltern zur gemeinsamen Sorge zurückkehren wollen oder weil der nicht sorgeberechtigte Elternteil einen Antrag auf Übertragung der Allein- oder Mitsorge stellt. Für all diese Fälle gilt **die allgemeine Änderungsvorschrift des § 1696.**[511] Demnach hat das Familiengericht seine Anordnungen zu ändern, wenn dies „aus triftigen, das Wohl des Kindes nachhaltig berührenden Gründen angezeigt ist". Es ist dabei ein sehr strenger Maßstab anzulegen, da grundsätzlich für das Kind stabile Lebensverhältnisse sicherzustellen sind.[512]

VI. Inhalt der elterlichen Sorge

Die elterliche Sorge umfasst die **Pflicht und das Recht**, für das minderjährige Kind zu sorgen (§ 1626 Abs. 1 S. 1). Zur elterlichen Sorge gehören die Sorge für die Person des Kindes – **Personensorge** – und das Vermögen des Kindes – **Vermögenssorge** – (§ 1626 Abs. 1 S. 2) sowie die **Vertretung** des Kindes (§ 1629 Abs. 1 S. 1). **136**

Die elterliche Sorge umfasst alle **persönlichen Angelegenheiten des Kindes**. Die Aufzählung in § 1631 – Erziehung, Beaufsichtigung, Aufenthaltsbestimmung – ist unvollständig. Zur Personensorge gehören auch alle Fürsorge- und Schutzmaßnahmen, wie z.B. Einwilligung in eine Operation, Bestimmung der Berufsausbildung, auch die **Vertretung des Kindes bei Rechtsgeschäften**, soweit sie den persönlichen Bereich betreffen. Für Teilbereiche der Personensorge gibt es besondere Regelungen.

1. Persönliche Angelegenheiten

Fall 38: Bestimmung des Umgangs des Kindes mit anderen Personen

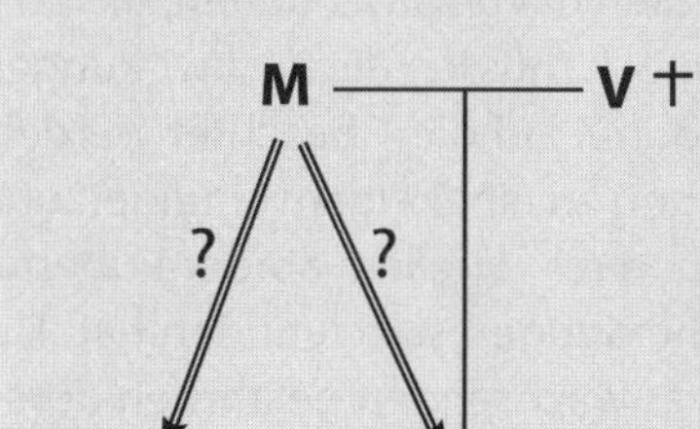

Tochter T (14 Jahre alt) wohnt bei ihrer Mutter M. Vater V ist gestorben. T hat seit einiger Zeit intime Beziehungen zu dem 45 Jahre alten, verheirateten X. T kommt häufig erst spät nachts nach Hause, und M weiß auch, dass T Geschlechtsverkehr mit X hat. M fordert die T vergeblich auf, ihre Beziehungen zu X abzubrechen. Auch Aufforderungen an X, das Verhältnis mit T zu beenden, haben keinen Erfolg. Was kann M unternehmen?

A. **Vorgehen gegen X** **137**

I. Über Streitigkeiten, die den Umgang des Kindes betreffen (§ 1632 Abs. 2), entscheidet auf Antrag eines Elternteils das Familiengericht (§ 1632 Abs. 3). Das gilt auch dann, wenn die Entscheidung gegenüber einem Dritten zu treffen ist (arg.

511 Vgl. dazu BGH NZFam 2020, 116 mit Anm. Wache.

512 BVerfG FamRZ 2015, 210; vgl. auch Palandt/Götz § 1696 Rn. 11.

ex § 1632 Abs. 2). M könnte also beim Familiengericht beantragen, dass das Gericht dem X den Umgang (Kontakt- und Näherungsverbot) mit T untersagt.

Wenn die Eltern selbst nicht in der Lage sind, eine Gefahr für das Wohl des Kindes abzuwenden, hat das Familiengericht nach § 1666 Abs. 1 die zur Abwendung der Gefahr erforderlichen Maßnahmen – auch mit Wirkung gegen einen Dritten – zu treffen.[513]

II. Dem Antrag wird entsprochen, wenn das Umgangsverbot durch die elterliche Sorge gedeckt ist. Nach dem Tode ihres Mannes steht der M die elterliche Sorge über die minderjährige T allein zu, §§ 1626 Abs. 1, 1680 Abs. 1. Die Personensorge umfasst das Recht, den Umgang des Kindes auch mit Wirkung für und gegen Dritte zu bestimmen, § 1632 Abs. 2. Schranken für dieses Recht ergeben sich einmal aus § 1626 Abs. 2, wonach die Eltern bei Ausübung ihres Sorgerechts die wachsende Fähigkeit und das wachsende Bedürfnis des Kindes zu selbstständigem verantwortungsbewussten Handeln zu berücksichtigen haben, ferner aus § 1632 Abs. 2, wonach die Ausübung der elterlichen Sorge niemals missbräuchlich sein darf.[514]

III. Bislang wurde die Auffassung vertreten, dass auch bei Berücksichtigung der Entwicklung der 14-jährigen T (§ 1626 Abs. 2) der Umgang der T mit X einer verantwortungsbewussten Erziehung widerspricht. Der Wille der T, das Verhältnis mit X aufrechtzuerhalten, dürfe von der M nicht respektiert werden. Eine Fortsetzung des Verhältnisses ließe eine Fehlentwicklung der T befürchten.[515] Ein an X gerichtetes Umgangsverbot wäre daher rechtmäßig. Das Familiengericht kann danach unter Androhung von Ordnungs- bzw. ggf. auch Zwangsmitteln (vgl. §§ 89, 90 FamFG) dem X verbieten, den Umgang mit T fortzusetzen.

Nach der mittlerweile wohl h.M.[516] kann ein Umgangsverbot gegen X nicht ergehen. Eltern haben die Pflicht und das Recht, für ihr minderjähriges Kind zu sorgen (§ 1626 Abs. 1 S. 1 BGB), und sie haben dabei das wachsende Bedürfnis ihres Kindes zu selbstständigem, verantwortungsbewusstem Handeln zu berücksichtigen (§ 1626 Abs. 2 S. 1 BGB). Zwar ist in derartigen Fällen davon auszugehen, dass die T in ihrer Entwicklung massiv gefährdet ist. Dennoch müssen die Rückwirkungen eines Kontakt- und Näherungsverbotes gegen den X auf die T beachtet werden. Unter Berücksichtigung des Leitbilds der Erziehung zu einer eigenständigen und -verantwortlichen Persönlichkeit ist maßgeblich, dass vor allem ab der Pubertät ein bewusstes Einüben in selbstständige Entscheidungen stattzufinden hat. Die Missachtung eigener Entscheidungen einer Heranwachsenden gefährden deren seelisches und geistiges Wohl. Bezogen auf den hier gegebenen Sachverhalt ist davon auszugehen, dass erst die Akzeptanz des Willens der T – und damit auch ihrer momentanen Beziehung zu einem älteren Mann – den Weg für eine weitere gedeihliche Entwicklung der Jugendlichen öffnet.

Ergebnis: Danach kann das Familiengericht ein Umgangsverbot bzw. ein Kontakt- und Näherungsverbot gegen X nicht anordnen.

---

513 Vgl. dazu Schwab Rn. 943.

514 Vgl. dazu Palandt/Götz § 1632 Rn. 10.

515 OLG Frankfurt NJW 1979, 2052, 2053.

516 OLG Brandenburg FamRZ 2016, 1282 mit zustimmender Besprechung von Hoffmann.

B. **Vorgehen gegen die T**

Die M kann der T den Umgang mit X nicht verbieten. Da die Eltern das wachsende Bedürfnis des Kindes zur Selbstbestimmung achten sollen, vgl. § 1626 Abs. 2, ist bei Umgangsverboten für Kinder, die sich schon der Volljährigkeit nähern, ein triftiger oder zumindest plausibler Grund erforderlich. Nach herrschender Meinung müssen die Eltern durch Überzeugung bildende Maßnahmen und auch mittels ihrer Autorität den Elternwillen durchsetzen. Ein Verbot hätte unter Umständen sogar gegenteilige Wirkung und würde die Entwicklung der T beeinträchtigen können.[517]

Die M kann aber auch das Familiengericht „bitten"[518], die Angelegenheit mit dem Kind und ihr zu erörtern und dadurch dem Vorgang einen rechtsoffiziellen Charakter zu verleihen. In diesem Fall wird das Familiengericht nach Anhörung der T (vgl. § 159 FamFG) die Problematik mit den Beteiligten besprechen und auch auf ein Einvernehmen hinwirken (§ 156 FamFG). Ein Umgangsverbot gegen die T wird aber nicht angeordnet werden.

2. Herausgabeanspruch

Personensorgeberechtigte Eltern bzw. der personensorgeberechtigte Elternteil können gemäß **§ 1632 Abs. 1** von demjenigen, der das Kind den Eltern bzw. dem Elternteil widerrechtlich vorenthält, die Herausgabe verlangen. **138**

Sachlich zuständig zur Entscheidung über das Herausgabeverlangen, welches eine Kindschaftssache nach § 151 Nr. 3 FamFG ist, ist das Familiengericht, § 23 a Abs. 1 Nr. 1 GVG i.V.m. § 111 Nr. 2 FamFG. Es entscheidet im Verfahren der freiwilligen Gerichtsbarkeit, §§ 151 ff. FamFG.

Erforderlich ist ein Antrag der personensorgeberechtigten Eltern bzw. des personensorgeberechtigten Elternteils, § 1632 Abs. 3. Das Familiengericht ermittelt von Amts wegen, § 26 FamFG. Es entscheidet durch Beschluss, vgl. §§ 38 ff. FamFG.

Vollzogen wird die Herausgabeanordnung nach § 89 FamFG mit Ordnungsgeld, Ordnungshaft oder als ultima ratio nach § 90 FamFG mit Zwangsmitteln. Eine Gewaltanwendung gegen das Kind ist jedoch zur Durchsetzung des Umgangs grundsätzlich unzulässig, § 90 Abs. 2 S. 1 FamFG.

Der Anspruch des Kindes auf **Herausgabe seiner persönlichen Unterlagen** (z.B. Impfpass und Untersuchungsheft, Zeugnisse, Reisepass usw.) gegen einen Elternteil beruht auf §§ 1632 Abs. 1, 1684 Abs. 2 BGB analog.[519]

Der personensorgeberechtigte Elternteil hat wie auch der umgangsberechtigte Elternteil in entsprechender Anwendung der §§ 1632 Abs. 1, 1684 Abs. 2 BGB grundsätzlich einen Anspruch auf Herausgabe des Kinderreisepasses. Der Herausgabeanspruch besteht nur insoweit, als der berechtigte Elternteil für die Ausübung seines Rechts den Kinderreisepass benötigt. Die berechtigte Besorgnis, dass der die Herausgabe begehrende Elternteil mit Hilfe des Kinderreisepasses seine elterlichen Befugnisse überschreiten (et-

517 Vgl. dazu Schwab Rn 843 f.; OLG Brandenburg FamRZ 2016, 1282 mit zustimmender Besprechung von Hoffmann.

518 Eine „Bitte" genügt in Kindschaftssachen, da die Familiengerichte von Amts wegen i.S.d. Kindeswohls zu agieren haben. Auch förmliche Anträge sind von daher in diesen Verfahren immer nur als Anregungen zu verstehen.

519 BGH FamRZ 2019, 1056 = FuR 2019, 465.

wa das Kind ins Ausland entführen) will, kann dem Herausgabeanspruch entgegenstehen.

Verfahrensrechtlich ist der Anspruch auf Herausgabe von Kindersachen als Kindschaftssache nach § 151 Nr. 3 FamFG, d.h. nicht als Familienstreitsache nach §§ 266 Abs. 1 Nr. 4, 112 Nr. 3 FamFG einzuordnen.[520]

3. Gewaltverzicht

139 Gemäß **§ 1631 Abs. 2** haben Kinder ein Recht auf gewaltfreie Erziehung. Körperliche Bestrafungen, seelische Verletzungen und andere entwürdigende Maßnahmen sind unzulässig.

Eltern, die in erheblicher Weise gegen diese Prinzipien verstoßen, sind durch das Familiengericht in geeigneter Weise zurechtzuweisen. Möglich ist auf der Grundlage des § 1666 der Entzug der elterlichen Sorge oder zumindest eines Teils derselben.

4. Sorgfaltsmaßstab

140 Nach **§ 1664** haben Eltern bei der Ausübung der elterlichen Sorge bis zur Grenze der groben Fahrlässigkeit nur für die **Sorgfalt** einzustehen, die sie **in eigenen Angelegenheiten** anzuwenden pflegen.

a) Nach h.M. legt § 1664 nicht lediglich den Haftungsmaßstab fest, sondern gewährt über den Wortlaut hinaus eine **Anspruchsgrundlage** für einen selbstständigen Schadensersatzanspruch des Kindes gegen seine Eltern.[521]

Die Mindermeinung beruft sich auf den Wortlaut der Vorschrift und entnimmt dem § 1664 Abs. 1 nur einen besonderen Haftungsmaßstab.[522] Eine Haftung der Eltern gegenüber dem Kind kommt danach nur auf der Grundlage des Deliktsrechts in Betracht, es sei denn, man betrachtet das Eltern/Kind – Verhältnis als ein schuldrechtsähnliches Pflichtverhältnis und wendet § 280 Abs. 1 an. Dann allerdings scheint es konsequenter, die Vorschrift des § 1664 selbst als Anspruchsgrundlage zu begreifen, da die primär persönlich geprägten familienrechtlichen Beziehungen kaum als Sonderverbindung entsprechend dem Schuldrecht verstanden werden können.

Der h.M. ist daher zuzustimmen. Eine Haftung der Eltern allein nach Deliktsrecht wäre unzureichend, sodass § 1664 über den Wortlaut hinaus auszulegen ist. Die Vorschrift ist danach wie folgt zu lesen: „Die Eltern sind den Kindern zum Ersatz der Schäden verpflichtet, die sie durch pflichtwidriges Handeln bei Ausübung der elterlichen Sorge ihnen zugefügt haben; dabei haben sie nur für die Sorgfalt einzustehen, die sie in eigenen Angelegenheiten anzuwenden pflegen."[523]
Das Haftungsprivileg des § 1664 Abs. 1 gilt auch für deliktische Ansprüche, soweit ein innerer Zusammenhang zur Ausübung der elterlichen Sorge besteht.[524]

---

520 Rake FamRZ 2019, 1058; Götz FamRZ 2016, 519, 521.
521 OLG Celle FamRZ 2018, 106; Palandt/Götz § 1664 Rn. 1.
522 Dethloff § 13 Rn. 7.
523 Schwab Rn. 871.
524 H.M., vgl. Dethloff § 13 Rn. 8.

Umstritten ist, ob die **Haftungsprivilegierung** der Eltern gegenüber dem Kind auch dann gilt, wenn der Schaden des Kindes aus einer **Verletzung der Aufsichtspflicht der Eltern** resultiert.

Beispiel: Der dreijährige Axel A wird beim Spielen von dem sechsjährigen Bodo B erheblich verletzt. Die Eltern B werden auf Zahlung von Schmerzensgeld in Anspruch genommen, weil sie ihre Aufsichtspflicht über Bodo verletzt haben (§§ 832 Abs. 1, 253 Abs. 2). Die Haftpflichtversicherung der Eheleute B zahlt 20.000 € an Axel A. Nunmehr macht die Versicherung der Eheleute B gegen die Eheleute A einen Anspruch i.H.v. 10.000 € aus einem nach § 86 Abs. 1 VVG im Wege der cessio legis übergegangenen Gesamtschuldnerausgleich nach § 426 geltend. Es steht fest, dass auch die Eltern A gegenüber ihrem Sohn A ihre Aufsichtspflicht verletzt haben. Es ist aber davon auszugehen, dass die Eltern A zwar leicht fahrlässig gehandelt, dabei aber die eigenübliche Sorgfalt i.S.d. § 1664 nicht verletzt haben.

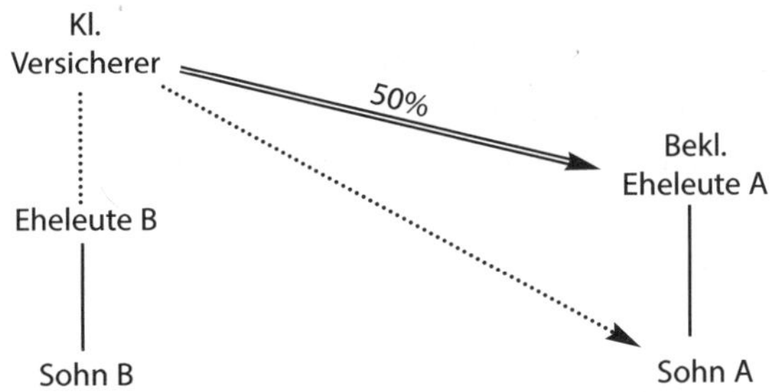

- Nach einer Ansicht gilt die Haftungsbeschränkung der Eltern gegenüber ihrem Kind nach **§ 1664 nicht für Schäden** ihres Kindes **aus Verletzung ihrer Aufsichtspflicht** gegenüber ihrem Kind.[525] Begründet wird dies damit, dass bei der Verletzung der Aufsichtspflicht das Kriterium der eigenübliche Sorgfalt nicht sinnvoll bestimmt werden könne und der Schutzzweck der Aufsichtspflicht einen objektiven Maßstab erfordere.[526]

  Es haften somit die Eltern für Schäden, welche ihr Kind durch Verletzung ihrer Aufsichtspflicht erleidet, auch bei nur einfacher Fahrlässigkeit, selbst wenn diese sich im Rahmen der eigenüblichen Sorgfalt hält.

  In dem oben genannten **Beispiel** ist somit der Anspruch der Versicherungsgesellschaft begründet.

- Nach der Gegenmeinung greift die Haftungsprivilegierung des § 1664 auch bei Verletzung der Aufsichtspflicht der Eltern ein.[527] Diese Auffassung argumentiert damit, dass das Haftungsprivileg des § 1664 Abs. 1 für das gesamte Gebiet der elterlichen Sorge gilt, d.h. für Personen- und Vermögenssorge einschließlich der Vertretung des Kindes, und demnach auch für Schäden aus der Verletzung der Aufsichtspflicht gegenüber dem Kind. Diese Auffassung überzeugt, da der Wortlaut der Vorschrift sich auf die elterliche Sorge als Ganzes bezieht, und damit auch die Aufsichtspflicht einbezieht.

  Nach dieser Ansicht sind im obigen **Beispiel** die Eltern nicht Gesamtschuldner neben den Eltern B. Die Versicherung hat somit keinen Anspruch auf eine Ausgleichszahlung.

525 So Weinreich/Klein § 1664 Rn. 7.

526 Dethloff § 13 Rn. 8.

527 Palandt/Götz § 1664 Rn. 3.

141 **b)** Eine **analoge Anwendung des § 1664** auf den Elternteil, dem die elterliche Sorge nicht zusteht, wird von der h.M. befürwortet, wenn er in Ausübung seines Umgangsrechts (§ 1684 Abs. 1) faktisch Personensorge für sein Kind ausübt.[528]

Eine analoge Anwendung des § 1664 auf andere Personen als die Eltern kommt dagegen nicht in Betracht, weil § 1664 Abs. 1 als haftungsbeschränkende Ausnahmevorschrift einer erweiternden Auslegung nicht zugänglich ist und einer Rechtsanalogie jedenfalls die besondere familienrechtliche Ausprägung – nämlich die Voraussetzung eines Eltern-Kind-Verhältnisses – zwingend entgegensteht.[529]

5. Vermögenssorge

142 Sie beinhaltet das Recht und die Pflicht, für das Vermögen des Kindes zu sorgen. Sie schließt alle tatsächlichen und rechtlichen Maßnahmen ein, welche darauf gerichtet sind, das Kindesvermögen zu erhalten, zu verwerten und zu vermehren.[530]

6. Vertretung des Kindes

143 Nach § 1629 Abs. 1 S. 1 umfasst die elterliche Sorge die Vertretung des Kindes. Grundsätzlich vertreten die Eltern das Kind gemeinschaftlich, § 1629 Abs. 1 S. 2 Hs. 1. Ist eine Willenserklärung dem Kind gegenüber abzugeben, so genügt die Abgabe gegenüber einem Elternteil, § 1629 Abs. 1 S. 2 Hs. 2. Ein Elternteil vertritt das Kind allein, soweit er die elterliche Sorge allein ausübt oder soweit ihm im Rahmen einer Meinungsverschiedenheit zwischen den Eltern vom Familiengericht die Entscheidung nach § 1628 übertragen worden ist, § 1629 Abs. 1 S. 3.

Nach § 1627 S. 2 müssen die Eltern bei Meinungsverschiedenheiten versuchen, sich zu einigen. Wenn eine Einigung nicht zustande kommt, kann das Familiengericht die Entscheidung einem Elternteil übertragen, sofern das dem Wohle des Kindes entspricht, § 1628 S. 1.[531]

Eine wechselseitige Bevollmächtigung der Eltern ist zulässig, sie kann auch stillschweigend erfolgen. Liegt hinsichtlich der Ausübung des Sorgerechts eine Funktionsteilung vor (z.B. die Mutter kümmert sich primär um die Erziehung des noch nicht schulpflichtigen Kindes), kann eine stillschweigende Bevollmächtigung des einen Elternteils durch den anderen angenommen werden. Bei tatsächlicher Verhinderung eines Elternteils oder bei Ruhen der elterlichen Gewalt (vgl. § 1673) übt der andere Elternteil die elterliche Gewalt allein aus, § 1678 Abs. 1 Hs. 1. Das ist bei Eilfällen wichtig.

528 BGHZ 103, 338, 345.
529 BGH FamRZ 1996, 53, 54.
530 Dethloff § 13 Rn. 113 ff.
531 Zum Verhältnis des § 1628 (Übertragung des Alleinentscheidungsrechts) zu § 1671 (Übertragung der elterlichen Alleinsorge) vgl. Schwab Rn. 942.

VII. Ausschluss und Beschränkung der Vertretungsmacht der Eltern

1. Ausschluss kraft Gesetzes

a) In allen Fällen, in denen das Gesetz eine **höchstpersönliche** Vornahme des Rechtsgeschäfts durch das Kind vorschreibt, können die Eltern das beschränkt geschäftsfähige Kind nicht vertreten. **144**

Fälle: Antrag auf Ehescheidung (vgl. § 125 Abs. 1 FamFG; aufgrund von § 1303 S. 1 praktisch nicht mehr bedeutsam); Testamentserrichtung (§ 2064), vgl. § 2229 Abs. 2; Abschluss eines Erbvertrags (§ 2274); Erbverzichtserklärung (§ 2347).

b) Bei einer Ermächtigung zum Betrieb eines **selbstständigen Erwerbsgeschäfts** (§ 112) oder zur Eingehung eines Arbeitsverhältnisses (§ 113) ist die Vertretungsmacht der Eltern in dem Bereich ausgeschlossen, in dem das Kind unbeschränkt geschäftsfähig ist.

Beispiel: Der 17-jährige M betreibt mit Zustimmung seiner Eltern eine Tankstelle. Die Eltern stellen gegen den Willen des M den X als Gehilfen ein. Es liegt kein wirksamer Arbeitsvertrag zwischen M und X vor, denn die Eltern konnten M nicht wirksam vertreten, solange die Ermächtigung nach § 112 gilt, die nur mit Genehmigung des Familiengerichts rücknehmbar ist (§ 112 Abs. 2).

c) Nach § 1641 können die Eltern **keine Schenkungen** (Ausnahme: Anstandsschenkungen) **im Namen des Kindes** machen.[532]

d) Der praktisch wichtigste Fall ist **§ 1629 Abs. 2 S. 1**. Danach **ist in den Fällen, in denen nach § 1795 ein Vormund von der Vertretung des Mündels ausgeschlossen ist, auch die Vertretung des Kindes durch die Eltern ausgeschlossen**. **145**

- Über **§ 1795 Abs. 2** gilt zunächst einmal das allgemeine **Verbot des Selbstkontrahierens nach § 181** (Insichgeschäft). Nach der Rspr. greift – über die in § 181 genannten Ausnahmefälle hinaus – das Verbot des Selbstkontrahierens nicht ein, wenn nach der Natur des Rechtsgeschäfts abstrakt-generell (und nicht etwa nur nach der Lage im Einzelfall) ein Interessengegensatz von vornherein ausscheidet, insbesondere dann, wenn das Rechtsgeschäft nach seiner abstrakten Natur für den Vertretenen lediglich rechtlich vorteilhaft ist.[533] Diese Ausnahme ist für Schenkungen von Eltern an Kinder bedeutsam.

  Beispiel: Die Eltern wollen ihr unbelastetes Grundstück der 6-jährigen Tochter T schenken.
  Da die T geschäftsunfähig ist, muss sie beim Abschluss des Schenkungsvertrags vertreten werden. Weil der Schenkungsvertrag seiner abstrakten Natur nach für die T nur rechtlich vorteilhaft ist, greift § 181 nicht ein. Die Eltern können also beim Abschluss des Schenkungsvertrags auch als Vertreter der T handeln. Es bedarf keiner Ergänzungspflegschaft (§ 1909).

- Die Vertretung ist ferner in den Fällen der möglichen **Interessenkollision nach § 1795 Abs. 1** ausgeschlossen. Die Fälle sind folgende:
  - Nach § 1629 Abs. 2 S. 1 i.V.m. **§ 1795 Abs. 1 Nr. 1** können die Eltern das Kind nicht vertreten bei einem Rechtsgeschäft zwischen dem **Ehegatten** des Vaters oder der Mutter oder einem ihrer **Verwandten in gerader Linie** einerseits und dem Kind andererseits, es sei denn, dass das Rechtsgeschäft ausschließlich in der Erfüllung einer Verbindlichkeit besteht.

532 Vgl. Dethloff § 13 Rn. 117.

533 BGHZ 94, 232; BGH NJW 1989, 2542, 2543.

Beispiel: Der Minderjährige bedarf bei einem Vertrag mit Geschwistern eines Ergänzungspflegers. Stehen auf der anderen Vertragsseite ebenfalls minderjährige Geschwister, bedürfen diese eines anderen Pflegers (sonst § 181).[534]

Achtung! *Hier müssen wir uns auch eine für Examensfälle* ***wichtige Ausnahme*** *merken: Obwohl der Wortlaut des § 1795 Abs. 1 Nr. 1 eingreift, können die Eltern das Kind vertreten, wenn das Geschäft (z.B. eine Schenkung) für das Kind lediglich einen rechtlichen Vorteil bringt.*

Beispiel: Schenkung eines mit Nießbrauch und Vorkaufsrechten belasteten Grundstücks
Die Großmutter G will ihren Miteigentumsanteil an einem Grundstück, das mit einem Nießbrauch und einem Vorkaufsrecht belastet ist, ihrem vierjährigen Enkelkind schenkweise übertragen. An dem Grundstück (Miteigentumsanteil) sollen zugleich mit der Übertragung ein weiterer Nießbrauch und zwei weitere Vorkaufsrechte bestellt werden. Die Eltern könnten das Kind vertreten, da dieses durch die Rechtsgeschäfte (trotz der Belastungen) lediglich einen rechtlichen Vorteil erlangt.[535]

- Nach § 1629 Abs. 2 S. 1 i.V.m. **§ 1795 Abs. 1 Nr. 2** können der Vater und die Mutter das Kind nicht vertreten bei **Verfügungen über gesicherte Forderungen des Kindes gegenüber Vater oder Mutter**.

Beispiel: Das Kind K hat eine Grundschuld am Grundstück seines Vaters V. Diese Grundschuld soll auf D übertragen werden.

Dem Wortlaut nach trifft hier § 1795 Abs. 1 Nr. 2 nicht zu, denn es soll hier ja keine in der dort genannten Weise gesicherte Forderung übertragen werden, sondern eine Grundschuld. Nach h.M. ist jedoch § 1795 Abs. 1 Nr. 2 auf eine Grundschuld entsprechend anwendbar. V kann daher die Grundschuld nicht im Namen des K an D abtreten. Da auch die Vertretungsmacht des anderen Elternteils ausgeschlossen ist, sobald die Ausschließungsgründe des § 1795 in der Person eines Elternteils vorliegen,[536] hat auch die Mutter keine Vertretungsmacht. § 1678, wonach im Verhinderungsfalle eines Elternteils der andere Elternteil die Alleinvertretung hat, gilt hier nicht, da es sich nicht um eine tatsächliche, sondern um eine rechtliche Verhinderung handelt. Für die Übertragung muss daher ein Pfleger bestellt werden.

- Nach §§ 1629 Abs. 2 S. 1, **1795 Abs. 1 Nr. 3** können Vater und Mutter das Kind nicht vertreten bei einem **Rechtsstreit**, der sich gegen die in § 1795 Abs. 1 Nr. 1 genannten Personen richtet oder eine Angelegenheit der in Nr. 2 bezeichneten Art betrifft.

Beispiel: Bei einem Antrag des Kindes gegen seinen Stiefvater kann die Mutter (gesetzliche Vertreterin) das Kind nicht vertreten. Für das Verfahren muss ihm ein Pfleger bestellt werden.

146 **2.** Die Vertretung des Kindes durch die Eltern kann **durch familiengerichtliche Anordnung ausgeschlossen** sein.

- In **Kollisionsfällen**, die nicht unter § 1795 Abs. 1 fallen, kann das Familiengericht nach § 1629 Abs. 2 S. 3 i.V.m. § 1796 die Vertretungsmacht entziehen.

Beispiel: Die geschiedene Ehefrau E, der das Sorgerecht für das Kind K übertragen worden ist (§ 1671), hat sich mit M verlobt. Sie will als Vertreterin ihres Kindes K einen Vertrag mit M schließen. Es besteht hier eine dem § 1795 Abs. 1 Nr. 1 parallele Interessenkollision. Das Familiengericht kann die Vertretungsmacht der E nach § 1796 für derartige Geschäfte entziehen. Solange dies nicht geschehen ist, besteht sie jedoch.

---

534 Vgl. BGHZ 21, 254.

535 BayObLG DNotZ 1999, 589.

536 Palandt/Götz § 1629 Rn. 14.

- Bei **Gefährdung des Kindes oder dessen Vermögen** muss das Familiengericht von Amts wegen die zur Abwendung der Gefahr erforderlichen Maßnahmen treffen. Dabei gilt hinsichtlich der Personensorge § 1666, hinsichtlich der Vermögenssorge § 1667. Im Rahmen der erforderlichen Maßnahmen kann das Sorgerecht ganz oder teilweise entzogen werden. Das Kind bedarf dann insoweit eines Pflegers. Soweit ein Pfleger bestellt ist, können die Eltern ihr Sorgerecht nicht ausüben und das Kind in diesen Angelegenheiten auch nicht vertreten (§ 1630 Abs. 1).

3. Die Vertretung des Kindes durch die Eltern kann auch durch Anordnungen Dritter ausgeschlossen sein. Schenker und Erblasser können für Zuwendungen an das Kind die Vermögenssorge der Eltern ausschließen (§ 1638 Abs. 1). Für die Verwaltung des zugewendeten Vermögens bedarf dann das Kind eines Pflegers.

4. Für eine Reihe **wichtiger (und bisweilen auch riskanter) Geschäfte** ist zwar nicht die Vertretungsmacht der Eltern ausgeschlossen, für die Wirksamkeit aber noch **die Genehmigung des Familiengerichts erforderlich** (§ 1643).[537]

Dazu gehören u.a. **147**

- die Grundstücksgeschäfte des § 1821,

  Es ist allgemein anerkannt, dass die Nrn. 1 bis 4 des § 1821 Abs. 1 nur das dem Mündel bzw. Minderjährigen bereits gehörende Grundvermögen schützen und auf Belastungen, die im Zusammenhang mit dem Erwerb eines Grundstücks erfolgen, keine Anwendung finden.[538]

  Nach § 1821 Abs. 1 Nr. 5 ist die Genehmigung erforderlich zu einem Vertrag, der u.a. auf den **entgeltlichen Erwerb eines Grundstücks** gerichtet ist. Die Eltern brauchen daher zum Abschluss eines Kaufvertrags über ein Grundstück, das sie für ihr Kind erwerben wollen, die familiengerichtliche Genehmigung, und zwar auch dann, wenn sie dem Kind den Kaufpreis zum Erwerb des Grundstücks unentgeltlich überlassen wollen.

- die Geschäfte, die sich auf das **Vermögen im Ganzen** oder eine **Erbschaft** beziehen, § 1822 Nr. 1,

- Verträge auf **Erwerb** oder **Veräußerung eines Erwerbsgeschäfts** sowie der Abschluss eines **Gesellschaftsvertrages zum Betrieb eines Erwerbsgeschäfts**, § 1822 Nr. 3,

  An dieser Vorschrift entzündete sich eine Diskussion, die schließlich zu dem am 01.01.1999 in Kraft getretenen **Gesetz zur Beschränkung der Haftung Minderjähriger** (s. dazu im Einzelnen noch unten Rn. 148) geführt hat: Der BGH hatte entschieden, dass die §§ 1643 Abs. 1, 1822 Nr. 3 nicht anwendbar seien auf die Fortführung eines Handelsgeschäfts, an dem ein Minderjähriger beteiligt ist.[539] Das bedeutete, dass ein Minderjähriger als Gesamtschuldner mitverpflichtet werden könnte. Das BVerfG[540] hat die Entscheidung aufgehoben. Es sei mit dem Grundgesetz nicht vereinbar, dass Eltern ihre Kinder bei der Fortführung eines ererbten Handelsgeschäfts – ohne familiengerichtliche Genehmigung – finanziell unbegrenzt verpflichten könnten. Mit dem Gesetz zur Beschränkung der Haftung Minderjähriger wurde § 1629 a eingeführt, der für Minderjährige eine Haftungsbeschränkung geschaffen hat.

537 Vgl. Dethloff § 13 Rn. 130 ff.
538 Vgl. Palandt/Götz § 1821 Rn. 11.
539 BGHZ 92, 259.
540 BVerfGE 72, 155.

Das Genehmigungserfordernis nach § 1822 Nr. 3 kann auch bestehen, wenn ein Minderjähriger an einer Gesellschaft bürgerlichen Rechts[541] beteiligt wird, welche auf den Betrieb eines Erwerbsgeschäfts gerichtet ist. Das ist z.B. bei einer auf Dauer angelegten GbR der Fall, deren Zweck in der Verwaltung, Vermietung oder Verwertung gewerblich nutzbarer Immobilien liegt, nicht dagegen bei einer reinen Vermögensverwaltung.[542]

- Verträge, die das Kind zu **wiederkehrenden Leistungen** verpflichten, wenn das Vertragsverhältnis länger als ein Jahr nach dem Eintritt der Volljährigkeit des Kindes fortdauern soll, § 1822 Nr. 5,
- **Kreditaufnahme** für das Kind, § 1822 Nr. 8,
- die Ausstellung einer **Inhaberschuldverschreibung** und die Eingehung einer Verbindlichkeit aus einem **Wechsel** oder **indossablen Papieren**, § 1822 Nr. 9,
- die Übernahme einer **fremden Verbindlichkeit**, § 1822 Nr. 10,

  Nach Dümig[543] löst die Beteiligung eines Minderjährigen an einer GbR, sei es als Gründungsgesellschafter oder als nachträglich Eintretender, ein Genehmigungsbedürfnis nach § 1822 Nr. 10 aus, da die Möglichkeit, dass die GbR Verbindlichkeiten eingeht, per se gegeben sei.[544]

- die Erteilung der **Prokura**, § 1822 Nr. 11.

Ein genehmigungspflichtiger Vertrag, der ohne vorherige Genehmigung abgeschlossen wird, ist schwebend unwirksam. Das Familiengericht erteilt die Genehmigung gemäß §§ 1643 Abs. 3, 1828 den Eltern gegenüber. Der Vertrag wird aber erst wirksam, wenn die Eltern die Genehmigung dem Dritten mitteilen, §§ 1643 Abs. 3, 1829 Abs. 1 S. 2.

VIII. Beschränkte Haftung nach Eintritt der Volljährigkeit, § 1629 a

148 **1.** Während der Minderjährigkeit des Kindes können auf unterschiedliche Weise (z.B. durch Rechtsgeschäfte der Eltern im Rahmen ihrer Vertretungsmacht oder durch Rechtsgeschäfte, die der Minderjährige selbst mit Zustimmung der Eltern vorgenommen hat) Verpflichtungen des Minderjährigen entstehen, für die er haftet.
Es besteht dann **während der Minderjährigkeit eine unbeschränkte Haftung.**[545]

Nach § 1629 a hat aber **der volljährig Gewordene die Möglichkeit, seine Haftung auf das bei Eintritt der Volljährigkeit vorhandene Vermögen zu beschränken.**[546]

Beispiel: Die Eltern haben in Vertretung Ihres 16-jährigen Kindes K einen Kredit i.H.v. 50.000 € aufgenommen. K hat an seinem 18. Geburtstag ein Vermögen von 15.000 €. Danach kann K den Kreditgeber auf dieses Vermögen verweisen, d.h. im Übrigen eine Rückzahlung verweigern.[547]

a) Die **Haftungsbeschränkung** besteht **für bestimmte Verbindlichkeiten**, nämlich solche,

- welche die Eltern im Rahmen ihrer gesetzlichen Vertretungsmacht oder sonstige vertretungsberechtigte Personen im Rahmen ihrer Vertretungsmacht durch Rechtsgeschäft oder eine sonstige Handlung mit Wirkung für das Kind begründet haben,

541 Zur Anerkennung der Rechtsfähigkeit der Außengesellschaft bürgerlichen Rechts durch den BGH vgl. BGHZ 146, 341 ff.
542 S. dazu Dümig FamRZ 2003, 1, 3 f.; Wertenbruch FamRZ 2003, 1714, 1715 f.
543 Dümig FamRZ 2003, 1, 3 f.
544 S. dazu auch Wertenbruch FamRZ 2003, 1714, 1716.
545 Ausführlich dazu Bittner FamRZ 2000, 325 ff.
546 S. dazu Brauer/Roßmann JA Übungsblätter 2001, 381 ff.; Schmidt JuS 2004, 361 ff.
547 Vgl. Dethloff § 13 Rn. 134.

z.B. weil die Eltern einen Haftungstatbestand für den Minderjährigen als gesetzliche Vertreter nach § 278 ausgelöst haben oder weil dem Minderjährigen nach § 166 die Kenntnis des gesetzlichen Vertreters zugerechnet wurde;

- welche aufgrund eines während der Minderjährigkeit erfolgten Erwerbs von Todes wegen entstanden sind,

  z.B. wenn der Minderjährige Erbe eines überschuldeten Nachlasses geworden und die fristgerechte Ausschlagung der Erbschaft (§ 1944) unterlassen worden ist;[548]

- welche auf Rechtsgeschäften beruhen, die der Minderjährige gemäß §§ 107, 108 oder 111 mit Zustimmung seiner Eltern vorgenommen hat.

  Dagegen besteht keine Möglichkeit der Haftungsbegrenzung nach § 1629 a

  - bei Rechtsgeschäften, die der Minderjährige im Rahmen der selbstständigen Führung eines Erwerbsgeschäfts nach § 112 tätigte, sowie für Verbindlichkeiten aus Rechtsgeschäften, die allein der Befriedigung der persönlichen Bedürfnisse des Minderjährigen dienten, § 1629 a Abs. 2;
  - für Verbindlichkeiten, die der Minderjährige alleinverantwortlich (ohne Zustimmung der Eltern nach §§ 107, 108 oder 111) begründet hat, z.B. Unterhaltspflichten, Herausgabepflichten, aus Delikt (§§ 823, 828, 829) oder Gefährdungshaftung (§§ 7, 18 StVG).[549]

b) Die **Haftungsbeschränkung** tritt nur dann ein, wenn der volljährig Gewordene sie **durch Einrede** geltend macht, welche nicht an eine Frist gebunden ist. Mit Erhebung der Einrede finden die für die Haftung der Erben geltenden Vorschriften der §§ 1990, 1991 entsprechende Anwendung.

Nach Erhebung der Einrede ist der volljährig Gewordene verpflichtet, das bei Eintritt seiner Volljährigkeit vorhandene Vermögen zum Zwecke der Befriedigung des Gläubigers zur Zwangsvollstreckung herauszugeben, § 1990 Abs. 1 S. 2, und es wie ein Beauftragter zu verwalten, §§ 1991 Abs. 1, 1978 Abs. 1.[550]

Das Neuvermögen haftet nicht.

2. Ergänzt wird § 1629 a noch durch **§ 723 Abs. 1**. Ist ein Minderjähriger Mitglied einer Gesellschaft bürgerlichen Rechts, § 705, so hat er einen wichtigen Grund zur Kündigung, wenn er das 18. Lebensjahr vollendet hat, § 723 Abs. 1 S. 3 Nr. 2. Für die OHG und KG gilt das Gleiche über §§ 105 Abs. 3, 161 Abs. 2 HGB.

IX. Elterliche Sorge durch den Staat, §§ 1666, 1666 a, 1667

Das Gesetz schützt das Kind auch gegenüber seinen Eltern, wenn diese ihre elterliche Sorge nicht erfüllen und das Kind dadurch in Gefahr kommt. Das Familiengericht kann von Amts wegen im Zusammenwirken mit dem Jugendamt Ermittlungen anstellen und Anordnungen treffen. **149**

1. § 1666 ermächtigt das Familiengericht zu Maßnahmen, wenn das körperliche, geistige oder seelische Wohl des Kindes oder sein Vermögen durch ein bestimmtes Verhalten gefährdet ist und die Eltern nicht gewillt oder in der Lage sind, die dem Kindeswohl drohenden Gefahren abzuwenden. Eine Kindeswohlgefährdung ist zu bejahen bei einer gegenwärtigen, in einem solchen Maß vorhandenen Gefahr, dass sich bei weiterer Entwicklung ohne Intervention eine erhebliche Schädigung mit ziemlicher Sicherheit vor-

548 Palandt/Götz § 1629 a Rn. 2.

549 Vgl. Palandt/Götz § 1629a Rn. 8.

550 S. hierzu Bittner FamRZ 2000, 325 ff.; vgl. auch Palandt/Götz § 1629 a Rn. 4.

aussehen lässt.[551] Die bloße Besorgnis künftiger Gefährdungen ist hingegen nicht ausreichend.

2. § 1666 a bestimmt, dass das Gericht sich auf Maßnahmen zu beschränken hat, die geeignet und erforderlich sind, um die Gefahr vom Kind abzuwenden. Es gilt der Grundsatz der Verhältnismäßigkeit der Mittel, d.h. die Schwere des Eingriffs muss in einem angemessenen Verhältnis zum angestrebten Erfolg stehen.

Die §§ 1666 und 1666 a finden insbesondere dann Anwendung, wenn Eltern der Schulpflicht ihrer Kinder nicht Rechnung tragen. Nach Auffassung des BGH[552] liegt ein Missbrauch der elterlichen Sorge vor, der das Wohl der Kinder nachhaltig gefährdet und Maßnahmen nach §§ 1666, 1666 a erforderlich macht, wenn Eltern sich beharrlich weigern, ihre Kinder der öffentlichen Grundschule oder einer anerkannten Ersatzschule zuzuführen, um ihnen stattdessen selbst „Hausunterricht" zu erteilen. Die Entziehung des Aufenthaltsbestimmungsrechts und des Rechts zur Regelung von Schulangelegenheiten in Verbindung mit der Anordnung einer Pflegschaft sei in solchen Fällen im Grundsatz zur Abwehr der Gefahr geeignet und verhältnismäßig.[553]

D. Umgangsrecht

150 **§ 1626 Abs. 3** hebt hervor, dass zum Wohl des Kindes i.d.R. der **Umgang mit beiden Elternteilen** gehört. Das Gleiche gilt für den **Umgang mit anderen Personen**, zu denen das Kind Bindungen besitzt, wenn ihre Aufrechterhaltung für die Entwicklung des Kindes förderlich ist.

Der Kreis der Umgangsberechtigten folgt aber nicht aus § 1626 Abs. 3, sondern er wird ausschließlich durch die §§ 1684 und 1685 bestimmt (s.u. Rn. 151 f.).

Der BGH[554] geht nach neuer Rechtsprechung davon aus, dass durch gerichtliche Umgangsregelung auch gegen den Willen des anderen Elternteils ein **Wechselmodell** angeordnet werden kann. Eine gerichtliche Umgangsregelung, die im Ergebnis einer gleichmäßigen Betreuung des Kindes durch beide Elternteile im Sinne eines paritätischen Wechselmodells führt, wird vom Gesetz nicht ausgeschlossen, auch wenn das Gesetz vom Residenzmodell nach wie vor als Regelfall geprägt ist. Auch die Ablehnung des Wechselmodells durch einen Elternteil hindert eine solche gerichtliche Regelung für sich genommen noch nicht. Entscheidender Maßstab ist das im konkreten Einzelfall festzustellende Kindeswohl.[555]

I. Umgangsrechte und -pflichten zwischen Eltern und Kindern, § 1684

151 § 1684 Abs. 1 Hs. 1 schafft ein subjektives Recht des Kindes: **Das Kind hat das Recht auf Umgang mit jedem Elternteil.**

1. Jeder Elternteil ist zum Umgang mit dem Kind verpflichtet und berechtigt, § 1684 Abs. 1 Hs. 2.

551 BVerfG FamRZ 2017, 1577; BGH FamRZ 2016, 1752.

552 BGH NJW 2008, 369; vgl. auch OLG Dresden FamRZ 2015, 676.

553 Vgl. auch Wellenhofer JuS 2008, 380 f.

554 BGH RÜ 2017, 357.

555 Das Familienrecht geht vom sogenannten Residenzmodell aus. Rechtspolitisch wird daher diskutiert, ob eine Gesetzesänderung erfolgen soll. Der Bundestag hat sich am 15.03.2018 damit auf Antrag der FDP-Fraktion und der Fraktion Die Linke bereits beschäftigt.

Auf eine Unterscheidung zwischen ehelichen Kindern und Kindern, deren Eltern nicht miteinander verheiratet sind, kommt es nicht mehr an. Ebenso kommt es nicht darauf an, wer Inhaber der Sorge ist.

Lehnt das Kind den Umgang mit dem Vater ab, so ist es Aufgabe des Gerichts, die Gründe für diese Einstellung zu ermitteln. Die Gerichte haben nicht die Aufgabe, das Kind zum Umgang zu überreden, müssen aber die Bedeutung des Umgangsrechts aufzeigen und vor allem aufklären, ob die Ablehnung des Umgangs dem wahren Kindeswillen entspricht.[556] Im Einzelfall kann es erforderlich sein, insbesondere bei kleineren Kindern, dazu ein kinderpsychologisches Sachverständigengutachten einzuholen.

2. Das „Recht der Eltern" auf Umgang ist aber immer begrenzt durch das **Wohl des Kindes**.

- Die Eltern haben alles zu unterlassen, was das Verhältnis des Kindes zum jeweils anderen Elternteil beeinträchtigt oder die Erziehung erschwert. Entsprechendes gilt, wenn sich das Kind in der Obhut einer anderen Person befindet, § 1684 Abs. 2.
- Das Familiengericht kann über den Umfang des Umgangsrechts entscheiden und seine Ausübung, auch gegenüber Dritten, näher regeln, § 1684 Abs. 3 S. 1.
  Das Familiengericht kann auch den Umgang erzwingen und Zwangsgeld oder Gewalt einsetzen; allerdings darf eine Gewaltanwendung nicht gegen ein Kind zugelassen werden, wenn das Kind herausgegeben werden soll, um das Umgangsrecht auszuüben (§ 90 Abs. 2 S. 1 FamFG).
- Das Familiengericht kann das Umgangsrecht oder den Vollzug früherer Entscheidungen über das Umgangsrecht einschränken oder ausschließen, soweit dies zum Wohl des Kindes erforderlich ist, § 1684 Abs. 4 S. 1.
- Es kann insbesondere anordnen, dass der Umgang nur stattfinden darf, wenn ein mitwirkungsbereiter Dritter anwesend ist, § 1684 Abs. 4 S. 3 Hs. 1 (sog. betreuter oder beschützter Umgang).
- Das Umgangsrecht des nicht sorgeberechtigten Elternteils kann aus Gründen des Kindeswohls nur ausgeschlossen werden bei einer hohen Wahrscheinlichkeit einer Kindeswohlgefährdung, d.h. als äußerste Maßnahme zur Abwendung einer konkreten, gegenwärtigen Gefahr der körperlichen oder geistig-seelischen Entwicklung des Kindes, wenn keine anderen Mittel zu seinem Schutz verfügbar sind.[557]

II. Umgangsrecht anderer Bezugspersonen, § 1685

Die Vorschrift des § 1685 gewährt auch **anderen Personen als den Eltern** ein Umgangsrecht. 152

§ 1685 nennt als Personenkreis

- Großeltern und Geschwister, § 1685 Abs. 1,
- enge Bezugspersonen des Kindes, wenn diese für das Kind tatsächliche Verantwortung tragen oder getragen haben; dies ist i.d.R. anzunehmen, wenn die Person mit dem Kind längere Zeit in häuslicher Gemeinschaft zusammengelebt hat, § 1685 Abs. 2.[558]

Grundvoraussetzung für die Einräumung eines Umgangsrechts mit den in § 1685 genannten Personen ist, dass der Umgang dem Wohl des Kindes dient.

Es ist daher das Umgangsrecht der Großeltern mit ihren Enkelkindern trotz bestehender Bindungen auszuschließen, wenn es dem Kindeswohl nicht förderlich ist.[559]

---

556 BVerfG FamRZ 2015, 1093; vgl. auch OLG Schleswig FamRZ 2016, 483.

557 BVerfG FamRZ 2015, 1093; OLG Saarbrücken FamRZ 2017, 809.

558 § 1685 Abs. 2 wurde geändert durch Gesetz vom 23.04.2004 (BGBl. I, 598), das auch die Berechtigung des leiblichen Vaters zur Anfechtung der Vaterschaft eingeführt hat.

559 OLG Brandenburg FamRZ 2014, 1717; vgl. auch vgl. auch Palandt/Götz § 1685 Rn. 3.

Nach Schwab[560] ist § 1685 Abs. 2 verfassungswidrig. Die Schaffung förmlicher Umgangsrechte Dritter stelle einen unmittelbaren Eingriff in die Erziehungskompetenz der Eltern dar.

III. Durchsetzung des Umgangsrechts

153 Der sorgeberechtigte Elternteil ist verpflichtet, alles zu unterlassen, was das Verhältnis zu der umgangsberechtigten Person beeinträchtigt, § 1684 Abs. 2. Bei nicht nachvollziehbarer und dauerhafter Weigerung kann eine Umgangsregelung mit der Verpflichtung verbunden werden, das Kind zur Durchführung des Umgangs herauszugeben. Zur Durchsetzung dieser Verpflichtung kommen Zwangshaft und die Anwendung von Gewalt in Betracht, § 90 Abs. 1 FamFG. Zuvor ist aber zunächst zu versuchen, die Anordnung mit Ordnungsmitteln nach § 89 FamFG durchzusetzen. Diese unterscheiden sich von den Zwangsmitteln dadurch, dass es nicht primär um die Beugung eines entgegenstehenden Willen geht, sondern dass sie auch als Sanktion für ein Fehlverhalten eingesetzt werden können.

Lässt sich der Anspruch mit diesen Mitteln nicht wirksam durchsetzen, kann dem betreuenden Elternteil die elterliche Sorge insoweit entzogen werden, als es um den Umgang mit der umgangsberechtigten Person, z.B. dem anderen Elternteil, geht. Insoweit kann eine Ergänzungspflegschaft angeordnet werden.[561]

Der umgangsberechtigte Elternteil kann von dem anderen Elternteil Schadensersatz verlangen, wenn ihm der andere Elternteil den Umgang nicht in der vom Familiengericht vorgesehenen Art und Weise gewährt und ihm daraus Mehraufwendungen entstehen.[562] Das Umgangsrecht ist nämlich ein sonstiges (absolutes) Recht i.S.v. § 823 Abs. 1.[563]

Eine fortgesetzte, massive und schuldhafte Vereitelung des Umgangsrechts kann zu einer Herabsetzung des Unterhaltsanspruchs des personensorgeberechtigten Elternteils gemäß § 1579 Nr. 7 führen.[564]

IV. Durchsetzung der Umgangspflicht

154 § 1684 Abs. 1 normiert einen Anspruch des Kindes auf Umgang mit jedem Elternteil. Umstritten war bislang, ob dieser Anspruch gegen einen umgangsunwilligen Elternteil mit Zwangsmitteln durchgesetzt werden kann.[565]

Das BVerfG steht einer zwangsweisen Durchsetzung ablehnend gegenüber: „Die Androhung der zwangsweisen Durchsetzung der Umgangspflicht eines Elternteils gegen dessen erklärten Willen ist jedoch regelmäßig nicht geeignet, den Zweck zu erreichen, der mit ihr verfolgt wird, nämlich dem Kind einen Umgang mit seinem Elternteil zu ermöglichen, der zu einer gedeihlichen Persönlichkeitsentwicklung des Kindes beiträgt

---

560 Schwab Rn. 970 a.E.

561 OLG Frankfurt/M. FamRZ 2002, 1585 f.

562 OLG Köln FamRZ 2015, 151; OLG Frankfurt FamRZ 2016, 387; BGHZ 151, 155 = NJW 2002, 2566; s. dazu Schwab FamRZ 2002, 1297 ff.; Löhnig JA 2003, 102 ff.

563 OLG Frankfurt NJW-RR 2005, 1339.

564 Vgl. auch Palandt/Brudermüller § 1579 Rn. 31 a.E.

565 BVerfG RÜ 05/2008, 295 ff.

und dem Recht des Kindes zur Durchsetzung verhilft, dass seine Eltern ihre Verantwortung ihm gegenüber zu seinem Wohl ausüben."

Das BVerfG sieht den Einsatz von Zwangsmitteln gegenüber dem umgangsunwilligen Elternteil grundsätzlich als eine Verletzung des allgemeinen Persönlichkeitsrechts nach Art. 2 Abs. 1 i.V.m. Art. 1 Abs. 1 GG an. Nur wenn in derartigen Fällen gerichtlich geklärt ist, dass solcher Umgang das Kindeswohl nicht verletzt bzw. ihm dienlich ist, ist eine zwangsweise Durchsetzung (ausnahmsweise) zulässig.

V. Auskunftsrecht, § 1686

Jeder Elternteil kann vom anderen Elternteil bei berechtigtem Interesse Auskunft über **155**
die persönlichen Verhältnisse des Kindes verlangen, soweit dies dem Wohl des Kindes nicht widerspricht, § 1686 S. 1.[566] Ein Auskunftsanspruch besteht daher nicht, wenn zu besorgen ist, dass die Auskunft entgegen dem Kindeswohl verwendet wird (zu befürchtende Eingriffe in die elterliche Sorge).[567] Insbesondere kommt eine Auskunft über den Bereich der Privat- und Intimsphäre des Kindes nicht in Betracht, wenn das Kind dies nicht will.[568]

E. Namensrecht

Das Namensrecht stellt sich wie folgt dar: **156**

- Führen die **Eltern einen Ehenamen**,

  erhält das **Kind den Ehenamen der Eltern** (= Geburtsname der Frau oder Geburtsname des Mannes, § 1355 Abs. 2) als Geburtsnamen, § 1616. Dies gilt auch dann, wenn die Ehe der Eltern bei der Geburt geschieden ist (der geschiedene Ehegatte behält grundsätzlich den Ehenamen, § 1355 Abs. 5 S. 1).

- Führen die **Eltern keinen Ehenamen**
  - und steht ihnen die **Sorge gemeinsam** zu,[569]
    - bestimmen sie durch Erklärung gegenüber dem Standesbeamten den Namen, den die Mutter oder der Vater zur Zeit der Erklärung führt, zum Geburtsnamen des Kindes, § 1617 Abs. 1 S. 1. Die Bestimmung der Eltern gilt auch für ihre weiteren Kinder, § 1617 Abs. 1 S. 3.

      Eine Kombination der Namen von Mutter und Vater ist nach wie vor nicht gestattet.
    - Treffen die Eltern binnen eines Monats nach der Geburt des Kindes keine Bestimmung – z.B. weil sie sich streiten –, überträgt das Familiengericht das Bestimmungsrecht einem Elternteil, § 1617 Abs. 2 S. 1.
  - Steht die elterliche **Sorge nur einem Elternteil** zu,

566 BGH FamRZ 2017, 378; vgl. auch Motzer FamRZ 2001, 1034, 1042.
567 BGH FamRZ 2017, 1666.
568 KG FamRZ 2011, 827 f.
569 Vgl. dazu Dethloff § 12 Rn. 7 ff.

- erhält das Kind den Namen, den dieser Elternteil im Zeitpunkt der Geburt des Kindes führt, § 1617 a Abs. 1.
- Der Elternteil, dem die elterliche Sorge für ein unverheiratetes Kind allein zusteht, kann dem Kind durch Erklärung gegenüber dem Standesbeamten – mit Einwilligung des anderen Elternteils und des Kindes, falls es das fünfte Lebensjahr vollendet hat – den Namen des anderen Elternteils erteilen, § 1617 a Abs. 2.

- Bei **nachträglicher Begründung gemeinsamer Sorge**

  können die Eltern den Kindesnamen im Einvernehmen und mit Zustimmung des Kindes, falls es das fünfte Lebensjahr vollendet hat, binnen drei Monaten nach der Begründung der gemeinsamen Sorge neu bestimmen, § 1617 b Abs. 1. Zur Wahl steht der im Bestimmungszeitpunkt von der Mutter oder dem Vater geführte Name.

  Trägt das Kind den Familiennamen des Mannes als Geburtsnamen und wird rechtskräftig **festgestellt, dass der Mann nicht der Vater des Kindes ist**, erhält das Kind auf seinen Antrag oder, wenn das Kind das fünfte Lebensjahr noch nicht vollendet hat, auch auf Antrag des Mannes den Namen, den die Mutter im Zeitpunkt der Geburt des Kindes führt, als Geburtsnamen, § 1617 b Abs. 2.

- Bei dem elterlichen Namenswechsel

  sieht § 1617 c unter bestimmten Voraussetzungen auch eine Änderung des Geburtsnamens des Kindes vor.

- Einbenennung

  Wenn sich der Familienname eines Elternteils infolge Wiederheirat und Bestimmung eines Ehenamens (§ 1355 Abs. 1) ändert, kann das Kind den jetzigen Ehenamen des Elternteils durch Einbenennung gemäß § 1618 erhalten, solange es noch nicht selbst verheiratet ist.

  Die Einbenennung setzt voraus, dass die Ehegatten das Kind in ihren gemeinsamen Haushalt aufgenommen haben (§ 1618 S. 1). Die Erteilung des Ehenamens bedarf der Zustimmung des anderen Elternteils, wenn er mitsorgeberechtigt ist oder das Kind seinen Namen führt; das Kind muss zustimmen, wenn es das fünfte Lebensjahr vollendet hat (§ 1618 S. 3).

  Das Familiengericht kann die Einwilligung des anderen Elternteils ersetzen, wenn dies zum Wohl des Kindes erforderlich ist (§ 1618 S. 4).

  Die mit der Einbenennung einhergehende Namensänderung muss unabdingbar notwendig für das Kindeswohl sein, d.h. die Kindesinteressen müssen in einer Gesamtabwägung gegenüber den Interessen des namensgebenden Elternteils eindeutig vorrangige Bedeutung nachweisen können.

  Durch die Einbenennung wird der neue Name des Kindes grundsätzlich unwandelbar fixiert. Nimmt der sorgeberechtigte Elternteil nach Scheidung seiner Ehe gemäß § 1355 Abs. 5 S. 2 wieder seinen Geburtsnamen an, kann sich das Kind dieser Namensänderung nicht anschließen.[570]

570 BGH NJW 2004, 1108.

F. Verwandtenunterhalt

I. Der Kindesunterhalt

1. Der Kindesunterhalt ist der wichtigste Anwendungsbereich der §§ 1601 ff., die allgemein den (über das Eltern-Kind-Verhältnis hinausgehenden) Verwandtenunterhalt regeln. Das Unterhaltsrecht wurde durch die Unterhaltsreform (01.01.2008) geändert. Grundprinzip ist u.a. nunmehr der Vorrang des Kindesunterhalts gegenüber allen übrigen Unterhaltspflichten (vgl. § 1609). **157**

Fall 39: Naturalunterhalt

K ist das 10-jährige eheliche Kind von M und F, die sich im Juni 2020 getrennt haben. K lebt seit dieser Zeit mit der Mutter allein in Hamburg, während der Vater zu seiner neuen Freundin nach München gezogen ist. Die elterliche Sorge steht den Eltern gemeinsam zu. F benötigt für K Unterhalt, da sie selbst nicht genügend Geld verdient und K vermögenslos ist. M meint, er könne Naturalunterhalt gewähren durch Lebensmittel und Kleidung für K; eine Geldzahlung verweigere er. Er verdiene zwar als Finanzbeamter 2.200 € netto, benötige dieses Geld aber selber, zumal er auch berufsbedingte Aufwendungen, insbesondere Fahrtkosten von seiner Wohnung zu seiner Behörde habe. Auch sei er unsicher, ob F einen Barunterhalt für K verwende. Schließlich erhalte die F bereits das Kindergeld i.H.v. 204 €. F möchte wissen, ob Ansprüche gegen M auf Zahlung von Kindesunterhalt bestehen und ob diese von ihr selbst geltend gemacht werden können?

I. **Vertretung von K** **158**

Der minderjährige K muss von seiner Mutter im Falle der Geltendmachung von Unterhaltsansprüchen gegen den Vater vertreten werden. Die Vertretungsbefugnis knüpft in Fällen der gemeinsamen elterlichen Sorge insoweit an die Obhut über das Kind an, § 1629 Abs. 2 S. 2.[571] Somit ist die F als Vertreterin von K befugt, Unterhaltsansprüche gegen M geltend zu machen.

Obhut bedeutet die tatsächliche Fürsorge für das Kind, also die Befriedigung der elementaren Bedürfnisse des Kindes durch Pflege, Verköstigung, Gestaltung des Tagesablaufs, Erreichbarkeit bei Problemen und emotionale Zuwendung.[572]

Sollte der Unterhalt gerichtlich geltend gemacht werden müssen, handelt die Mutter insoweit im eigenen Namen. Es besteht nach § 1629 Abs. 3 eine gesetzliche Verfahrensstandschaft (ein fremdes Recht darf im eigenen Namen eingefordert werden). Der Gesetzgeber wollte damit erreichen, dass Kinder in den Konflikt der Eltern nicht hereingezogen werden. § 1629 Abs. 3 betrifft aber nur verheiratete Eltern, das heißt bei unverheirateten Eltern oder nach Scheidung ist eine solche Verfahrensstandschaft (im eigenen Namen) nicht zulässig.[573]

II. **Materielle Unterhaltsvoraussetzungen**

1. **Verwandtschaft in gerader Linie** besteht hier zwischen Vater und Sohn, vgl. §§ 1601, 1589.

---

571 Vgl. dazu Roßmann, Praxishandbuch Unterhaltsrecht, Kap. 3 Rn. 10 ff.

572 Palandt/Götz § 1629 Rn. 25.

573 Vgl. dazu Roßmann, Praxishandbuch Unterhaltsrecht, Kap. 3 Rn. 15 f.

2. **Bedürftigkeit** des Unterhaltsberechtigten, § 1602 Abs. 1

   Unterhaltsberechtigt ist nur, wer außerstande ist, sich selbst zu unterhalten, § 1602 Abs. 1. Grundsätzlich ist derjenige nicht bedürftig, der eigenes Vermögen hat oder arbeiten kann, es sei denn, dass eine Verwertung der Arbeitskraft unzumutbar ist. Ein zehnjähriges Kind geht zur Schule, d.h. eine Erwerbspflicht besteht nicht.

   Im vorliegenden Fall ist Bedürftigkeit gegeben, da K keine Einkünfte und kein Vermögen hat.

3. **Leistungsfähigkeit** des in Anspruch Genommenen, § 1603

   Unterhaltspflichtig ist grundsätzlich derjenige nicht, der bei Berücksichtigung seiner sonstigen Verpflichtungen außerstande ist, ohne Gefährdung seines eigenen angemessenen Unterhalts den Unterhalt zu gewähren, § 1603 Abs. 1. Ansonsten würde man Unterhaltsketten produzieren, die sowohl die Motivation und die Schaffenskraft der Pflichtigen stark beeinträchtigen als auch das Sozialsystem nachhaltig belasten würden.[574]

   M bestreitet seine Leistungsfähigkeit (Einwendung) nicht, sodass diese angenommen werden kann.

4. Der Umfang des Unterhaltsanspruchs bestimmt sich gemäß § 1610 Abs. 1 nach der Lebensstellung der Bedürftigen – **angemessener Unterhalt**. Er umfasst den gesamten Lebensbedarf. Ein minderjähriges Kind hat noch keine eigene Lebensstellung, sondern leitet diese von den Eltern ab.

159 In dem Bemühen, den unbestimmten Rechtsbegriff der Bedürftigkeit zu konkretisieren, im Einzelfall die Bestimmung der Unterhaltshöhe zu erleichtern und gerichtliche Entscheidungen voraussehbar zu machen, haben sich in der Praxis Tabellen und Leitlinien durchgesetzt. Weitgehend durchgesetzt hat sich die vom OLG Düsseldorf entwickelte und immer wieder angepasste **Düsseldorfer Tabelle**, die von den meisten Oberlandesgerichten, zum Teil mit Modifikationen, zugrunde gelegt wird. Sie wird ergänzt durch die **Leitlinien der Oberlandesgerichte zum Unterhaltsrecht**. Danach bestimmt sich der Kindesunterhalt in Abhängigkeit von den Einkünften des barunterhaltspflichtigen Elternteils, ein weiteres Kriterium ist das Alter des bedürftigen Kindes.

Der Unterhalt ist durch eine Geldrente monatlich im Voraus zu leisten, § 1612 Abs. 1 und 3. Er kann grundsätzlich nicht durch Naturalleistungen erbracht werden, es sei denn, dies wäre durch besondere Gründe zu rechtfertigen, vgl. § 1612 Abs. 1 S. 2.
Diese sind nicht erkennbar, sodass M einen Barunterhalt schuldet.

Naturalunterhalt wird nämlich bereits vom betreuenden Elternteil geleistet, sodass dies im Normalfall nicht hilfreich ist, vgl. § 1606 Abs. 3 S. 2. Allein die Befürchtung des Unterhaltspflichtigen, der Barunterhalt werde nicht zweckgerecht verwendet, ist jedenfalls kein besonderer Grund, von der Barunterhaltspflicht abzuweichen. Anders kann es liegen, wenn sich der Unterhaltsschuldner in ernsten finanziellen Schwierigkeiten befindet und den Unterhalt in natura einfacher aufbringen könnte.

---

574 Coester-Waltjen Jura 2005, 321.

5. Die Unterhaltsberechnung

Der Kindesunterhalt berechnet sich aufgrund der Sachverhaltsangaben und der Düsseldorfer Tabelle (Stand: 01.01.2020) wie folgt:

M erwirtschaftet ein Nettoeinkommen von monatlich 2.200 €. Seine berufsbedingten Aufwendungen, insbesondere Fahrtkosten, legt er nicht konkret dar, sodass nur die Pauschale von 5 % der Nettoeinkünfte berücksichtigungsfähig ist.[575] Ein sog. Erwerbstätigenbonus wird beim Kindesunterhalt (im Unterschied zum Ehegattenunterhalt) nicht gewährt.[576] Damit beträgt das unterhaltsrechtlich relevante Einkommen des M 2.090 €.

Damit befindet sich M in **Einkommensgruppe 2 der Düsseldorfer Tabelle** (vertretbar wäre nach Anmerkung 1 der Düsseldorfer Tabelle sogar Einkommensgruppe 3, weil M scheinbar nur einem Kind gegenüber unterhaltspflichtig ist, die Tabelle sich aber auf zwei Unterhaltsberechtigte bezieht). K ist zehn Jahre alt, sodass der Unterhalt der zweiten Altersgruppe zu entnehmen ist. Danach ergibt sich ein Betrag von 446 €.

In der Tat ist aber das Kindergeld nach § 1612 b Abs. 1 Nr. 1 zur Hälfte bedarfsdeckend zu berücksichtigen (das Kindergeld wird auf diese Weise zwischen den Eltern hälftig geteilt). Damit ergibt sich, dass M Kindesunterhalt i.H.v. monatlich 344 € zu zahlen hat (Stand: Juni 2020).[577]

III. **Ergebnis:** F kann den Unterhaltsanspruch des K gegen M erfolgreich i.H.v. 344 € monatlich geltend machen.

---

2. Vertragliche Unterhaltspflicht

Die Unterhaltspflicht gegenüber einem Kind kann sich aus einem echten Vertrag zugunsten eines Dritten i.S.v. § 328 Abs. 1 BGB ergeben. **160**

Eine **Vereinbarung zwischen Eheleuten**, mit welcher der Ehemann sein Einverständnis zu einer **heterologen Insemination** erteilt, enthält regelmäßig zugleich einen von familienrechtlichen Besonderheiten geprägten berechtigenden Vertrag zugunsten des aus der heterologen Insemination hervorgehenden Kindes, aus dem sich für den Ehemann dem Kind gegenüber die Pflicht ergibt, für dessen Unterhalt wie ein ehelicher Vater zu sorgen. Bei der mit Einwilligung des Ehemanns vorgenommenen heterologen Insemination handelt es sich aus seiner Sicht um die Übernahme der Elternschaft (der Scheinvaterschaft) durch Willensakt.[578] Der Ehemann wird im Fall der Behandlung sei-

575 Vgl. Palandt/Brudermüller § 1361 Rn. 48.

576 Vgl. Palandt/Brudermüller § 1578 Rn. 48.

577 Die Düsseldorfer Tabelle und auch die Höhe des Kindergeldes ändern sich kontinuierlich. Deshalb wird insbesondere bei Durchführung eines Gerichtverfahrens der Unterhalt „dynamisch", d.h. in prozentualer Abhängigkeit zum sog. Mindestunterhalt, bestimmt, sodass die Unterhaltsentscheidung sich an diese Veränderungen ohne Notwendigkeit gerichtlicher Abänderungsverfahren anpasst, wenn sich der Mindestunterhalt erhöht; vgl. dazu Roßmann, Praxishandbuch Unterhaltsrecht, Kap. 3 Rn. 153 ff.

578 BGH RÜ 2015, 769.

ner Ehefrau mit Spendersamen kraft Gesetzes zum Vater (§ 1592 Nr. 1 BGB) und kann die Vaterschaft später auch nicht anfechten (§ 1600 Abs. 4 BGB).

Fraglich ist, was gilt, wenn der **nicht mit der Mutter verheiratete zeugungsunfähige Partner** bei einer heterologen Insemination mitwirkt, d.h. das Fremdsperma beschafft und eine Erklärung abgibt mit folgendem Inhalt: „Hiermit erkläre ich, dass ich für alle Folgen einer eventuell eintretenden Schwangerschaft aufkommen werde und die Verantwortung übernehmen werde!"

Nach h.M. ergibt sich der Unterhaltsanspruch des Kindes dann aus einem **echten Vertrag zugunsten eines Dritten i.S.v. § 328 Abs. 1 BGB**. Eine Vereinbarung, mit welcher ein Mann die Einwilligung zu einer heterologen künstlichen Befruchtung einer Frau mit dem Ziel erteilt, die Vaterstellung für das zu zeugende Kind einzunehmen, enthält nämlich regelmäßig zugleich einen von familienrechtlichen Besonderheiten geprägten Vertrag zugunsten des aus der künstlichen Befruchtung hervorgehenden Kindes, aus dem sich für den Mann dem Kind gegenüber die Pflicht ergibt, für dessen Unterhalt wie ein rechtlicher Vater einzustehen. Die Einwilligung des Mannes muss gegenüber der Frau erklärt werden und bedarf keiner besonderen Form.[579]

161 **3.** Die unterhaltsrechtliche Ersatzhaftung

Fall 40: Unterhaltsanspruch gegen Großvater für Zeit vor Vaterschaftsfeststellung

Am 08.07.2017 wurde die K als nichteheliches Kind der M geboren. Durch Beschluss vom 02.02.2020, der seit dem 10.03.2020 rechtskräftig ist, wurde festgestellt, dass V der Vater der K ist. Zugleich wurde V zur Zahlung von Mindestunterhalt ab 08.07.2017 verpflichtet. V leistete keine Zahlungen, da er wegen einer schweren Erkrankung zur Unterhaltsleistung nicht in der Lage war. Einziger leistungsfähiger Verwandter der K ist ihr Großvater G, der Vater des V. G zahlte seit dem 01.06.2020 freiwillig monatlich 344 €. Zahlungen für die Zeit vor dem 01.06.2020 lehnt G ab.

Mit einem Antrag nimmt K den G auf rückständigen Unterhalt für die Zeit von Juli 2017 bis Mai 2020 in Anspruch.

I. **Ersatzhaftung**

G ist im Wege der Ersatzhaftung nach § 1607 Abs. 1 seiner Enkelin gegenüber unterhaltspflichtig.[580]

II. **Unterhalt für die Vergangenheit**

1. **Grundsätzlich Schutz vor unerwarteten Nachforderungen**

§ 1613 schränkt die Möglichkeit ein, Unterhalt für die Vergangenheit geltend zu machen. Nach § 1613 Abs. 1 kann der Berechtigte für die Vergangenheit Unterhalt

579 BGH RÜ 2015, 769; zustimmend dazu Wellenhofer FamRZ 2015, 2137.

580 Vgl. dazu Hohloch JuS 2006, 463.

oder Schadensersatz wegen Nichterfüllung nur fordern, wenn eine der drei Voraussetzungen gemäß § 1613 Abs. 1 S. 1 vorliegt: Verzug, Rechtshängigkeit oder Aufforderung zur Auskunft.[581]

2. **Erweiterte Haftung für in der Vergangenheit liegende Unterhaltszeiträume**
Ohne die Einschränkung des Abs. 1 kann der Berechtigte für die Vergangenheit auch Unterhalt verlangen, soweit er aus rechtlichen oder tatsächlichen, in den Verantwortungsbereich des Unterhaltspflichtigen fallenden Gründen an der Geltendmachung gehindert war, § 1613 Abs. 2 Nr. 2.

a) Ein **rechtliches Hindernis** i.S.d. § 1613 Abs. 2 Nr. 2 lit. a stellen §§ 1594 Abs. 1, 1600 d Abs. 5 dar: Solange beim nichtehelichen Vater die Vaterschaft nicht anerkannt oder gerichtlich festgestellt ist, können die Rechtswirkungen der Vaterschaft und damit Unterhaltsansprüche nicht geltend gemacht werden.[582] Die Sperre wirkt auch gegenüber Verwandten des Kindes, bei denen eine Ersatzhaftung in Betracht kommt.[583]

Im vorliegenden Fall bestand die Sperre, da die Vaterschaft des V erst seit dem 10.03.2020 rechtskräftig festgestellt ist.

b) Die **erweiterte Unterhaltszahlungspflicht nach § 1613 Abs. 2 Nr. 2 lit. a** für die Vergangenheit gilt nicht nur für den (nichtehelichen) Vater, sondern **auch** die **nachrangig oder ersatzweise haftenden väterlichen Verwandten**.

Ergebnis: Somit kann K auch rückständigen Unterhalt fordern.

---

4. Der Elternteil, der ein **minderjähriges unverheiratetes Kind** betreut, erfüllt seine Verpflichtung, zum Unterhalt des Kindes beizutragen, in der Regel durch die **Pflege und Erziehung** des Kindes, § 1606 Abs. 3 S. 2. Aus § 1606 Abs. 3 S. 2 wird der **Grundsatz der Gleichwertigkeit von Bar- und Naturalunterhalt** abgeleitet. 162

5. Privilegierte Kinder

- **Minderjährige unverheiratete** Kinder brauchen – im Unterschied zu dem im Unterhaltsrecht sonst geltenden Grundsatz – bei dem Unterhaltsanspruch gegenüber ihren Eltern den Stamm ihres Vermögens grundsätzlich nicht anzugreifen, § 1602 Abs. 2.

  Gegenüber minderjährigen unverheirateten Kindern wird die Leistungsfähigkeit der Eltern über die Grenze des eigenen angemessenen Unterhalts hinaus erweitert. Sie müssen mit diesen Kindern grundsätzlich alles teilen, § 1603 Abs. 2 S. 1.[584]

  Die Leistungsfähigkeit des Unterhaltspflichtigen wird nicht allein durch das tatsächlich vorhandene Einkommen des Unterhaltsschuldners, sondern vielmehr auch durch seine Erwerbstätigkeit bestimmt. Reichen seine tatsächlichen Einkünfte nicht

581 Vgl. dazu Keuter FamRZ 2009, 1024 ff.
582 Weinreich/Klein § 1613 Rn. 53 f.
583 Weinreich/Klein § 1613 Rn. 54.
584 Vgl. dazu Weinreich/Klein § 1603 Rn. 92.

aus, so trifft ihn unterhaltsrechtlich die Obliegenheit, seine Arbeitsfähigkeit in bestmöglicher Weise einzusetzen und eine mögliche Erwerbstätigkeit auszuüben. Gegenüber minderjährigen Kindern erfährt diese Verpflichtung aufgrund der Vorschrift des § 1603 Abs. 2 eine Verschärfung dahin, dass den Unterhaltspflichtigen eine noch erheblich gesteigerte Verpflichtung zur Ausnutzung seiner Arbeitskraft trifft. Wird dieser Erwerbspflicht nicht ausreichend Rechnung getragen, können sog. fiktive Einkünfte konstruiert und der Unterhaltsberechnung zugrunde gelegt werden.[585]

- Den minderjährigen unverheirateten Kindern stehen **volljährige unverheiratete Kinder bis zur Vollendung des 21. Lebensjahres** gleich, solange sie im Haushalt der Eltern oder eines Elternteils leben und sich in der allgemeinen Schulausbildung befinden, § 1603 Abs. 2 S. 2 – sog. privilegierte volljährige Kinder.

- Die erweiterte Unterhaltspflicht der Eltern unter Einsatz aller verfügbaren Mittel tritt nicht ein, wenn ein anderer unterhaltspflichtiger Verwandter vorhanden ist. Dies kann auch der andere Elternteil sein, wenn er leistungsfähig ist.[586]

  Die erweiterte Unterhaltspflicht tritt auch nicht ein gegenüber einem Kind, dessen Unterhalt aus dem Stamme seines Vermögens bestritten werden kann, § 1603 Abs. 2 S. 3.

- Bei mehreren Bedürftigen gehen minderjährige unverheiratete Kinder und Kinder i.S.v. § 1603 Abs. 2 S. 2 den anderen Bedürftigen vor, § 1609 Nr. 1.

163 **6.** Die Eltern schulden ihren Kindern einen nach der individuellen Lebensstellung des Kindes zu bestimmenden **(angemessenen) Unterhalt**, § 1610 Abs. 1. Kinder leiten ihre Lebensstellung grundsätzlich von den Eltern ab. Insoweit ist die Unterhaltshöhe individuell bestimmt.[587] Der Unterhalt umfasst den gesamten Lebensbedarf, einschließlich der Kosten einer angemessenen Vorbildung zu einem Beruf, und zwar auch dann, wenn das Kind bereits volljährig ist, § 1610 Abs. 2.

Für die Angemessenheit kommt es auf die Befähigung des Kindes und darauf an, ob und inwieweit den Eltern die Finanzierung zugemutet werden kann. Geschuldet wird von den Eltern eine ihnen wirtschaftlich zumutbare Finanzierung einer optimalen, berufsbezogenen Berufsausbildung ihres Kindes, die dessen Neigungen entspricht.[588]

Für ein bildungsfähiges Kind umfasst der Ausbildungsunterhalt in jedem Fall den Besuch der Grund- und Hauptschule. Die Fortsetzung der Schulbildung über die gesetzliche Schulpflicht hinaus setzt eine entsprechende Begabung und Leistungswillen aufseiten des Kindes voraus.

Haben die Eltern ihrem Kind eine angemessene Berufsausbildung gewährt, sind sie im Allgemeinen nicht verpflichtet, die Kosten einer weiteren Ausbildung zu tragen.[589]

Es kann jedoch der Unterhaltsanspruch eines Kindes, das nach Erlangung der Hochschulreife zunächst eine praktische Ausbildung durchlaufen hat, auch die Kosten eines Hochschulstudiums umfassen,

585 Palandt/Brudermüller § 1603 Rn. 23; OLG Köln FamRZ 2012, 314; OLG Stuttgart FamRZ 2012, 315.
586 BGH FamRZ 2013, 1558.
587 Vgl. PWW/Soyka § 1610 Rn. 1; Coester-Waltjen Jura 2005, 321.
588 Roßmann, Praxishandbuch Unterhaltsrecht, Kap. 3 Rn. 89.
589 PWW/Soyka § 1610 Rn. 7.

wenn dieses mit den vorausgegangenen Ausbildungsabschnitten in einem engen sachlichen und zeitlichen Zusammenhang steht und die Finanzierung des Ausbildungsgangs den Eltern wirtschaftlich zuzumuten ist[590] (sog. zusammengesetzte Ausbildung, z.B. Banklehre und BWL- oder Jurastudium bzw. Lehramtsstudium[591]).

Das OLG Stuttgart[592] hat aber entschieden, dass die zu den sog. **Abitur-Lehre-Studium-Ausbildungsgängen** entwickelte Rechtsprechung zum Anspruch auf Ausbildungsunterhalt nicht entsprechend auf den Fall eines **Studiums nach Mittlerer Reife und anschließender Berufsausbildung** anzuwenden ist.

Die Verpflichtung zur Finanzierung einer weiteren Ausbildung ist auch dann gegeben, wenn die erste Ausbildung auf einer deutlichen **Fehleinschätzung** der Begabung des Kindes beruhte[593] oder das Kind von den Eltern in einen unbefriedigenden, seiner Begabung nicht Rechnung tragenden Beruf gedrängt worden war.

Der aus § 1610 Abs. 2 folgende Anspruch des Kindes auf Finanzierung einer angemessenen, seiner Begabung, Neigung und seinem Leistungswillen entsprechenden **Berufsausbildung** ist vom **Gegenseitigkeitsprinzip** geprägt. Der Verpflichtung des Unterhaltsschuldners auf Ermöglichung einer Berufsausbildung steht aufseiten des Unterhaltsberechtigten die Obliegenheit gegenüber, sie mit Fleiß und der gebotenen Zielstrebigkeit in angemessener und üblicher Zeit zu beenden.[594]

7. Unverheirateten Kindern gegenüber, auch wenn diese volljährig sind, können die Eltern bestimmen, in welcher **Art und in welcher Zeit** im Voraus der **Unterhalt gewährt** werden soll, § 1612 Abs. 2 S. 1. Die Eltern können den Unterhalt auch durch Gewährung von Wohnung und Kost im elterlichen Haushalt leisten. **164**

Das Interesse der Eltern an Naturalunterhaltsgewährung in der elterlichen Wohnung steht häufig im Widerspruch zum Interesse volljähriger Kinder an selbstständiger Lebensführung. Nach neueren Entscheidungen kann eine tiefgreifende Entfremdung zwischen Eltern und Kind einen Grund für eine Änderungsentscheidung des Gerichts darstellen, ohne dass es dabei grundsätzlich auf ein Verschulden ankommt; jedoch ist ein provozierendes oder rücksichtsloses Verhalten des Kindes zu berücksichtigen.[595]

Volljährigen Kindern gegenüber sind beide Eltern – und dies wird dann relevant, wenn die Eltern getrennt leben oder bereits geschieden sind – barunterhaltspflichtig. Dies gilt auch dann, wenn das volljährige Kind noch in dem Haushalt eines Elternteils lebt. Die Unterhaltslast bestimmt sich zwischen den Eltern entsprechend ihrer Leistungsfähigkeit, d.h. nach den für Unterhaltszwecke tatsächlich zur Verfügung stehenden Mitteln. Die Eltern haften also nach § 1606 Abs. 3 S. 1 anteilig nach ihren Erwerbs- und Vermögensverhältnissen. Die Haftungsanteile der Eltern werden in der Weise ermittelt, dass nach dem Abzug ihres angemessenen Eigenbedarfs das rechnerische Verhältnis der jeweils verbleibenden Einkünfte ermittelt wird.[596]

8. Eine **wichtige Vorschrift** für den Kindesunterhalt ist die **Regelung des § 1612 a**.

Ein **minderjähriges Kind** – gleichgültig, ob die Eltern miteinander verheiratet sind oder nicht – kann von einem **Elternteil**, mit dem es **nicht in einem Haushalt** lebt, wahlweise anstelle des bezifferten Individualunterhalts den **Unterhalt als Prozentsatz des jewei-**

590 Roßmann, Praxishandbuch Unterhaltsrecht, Kap. 3 Rn. 92 ff.
591 BGH FamRZ 2017, 799.
592 OLG Stuttgart FamRZ 2019, 963 = FuR 2019, 215.
593 BGH FamRZ 2006, 1100; FamRZ 2000, 420; OLG Bamberg FamRZ 1990, 790.
594 BGH FamRZ 2017, 799; BGH NJW 1998, 1555, 1556.
595 Palandt/Brudermüller § 1612 Rn. 10 ff.; KG FamRZ 1990, 791, 792.
596 Roßmann, Praxishandbuch Unterhaltsrecht, Kap. 3 Rn. 184 ff.

ligen Mindestunterhalts verlangen, § 1612 a Abs. 1. Der Mindestunterhalt ist der sog. Düsseldorfer Tabelle zu entnehmen, die kontinuierlich an die Lebensverhältnisse, d.h. das steuerfrei zu stellende sächliche Existenzminimum des minderjährigen Kindes angepasst wird. Dies bedeutet also, dass im Falle einer prozentualen Eingruppierung der Unterhaltspflicht bei jeder Änderung der Düsseldorfer Tabelle der Unterhalt sich automatisch neu bestimmt, d.h. sich in der Regel steigert.

Es kann also der sich nach den konkreten Verhältnissen richtende Individualunterhalt (§§ 1601 ff.) auf folgende Weise festgestellt werden:

- statisch (als konkreter Festbetrag)
  Das Kind kann – ohne dass es auf die besonderen Voraussetzungen des § 1612 a ankommt – den ihm nach §§ 1601 ff. zustehenden Individualunterhalt als konkreten Festbetrag verlangen.

  Es erfolgt keine sog. Dynamisierung. Ein entsprechender Unterhaltstitel muss mit einem Abänderungsantrag nach §§ 238, 239 FamFG im Einzelfall abgeändert werden.

- dynamisch, § 1612 a (orientiert am Mindestunterhalt)
  Der dynamische Unterhalt wird ausgedrückt als Prozentsatz des Mindestunterhalts.

  Der dynamische Unterhalt soll Veränderungen, soweit sie sich aufgrund des allgemeinen Einkommensniveaus und der Geldentwertung entwickeln, ausgleichen. Soweit dagegen eine Anpassung an die individuelle Entwicklung des Lebensbedarfs des Unterhaltsberechtigten bzw. der Leistungsfähigkeit des Unterhaltsverpflichteten erforderlich wird, ist dies mit einem Unterhaltsänderungsantrag nach §§ 238, 239 FamFG zu korrigieren.

165 **9. Kinderbezogene Leistungen** – insbesondere Kindergeld – sind gemäß §§ 1612 b und 1612 c zur Deckung des Barbedarfs des Kindes zu verwenden. Da das Kindergeld aber beiden Eltern zusteht, wird regelmäßig nur eine Anrechnung zur Hälfte auf die Barunterhaltsschuld praktiziert (vgl. § 1612 b Abs. 1 Nr. 1).

10. Kindesunterhalt wird in der Praxis regelmäßig in einem **Vollstreckungstitel** festgesetzt, damit bei Nichtzahlung des Unterhaltspflichtigen die schnelle Realisierung des Unterhalts möglich ist. Gerichtliche Unterhaltsverfahren sind in der Regel aber zeitaufwendig und auch im Einzelfall mit erheblichen Kosten verbunden. Werden diese Verfahren durchgeführt, so enden sie im Erfolgsfall mit einem gerichtlichen Unterhaltsbeschluss oder mit einem gerichtlichen Unterhaltsvergleich. Sollte der Unterhalt keinen Aufschub dulden, weil z.B. bereits eine Notlage beim Berechtigten besteht, kann der Unterhalt auch mit einer einstweiligen Anordnung nach §§ 54 ff., 246 FamFG gefordert werden. Nach § 249 FamFG kann der Unterhalt eines minderjährigen Kindes, das mit dem in Anspruch genommenen Elternteil nicht in einem Haushalt lebt, auch im vereinfachten Verfahren festgesetzt werden, soweit der Unterhalt vor Berücksichtigung der Leistungen nach §§ 1612 b, 1612 c das 1,2-Fache des Mindestunterhalts nach § 1612 a Abs. 1 nicht übersteigt. Im vereinfachten Verfahren kann die gerichtliche Unterhaltsentscheidung ohne mündliche Verhandlung durch Beschluss ergehen, § 253 FamFG. Das vereinfachte Verfahren verursacht i.d.R. nur geringere Kosten. Keine Kosten fallen an, wenn der Unterhaltspflichtige den von ihm akzeptierten Unterhalt beim Jugendamt titulieren lässt (sog. Jugendamtsurkunde, vgl. §§ 59 Abs. 1 Nr. 3, 60 SGB VIII).

II. Die Unterhaltspflicht gegenüber (anderen) Verwandten

Die §§ 1601 ff. begründen Unterhaltsansprüche **zwischen Verwandten in gerader Linie**, also zwischen Personen, bei denen eine von der anderen abstammt (§ 1589). Damit besteht u.a. eine Unterhaltspflicht der Eltern gegenüber ihren Kindern (s.o.), es sind aber auch die Kinder ihren Eltern gegenüber unterhaltspflichtig.[597] Allerdings ist ein solcher Anspruch der Eltern gegenüber ihren Kindern allen anderen Unterhaltspflichten gegenüber nachrangig.[598] Insoweit macht der Begriff der sog. „Sandwichgeneration" die Runde, da diese Generation zum einen die eigenen Kinder unterhalten soll, eine eigene Alterssicherung mittlerweile selbstständig aufzubauen hat und nunmehr auch noch den Eltern gegenüber Unterhaltspflichten übernimmt. Dies ist kaum zu schaffen. **166**

Reihenfolge der Unterhaltspflichtigen, §§ 1606 ff.:

1. vor Verwandten grundsätzlich der Ehegatte, § 1608,
2. vor Verwandten der aufsteigenden Linie die Abkömmlinge, § 1606 Abs. 1,
3. von Verwandten der aufsteigenden Linie und Abkömmlingen jeweils die näheren vor den entfernteren, § 1606 Abs. 2, also grundsätzlich die Eltern vor den Großeltern, die Kinder vor den Enkeln.
4. Soweit ein Verwandter gemäß § 1603 nicht leistungsfähig ist, hat der nach ihm haftende Verwandte den Unterhalt zu gewähren, § 1607.

Gleich nahe Verwandte haften anteilig (also nicht gesamtschuldnerisch!) nach ihren Erwerbs- und Vermögensverhältnissen, § 1606 Abs. 3 S. 1.

Fall 41: Voraussetzungen, Umfang und Inhalt des Unterhaltsanspruchs

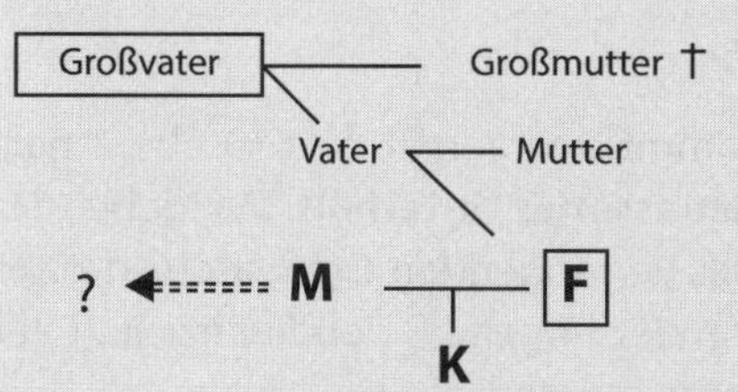

Die 23-jährige F ist von ihrem Mann M verlassen worden. Sein Aufenthaltsort ist unbekannt. M und F haben ein acht Monate altes Kind K. Die F kann daher selbst nicht arbeiten. Die Eltern und Großeltern des M sind gestorben. Von ihren Eltern erhält F keine Unterstützung, da ihr Vater nur eine gerade für seinen Lebensunterhalt und den seiner Frau ausreichende Rente bezieht. Von ihren Großeltern lebt nur noch der Großvater G. Dieser ist zwar sehr vermögend, hat sich jedoch mit seiner Familie zerstritten und will deshalb die F nicht unterstützen. Kann die F für sich und ihr Kind von G Unterhalt fordern? Kann ggf. der G gegen M Ersatzansprüche geltend machen?

A. **Eigener Unterhaltsanspruch der F gegen ihren Großvater G?** **167**

I. Voraussetzungen

1. **Verwandtschaft in gerader Linie** besteht hier zwischen Großvater und Enkelin, vgl. §§ 1601, 1589.

597 Zum Unterhaltsanspruch der Eltern gegen ihre Kinder Schürmann FF 2015, 392; Seiler FF 2014, 136.

598 BVerfG FamRZ 2005, 1051 ff.

2. **Bedürftigkeit** des Unterhaltsberechtigten, § 1602 Abs. 1

   Unterhaltsberechtigt ist grundsätzlich nur, wer außerstande ist, sich selbst zu unterhalten, § 1602 Abs. 1. Da die F ein Kleinkind zu versorgen hat, ist ihr die Aufnahme einer Erwerbstätigkeit nicht zumutbar. F ist daher bedürftig.

3. **Leistungsfähigkeit** des in Anspruch Genommenen, § 1603

   G ist sehr vermögend, d.h. er ist leistungsfähig.

4. Dem in Anspruch Genommenen darf kein anderer Unterhaltspflichtiger in der **Reihenfolge** vorgehen.

   a) Vor den Verwandten ist grundsätzlich der Ehegatte unterhaltspflichtig, § 1608 S. 1. Die Verwandten haften nur dann vor dem Ehegatten, wenn dieser den Unterhalt nicht ohne Gefährdung seines eigenen angemessenen Unterhalts leisten kann, § 1608 S. 2. Ein solcher Ausnahmefall liegt hier nicht vor, denn M ist leistungsfähig und hat sich nur seiner Leistungspflicht durch die Flucht entzogen. Nach § 1608 S. 3 ist jedoch § 1607 Abs. 2 entsprechend anzuwenden: Wenn die Rechtsverfolgung gegen den Ehemann erheblich erschwert ist, tritt die Ersatzhaftung des „nach ihm haftenden Verwandten" ein. Das ist hier der Fall.

   b) Die Reihenfolge der unterhaltspflichtigen Verwandten ist bei der F: zunächst ihr Kind (§ 1606 Abs. 1), dann ihre Eltern und danach ihre Großeltern (§ 1606 Abs. 2). Hier entfallen jedoch mangels Leistungsfähigkeit gemäß § 1603 Abs. 1 die Unterhaltspflichten sowohl des Kindes als auch der Eltern der F. Es tritt somit nach § 1607 Abs. 1 die Ersatzhaftung ihres Großvaters G ein.

II. Umfang und Inhalt des Unterhaltsanspruchs

Der Umfang des Unterhaltsanspruchs bestimmt sich gemäß § 1610 Abs. 1 nach der Lebensstellung der Bedürftigen – **angemessener Unterhalt**. Maßgebend ist hier also nicht etwa der Lebensstandard des vermögenden Großvaters (des Unterhaltsverpflichteten), sondern der, wie ihn der M gemäß den finanziellen Verhältnissen seiner Familie der F hätte gewähren müssen.

B. **Unterhaltsanspruch des Kindes K gegen seinen Urgroßvater G?**

Verwandtschaft in gerader Linie besteht. Bedürftigkeit des Kindes K ist gegeben. Da G vermögend ist, berührt seine Leistungspflicht gegenüber der Enkelin F nicht seine Leistungsfähigkeit gegenüber seinem Urenkel K (Kind der F).

Dem G darf, damit seine Ersatzhaftung nach § 1607 eingreift, kein dem Kind näherer Unterhaltspflichtiger vorgehen. Der Vater des K scheidet nach § 1607 Abs. 2 S. 1 aus. Die Mutter des K scheidet nach § 1603 Abs. 1 i.V.m. Abs. 2 S. 3 und § 1606 Abs. 3 S. 2 aus.

C. **Ersatzansprüche des G gegen den flüchtigen M?**

Leistet – wie hier – der Verwandte nach § 1607 Abs. 2 Unterhalt, weil die an sich gegebene Unterhaltspflicht eines vorgehenden Unterhaltspflichtigen sich nicht realisieren lässt, dann geht gemäß § 1607 Abs. 2 S. 2 und § 1608 S. 3 der Anspruch des Unterhaltsberechtigten gegen den näher Verpflichteten auf den zahlenden Verwandten über. G kann, soweit er der F und dem K Unterhalt gewährt hat, die auf ihn übergegangenen Unterhaltsansprüche gegen M geltend machen.

Fall 42: Unterhaltsansprüche der Eltern gegen ihre Kinder

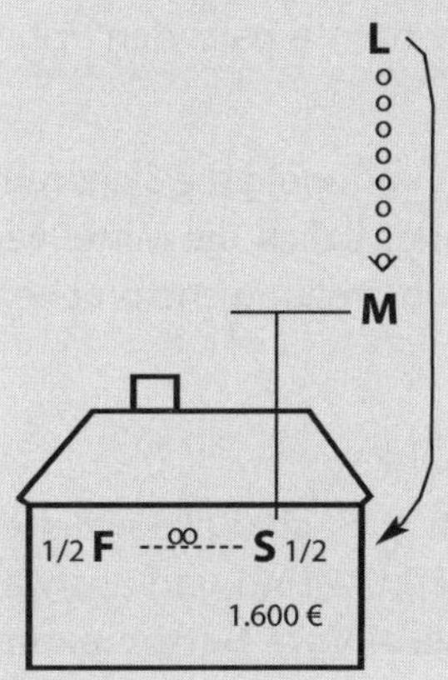

Der Landkreis L (im OLG-Bezirk Oldenburg) zahlt der Frau M im Wege der Sozialhilfe laufende Hilfe zur Pflege i.H.v. 320 €. L nimmt den Sohn S der M aus übergegangenem Recht auf Unterhalt für M in Anspruch. S ist Rentner. Er erhält mtl. Einkünfte i.H.v. 1.600 €. Zusammen mit seiner nicht erwerbstätigen Ehefrau bewohnt er ein im gemeinsamen Eigentum stehendes lastenfreies Einfamilienhaus. Der Mietwert ist für S mit 270 € anzusetzen. Der S beruft sich auf seine fehlende Leistungsfähigkeit. Sein laufendes Einkommen werde für die für seine und seiner Frau angemessene Lebensführung erforderlichen Mittel, wozu auch ein mtl. Sparbetrag von 130 € zur Schaffung eines „Notgroschens" gehöre, völlig aufgebraucht.

In Betracht kommt ein **Unterhaltsanspruch der Mutter gegen ihren Sohn aus § 1601**; **168**
wenn ein solcher besteht, kann L diesen Anspruch aufgrund des **gesetzlichen Forderungsübergangs gemäß § 94 SGB XII** geltend machen.

§ 94 Abs. 1 S. 1 u. 2 SGB XII lauten: „Hat die leistungsberechtigte Person für die Zeit, für die Leistungen erbracht werden, nach bürgerlichem Recht einen Unterhaltsanspruch, geht dieser bis zur Höhe der geleisteten Aufwendungen zusammen mit dem unterhaltsrechtlichen Auskunftsanspruch auf den Träger der Sozialhilfe über. Der Übergang des Anspruchs ist ausgeschlossen, soweit der Unterhaltsanspruch durch laufende Zahlung erfüllt wird."

Durch den gesetzlichen Übergang von Unterhaltsansprüchen werden deren Natur, Inhalt und Umfang nicht verändert.[599]

Voraussetzungen für einen Unterhaltsanspruch der M gegen ihren Sohn S:

I. **Verwandtschaft in gerader Linie** besteht.

II. **Bedürftigkeit** des Unterhaltsberechtigten, § 1602 Abs. 1

Bedürftig ist eine Person, wenn und soweit sie nicht in der Lage ist, ihren Bedarf selbst zu befriedigen. Bedürftig ist der Unterhaltsberechtigte also, soweit sein Bedarf nicht gedeckt ist.

Der **Bedarf** des den Anspruch stellenden Elternteils bestimmt sich gemäß § 1610 Abs. 1 nach der – eigenen – Lebensstellung des Elternteils und umfasst insbesondere

---

599 BGH NJW 2003, 128 = MDR 2003, 86; s. dazu Viefhues ZAP 2003, 301 ff.

die Kosten für notwendige Heimunterbringung und Pflege sowie die Kosten der Kranken- und Pflegeversicherung und ein angemessenes Taschengeld. Der Bedarf der Mutter wird begrenzt durch eigenes Einkommen und Vermögen, d.h. betrifft nur die dadurch nicht gedeckten Kosten.[600]

Entsprechend dem Sachverhalt ist von einer Bedürftigkeit der F in Höhe von 320 € auszugehen.

III. Die Leistungsfähigkeit des S, § 1603

Unterhaltspflichtig ist nicht, wer bei Berücksichtigung seiner sonstigen Verpflichtungen außerstande ist, ohne Gefährdung seines angemessenen Unterhalts den Unterhalt zu gewähren, § 1603 Abs. 1.

§ 1603 Abs. 1 gewährleistet für jeden Unterhaltspflichtigen vorrangig die Sicherung seines eigenen angemessenen Unterhalts; ihm sollen grundsätzlich die Mittel verbleiben, die er zur angemessenen Deckung des seiner Lebensstellung entsprechenden allgemeinen Bedarfs benötigt.[601]

1. **Gesamteinkommen des S**

Zur Feststellung der unterhaltspflichtigen Leistungsfähigkeit sind alle erzielten Einkünfte heranzuziehen, gleich welcher Art diese Einkünfte sind und aus welchem Anlass sie erzielt werden. Maßstab ist das sog. **bereinigte Nettoeinkommen** des Unterhaltspflichtigen.

Abzuziehen sind u.a. die gesetzlichen Steuern und Schulden.

Unterhaltsansprüche von Berechtigten, die im Range vorgehen (Ansprüche eigener Kinder und des Ehegatten) sind vorrangig abzuziehen.

Dem S stehen laufende Einkünfte von 1.600 € zur Verfügung. Daneben ist ihm nach st.Rspr. ein Vorteil für mietfreies Wohnen zuzurechnen, soweit ein zurechenbarer Mietwert die Belastungen übersteigt.[602] Dieser ist hier für S mit 270 € anzusetzen. Es errechnet sich somit ein Gesamteinkommen von 1.870 €.

Seit dem 01.01.2020 gilt das Angehörigen-Entlastungsgesetz (s.u.). Danach gibt es eine Einkommensgrenze für Kinder von pflegebedürftigen Eltern. Diese liegt bei einem **Jahreseinkommen von 100.000 € brutto**. Erst ab Überschreitung dieses Betrages kann das Kind zur Zahlung von Elternunterhalt wegen nicht gedeckter Pflegeleistungen herangezogen werden.

Bereits deshalb ist S nicht leistungsfähig.

2. **Eigener Bedarf des unterhaltspflichtigen Kindes**

Für den Selbstbehalt beim Elternunterhalt gibt es keine festen Tabellensätze. Der angemessene Eigenbedarf kann nicht durchgängig mit einem bestimmten festen Betrag angesetzt werden, sondern ist anhand der konkreten Umstände des Ein-

600 Dethloff § 11 Rn. 25; BGH FamRZ 2013, 363; OLG Karlsruhe FamRZ 2015, 515.

601 BGH NJW 2003, 128, 130.

602 BGH FamRZ 2014, 538.

zelfalls und unter Berücksichtigung der besonderen Lebensverhältnisse zu ermitteln.[603]

Seinen Vermögensstamm braucht das unterhaltspflichtige Kind nicht zu verwerten, wenn dies für ihn mit einem wirtschaftlich nicht mehr zu vertretenden Nachteil verbunden ist.[604]

Auch kommt die Verwertung einer Immobilie bzw. deren Belastung mit einer Sicherungshypothek nicht infrage, um damit ausreichend leistungsfähig zu werden.[605]

Im vorliegenden Fall kann S gegenüber seiner Mutter einen angemessenen Eigenbedarf von mindestens 2.000 € in Anspruch nehmen.[606]

Für die über keine eigenen Einkünfte verfügende Ehefrau des S ist die Berücksichtigung eines Unterhaltsbedarfs von 1.580 € angemessen.[607]

Der Bedarf für die eigene Familie beträgt danach insgesamt wenigstens 3.580 € (sog. Familienselbstbehalt).[608]

3. **Sparleistungen**

Neben diesem dem S für den allgemeinen Lebensbedarf der Familie zu belassenden Betrag sind – nicht aus dem Selbstbehalt aufzubringende – Sparleistungen als weitere Belastung zu berücksichtigen, soweit sich diese in einem angemessenen Rahmen bewegen und in einer im Verhältnis zu den Einkommens- und Vermögensverhältnissen vertretbaren Größenordnung stehen. Der von S geltend gemachte Betrag von mtl. 130 € ist angemessen.[609]

Für S besteht somit ein Eigenbedarf i.H.v. insgesamt mindestens 3.710 €. Da sein Gesamteinkommen nur 1.870 € beträgt, fehlt es an der Leistungsfähigkeit des S auch unabhängig von der neuen Einkommensgrenze von 100.000 € brutto.

L hat daher keinen Anspruch gegen S.

Bei der Berechnung des Mindestbedarfs, der dem Kind verbleiben muss und daher nicht **169**
für den Unterhalt der Eltern zur Verfügung steht, ist das **Einkommen des Ehepartners des Kindes** (Schwiegersohn, Schwiegertochter) zu berücksichtigen. Zwar sind nur die Kinder, nicht aber deren Ehepartner zum Unterhalt verpflichtet. Weil aber die Eheleute untereinander ebenfalls zum Unterhalt verpflichtet sind, ist zu prüfen, inwieweit das Auskommen des Kindes durch die Unterhaltspflicht seines Ehepartners gesichert ist.[610]

603 BGH NJW 2003, 128, 130, 131; Viefhues ZAP 2003, 301, 303 f.
604 BGH FamRZ 2013, 1554; BGH NJW 2003, 128, 131.
605 BGH FamRZ 2013, 1022; BVerfG FamRZ 2005, 1051.
606 Vgl. Düsseldorfer Tabelle, B VI 1 c. (Stand 01.01.2020)
607 So Düsseldorfer Tabelle, B VI 2 c. und die sog. Unterhaltsleitlinien der OLG unter Punkt 22.
608 Vgl. auch Dethloff § 11 Rn. 39.
609 Vgl. dazu OLG Oldenburg NJW 2000, 524, 526.
610 Vgl. dazu Dethloff § 11 Rn. 39.

In derartigen Fällen der Doppelverdienerehe wird allerdings der Familienselbstbehalt mit einem weiteren Freibetrag erhöht, der sich aus der Differenz des Gesamteinkommens der Eheleute zum Familienselbstbehalt, vermindert um eine Haushaltsersparnis von 10 % wegen gemeinsamen Wirtschaftens, errechnet (mathematisch einfacher kann auch 45 % des Betrages angesetzt werden, der nach Abzug des Familienselbstbehalts verfügbar ist[611]). Der so ermittelte weitere Freibetrag wird hälftig zum Familienselbstbehalt addiert; erst danach ergibt sich der für den Elternunterhalt einsetzbare Betrag.

Wie bereits erwähnt wurde zum 01.01.2020 das Angehörigen-Entlastungsgesetz in Kraft gesetzt. Danach gilt eine neue Einkommensgrenze für Kinder von pflegebedürftigen Eltern. Diese liegt bei einem Jahreseinkommen von 100.000 Euro brutto. Damit gleicht das Arbeitsministerium (BMAS) die Regelungen für den Elternunterhalt an die Regularien für die Grundsicherung im Alter und bei Erwerbsminderung an. Dort gilt bereits die 100.000 €-Grenze.

Zum Einkommen zählen dabei auch sonstige Einnahmen, etwa aus Vermietung oder Wertpapierhandel. Vorhandenes Vermögen bleibt dagegen unberücksichtigt.

Beispiel: M verdient 6.000 € netto (120.000 € brutto jährlich) und F 2.000 € netto. M ist seiner Mutter gegenüber unterhaltspflichtig. Das Familieneinkommen von 8.000 € ist um den Familienselbstbehalt von 3.580 € zu verringern, sodass sich ein Betrag von 4.420 € ergibt. 45 % von diesem Betrag, also 1.989 €, sind zum Familienselbstbehalt von 3.580 € hinzuzurechnen (5.569 €). Der einsatzfähige Betrag i.H.v. 2.431 € entfällt (entsprechend des Verdienstanteils am Gesamteinkommen der Eheleute) zu 75 % auf M, sodass M i.H.v. 1.824 € (75 % von 2.431 €) leistungsfähig zur Zahlung von Elternunterhalt ist.[612]

Praktisch betrachtet kommt ein Elternunterhalt aufgrund hoher Freibeträge und der Einkommensgrenze nur in Betracht, wenn die Kinder sehr gut verdienen .

III. Die Rangfolge mehrerer Unterhaltsberechtigter

170 Die unterhaltsrechtlichen Rangverhältnisse mehrerer Unterhaltsgläubiger sind zentral in § 1609 geregelt. Kernpunkt der Regelung ist der absolute Vorrang des Unterhalts minderjähriger unverheirateter Kinder und ihnen nach § 1603 Abs. 2 S. 2 gleichgestellter volljähriger Kinder. Bedeutung hat der Rang, d.h. die Vorschrift des § 1609, allerdings nur dann, wenn das Einkommen des Unterhaltspflichtigen nicht zur Befriedigung der Ansprüche aller Berechtigter ausreicht.

1. Der erste Rang, § 1609 Nr. 1

171 Der Unterhalt minderjähriger unverheirateter Kinder und privilegierter volljähriger Kinder (§ 1603 Abs. 2 S. 2) hat Vorrang vor allen anderen Unterhaltsansprüchen (§ 1609 Nr. 1). Dieser **absolute Vorrang des Kindesunterhalts** dient der Förderung des Kindeswohls, da damit die materiellen Grundlagen für Pflege und Erziehung von Kindern gesichert werden sollen. Der unterhaltsrechtliche Vorrang korrespondiert mit der gesteigerten Unterhaltspflicht der Eltern gegenüber ihren minderjährigen unverheirateten und diesen gleichgestellten volljährigen Kindern (§ 1603 Abs. 2).

611 Palandt/Brudermüller § 1601 Rn. 15.

612 Vgl. dazu Palandt/Brudermüller § 1601 Rn. 15; Dethloff § 11 Rn. 39.

2. Der zweite Rang, § 1609 Nr. 2

Die Unterhaltsansprüche von Eltern wegen der Betreuung von Kindern stehen im Rang unmittelbar hinter denjenigen der Kinder und neben den Unterhaltsansprüchen von Ehegatten bei Ehen von langer Dauer (vgl. § 1609 Nr. 2). Unerheblich ist dabei, ob der betreuende, unterhaltsbedürftige Elternteil mit dem anderen, unterhaltspflichtigen Elternteil verheiratet ist oder nicht. Elternteile i.S.v. § 1609 Nr. 2, die wegen der Betreuung eines Kindes unterhaltsberechtigt sind oder im Fall einer Scheidung wären, sind neben in einer bestehenden Ehe lebenden und wegen der Betreuung von Kindern Familienunterhalt beziehenden Elternteilen auch getrennt lebende und geschiedene Eltern. Weiter erfasst § 1609 Nr. 2 auch die Ansprüche der nicht verheirateten Mutter nach § 1615 l Abs. 2 S. 2 bzw. des nicht verheirateten Vaters (§ 1615 l Abs. 4). **172**

Die Ansprüche übriger Unterhaltsberechtigter (z.B. volljährige Kinder) sind in § 1609 in unteren Rängen aufgeführt.

IV. Der Unterhaltsanspruch nicht verheirateter Eltern gegeneinander, § 1615 l

Fall 43: Die gut verdienende Mutter

Die F verlangt von dem M Unterhalt nach § 1615 l aus Anlass der Geburt des Kindes Petra (P). M ist Vater der am 04.08.2018 geborenen Tochter der F – diese Vaterschaft wurde gerichtlich am 15.07.2019 festgestellt. Er hat seine Unterhaltspflicht für das Kind i.H.v. 128 % des jeweiligen Mindestunterhalts in vollstreckbarer Urkunde anerkannt. Die F hat den am 25.11.2019 bei M zugestellten Leistungsantrag erhoben, mit der sie rückständigen und zukünftigen Unterhalt von M i.H.v. monatlich 1.500 € verlangt. Die F hat vor der Geburt des gemeinsamen Kindes aus mehreren Arbeitsverhältnissen jedenfalls Einkünfte i.H.v. insgesamt monatlich 1.500 € erzielt; es ist davon auszugehen, dass sie diese Einkünfte ohne die Geburt und Betreuung von P auch nach wie vor hätte. Diese Einkünfte sind nach der Geburt der P komplett entfallen. M erzielt monatliche Einkünfte i.H.v. 3.600 €, die aus nicht selbstständiger Erwerbstätigkeit stammen. M ist der Meinung, dass er rückständigen Unterhalt nicht bezahlen muss. Außerdem – so bringt er im Verfahren vor dem zuständigen Familiengericht am 06.07.2020 vor – sei zu berücksichtigen, dass die F am 27.06.2020 geheiratet habe. Wie ist über den Unterhaltsanspruch der F zu entscheiden?

I. Der Unterhaltsanspruch der F ergibt sich aus **§ 1615 l Abs. 2**. Danach kann die nicht mit dem Vater des geborenen Kindes verheiratete Mutter Unterhalt von dem Vater verlangen. Dieser Unterhaltsanspruch setzt die Betreuung des gemeinsamen Kindes voraus und besteht grundsätzlich für drei Jahre nach der Geburt.[613] **173**

II. Das Maß des der Antragstellerin zu gewährenden Unterhalts bestimmt sich nach ihrer Lebensstellung. Denn nach § 1615 l Abs. 3 S. 1 sind auf den Unterhaltsanspruch der nicht verheirateten Mutter die Vorschriften über die Unterhaltspflicht zwischen

613 Ausführlich zu § 1615 l Viefhues FuR 2015, 686 und FuR 2016, 26; Wellenhofer JuS 2009, 86 ff.; Wever FamRZ 2008, 553.

Verwandten und somit auch § 1610 Abs. 1 entsprechend anwendbar. In Rspr. und Lit. wird deswegen regelmäßig auf das Einkommen der Mutter abgestellt, das sie ohne die Geburt und die Betreuung des Kindes zum Zeitpunkt der Unterhaltsberechtigung Verfügung hätte.[614] Da F auch bedürftig (sie erzielt keine Einkünfte seit der Geburt von P) und umgekehrt M leistungsfähig ist, ist der Unterhaltsanspruch grundsätzlich zu bejahen.

Anmerkung: *Hat die Mutter allerdings sehr hohe Einkünfte, wird ihr Bedarf durch den Halbteilungsgrundsatz beschränkt, wonach auch der Unterhaltsanspruch der Mutter nach § 1615 l Abs. 2 S. 2, 3 BGB – einschließlich ihrer eigenen unterhaltsrechtlich zu berücksichtigenden Einkünfte – nicht höher sein darf als das dem Unterhaltspflichtigen nach Erfüllung dieses Unterhaltsanspruchs verbleibende Einkommen.*[615]

Somit steht der F Unterhalt i.H.v. monatlich 1.500 € zu.

III. Der Unterhalt kann auch mit **Wirkung für die Vergangenheit** geltend gemacht werden, da insoweit §§ 1615 l Abs. 3 S. 3 i.V.m. 1613 Abs. 2 Nr. 2 a eingreifen. Der Unterhalt konnte nämlich aus rechtlichen Gründen erst ab Feststellung der Vaterschaft eingeklagt werden.

IV. Nunmehr ist noch zu klären, ob der Unterhalt auch über den Zeitpunkt der Heirat der F hinaus zu gewähren ist.

1. Das OLG München[616] bejaht dies. Nach einhelliger Auffassung könne eine aus der Ehe folgende Unterhaltspflicht nach den §§ 1361, 1569 ff. neben einer solchen aus § 1615 l bestehen, wenn letztere erst entstehe, nachdem der aus der Ehe hervorgegangene Unterhaltsanspruch schon bestanden habe. Das müsse umgekehrt auch dann gelten, wenn die Ehe, die einen Anspruch auf Ehegattenunterhalt begründe, erst geschlossen werde, nachdem schon ein Unterhaltsanspruch gemäß § 1615 l entstanden war. Diese Auffassung sei nicht verfassungswidrig, weil § 1586 Abs. 1 nur einen nachehelichen Unterhaltsanspruch bei Wiederheirat entfallen lasse und die im Gesetz nicht vorgesehene Geltung für den Unterhaltsanspruch nach § 1615 l nicht zu einer Diskriminierung des Instituts der Ehe führe.

2. Die h.M.[617] folgt dieser Argumentation nicht. Die Fortdauer einer Unterhaltspflicht nach § 1615 l über die Wiederheirat der Berechtigten hinaus ist mit der gesetzlichen Regelung nicht in Einklang zu bringen. Ein Unterhaltsanspruch der Antragstellerin scheidet für die Zeit ab ihrer Heirat in analoger Anwendung des § 1586 Abs. 1 aus. Das Gesetz enthält für den Unterhaltsanspruch nach § 1615 l – im Gegensatz zum nachehelichen Unterhaltsanspruch, z.B. nach § 1570 – keine ausdrückliche Regelung, wie zu verfahren ist, wenn die unterhaltsberechtigte Mutter einen anderen Mann als den Vater ihres Kindes heiratet. Wie sich aus der Entstehungsgeschichte dieser gesetzlichen Bestimmung und aus einem Vergleich mit anderen gesetzlichen Unterhaltsansprüchen ergibt, handelt es sich da-

614 Palandt/Brudermüller § 1615 l Rn. 21; vgl. auch OLG Köln FamRZ 2017, 1309; BGH FamRZ 2015, 1369.

615 OLG Köln FamRZ 2017, 1309 im Anschluss an BGH FamRZ 2010, 357 Rn. 17.

616 OLG München FamRZ 2003, 701.

617 Dethloff § 11 Rn. 92; BGH NJW 2005, 500; Hohloch JuS 2005, 468.

bei um eine unbewusste Regelungslücke. Ansprüche der Mutter gegen den Vater aus Anlass der Geburt sind in der jüngsten Vergangenheit mehr und mehr den Unterhaltsansprüchen getrennt lebender oder geschiedener Ehegatten angeglichen worden. Wenn der Gesetzgeber trotz dieser großen Nähe beider Ansprüche gleichwohl von einer dem § 1586 Abs. 1 entsprechenden Regelung abgesehen, dessen Anwendung aber auch nicht ausgeschlossen hat, kann das nur auf einer unbeabsichtigten Regelungslücke beruhen.

V. **Ergebnis:** Damit ist der Unterhalt für die Zeit von der Geburt des gemeinsamen Kindes bis zur Eheschließung i.H.v. 1.500 € monatlich zu zahlen und erlischt sodann.

Anmerkung: *Interessant wäre es nun zu klären, ob eine Wiederheirat erforderlich ist, oder ob die Rspr. zur eheersetzenden Partnerschaft (vgl. dazu § 1579 Nr. 2) auch umsetzbar ist.[618] Nach Auffassung des OLG Frankfurt[619] ist § 1579 Nr. 2 BGB nicht anwendbar, weil hier § 1611 BGB eine spezielle Regelung mit einem strengeren Maßstab enthält. Das Zusammenleben mit einem (neuen) Partner könne daher weder in analoger Anwendung des § 1579 Nr. 2 BGB noch in wertender Betrachtung über § 1611 BGB die Annahme einer Unterhaltsverwirkung rechtfertigen, wenn nicht andere Verfehlungen i.S.d. § 1611 BGB auf eine grobe Unbilligkeit schließen lassen.*

---

2. Abschnitt: Annahme als Kind (Adoption)

Durch die Adoption wird zwischen Annehmendem und Anzunehmendem ein Eltern-Kind-Verhältnis begründet. **174**

A. Die Annahme Minderjähriger, §§ 1741–1766

I. Voraussetzungen der Adoption

Aufgrund der weitreichenden Folgen werden an eine Adoption zahlreiche Voraussetzungen gestellt.[620] Nach dem geltenden **Dekretsystem** erfolgt die Annahme als Kind durch **Hoheitsakt**, nämlich durch **Beschluss des Familiengerichts**, § 1752 Abs. 1. Eine Adoption Minderjähriger ist nach § 1741 zulässig, wenn sie dem Wohl des Kindes dient und zu erwarten ist, dass zwischen dem Annehmenden und dem Kind ein Eltern-Kind-Verhältnis entsteht. Das Familiengericht hat dazu die fachliche Äußerung der Adoptionsvermittlungsstelle, die das Kind vermittelt hat, einzuholen, damit geklärt ist, ob das Kind und die Familie des Annehmenden für die Annahme geeignet sind (§ 189 FamFG). Ist keine Adoptionsvermittlungsstelle tätig geworden, ist eine fachliche Äußerung des Jugendamts einzuholen. Das Jugendamt ist zumindest anzuhören, wenn es eine solche fachliche Äußerung nicht abgegeben hat (§ 194 FamFG).

618 Offen gelassen von BGH FamRZ 2008, 1739, 1744; vgl. auch Dethloff § 11 Rn. 92.

619 OLG Frankfurt FuR 2019, 710 (Beschl. v. 02.05.2019 – 2 UF 273/17; Rechtsbeschwerde wurde zugelassen) = FamRZ 2019, 1611.

620 Vgl. dazu Dethloff § 15 Rn. 7 ff.

Früher waren die Vormundschaftsgerichte für Adoptionen zuständig. Diese sind freilich mit Wirkung zum 01.09.2009 aufgehoben worden, d.h. diese Tätigkeit wird nunmehr von den Familiengerichten übernommen. Das Verfahren in Adoptionssachen bestimmt sich nach den §§ 186 ff. FamFG.[621]

175
- Antrag
  des Annehmenden beim Familiengericht, weder bedingt noch befristet, höchstpersönlich, notariell beurkundet, § 1752 Abs. 2
- Alleinige oder gemeinschaftliche Annahme; Mindestalter
  - Wer nicht verheiratet ist, kann ein Kind nur allein annehmen, § 1741 Abs. 2 S. 1. Der Annehmende muss das 25. Lebensjahr vollendet haben, § 1743 S. 1.
  - Ein Ehepaar[622] kann ein Kind nur gemeinschaftlich annehmen, § 1741 Abs. 2 S. 2. Es muss ein Ehegatte das 25. Lebensjahr, der andere das 21. Lebensjahr vollendet haben, § 1743 S. 2.

    Ein Ehegatte kann ein Kind seines Ehegatten allein annehmen, § 1741 Abs. 2 S. 3. Der Annehmende muss das 21. Lebensjahr vollendet haben, § 1743 S. 1.
  - Ein Ehegatte kann ein Kind auch dann allein annehmen, wenn der andere Ehegatte das Kind nicht annehmen kann, weil er geschäftsunfähig ist oder das 21. Lebensjahr noch nicht vollendet hat, § 1741 Abs. 2 S. 4. Es muss dann der Annehmende das 25. Lebensjahr vollendet haben, § 1743 S. 1.
- Das Verbot der Zweitadoption (§ 1742) darf nicht eingreifen. Die Vorschrift untersagt die Zweitadoption (bzw. auch sog. Kettenadoption), d.h. die Weitergabe des angenommenen Kindes an andere Adoptionsbewerber.[623] Sobald freilich das Annahmeverhältnis aufgelöst wird, steht einer erneuten Adoption grundsätzlich nichts im Wege.
- Einwilligung gewisser Beteiligter und Betroffener gegenüber dem Familiengericht in notarieller Form (§ 1750)
  - Einwilligung des Kindes (§ 1746 Abs. 1 S. 1)

    Für ein Kind, das geschäftsunfähig oder noch nicht 14 Jahre alt ist, kann nur sein gesetzlicher Vertreter die Einwilligung erteilen, § 1746 Abs. 1 S. 2. Im Übrigen kann das Kind die Einwilligung nur selbst erteilen; es bedarf hierzu der Zustimmung seines gesetzlichen Vertreters, § 1746 Abs. 1 S. 3.
  - Einwilligung der Eltern des Kindes (§ 1747)
  - Zur Annahme eines Kindes ist die Einwilligung der Eltern erforderlich, § 1747 Abs. 1 S. 1. Ob der Vater mit der Mutter verheiratet ist oder nicht, macht keinen Unterschied. Auch die Sorgeberechtigung des Elternteils wird nicht vorausgesetzt.[624]
  - Die elterliche Einwilligung kann durch das Familiengericht unter den Voraussetzungen des § 1748 ersetzt werden.

    Wenn die Eltern nicht miteinander verheiratet sind und allein die Mutter die elterliche Sorge hat (§ 1626 a Abs. 3), hat das Familiengericht die Einwilligung des Vaters zu ersetzen, „wenn das Un-

621 Ausführlich zum Adoptionsverfahren Herzog FuR 2016, 463; Zimmermann NZFam 2016, 12.

622 Für Lebenspartner gilt vergleichbar § 9 Abs. 6 und Abs. 7 LPartG.

623 Vgl. dazu PWW/Friederici § 1742 Rn. 1.

624 Dethloff § 15 Rn. 25.

terbleiben der Annahme dem Kind zu unverhältnismäßigem Nachteil gereichen würde", § 1748 Abs. 4. Damit sind die Voraussetzungen nach Abs. 4 gegenüber denen des Abs. 1 für die Ersetzung der Einwilligung des Vaters wesentlich geringer. Damit soll verhindert werden, dass ein Vater die Adoption vereitelt, der nie Verantwortung für das Kind getragen hat und auch künftig nicht bereit dazu ist.[625]

- In gewissen Adoptionsfällen muss der Ehegatte des Annehmenden bzw. des anzunehmenden „Kindes" einwilligen (vgl. § 1749).

- Keine Sperrwirkung nach § 1747 Abs. 3 Nr. 3 **176**

  Über einen Sorgerechtsantrag des Vaters muss vor der gerichtlichen Entscheidung über die Adoption (§ 1752 Abs. 1) entschieden werden.

- Die Adoption muss dem Wohl des Kindes dienen und den Zweck haben, ein echtes Eltern-Kind-Verhältnis herzustellen, § 1741 Abs. 1 S. 1.

  Um Fehlentscheidungen zu vermeiden, soll die Annahme als Kind i.d.R. erst ausgesprochen werden, wenn der Annehmende das Kind eine angemessene Zeit in Pflege gehabt hat (§ 1744).

- Es darf keine Interessenkollision i.S.d. § 1745 vorliegen. Ist danach zu befürchten, dass die Adoption zu einer Vernachlässigung vorhandener Kinder wegen Überforderung der Eltern führen könnte, muss davon abgesehen werden. Auch vermögensrechtliche Interessen der vorhandenen Kinder sind zu berücksichtigen, sollen aber nicht den Ausschlag geben.[626]

II. Wirkungen der Adoption

1. Begründung eines Kindschaftsverhältnisses **177**

- Nimmt ein Ehepaar ein Kind an oder nimmt ein Ehegatte ein Kind des anderen Ehegatten an, so erlangt das Kind die rechtliche Stellung eines gemeinschaftlichen Kindes der Ehegatten, § 1754 Abs. 1.
  Die elterliche Sorge steht den Ehegatten gemeinsam zu, § 1754 Abs. 3 Alt. 1.

- In den anderen Fällen erlangt das Kind die rechtliche Stellung eines Kindes des Annehmenden, § 1754 Abs. 2.
  Die elterliche Sorge steht dem Annehmenden zu, § 1754 Abs. 3 Alt. 2.

Nach dem **Grundsatz der Volladoption** wird das Kind voll in den neuen Familienverband integriert.[627] Es wird also auch mit den Verwandten des Annehmenden verwandt.

2. Erlöschen des Verwandtschaftsverhältnisses zu den leiblichen Verwandten

a) Mit der Adoption erlöschen in der Regel die Verwandtschaftsverhältnisse des Kindes und seiner Abkömmlinge zu den bisherigen Verwandten und die sich aus ihnen ergebenden Rechte und Pflichten, § 1755 Abs. 1 S. 1.

---

625 BVerfG NJW 2006, 827; vgl. auch OLG Hamm FamRZ 2015, 868.

626 Vgl. dazu Palandt/Götz § 1745 Rn. 2.

627 Vgl. dazu Dethloff § 15 Rn. 50 ff.

b) Ausnahmsweise tritt keine vollständige Lösung des angenommenen Kindes aus der leiblichen Familie ein, wenn ein Ehegatte das Kind des anderen Ehegatten annimmt (§ 1755 Abs. 2) oder wenn der Annehmende mit dem Kind im zweiten oder dritten Grad verwandt oder verschwägert ist (§ 1756 Abs. 1) oder wenn ein Ehegatte das Kind seines Ehegatten annimmt, dessen frühere Ehe durch Tod aufgelöst ist (§ 1756 Abs. 2).

3. Das Kind erhält als Geburtsnamen den **Familiennamen des Annehmenden**, § 1757 Abs. 1 S. 1. Als Familienname gilt nicht der nach § 1355 Abs. 4 dem Ehenamen hinzugefügte Name, § 1757 Abs. 1 S. 2.

III. Aufhebung der Adoption

178 Die Annahme als Kind ist grundsätzlich endgültig. Eine Anfechtungsmöglichkeit besteht nicht. Dadurch soll verhindert werden, dass Kinder beliebig wie Gegenstände „angeschafft" und wieder aufgegeben werden können.[628]

Allerdings kommt eine Aufhebung durch richterliche Entscheidung mit Wirkung ex nunc (vgl. § 1764 Abs. 1) in Betracht, wenn

- bestimmte, für die Adoption erforderliche Erklärungen nicht oder nicht wirksam abgegeben wurden, § 1760, oder
- wenn die Aufhebung aus schwerwiegenden Gründen zum Wohl des Kindes (z.B. sexueller Missbrauch des Adoptivkindes) erforderlich ist, § 1763.

B. Die Annahme Volljähriger, §§ 1767–1772

179 **I.** Ein Volljähriger kann als Kind nur dann angenommen werden, wenn die Annahme sittlich gerechtfertigt ist, § 1767 Abs. 1. Dies ist insbesondere der Fall, wenn zwischen dem Annehmenden und dem Anzunehmenden eine **dem natürlichen Eltern-Kind-Verhältnis entsprechende Beziehung** bereits entstanden oder doch objektiv zu erwarten ist, §§ 1767 Abs. 2, 1741 Abs. 1. Ist dies der Fall, dann schadet es auch nicht, wenn daneben noch ein sachfremder – z.B. erbschaftssteuerrechtlicher – Zweck verfolgt wird.[629]

Eine solche Beziehung setzt eine innere Verbundenheit und Bereitschaft zu gegenseitigem Beistand voraus. Auf das Element der **inneren Verbundenheit**, d.h. einer auf Dauer angelegten seelisch-geistigen Beziehung, kann auch dann nicht verzichtet werden, wenn es um die **Adoption eines Ausländers** geht.[630]

Allein der Wunsch des Annehmenden, die Fortführung seines Adelsnamens zu sichern, oder geschäftliche Interessen der Betroffenen dürfen nicht Hauptzweck der Erwachsenenadoption sein.[631]

Das Familiengericht hat die Motive der Beteiligten eingehend zu prüfen, was insbesondere durch persönliche Anhörung (§ 192 FamFG) erfolgt. Die für die Entstehung einer Eltern-Kind-Beziehung sprechenden Gründe müssen deutlich überwiegen, d.h. verbleiben begründete Zweifel daran, ist die Annahme abzulehnen.[632]

Festzustellen ist, dass die Bedeutung der Volljährigenadoption den letzten Jahren kontinuierlich gestiegen ist.[633]

---

628 Vgl. dazu Dethloff § 15 Rn. 59.

629 Palandt/Götz § 1767 Rn. 5; OLG Schleswig, NJOZ 2010, 487.

630 BayObLG FamRZ 2001, 118.

631 BayObLG NJW-RR 1993, 456.

632 OLG Bremen FamRZ 2017, 722; OLG Stuttgart FamRZ 2015, 592.

633 Vgl. dazu Dethloff § 15 Rn. 72.

II. Für die Annahme Volljähriger gelten die Vorschriften über die Annahme Minderjähriger sinngemäß, soweit sich aus den §§ 1768–1772 nichts anderes ergibt.

III. Auch bei der Adoption Volljähriger gilt das **Dekretsystem**. Die Annahme wird auf Antrag des Annehmenden und des Anzunehmenden vom **Familiengericht** ausgesprochen, § 1768 Abs. 1 S. 1. Notwendig ist die Einwilligung sowohl des Ehegatten des Annehmenden als auch des Ehegatten des Anzunehmenden, § 1767 Abs. 2 i.V.m. §§ 1741 Abs. 2 S. 2 u. 3, 1749 Abs. 1 u. 2.

- Die Annahme Volljähriger hat grundsätzlich gemäß § 1770 **„schwache" Wirkungen**:[634] Insbesondere werden gemäß § 1770 Abs. 2 die Rechte und Pflichten aus dem Verwandtschaftsverhältnis des Angenommenen und seiner Abkömmlinge zu ihren Verwandten durch die Annahme nicht berührt, soweit das Gesetz nichts anderes vorschreibt. Gegenseitige Unterhaltspflichten bleiben bestehen, jedoch sind die Adoptiveltern dem Angenommenen und seinen Abkömmlingen gegenüber unterhaltspflichtig, § 1770 Abs. 3.
- Eine Adoption eines Volljährigen ist auf Antrag unter den Voraussetzungen des § 1772 mit **„starken" Wirkungen** – Volladoption – möglich.[635]

634 Dethloff § 15 Rn. 78.
635 Zum Verfahren vgl. BVerfG FamRZ 2008, 243.

3. Teil: Vormundschaft, Betreuung, Patientenverfügung, Vorsorgevollmacht und Pflegschaft

A. Vormundschaft, §§ 1773 ff.

180 Vormundschaft kann gemäß § 1773 **nur über Minderjährige** angeordnet werden.

I. Die Vormundschaft ist **Ersatz für die fehlende elterliche Fürsorge**. Ein Minderjähriger erhält einen Vormund, wenn er nicht unter elterlicher Sorge steht oder wenn die Eltern weder in den die Person noch in den das Vermögen betreffenden Angelegenheiten zur Vertretung des Minderjährigen berechtigt sind, § 1773 Abs. 1, oder wenn sein Familienstand nicht zu ermitteln ist (§ 1773 Abs. 2, Findelkind).

II. Die Vormundschaft bedarf **einer Anordnung durch das Familiengericht** (§ 1774), die grundsätzlich von Amts wegen erfolgt.[636]

Vormundschaftssachen wurden bis zum 01.09.2009 von den Vormundschaftsgerichten wahrgenommen. Diese wurden aufgelöst; Vormundschaftssachen erledigen nunmehr die Familiengerichte. Es handelt sich dabei um eine Kindschaftssache, vgl. § 151 Nr. 4 FamFG.

III. Das Gesetz gibt in §§ 1776 ff. Regeln, **wer zum Vormund zu bestellen** ist. Möglich ist auch die Bestellung eines Gegenvormundes, allerdings nicht neben dem Jugendamt als Vormund (§ 1792). Aufgabe des Gegenvormundes ist die Kontrolle des Vormunds (§ 1799), wobei die Überwachung bei bestimmten Geschäften durch seine Genehmigung ausgeübt wird.[637] Jeder Deutsche ist zur Übernahme der Vormundschaft verpflichtet (§ 1785). Er kann nur ablehnen, wenn er zur Übernahme unfähig oder untauglich ist oder wenn ein Ablehnungsgrund (§ 1786, z.B. wer über 60 Jahre alt ist) besteht.

IV. Die Führung der Vormundschaft

1. Wie die elterliche Sorge, so umfasst die Vormundschaft die **Sorge für Person und Vermögen** des Mündels sowie die **Vertretung des Mündels**, § 1793. Recht und Pflicht zur Personensorge sind durch Verweisung auf die für Eltern geltenden Vorschriften, §§ 1631–1633, geregelt, § 1800. Die Vermögenssorge regelt das Vormundschaftsrecht besonders, §§ 1802 ff. Bei der Vermögenssorge unterliegt der Vormund stärkeren Beschränkungen als die Eltern (z.B.: Geld mündelsicher anlegen, §§ 1806, 1807).[638]

2. In bestimmten Fällen kann der Vormund das Mündel nicht vertreten:

- in Angelegenheiten, für die ein Pfleger bestellt wurde (§ 1794),
- im Falle des Selbstkontrahierens (§ 1795 Abs. 2 i.V.m. § 181),
- nach § 1795 Abs. 1 Ziff. 1–3 in den dort genannten besonderen Fällen der Interessenkollision (z.B. bei Rechtsgeschäften des Mündels mit den nächsten Angehörigen des Vormundes),
- wenn das Familiengericht wegen eines Interessengegensatzes des Vormundes zum Mündel nach § 1796 dem Vormund die Vertretung für eine bestimmte Angelegenheit entzogen hat.

636 Dethloff § 16 Rn. 7.

637 Palandt/Götz § 1792 Rn. 1.

638 Dethloff § 16 Rn. 33 ff.

3. Für bestimmte Geschäfte bedarf der Vormund der Genehmigung des Familiengerichts, §§ 1821, 1822.

Wird ein genehmigungspflichtiges Rechtsgeschäft ohne vorherige Genehmigung des Familiengerichts vorgenommen, so gelten ähnliche Vorschriften wie für Rechtsgeschäfte Minderjähriger, die ohne die erforderliche Einwilligung des gesetzlichen Vertreters vorgenommen werden; vgl. §§ 1829–1832. Nach § 1829 Abs. 1 wird die nachträgliche Genehmigung dem Vertragspartner gegenüber erst wirksam, wenn sie ihm durch den Vormund mitgeteilt wird. Dadurch wird der Vormund in die Lage versetzt, von der familiengerichtlichen Genehmigung keinen Gebrauch zu machen, wenn dies dem Interesse des Mündels entspricht.[639]

Die **Ausschlagung einer Erbschaft** bedarf nach § 1822 Nr. 2 der Genehmigung des Familiengerichts. Maßgeblich für die Entscheidung sind nach dem Sinn und Zweck der §§ 1821, 1822 nicht allein finanzielle Interessen. Zum Wohl des Betreuten gehört es auch, ihm im Rahmen der ihm zur Verfügung stehenden Möglichkeiten ein Leben nach seinen Wünschen und Vorstellungen zu ermöglichen.[640]

B. Rechtliche Betreuung; Patientenverfügung; Vorsorgevollmacht

Bei älteren Leuten besteht immer mehr das Bedürfnis, ihre rechtlichen und persönlichen Angelegenheiten zu regeln und hierfür Anordnungen für die Zukunft zu treffen, bevor sie infolge einer Krankheit oder Behinderung dazu nicht mehr in der Lage sind. **181**
Vielfach besteht eine gewisse Scheu vor der gerichtlich angeordneten **Betreuung** in der Vorstellung, dass persönliche Angelegenheiten später durch fremde Personen unpersönlich geregelt werden und dies zu unerwünschten Kosten führt. Die Frage ist dann, ob nicht eine private **Vorsorgevollmacht** besser ist. Auch besteht oft der Wunsch, bei geistiger Frische in einer sog. **Patientenverfügung** Anordnungen darüber zu treffen, wie im Falle einer lebensbedrohenden Krankheit verfahren werden soll, ob z.B. lebensverlängernde Maßnahmen („Apparatemedizin") durchgeführt werden sollen oder nicht.

I. Die rechtliche Betreuung, §§ 1896 ff.

Im Gegensatz zur früheren Entmündigung und Vormundschaft über Volljährige können heute **Volljährige** unter Betreuung gestellt werden (Ausnahme § 1908 a).[641] **182**

Betreuungssachen werden seit dem 01.09.2009 von sog. **Betreuungsgerichten** wahrgenommen, die an die Stelle der bisherigen Vormundschaftsgerichte treten, vgl. dazu § 23 c GVG. Das Verfahren wird geregelt in den §§ 271 ff. FamFG.

Das Betreuungsrecht geht vom **Grundsatz der Verhältnismäßigkeit** aus. Der **Wille** und die **Wünsche des Betroffenen** müssen beachtet werden, einschränkende Maßnahmen bleiben auf das **Notwendige** beschränkt.[642] Ziel ist es, die Autonomie des Betreuten soweit wie möglich zu erhalten.

639 Dethloff § 16 Rn. 56.

640 OLG Köln FamRZ 2008, 1113.

641 Sonnenfeld FamRZ 2017, 1546 stellt die Rechtsprechung zum Betreuungsrecht dar.

642 PWW/Bauer § 1896 Rn. 2.

183 1. **Voraussetzungen** für die Bestellung eines Betreuers durch das **zuständige Betreuungsgericht** sind:

- Krankheit oder körperliche, geistige oder seelische Behinderung, aufgrund derer die Angelegenheiten ganz oder teilweise nicht selber besorgt werden können, § 1896 Abs. 1;
- bei einer nur körperlich behinderten Person deren Antrag, sonst der Antrag des Betroffenen oder von Amts wegen;
- die persönliche Anhörung des Betroffenen, § 278 Abs. 1 S. 1 FamFG, es sei denn, dass dieser nicht in der Lage ist oder Nachteile für ihn zu besorgen sind;
- dem Ehegatten des Betroffenen, seinem Lebenspartner, seinen Eltern und Kindern ist grundsätzlich Gelegenheit zur Äußerung zu geben, § 279 FamFG;
- das Gutachten eines Sachverständigen, § 280 Abs. 1 S. 1 FamFG;[643]
- Erforderlichkeit: Die Betreuung ist subsidiär, wird also nicht angeordnet, soweit eine **Vorsorgevollmacht** (s.u. Rn. 195) vorhanden ist und ausreicht, § 1896 Abs. 2.[644]

184 2. **Umfang** der Betreuung nach dem **Erforderlichkeitsprinzip**:

- Beschränkung auf solche Angelegenheiten, in denen der Betroffene konkret der Hilfe bedarf.
- Grundsätzlich nur für bestimmte Aufgabenkreise (z.B. Gesundheitssorge, Aufenthaltsbestimmung, Vermögensverwaltung).

Auch bei Vorliegen einer umfassenden Vorsorgevollmacht (s.u. Rn. 195) kann die Bestellung eines Betreuers in Betracht kommen, wenn die Vollmacht aufgrund heftiger familiärer Streitigkeiten nicht anerkannt wird und der Bevollmächtigte es deshalb ablehnt, von der Vollmacht Gebrauch zu machen.[645] Ist der Volljährige noch in der Lage, seine Angelegenheiten zu besorgen, kann eine Betreuung nicht einmal auf Antrag von ihm selbst angeordnet werden.[646] Unzulässig ist auch die Anordnung einer vorbeugenden Betreuung,[647] d.h. eine Betreuung kommt nur dann in Betracht, wenn die betreffende Person subjektiv unfähig ist, die zu betreuende Angelegenheit zu erledigen; im Übrigen muss objektiv die Erledigung der betreffenden Angelegenheit notwendig sein.[648]

185 **3. Auswahl des Betreuers:**

- Geeignete natürliche Person; auf verwandtschaftliche oder persönliche Bindung ist Rücksicht zu nehmen, § 1897 Abs. 5; das Wohl des Betroffenen ist ausschlaggebend.[649]
- Einem Vorschlag des Betroffenen ist zu entsprechen, wenn es dessen Wohl nicht zuwiderläuft, § 1897 Abs. 4 S. 1.[650]

---

643 Vgl. dazu Sonnenfeld FamRZ 2009, 1030.
644 Vgl. dazu BGH FamRZ 2016, 704
645 Sonnenfeld FamRZ 2005, 763.
646 OLG Zweibrücken FamRZ 2004, 1815.
647 BGH FamRZ 2015, 1016.
648 Dethloff § 17 Rn. 11.
649 Vgl. dazu OLG München FamRZ 2008, 1115.
650 BayObLG FamRZ 2005, 63.

Der Betroffene kann vorsorglich seinen Vorschlag über die Wahl des Betreuers sowie Anordnungen über die Durchführung der Betreuung in einer sog. **Betreuungsverfügung** niederlegen. Positive Vorschläge zur Person des Betreuers begründen einen Vorrang des Vorgeschlagenen. Auch kann sich der Betroffene gegen eine bestimmte Person aussprechen. Grundsätzlich ist der vom Betreuungsgericht Ausgewählte verpflichtet, die Betreuung zu übernehmen, § 1898.

4. Pflichten des Betreuers: 186

- Tätigkeiten, die erforderlich sind, um die übertragenen Angelegenheiten zu besorgen, §§ 1901 ff.
- Anordnungen des Betroffenen, die dieser in einer Betreuungsverfügung getroffen hat, sind zu beachten, soweit sie nicht dem Wohl des Betreuten entgegenstehen.
- Der Betreuer kann sich schadensersatzpflichtig machen, wenn er seiner Tätigkeit nicht gewissenhaft nachgeht, etwa einen Antrag auf Rentenzahlung nicht oder verspätet stellt.[651] Die Haftungsmilderung des § 1664 ist nicht entsprechend anwendbar; auch eine stillschweigend vereinbarte Haftungsmilderung ist nicht konstruierbar.[652]

5. Geschäftsfähigkeit des Betreuten

Die Anordnung der Betreuung hat auf die Geschäftsfähigkeit keinen Einfluss.

6. Vertretung des Betreuten: 187

- In seinem Aufgabenkreis vertritt der Betreuer den Betreuten gerichtlich und außergerichtlich – gesetzlicher Vertreter –, § 1902.[653] Darüber hinaus können dem Betreuer weitere Befugnisse eingeräumt werden,

  z.B. Aufenthalts- und Umgangsbestimmung, Einwilligung in Heilbehandlung, Telefon- und Postkontrolle.

- Es gelten die Einschränkungen des Vormundschaftsrechts entsprechend (vgl. § 1908 i),

  z.B. Ausschluss der Vertretungsmacht in den besonderen Fällen, in denen auch ein Vormund über einen Minderjährigen von der Vertretung ausgeschlossen ist, vgl. §§ 1795, 1796; Beschränkungen der Vermögensverwaltung bei Erbschaft oder Schenkung wie bei der Vormundschaft, vgl. §§ 1803, 1805 ff.; Erfordernis der Genehmigung durch das zuständige Betreuungsgericht in bestimmten Fällen, vgl. §§ 1812, 1821, 1822.

- Verträge, die der Betreute ohne Mitwirkung des Betreuers beschließt, sind wirksam, sofern der Betreute **geschäftsfähig** ist (Betreuung z.B. nur wegen körperlicher Gebrechen). Dies kann u.U. zu einander widersprechenden Rechtsgeschäften führen, für welche dann der Grundsatz der Priorität gilt.[654] Ist der Betreute hingegen nach § 104 Nr. 2 **geschäftsunfähig**, so sind von ihm abgegebene Willenserklärungen nichtig gemäß § 105 Abs. 1.[655]

651 Dethloff § 17 Rn. 33.
652 LG Köln FamRZ 2006, 1874.
653 Dethloff § 17 Rn. 32.
654 Dethloff § 17 Rn. 35.
655 Vgl. dazu Palandt/Götz § 1902 Rn. 4 u. 5.

- Das Betreuungsgericht kann nach § 1903 einen sog. **Einwilligungsvorbehalt** anordnen. Dies setzt voraus, dass der Betreute durch die Vornahme von Rechtsgeschäften seine Lebensführung in erheblichem Maße gefährdet.[656] Die Wirksamkeit einer vom Betreuten abgegebenen Willenserklärung bedarf dann der Einwilligung des für den betreffenden Aufgabenkreis eingesetzten Betreuers, widrigenfalls ist sie nicht wirksam. Der Einwilligungsvorbehalt ist an die Stelle der früheren „Entmündigung" getreten. Aufgrund der Schwere des Eingriffs ist gesetzlich die persönliche Anhörung des Betroffenen erforderlich, weiterhin der zuständigen Betreuungsbehörde sowie die Einholung eines Sachverständigengutachtens (§§ 278–280 FamFG).[657]

7. Von großer praktischer Bedeutung ist es, welche Befugnisse der Betreuer im Rahmen einer **medizinischen Behandlung des Betreuten** hat:

- Der Betreuer bedarf für die Einwilligung in eine Untersuchung des Gesundheitszustandes des Betreuten, dessen Heilbehandlung oder einen ärztlichen Eingriff grundsätzlich der Genehmigung des Gerichts, wenn die begründete Gefahr besteht, dass der Betreute aufgrund der Maßnahme stirbt oder einen schweren und länger dauernden Schaden erleidet, § 1904 Abs. 1. Nur wenn mit dem Aufschub Gefahr verbunden ist, darf die Maßnahme ohne Genehmigung des zuständigen Betreuungsgerichts durchgeführt werden.

- Liegt eine Patientenverfügung vor, ist der darin geäußerte Wille für den Betreuer weitestgehend verbindlich (s.u. Rn. 191).

188 **8. Entlassung des Betreuers, Aufhebung der Betreuung**

- Der Betreuer kann entlassen werden, wenn seine Eignung nicht mehr gewährleistet ist oder ein anderer wichtiger Grund vorliegt (§ 1908 b Abs. 1), wenn der Betreuer selbst seine Entlassung verlangt, weil ihm die Fortführung des Amtes unzumutbar ist (§ 1908 b Abs. 2), aber auch dann, wenn der Betreute eine gleich geeignete Person, die zur Übernahme bereit ist, als neuen Betreuer vorschlägt (§ 1908 b Abs. 3).

  Bei der Entlassung eines Betreuers ist ein neuer Betreuer zu bestellen. Die Betreuung wird also nicht beendet.

- Die Betreuung darf nur soweit und solange aufrechterhalten werden, wie dies erforderlich ist. § 1908 d Abs. 1 ordnet daher an, dass die Betreuung von Amts wegen aufzuheben oder zu beschränken ist, soweit die Voraussetzungen wegfallen. Die Bestellung eines Betreuers ist außerdem befristet: Nach § 294 Abs. 3 FamFG hat das Gericht über die Aufhebung der Betreuung spätestens sieben Jahre nach der Anordnung dieser Maßnahme zu entscheiden. Mit der Aufhebung der Betreuung entfallen alle Wirkungen der Betreuung für die Zukunft.

II. Die Patientenverfügung

189 Die Patientenverfügung – auch Patiententestament oder Patientenbrief genannt – enthält eine vom späteren Patienten selbst noch zu Zeiten uneingeschränkt gegebener

656 BGH FamRZ 2015, 1793.

657 Vgl. zum Verfahren Palandt/Götz § 1903 Rn. 13.

Äußerungs- und Einwilligungsfähigkeit getroffene Regelung seiner medizinischen Behandlung für den späteren Fall der Einsichts-, Einwilligungs- und/oder Äußerungsunfähigkeit.[658]

§ 1901 a Abs. 1 S. 1 enthält eine **Legaldefinition der Patientenverfügung:**

1. Voraussetzungen einer wirksamen Patientenverfügung 190

In der Patientenverfügung trifft der spätere Patient die Entscheidung über die Frage der Zulässigkeit, Reichweite und Intensität seiner medizinischen Behandlung selbst. Es handelt sich rechtlich um die vorweggenommene Erteilung oder Verweigerung einer Einwilligung in die ärztliche Behandlung oder Betreuung.

Die Patientenverfügung muss in **Schriftform** verfasst sein, § 1901 a Abs. 1 S. 1. Kann der Verfasser der Patientenverfügung keine nachvollziehbare Unterschrift mehr leisten, muss ein Notar das Handzeichen beglaubigen (§ 126). Wer gar nicht schreiben kann, ist auf eine notarielle Beurkundung angewiesen (§ 129, § 25 Beurkundungsgesetz).

Wer eine Patientenverfügung erstellt, muss sowohl **einwilligungsfähig** als auch **volljährig** sein, vgl. § 1901 a Abs. 1 S. 1. Einwilligungsunfähigkeit kann beispielsweise vorkommen, wenn der Patient im Koma liegt oder dement ist.

Patientenverfügungen müssen **bestimmt** sein, d.h. die noch nicht eingetretenen medizinischen Situationen und ihre gewünschten Konsequenzen hinreichend konkret bezeichnen. Neben Erklärungen des Erstellers der Patientenverfügung zu den ärztlichen Maßnahmen, in die er einwilligt oder die er untersagt, verlangt der **Bestimmtheitsgrundsatz** aber auch, dass die Patientenverfügung erkennen lässt, ob sie in der konkreten Behandlungssituation Geltung beanspruchen soll. Eine Patientenverfügung ist nur dann ausreichend bestimmt, wenn sich feststellen lässt, in welcher Behandlungssituation welche ärztlichen Maßnahmen durchgeführt werden bzw. unterbleiben sollen.[659]

2. Bindungswirkung 191

Die Patientenverfügung gilt nach der Legaldefinition lediglich für die Zeit, in der der Patient nicht zu einer Einwilligung fähig ist. Die Frage der Verbindlichkeit einer Patientenverfügung stellt sich dann, wenn der Patient nicht einwilligungsfähig ist, denn jede medizinische Behandlung bedarf der Einwilligung des Patienten. Kann der Patient nicht selbst einwilligen oder seinen Willen nicht selbst äußern, wird der Patient durch einen Betreuer oder einen Bevollmächtigten vertreten.

Für den Betreuer oder den Bevollmächtigten ist die Patientenverfügung nach § 1901 a Abs. 1 S. 2 unmittelbar **verbindlich**, wenn ihr konkrete Entscheidungen des Betroffenen über die Einwilligung oder Nichteinwilligung in bestimmte, noch nicht unmittelbar bevorstehende ärztliche Maßnahmen entnommen werden können. Danach genügt eine Patientenverfügung, die einerseits konkret die Behandlungssituationen beschreibt, in der die Verfügung gelten soll und andererseits die ärztlichen Maßnahmen genau be-

658 Zu den gesetzlichen Wirksamkeitsvoraussetzungen von Patientenverfügungen vgl. BGH FamRZ 2017, 748 = NJW 2017, 1737.

659 BGH FamRZ 2017, 748 = NJW 2017, 1737.

zeichnet, in die der Ersteller einwilligt oder die er untersagt, etwa durch Angaben zur Schmerz- und Symptombehandlung, künstlichen Ernährung und Flüssigkeitszufuhr, Wiederbelebung, künstlichen Beatmung, Antibiotikagabe oder Dialyse, dem Bestimmtheitsgrundsatz.[660]

Anmerkung: *Nicht ausreichend sind hingegen allgemeine Anweisungen, wie die Aufforderung, ein würdevolles Sterben zu ermöglichen oder zuzulassen, wenn ein Therapieerfolg nicht mehr zu erwarten ist.*[661] *Auch die Äußerung, „keine lebenserhaltenden Maßnahmen" zu wünschen, enthält jedenfalls für sich genommen keine hinreichend konkrete Behandlungsentscheidung.*

Betreuer oder Bevollmächtigter müssen dem in der Patientenverfügung geäußerten Willen Ausdruck und Geltung verschaffen, wenn die Festlegungen in der Patientenverfügung auf die aktuelle Lebens- und Behandlungssituation zutreffen. Ob dies der Fall ist, haben sie zu prüfen.

192 Ein in einer Patientenverfügung zum Ausdruck kommender Wille ist bindend, wenn

- die Urteilsfähigkeit beim Erstellen der Patientenverfügung nicht anzweifelbar ist,
- der Verfasser Festlegungen gerade für diejenige Lebens- und Behandlungssituation getroffen hat, die nun zu entscheiden ist,
- der Wille nicht auf ein Verhalten gerichtet ist, das einem gesetzlichen Verbot unterliegt,
- der Wille in der Behandlungssituation noch aktuell ist und
- keine Anhaltspunkte dafür bestehen, dass die Patientenverfügung durch äußeren Druck oder aufgrund eines Irrtums zustande gekommen ist.

An den in der Patientenverfügung geäußerten Willen ist unter den genannten Voraussetzungen auch das Betreuungsgericht gebunden, wenn es nach § 1904 dazu berufen ist, die Einwilligung, die Nichteinwilligung oder den Widerruf der Einwilligung des Betreuers bezüglich einer lebensgefährdenden oder des Unterlassens einer lebenserhaltenden bzw. -verlängernden Maßnahme zu genehmigen. Die betreuungsgerichtliche Genehmigung erübrigt sich, falls zwischen Betreuer und behandelndem Arzt Einvernehmen darüber besteht, dass ein Eingriff oder dessen Unterlassung oder dessen Abbruch dem Willen des Betreuten entspricht (§ 1904 Abs. 4).

Der Patientenwille ist nach **§ 630 d** auch für den Arzt maßgeblich. Liegt eine Patientenverfügung vor, hat der behandelnde Arzt zunächst zu prüfen, welche ärztlichen Maßnahmen in Hinblick auf den Gesamtzustand und die Prognose des Patienten angezeigt sind. Sodann haben er und der Betreuer oder der Bevollmächtigte diese Maßnahmen unter Berücksichtigung des Patientenwillens zu erörtern.

Der Betreuer bzw. Bevollmächtigte allein hat auf der Grundlage dieses Gespräches zu entscheiden, ob mit diesen mit dem Arzt besprochenen Maßnahmen dem in der Patien-

660 BGH FamRZ 2017, 748 = NJW 2017, 1737.
661 BGHZ 202, 226 = FamRZ 2014, 1909 Rn. 29.

tenverfügung geäußerten Willen Geltung verschafft würde oder ob ein entgegenstehender Patientenwille eindeutig und sicher festgestellt werden kann, vgl. § 1901 b Abs. 1. Dabei soll nahen Angehörigen und sonstigen Vertrauenspersonen des Betreuten Gelegenheit zur Äußerung gegeben werden, sofern dies ohne erhebliche Verzögerung möglich ist (§ 1901 b Abs. 2). Ein Mitentscheidungsrecht haben sie indessen nicht.

3. Abgrenzung der Patientenverfügung von der Vorsorgevollmacht 193

In der Patientenverfügung bestimmt der (spätere) Patient, welche medizinischen Maßnahmen durchgeführt oder unterlassen werden sollen. Die Patientenverfügung regelt dagegen nicht, welche Personen die sich daraus ergebenden Entscheidungen treffen dürfen bzw. dafür sorgen sollen, dass der Patientenwille in die Tat umgesetzt wird. Die Auswahl dieser Personen kann in einer Vorsorgevollmacht oder einer Betreuungsverfügung vorgenommen oder zumindest beeinflusst werden.

Mit einer Vorsorgevollmacht wird ein Bevollmächtigter ermächtigt, den (späteren) Patienten (Vollmachtgeber) in bestimmten Angelegenheiten zu vertreten. Dies muss sich nicht auf die Handlungen beschränken, die in einer Patientenverfügung benannt werden können. Der durch die Vorsorgevollmacht Bevollmächtigte ist kein gesetzlicher Betreuer. Die Bevollmächtigung kann die Bestellung eines Betreuers überflüssig machen.

Für den Fall, dass eine Betreuung (dennoch) notwendig werden sollte, kann man in einer Betreuungsverfügung eine Person vorschlagen, die zum Betreuer bestellt werden soll und/oder Personen nennen, die nicht Betreuer werden sollen. Das Betreuungsgericht hat diesem Vorschlag zu entsprechen, wenn es dem Wohl des Patienten nicht zuwiderläuft.

Für die vom Betreuer oder vom Bevollmächtigten zu treffenden Entscheidungen im medizinischen Bereich ist die Patientenverfügung maßgeblich. Der Wortlaut der Absätze 1 bis 3 des § 1901 a ist darauf bezogen, dass ein Betreuer für den Patienten verantwortlich sei. Im Absatz 6 wird jedoch klargestellt, dass diese Normen auch sinngemäß gelten, wenn ein Bevollmächtigter aufgrund einer Vorsorgevollmacht zuständig ist.

4. Gültigkeitsdauer und Widerruf 194

- Es wird empfohlen, die Patientenverfügung in regelmäßigen Abständen durch erneute Unterschrift zu bekräftigen.
- Ein Widerruf der Patientenverfügung ist jederzeit nach § 1901 a Abs. 1 S. 3 möglich und bedarf – im Gegensatz zur Verfügung selbst – nicht der Schriftform. Der Widerruf kann also auch mündlich oder ohne Worte durch entsprechendes Verhalten erfolgen. Es muss nur klar erkennbar werden, dass sich der Wunsch des Patienten geändert hat.

III. Vorsorgevollmacht

Sinn der Vorsorgevollmacht (auch Altersvorsorgevollmacht genannt) ist es, in Zeiten 195
geistiger Frische für den Fall der (altersbedingten) Gebrechlichkeit vorzusorgen und durch die Bevollmächtigung einer bestimmten Person die Einrichtung einer staatlichen

Betreuung überflüssig zu machen. Eine Vorsorgevollmacht erübrigt die Betreuerbestellung, § 1896 Abs. 2 S. 2.[662]

S.o. Subsidiarität der Betreuung, Rn. 182

Mit der Vorsorgevollmacht bevollmächtigt der Vollmachtgeber den Vollmachtnehmer dazu, im Namen und mit Wirkung für den Vollmachtgeber Erklärungen abzugeben, zu denen der Vollmachtgeber selbst infolge vor allem altersbedingten Verlusts der Geschäftsfähigkeit nicht mehr in der Lage ist.

Mit der Vorsorgevollmacht wird der Bevollmächtigte zum Vertreter im Willen, d.h. er entscheidet an Stelle des nicht mehr entscheidungsfähigen Vollmachtgebers.

1. Vollmachtgeber, Vollmachtnehmer

- Der Vollmachtgeber muss für die Erteilung einer rechtsgeschäftlichen Vollmacht im Zeitpunkt der Vollmachterteilung geschäftsfähig sein.

  Zu Ermächtigungen für Einwilligungen in medizinische oder freiheitsbeschränkende Maßnahmen bedarf es nur der Einsichtsfähigkeit des Betroffenen, die Schwere und Tragweite des Eingriffs zu beurteilen.

- Vollmachtnehmer kann grundsätzlich jede geschäftsfähige Person sein.

  Wer zu einer Anstalt, einem Heim oder einer sonstigen Einrichtung, in welcher der Volljährige untergebracht ist oder wohnt, in einem Abhängigkeitsverhältnis oder in einer anderen engen Beziehung steht, darf nicht bevollmächtigt werden, § 1896 Abs. 2 S. 2 i.V.m. § 1897 Abs. 3.

196 2. Form

Die Vorsorgevollmacht ist grundsätzlich formfrei. Schriftform ist für die in § 1904 Abs. 5 (ärztliche Maßnahmen) und § 1906 Abs. 5 (Unterbringung) genannten Bereiche erforderlich, notarielle Beteiligung dann, wenn sie anderweitig – z.B. § 311 b oder § 29 GBO – vorgesehen ist.

3. Wirksamkeitsbeschränkung

Im Gegensatz zur normalen Generalvollmacht soll die Vorsorgevollmacht erst nach Eintritt der Geschäftsunfähigkeit oder Betreuungsbedürftigkeit zur Anwendung kommen. Möglich ist:

- Aufschiebende Bedingung

  Etwa in der Weise, dass der Vollmachtgeber erklärt, dass die Vollmacht nur für den Fall gelten soll, „dass ich meinen Willen nicht mehr bilden oder äußern kann".

  Nachteil einer derartigen Bedingung ist die Schwierigkeit des Nachweises des Eintritts der Bedingung im Außenverhältnis.

- Erteilung einer im Außenverhältnis sofort wirksamen Vollmacht, Beschränkung nur im Innenverhältnis

  Die Vollmachterteilung erfolgt sofort für das Außenverhältnis unbedingt und wird zugleich gegenüber dem Bevollmächtigten abgegeben. Damit werden die o.g. Nachteile vermieden. In der Vollmachtsurkunde kann ausdrücklich bestimmt werden: „Im Innenverhältnis, d.h. ohne Einfluss auf die

---

662 Seifert FamRZ 2017, 263 (264); Keilbach DNotZ 2004, 164.

Vollmacht im Außenverhältnis, wird angeordnet, dass von der Vollmacht erst dann Gebrauch gemacht werden soll, wenn der Vorsorgefall (Geschäftsunfähigkeit oder Betreuungsbedürftigkeit) eintritt".

Milzer[663] spricht hier von einer „adressatengerechten" Vollmachtserteilung. Sie ist praktisch, setzt aber ein Vertrauensverhältnis zwischen Vollmachtgeber und -nehmer voraus, das vor einem Missbrauch vor Eintritt der Geschäftsunfähigkeit oder Betreuungsbedürftigkeit schützt.

4. Möglicher Inhalt der Vorsorgevollmacht[664] 197

a) Generalvollmacht

- entweder unbeschränkte Generalvollmacht in allen Vermögensangelegenheiten, gerichtliche und außergerichtliche Vertretung, Befreiung von den Beschränkungen des § 181, Zulässigkeit der Erteilung von Untervollmachten etc.
- oder Ausnahme einzelner Bereiche,

  z.B. Verfügungen über Grundbesitz; es müsste dann für diesen Bereich ein Betreuer bestellt werden, der zu Grundstücksverfügungen der familiengerichtlichen Genehmigung bedarf (§§ 1908 i, 1821).

b) Vollmacht in persönlichen Angelegenheiten und sonstigen Nichtvermögensangelegenheiten:

- Vollmacht zu medizinischen Maßnahmen, vgl.§ 1904 Abs. 5;

  sie muss schriftlich erteilt und konkretisiert sein.[665]

C. Pflegschaft, §§ 1909 ff.

Pflegschaft ist eine grundsätzlich nur auf **einzelne Angelegenheiten** oder einen **Kreis** 198
von solchen **beschränkte Fürsorge** für einen anderen und hat eine Beschränkung der Geschäftsfähigkeit weder zur Voraussetzung noch zur Folge. Auf die Pflegschaft finden die für die Vormundschaft geltenden Vorschriften grundsätzlich entsprechende Anwendung, § 1915.

Die einzelnen Fälle der Pflegschaft:

- **Ergänzungspflegschaft** neben Eltern oder Vormund für Angelegenheiten, für welche Eltern oder Vormund nicht zu sorgen vermögen, § 1909.

  Beispiel: Die Eltern wollen ihrem minderjährigen Kind schenkweise ein Grundstück übertragen unter dem Vorbehalt eines Rücktrittsrechts ohne Beschränkung der Erwerberhaftung auf einen bereicherungsrechtlichen Ausgleich.
  Die gesetzliche Vertretungsmacht der Eltern ist nach §§ 1629 Abs. 2 S. 1, 1795 Abs. 2, 181 ausgeschlossen, da es sich bei der von den Eltern als Veräußerer und zugleich als Vertreter des Kindes erklärten Auflassung um ein Insichgeschäft in Form des Selbstkontrahierens handelt. § 181 ist hier nicht im Wege der teleologischen Reduktion einzuschränken, da die Vereinbarung des Rücktrittsrechts eine vertragliche Verpflichtung zur Rückübereignung ohne Beschränkung auf einen bereicherungsrechtlichen Ausgleich schafft.[666]
  Darüber hinaus bedarf das Geschäft einer Genehmigung nach §§ 1643 Abs. 1, 1821 Abs. 1 Nr. 1 u. 4, da infolge des vorbehaltenen Rücktritts eine vertragliche Verpflichtung zur Rückübertragung im Falle der Ausübung des Rücktrittsrechts begründet wird.[667]

663 Milzer NJW 2003, 1836, 1837.

664 S. Formulierungsvorschlag von Keilbach DNotZ 2004, 164, 167 ff.

665 Palandt/Götz § 1904 Rn. 26.

666 BayObLG RÜ 2004, 337.

667 Vgl. dazu BayObLG RÜ 2004, 337 m.w.N.

- **Abwesenheitspflegschaft** für einen Volljährigen, dessen Aufenthalt unbekannt ist, § 1911.
- für eine **Leibesfrucht** zur Wahrung ihrer künftigen Rechte, § 1912.
- für **unbekannte Beteiligte**, § 1913.
- Ist durch **öffentliche Sammlung** Vermögen für einen vorübergehenden Zweck zusammengebracht worden, so kann zum Zwecke der Verwaltung und Verwendung des Vermögens ein Pfleger bestellt werden, wenn die zu der Verwaltung und Verwendung berufenen Personen weggefallen sind, § 1914.

4. Teil: Außereheliche Verbindungen

1. Abschnitt: Nichteheliche Lebensgemeinschaft

A. Rechtsbeziehungen bei Bestehen der nichtehelichen Lebensgemeinschaft

Der Trend zum Zusammenleben in nichtehelichen Lebensgemeinschaften ist ungebrochen. Mittlerweile gibt es über 2,8 Millionen derartige Paare.[668] **199**

Der Anteil der Kinder ist mittlerweile auch gestiegen: Bei 33 % der nichtehelichen Lebensgemeinschaften wohnten Kinder im Haushalt (im Jahr 1996 waren das noch 28 %).

Es bestehen in Deutschland zwar noch keine gesetzlichen Regelungsmodelle (wie bei der eingetragenen Lebenspartnerschaft), Gerichtsentscheidungen und Teile der Lit. sprechen sich jedoch für die Anerkennung eines unbestimmten, unabdingbaren Pflichtenkanons aus.[669]

Eine **nichteheliche Lebensgemeinschaft** liegt nach einer Definition des BVerfG aus dem Jahre 1992[670] vor bei einer „Lebensgemeinschaft zwischen einem Mann und einer Frau, die auf Dauer angelegt ist, daneben keine weitere Lebensgemeinschaft gleicher Art zulässt und sich durch innere Bindungen auszeichnet, die ein gegenseitiges Einstehen der Partner füreinander begründen, also über die Beziehungen in einer reinen Haushalts- und Wirtschaftsgemeinschaft hinausgehen." Diese Definition wurde von der Rspr. des BGH und im Schrifttum übernommen.[671]

I. Verfassungsrecht

Art. 6 Abs. 1 GG stellt die Ehe und die Familie unter den besonderen Schutz des Staates. Eine Einbeziehung der nichtehelichen Lebensgemeinschaft in diesen verfassungsrechtlich garantierten Schutzbereich ist weder unmittelbar noch im Wege der analogen Anwendung des Art. 6 Abs. 1 GG möglich. **200**

Das beruht darauf, dass sich die nichteheliche Lebensgemeinschaft trotz des zwischenzeitlich eingetretenen gesellschaftlichen Wandels von ihrem Inhalt und ihrer Zielsetzung her grundsätzlich von der Ehe unterscheidet.[672]

Wegen des besonderen Schutzes der Ehe in Art. 6 Abs. 1 GG darf der Gesetzgeber die nichteheliche Lebensgemeinschaft der Ehe nicht gleichstellen.

Andererseits lehnt unsere Rechtsordnung die nichteheliche Lebensgemeinschaft auch nicht ab. Sie steht unter dem Schutz der Handlungsfreiheit und des allgemeinen Persönlichkeitsrechts, Art. 2 Abs. 1 i.V.m. Art. 1 Abs. 1 GG. Nach Auffassung der höchstrichterlichen Rspr. besteht auch keine staatliche Verpflichtung, die Partnerschaft in jeder Hinsicht schlechter als die Ehe zu behandeln.[673]

---

668 Statistisches Bundesamt Pressemitteilung vom 13.06.2017.

669 Rechtsprechungsübersicht bei Grziwotz FamRZ 1999, 413 ff.; 2003, 1417 ff.; 2014, 257 ff.; 2018, 480 ff.

670 BVerfGE 87, 234, 264 = NJW 1993, 643, 645.

671 BGH NJW 1993, 999 f.; Dethloff § 8 Rn. 3.

672 Vgl. Messerle JuS 2001, 28, 29 m.w.N.

673 BVerwG NJW 1995, 1847 ff.

Der EuGHMR hat festgestellt, dass die heterosexuelle eheähnliche Lebensgemeinschaft unter den Schutz des Familienlebens des Art. 8 der Europäischen Menschenrechtskonvention fällt, sodass ein Rechtssystem die nichteheliche Lebensgemeinschaft nicht verhindern darf und sie zu respektieren hat.[674]

II. Gemeinsame Kinder

201 Möglich ist auch im Falle der nichtehelichen Lebensgemeinschaft ein gemeinsames Sorgerecht der Partner.

1. Sorgerecht

Die Kinder, die aus einer nichtehelichen Lebensgemeinschaft hervorgehen, sind nichteheliche Kinder. Der Gesetzgeber hat nach und nach eine völlige Gleichstellung, insbesondere in unterhaltsrechtlicher und erbrechtlicher Hinsicht, mit ehelichen Kindern vollzogen.

Das Recht der elterlichen Sorge steht der nichtehelichen Mutter gemäß § 1626 a Abs. 3 nur noch ausnahmsweise alleine zu.

Der nichteheliche Kindesvater konnte in der Vergangenheit nicht gegen den Willen der Mutter eine gemeinsame elterliche Sorge erzwingen.

Das BVerfG[675] sah ursprünglich die Regelung des § 1626 a Abs. 2 a.F. als verfassungsgemäß an. Der EuGHMR[676] entschied hingegen, dass die deutsche Regelung gegen das Diskriminierungsverbot des Art. 14 i.V.m. Art. 8 EMRK verstößt. Das alleinige Sorgerecht der Mutter nach § 1626 a Abs. 2 a.F., welches eine Einzelfallprüfung nicht zulasse, stelle eine Ungleichbehandlung des Vaters dar, die auch nicht durch Gründe des Kindeswohls zu rechtfertigen sei. Daraufhin hat auch das BVerfG[677] seine Meinung geändert. Nach Auffassung der höchsten Richter liegt eine Verletzung des Elternrechts des Vaters eines nichtehelichen Kindes aus Art. 6 Abs. 2 GG vor, weil er ohne Zustimmung der Mutter generell von der Sorgetragung für sein Kind ausgeschlossen ist und nicht überprüfen lassen kann, ob es aus Gründen des Kindeswohls angezeigt ist, ihm zusammen mit der Mutter die Sorge für sein Kind einzuräumen oder ihm anstelle der Mutter die Alleinsorge für sein Kind zu übertragen.[678]

Nach § 1626 a Abs. 1 steht Eltern, die bei der Geburt des Kindes nicht miteinander verheiratet sind, die gemeinsame elterliche Sorge zu,

- wenn Sie erklären, dass sie die Sorge gemeinsam übernehmen wollen (Sorgeerklärungen),
- wenn sie einander heiraten oder
- soweit ihnen das Familiengericht die elterliche Sorge gemeinsam überträgt.

Es besteht damit nach § 1626 a Abs. 1 Nr. 1 die Möglichkeit der Einräumung eines gemeinsamen Sorgerechts durch die Mutter für den nichtehelichen Vater. Dies setzt eine Sorgeerklärung voraus, die nach § 1626 d Abs. 1 öffentlich beurkundet werden muss.

674 Pintens FamRZ 2000, 69.
675 BVerfG NJW 2003, 955.
676 EuGHMR FamRZ 2010, 103.
677 BVerfG NJW 2010, 3008.
678 Vgl. dazu auch Peschel-Gutzeit NJW 2010, 2990.

Die Sorgeerklärung ist bedingungs- und befristungsfeindlich, § 1626 b Abs. 1. Die Erklärung kann auch nicht nach den allgemeinen Vorschriften angefochten werden, d.h. insoweit sind §§ 1626 b bis 1626 d abschließend (vgl. § 1626 e). Für Regelungen im Fall des Streites und der Auseinandersetzung bzw. der Trennung ist das Familiengericht zuständig.

Nach § 1626 a Abs. 1 Nr. 3 kann das Familiengericht die elterliche Sorge den Eltern gemeinsam übertragen.[679] Dies setzt einen entsprechenden Antrag voraus. Das Verfahren zur Übertragung der gemeinsamen ehelichen Sorge regelt die Vorschrift des § 155 a FamFG. Das Familiengericht kommt diesem Antrag nach, wenn die Übertragung dem Kindeswohl nicht widerspricht. Trägt der andere Elternteil keine Gründe vor, die der Übertragung der gemeinsamen elterlichen Sorge entgegenstehen können, und sind solche Gründe auch sonst nicht ersichtlich, wird vermutet, dass die gemeinsame elterliche Sorge dem Kindeswohl nicht widerspricht, vgl. § 1626 a Abs. 2 S. 2.[680]

2. Umgangsrecht

Nach § 1626 Abs. 1, Abs. 3 liegt die Bestimmung des Umfangs eines Umgangsrechts bei der leiblichen nichtehelichen Mutter, falls sie allein sorgeberechtigt ist. Gegen ihren Willen kann der Vater nur unter den Voraussetzungen der §§ 1684, 1685 den Umgang verlangen. 202

Das Umgangsrecht des nichtehelichen Vaters muss dem Kindeswohl dienlich sein (§ 1684 Abs. 3, Abs. 4). Einen Ausschluss des Umgangsrechts sieht das Gesetz nur unter sehr eingeschränkten Bedingungen vor (vgl. auch den „betreuten Umgang" nach § 1684 Abs. 4).

3. Namensrecht

Der Gleichstellung nichtehelicher mit ehelichen Kindern hat der Gesetzgeber auch durch das Namensrecht Rechnung getragen, §§ 1616 ff. 203

Grundsätzlich sind zwei Fälle zu unterscheiden:

a) Gemeinsame elterliche Sorge

- Besitzen die nichtehelichen Partner – wie verheiratete Eltern, die keinen gemeinsamen Ehenamen führen – gemeinsam die elterliche Sorge, so besteht ein Wahlrecht hinsichtlich des Kindesnamens (§ 1617 Abs. 1 S. 1).
- Es gilt der Grundsatz der Einheitlichkeit des Geschwisternamens – auch bei Hinzutreten weiterer Kinder (§ 1617 Abs. 1 S. 3).
- Die Elternerklärung ist nach der Beurkundung der Geburt des Kindes gemäß § 1617 Abs. 1 S. 2 öffentlich beglaubigt abzugeben (grundsätzlich innerhalb eines Monats, vgl. § 1617 Abs. 2).

---

679 Vgl. dazu Finger FuR 2015, 139; Lack FamRZ 2014, 1337 ff.

680 Die Regelung ist von erheblicher praktischer Bedeutung. In den letzten Jahren haben sich die Formen des Zusammenlebens von Familien rasant geändert. Der Anteil der nichtehelich geborenen Kinder hat sich von 15 % im Jahr 1995 auf etwa 33 % im Jahr 2010 mehr als verdoppelt.

b) Alleinige elterliche Sorge der Mutter

- In diesem Fall erhält das Kind den Mutternamen, da die Mutter Alleininhaberin der elterlichen Sorge ist (§ 1617 a Abs. 1).
- Etwas anderes gilt nur, wenn die Mutter durch öffentlich beglaubigte Erklärung dem Kind den Namen des Vaters erteilt (§ 1617 a Abs. 2) und der Vater seinerseits einwilligt.
- Die Neubildung eines Doppelnamens ist nicht zulässig; bei späterer Heirat der Kindeseltern bzw. der nachträglichen Begründung gemeinsamer elterlicher Sorge kann der Kindesname neu bestimmt werden, § 1617 b.

III. Rechtsbeziehungen der Partner zueinander

204 **1.** Eine **globale Analogie** der **ehelichen Vorschriften** scheidet wegen Art. 6 Abs. 1 GG aus (s.o. Rn. 200) und scheitert auch am entgegenstehenden Willen der Beteiligten, die gerade keine Ehe wollen. Es können **nur einzelne eherechtliche Vorschriften analog angewendet** werden, wenn diese nicht speziell auf die Ehe zugeschnitten sind.[681]

2. Insbesondere nach Beendigung einer nichtehelichen Lebensgemeinschaft ist es bedeutsam, ob ein Ausgleich von Vermögensdispositionen nach **Gesellschaftsrecht** stattfinden kann.

a) Eine **generelle Anwendung** gesellschaftsrechtlicher Vorschriften ist **ausgeschlossen**, da man aufgrund des unverbindlichen Charakters der nichtehelichen Lebensgemeinschaft davon ausgeht, dass die Parteien gerade keine rechtlichen Bindungen eingehen wollen.[682]

b) Die Anwendung des Gesellschaftsrechts kommt bei einer nichtehelichen Lebensgemeinschaft nur dann in Betracht, wenn die Partner einen **über die Lebensgemeinschaft hinausgehenden Zweck** verfolgen.[683] Dazu zählt auch der Erwerb von Vermögensgegenständen oder die Beteiligung an Unternehmen. Voraussetzung für einen Ausgleichsanspruch entsprechend den §§ 730 ff. ist dabei aber das **Vorliegen einer Gesellschaftsabrede** (ausdrücklich oder stillschweigend) mit dem Inhalt der gegenseitigen Verpflichtung, die Erreichung eines gemeinsamen Zwecks in der durch den Vertrag bestimmten Weise zu fördern und die vereinbarten Beiträge zu leisten (§ 705).

3. Die Partner einer nichtehelichen Lebensgemeinschaft können ihr Zusammenleben durch einen **Partnerschaftsvertrag** regeln. Im Schrifttum wurden Musterverträge entwickelt und es werden Vorschläge zur rechtlichen Gestaltung gemacht.

Die Hauptregelungsbereiche finden sich im Bereich der Vermögenszuordnung.[684] In der Praxis wollen die Beteiligten allerdings gerade die Unverbindlichkeit ihrer Beziehung, sodass Partnerschaftsverträge nur sehr selten geschlossen werden.

---

681 Dethloff § 8 Rn. 5.

682 BGHZ 77, 55; 84, 388; BGH FamRZ 2003, 1542 mit Anm. Burger S. 1543; Oehlmann/Stille FamRZ 2004, 151, 152.

683 BGH FamRZ 2005, 1151, 1152.

684 Grziwotz FamRZ 1999, 413, 414; ders. MDR 1999, 709 ff.; 2003, 1417 ff.

4. Die **rechtliche Gestaltung zumindest einzelner vermögensrechtlicher** Beziehungen ist möglich und zum Teil auch empfehlenswert.[685] 205

Die Partner können z.B. **Darlehens-, Miet- oder Arbeitsverträge** schließen. Es ist aber stets zu prüfen, ob die Partner auch wirklich eine rechtliche Bindung wollen oder ob die beiderseitigen Leistungen nur dem Ziel dienen, die gemeinsame Lebensführung zu ermöglichen. Mangels besonderer Anhaltspunkte ist von Letzterem auszugehen.[686]

5. Eigentumsverhältnisse

a) Welcher Partner wird Eigentümer beim **Neuerwerb während des Zusammenlebens**?

Maßgeblich sind die allgemeinen Vorschriften der §§ 929 ff. Während der nichtehelichen Lebensgemeinschaft angeschaffte Sachen gehören demjenigen, der sie angeschafft bzw. nach § 929 ff. erworben hat.[687] Bei Fehlen einer ausdrücklichen Erklärung ist das Gesamtverhalten auszulegen, wobei die Regeln über das Geschäft für den, den es angeht, heranzuziehen sind.

Ersatzanschaffungen für unbrauchbar gewordene Gegenstände werden i.d.R. dem Eigentümer der zu ersetzenden Sache zugeordnet.

Es besteht keine Einigkeit darüber, wie im Übrigen die Anschaffung von Gegenständen für den gemeinsamen Haushalt zu bewerten ist.
Teilweise wird im Zweifel Miteigentum bejaht.[688]
Nach OLG Hamm[689] ist anzunehmen, dass der Partner einer eheähnlichen Lebensgemeinschaft, der Haushaltsgegenstände mit eigenen Mitteln anschafft, in der Regel auch deren Alleineigentümer sein will.

Nach OLG Düsseldorf[690] lassen sich solche allgemeinen Regeln nicht aufstellen. Entscheidend sei der Inhalt der nach § 929 S. 1 für den Eigentumsübergang erforderlichen Einigung mit dem Veräußerer. Träten die Partner dem Verkäufer gemeinsam gegenüber, ohne dass einer von ihnen sich als alleiniger Kaufinteressent ausweise, und übergebe der Verkäufer den Kaufgegenstand beiden, etwa indem er ihn in der gemeinsamen Wohnung zurücklasse, so spreche dies für den Erwerb von Miteigentum, auch wenn nur einer von ihnen den Kaufpreis bezahle. Es könne dann die auf Miteigentum weisende Vermutung des § 1006 nicht als widerlegt angesehen werden.[691]

b) Auch im Rahmen der nichtehelichen Lebensgemeinschaft ist die **allgemeine Eigentumsvermutung des § 1006** anwendbar.

6. Unterhalt und Altersversorgung 206

a) Abgesehen von Unterhaltspflichten aus Anlass der Geburt eines nichtehelichen Kindes bestehen **keine Unterhaltsansprüche** der Kinder des einen Partners gegen den anderen Partner oder der Partner untereinander.[692]

---

685 Schwab Rn. 959 ff.; Grziwotz FamRZ 1999, 413 ff.
686 BGHZ 77, 55, 58 f.
687 OLG München NJW 2013, 3525.
688 LG Aachen FamRZ 1983, 61.
689 NJW 1989, 909.
690 NJW 1992, 1706.
691 Vgl. dazu auch OLG Karlsruhe FamRZ 2007, 59.
692 Vgl. BGH FamRZ 2016, 887.

b) Die Partner können jedoch **vertragliche Unterhaltsregelungen** für die Dauer des Zusammenlebens und auch für die Zeit nach der Beendigung der Gemeinschaft treffen.[693]

Es ist aber eine ausdrückliche Vereinbarung erforderlich; aus dem bloßen Zusammenleben kann ebenso wenig auf den Willen zur vertraglichen Bindung geschlossen werden wie aus der Tatsache, dass ein Partner dem anderen über einen längeren Zeitraum Unterhaltszahlungen geleistet hat.

207 **7. Geschäfte zur Deckung des Lebensbedarfs**

§ 1357 ist nach ganz h.M. auf eine nichteheliche Lebensgemeinschaft **weder direkt noch analog** anwendbar.[694] Die für Ehegatten begründete Möglichkeit der Mitverpflichtung im Rahmen der sog. **Schlüsselgewalt** für Geschäfte, die der Deckung des Lebensbedarfs der Familie dienen (§ 1357), gilt als spezielle Norm des Eherechts ausdrücklich nur für die Ehe und findet auf die nichteheliche Lebensgemeinschaft auch keine analoge Anwendung.[695] Denn die Möglichkeit, den anderen Partner ohne Weiteres zu verpflichten, widerspricht dem Wesen der nichtehelichen Lebensgemeinschaft, die keine Rechtsgemeinschaft ist und sein will.

Eine Verpflichtung des jeweils nicht handelnden Partners kommt somit nur im Falle ausdrücklicher Vollmachtserteilung und des Handelns im fremden Namen gemäß § 164 in Betracht. Wusste der Dritte davon, dass sein Geschäftspartner in einer nichtehelichen Lebensgemeinschaft lebt, so kann dabei an die Möglichkeit einer Verpflichtung des nicht handelnden Partners über die Grundsätze der Duldungs- oder Anscheinsvollmacht gedacht werden. Das hat dann den Regeln der Vertretungsmacht entsprechend zur Folge, dass jeweils nur der vertretene, nicht der handelnde Partner berechtigt und verpflichtet wird (§ 164 Abs. 1).

Möglich ist eine Bevollmächtigung des anderen nach den allgemeinen Regeln der §§ 164 ff. sowie eine Haftung nach den allgemeinen Grundsätzen über die Anscheins- und Duldungsvollmacht.

208 **8. Eigenübliche Sorgfalt**

§ 1359 beschränkt die Sorgfaltspflicht der Ehegatten untereinander auf die eigenübliche Sorgfalt mit Ausnahme von gemeinschaftlichen Autofahrten. Eine analoge Anwendung von § 1359 auf Partner einer nichtehelichen Lebensgemeinschaft in dem für Ehepartner geltenden Bereich wird bejaht.[696] Begründet wird diese allgemeine **Haftungsbegrenzung**, die alle Angelegenheiten des Zusammenlebens und den Bereich der Deliktshaftung umfasst, entweder mit der Annahme einer stillschweigenden Vereinbarung über eine Haftungsbegrenzung im Rahmen des § 277[697] oder mit dem allgemeinen, aus den §§ 1664, 1359, 708 abgeleiteten Rechtsgedanken, nach dem im Bereich enger persönlicher Verbundenheit mit Nachlässigkeiten und Fehlern des anderen zu rechnen ist. Die Partner suchen einander ebenso selbst aus wie Ehegatten, weshalb sie sich auf dessen gewöhnliche Nachlässigkeiten einstellen können.

---

693 Vgl. dazu Horndasch FuR 2013, 623.

694 OLG Hamm MDR 1989, 271.

695 Dethloff § 8 Rn. 9.

696 Palandt/Brudermüller Einl v § 1297 Rn. 23.

697 OLG Oldenburg NJW 1986, 2259; OLG Karlsruhe FamRZ 1992, 940.

Für Vorsatz oder grobe Fahrlässigkeit im **Straßenverkehr** gilt diese Haftungsbeschränkung nicht.

Der neue Partner kann einen Schadensersatzanspruch gegen seinen Partner/seine Partnerin während des Zusammenlebens im Unterschied zum Ehegatten, der daran aufgrund von § 1353 BGB gehindert ist, durchsetzen.[698]

9. Gesamtschuldnerausgleich 209

Fall 44: „Gemeinsam verpflichtet – allein geleistet"

M und F haben von 2011 bis 2018 in nichtehelicher Lebensgemeinschaft zusammengelebt. Da sie an verschiedenen Orten beruflich tätig waren, hielt jeder von ihnen einen eigenen Pkw. Das Berufseinkommen beider Partner diente zur Deckung des gemeinsamen Lebensbedarfs. Im Jahre 2017 musste M seinen abgenutzten Pkw durch einen anderen ersetzen. Einen Teil des Kaufpreises für den neuen Pkw finanzierten M und F durch einen gemeinsam von ihnen aufgenommenen Bankkredit i.H.v. 10.000 €, den Restkaufpreis beglich M aus seinem Vermögen. Der Pkw wurde auf den Namen des M zugelassen und allein von ihm genutzt. Auch nachdem sich M und F im Jahre 2018 getrennt hatten, benutzte M – von F unbeanstandet – den Pkw weiterhin. Die Raten zur Darlehenstilgung gegenüber der Bank hat allein F aufgebracht; in der Zeit bis zur Trennung von M i.H.v. 3.000 €, in der Zeit danach i.H.v. 2.000 €. F fragt bei ihrer Anwältin im Juli 2020 nach, ob sie ihre Zahlungen an die Bank zumindest in halber Höhe von M ersetzt verlangen kann. Außergerichtlich habe sich M im Übrigen auf Verjährung berufen.

I. Ersatz für die während des Bestehens der nichtehelichen Lebensgemeinschaft geleisteten Zahlungen

Ein Anspruch der F auf hälftigen Ersatz der während des Bestehens der Lebensgemeinschaft mit M erbrachten Tilgungsleistungen an die Bank kann sich aus § 426 Abs. 1 S. 1 ergeben. Danach haften Gesamtschuldner im Innenverhältnis zu gleichen Teilen, wenn nicht ein anderes bestimmt ist.

1. Eine anderweitige Bestimmung könnte sich hier aus **gesellschaftsrechtlichen Grundsätzen (§§ 705 ff.)** ergeben. Diese Grundsätze finden zwischen Partnern einer nichtehelichen Lebensgemeinschaft Anwendung, wenn die Partner entweder ausdrücklich oder stillschweigend einen Gesellschaftsvertrag geschlossen haben, um einen gemeinsamen Zweck zu erreichen.

   Dies ist hier nicht der Fall, da der mithilfe des Kredits angeschaffte Pkw ebenso allein dem M gehören sollte, wie es sich bei dem Pkw der F um ein allein ihr gehörendes Fahrzeug handelte.

2. Auch aus den Vorschriften über die Aufhebung einer Bruchteilsgemeinschaft (§§ 749, 753 i.V.m. § 742) folgt keine anderweitige Bestimmung. Denn angesichts des wirtschaftlich und rechtlich gewollten Alleineigentums des M sowie der Al-

698 BGH NJW 1988, 1208.

leinnutzung des Pkw durch ihn bestand zwischen F und M keine Bruchteilsgemeinschaft.

210 3. Die Rspr. nimmt jedoch in Fällen, in denen ein Partner einer nichtehelichen Lebensgemeinschaft im alleinigen wirtschaftlichen Interesse des anderen Partners einen Kredit allein- oder gesamtschuldnerisch aufnimmt, an, dass der Kreditaufnahme ein konkludent erteilter **Auftrag** oder zumindest eine **Geschäftsführung ohne Auftrag** zugrunde liegt. Hieraus ergibt sich ein Aufwendungsersatzanspruch des den Kredit aufnehmenden und zurückführenden Partners aus §§ 662, 670 oder aus §§ 677, 683, 670 in voller Höhe der gemachten Aufwendungen als anderweitige Bestimmung i.S.v. § 426 Abs. 1.[699]

Hier lagen die gesamtschuldnerische Kreditaufnahme und die Kreditrückführung im wirtschaftlichen Interesse allein des M, der Alleineigentum am Pkw erlangte und ihn auch allein nutzte.

Diese anderweitige Bestimmung wird aber nach der Rspr. während des Bestehens der nichtehelichen Lebensgemeinschaft von deren tatsächlichen Besonderheiten überlagert: **Bei einer nichtehelichen Lebensgemeinschaft stehen die persönlichen Beziehungen derart im Vordergrund, dass zwischen den Partnern nicht nur in persönlicher, sondern auch in wirtschaftlicher Hinsicht grundsätzlich keine Rechtsgemeinschaft besteht. Haben die Partner unter sich nichts Besonderes geregelt, werden persönliche und wirtschaftliche Leistungen nicht gegeneinander aufgerechnet, sondern ersatzlos von demjenigen Partner erbracht, der dazu in der Lage ist.** Dieser Grundsatz gilt für solche Leistungen, die im Interesse des Zusammenlebens erbracht werden (sog. Verrechnungsverbot).[700]

Hier hat F ihre Leistungen auf eine im gemeinsamen Interesse eingegangene Schuld erbracht, denn der M brauchte den mit dem Kredit finanzierten Pkw für seinen Beruf, und die Partner haben ihren Lebensunterhalt auch aus dem Berufseinkommen des M bestritten.

Daher kann F für die bis zur Trennung erbrachten Leistungen keinen Ersatz beanspruchen.

II. Ersatz für die nach der Trennung geleisteten Zahlungen

Eine anderweitige Bestimmung i.S.v. § 426 Abs. 1 ist zwischen M und F in Form eines Auftrags (§§ 662, 670) oder einer Geschäftsführung ohne Auftrag (§§ 677, 683, 670) getroffen. Diese anderweitige Bestimmung wird hier nicht von dem Grundsatz überlagert, dass im Interesse der Lebensgemeinschaft erbrachte Leistungen zwischen den Partnern nicht abgerechnet werden. Dieser Grundsatz greift nur für **während des Bestehens der Lebensgemeinschaft erbrachte Leistungen ein. Für Leistungen nach Auflösung der Lebensgemeinschaft kann der Leistende Ersatz verlangen**, wenn – wie hier – die Aufwendungen allein dem Vermögen des anderen zugu-

699 Dethloff § 8 Rn. 19.

700 BGH FamRZ 2010, 542; Palandt/Brudermüller Einf v § 1298 Rn. 34.

tegekommen sind. Denn nach ihrer Beendigung kann sich die Partnerschaft nicht mehr zulasten des Leistenden auswirken.[701]

III. **Verjährung**

Fraglich ist, ob der Gesamtschuldnerausgleich betreffend eine nichteheliche Lebensgemeinschaft bereits verjährt ist. Ansprüche aus § 426 Abs. 1 unterliegen der regelmäßigen dreijährigen Verjährung gemäß § 195 und entstehen i.S.d. § 199 Abs. 1 Nr. 1 mit der Begründung und Fälligkeit der Gesamtschuld im Innenverhältnis zwischen Gesamtschuldgläubiger und Gesamtschuldner. Die dreijährige Verjährungsfrist läuft für den Anspruch aus § 426 Abs. 1 – unabhängig davon, ob er auf Zahlung oder Befreiung gerichtet ist – einheitlich und beginnt mit dem Schluss des Jahres, in dem die Forderung fällig geworden ist, von der zu befreien ist.[702] Danach tritt die Verjährung für die erst nach der Trennung im Jahre 2018 geleisteten Zahlungen frühestens Ende 2021 ein, sodass der Anspruch geltend gemacht werden kann.

Demnach kann F von M aus §§ 662, 670 oder zumindest §§ 677, 683, 670 Ersatz der 2.000 € verlangen, die sie zur Darlehenstilgung nach der Trennung von M an die Bank geleistet hat.

IV. Die nichteheliche Lebensgemeinschaft im Außenverhältnis

1. §§ 1362 BGB, 739 ZPO

Ob die Schutzvorschriften zugunsten der Gläubiger eines Ehegatten auch zugunsten 211
der Gläubiger eines Partners einer nichtehelichen Lebensgemeinschaft (analog) anzuwenden sind, war heftig umstritten.

Die Lit. bejaht weitgehend die analoge Anwendung des § 1362 auf die nichteheliche Lebensgemeinschaft.[703] Die Eigentumsvermutung des § 1362 Abs. 1 (und die damit korrespondierende Gewahrsamsfiktion des § 739 ZPO) lediglich auf Ehegatten, nicht aber auf Lebensgefährten anzuwenden, bedeute eine mit Art. 6 Abs. 1 GG nicht zu vereinbarenden Schlechterstellung von Eheleuten.

Der BGH[704] lehnt eine Analogie ab, da eine planwidrige Regelungslücke fehle. Die Zahl der nichtehelichen Lebensgemeinschaften ist stark angestiegen. Der Gesetzgeber habe sich mehrfach mit der Problematik und sozialen Bedeutung beschäftigt, sich aber bewusst dafür entschieden, § 1362 auf nichteheliche Lebensgemeinschaften nicht auszudehnen.

701 Dethloff § 8 Rn. 19.

702 OLG Bremen FuR 2016, 359.

703 Dethloff § 8 Rn. 15; Palandt/Brudermüller Einf v § 1298 Rn. 26.

704 BGH NJW 2007, 992.

2. Zeugnisverweigerungsrecht

212 Die analoge Anwendung des § 383 Abs. 1 Nr. 1–3 ZPO (bzw. auch des § 52 Abs. 1 Nr. 1, 2 und Nr. 2 a StPO) auf den nichtehelichen Lebensgefährten ist umstritten. Einerseits sind Missbrauchsgefahren nicht größer als bei Verlobten, die ein Zeugnisverweigerungsrecht haben (§ 383 Abs. 1 Nr. 1 ZPO), andererseits stellt der Wortlaut des § 383 ZPO auf formale Kriterien ab.

Die ZPO-Lit. lehnt die (analoge) Anwendung des § 383 ZPO überwiegend ab.[705]

Demgegenüber befürwortet die familienrechtliche Lit. überwiegend ein Zeugnisverweigerungsrecht.[706] Der Partner einer nichtehelichen Lebensgemeinschaft befinde sich in einer dem § 383 Abs. 1 Nr. 1–3 ZPO vergleichbaren Konfliktsituation, da er befürchten muss, dem Partner durch seine Aussage Schaden zuzufügen.

3. Ersatzzustellung

213 Eine Ersatzzustellung (vgl. § 178 ZPO) an den nichtehelichen Lebensgefährten des Zustellungsempfängers ist wirksam, wenn der Adressat nicht nur mit seinem Lebensgefährten, sondern mit einer Familie zusammenlebt.[707] Die heute h.M. bejaht jedoch auch die Wirksamkeit der Ersatzzustellung, wenn der Zustellungsadressat nur mit seinem Lebensgefährten zusammenlebt.[708]

4. Gebrauch von Wohnungen

214 **a)** Der **Mietvertrag** mit einem unverheirateten Paar ist nach allgemeiner Ansicht **nicht sittenwidrig**.[709]

b) Für die **Aufnahme** des Partners in eine **gemietete Wohnung** bedarf der Mieter der Erlaubnis des Vermieters, § 540. Auf die Erteilung der Erlaubnis hat er im Regelfall einen **Anspruch**.[710]

Nach h.M. handelt es sich bei dem nichtehelichen Lebensgefährten des Mieters um einen „Dritten" i.S.d. § 553 Abs. 1 S. 1. Ohne Erlaubnis des Vermieters ist der Mieter nicht berechtigt, den Gebrauch der Mietsache dem Lebensgefährten zu überlassen. § 563 sieht ausdrücklich den Eintritt des Partners in den Mietvertrag bei Tod des Mieters vor, und zwar sowohl für Partner einer homosexuellen Lebenspartnerschaft als auch für sonstige Lebensgefährten. Dadurch ist aber der Erlaubnisvorbehalt nicht entfallen. Nach § 553 Abs. 1 S. 1 steht dem Mieter, der ein berechtigtes Interesse an der Aufnahme des Dritten in seine Wohnung hat, ein Anspruch auf Erlaubnis gegen den Vermieter zu. Bei einem nichtehelichen Lebenspartner ist ein berechtigtes Interesse im Regelfall gegeben, es sei denn, dass in der Person des Dritten ein wichtiger Grund vorliegt.[711]

c) Nach h.M. ist der in die Wohnung aufgenommene Partner in den Schutzbereich des **Mietvertrages** einbezogen.[712]

---

705 Musielak/Huber, ZPO, § 383 Rn. 5.
706 Dethloff § 8 Rn. 16.
707 BGHZ 111, 1.
708 Thomas/Putzo § 178 Rn. 13.
709 BGHZ 92, 213, 219; BGH FamRZ 1990, 727, 728 f.
710 BGH FamRZ 2004, 91.
711 BGH RÜ 2004, 16 ff.
712 BGHZ 70, 327, 329.

5. Bürgschaft

Die Rspr. zu der Nichtigkeit der Bürgschaft eines Ehegatten (s. dazu oben Rn. 28) wurde wegen der ebenfalls engen Bindung an den Partner (Hauptschuldner) auf die Partner einer nichtehelichen Lebensgemeinschaft erstreckt.[713] **215**

V. Die Auflösung der nichtehelichen Lebensgemeinschaft

Eine Auflösung der nichtehelichen Lebensgemeinschaft durch Trennung kann jederzeit im gegenseitigen Einvernehmen, aber auch aufgrund der Erklärung eines Partners vorgenommen werden. **216**

VI. Ausgleichsanspruch für Beteiligung an einer Anschaffung

Fall 45: „Alter schützt vor Torheit nicht"

Im Sommer 2014 hatten sich der 50-jährige M und die gleichaltrige F durch eine Heiratsannonce kennengelernt. Silvester 2014 verlobten sie sich offiziell und zogen im Frühjahr 2015 zusammen. Kurze Zeit später erfuhr F, dass sie im Falle einer Heirat ihre Witwenrente verlieren würde. M und F verzichteten deshalb vorerst auf die Hochzeit. Im Jahr 2014 erwarb die F ein Grundstück zum Alleineigentum, das mit einem Einfamilienhaus mit Einliegerwohnung bebaut wurde. Das Anwesen sollte den Partnern als gemeinsame Wohnung dienen. Zur Realisierung des Bauvorhabens, dessen Kosten mit 250.000 € veranschlagt waren, trugen beide Partner sowohl durch finanzielle Leistungen als auch durch Arbeitsleistungen bei. Im Februar 2016 wurde das Haus bezogen. Nachdem Anfang 2019 Spannungen in der Beziehung aufgetreten waren, zog M Ende Januar 2020 auf Aufforderung der F aus dem Haus aus.

M verlangt von F im Mai 2020 einen Ausgleich für die von ihm für den Hausbau aufgewendeten finanziellen Mittel. Er macht geltend, Zahlungen i.H.v. 100.000 € erbracht zu haben. Wegen der finanziellen Leistungen habe er auf seine Anlagen und Ersparnisse zur Alterssicherung zurückgegriffen, nachdem F ihm die Einräumung eines lebenslangen Wohnrechts versprochen habe.

F ist nicht bereit, einen Ausgleich zu zahlen. Sie vertritt die Auffassung, die Zuwendungen des M seien als dessen Beitrag zu der nichtehelichen Lebensgemeinschaft zu werten. Sie habe M auch bewusst kein Miteigentum an dem Anwesen einräumen wollen, damit nicht dessen Kinder aus geschiedener Ehe als Erben auf das Haus zugreifen könnten, was M auch akzeptiert habe. F bestreitet allerdings nicht, die Einräumung eines Wohnrechts ursprünglich zugesagt zu haben.
Steht M gegen F ein Anspruch auf Zahlung i.H.v. 100.000 € zu?

I. Ein **„Partnerschaftsvertrag"**, der für den Fall der Beendigung der nichtehelichen Partnerschaft die erforderlichen Abwicklungsregeln enthalten könnte, setzt eine vertragliche Regelung voraus. Sie ist hier nicht ersichtlich. **217**

713 BGH NJW 2002, 2230; Palandt/Ellenberger § 138 Rn. 38 ff.

II. Die Parteien haben bei der Beendigung ihrer Lebensgemeinschaft auch keinen **„Abfindungsvergleich"** geschlossen.

III. M könnte gegen F ein Anspruch auf Zahlung der 100.000 € aus Zugewinnausgleich gemäß § 1378 analog zustehen. Dazu muss die Regelung des § 1378 auf Partner einer nichtehelichen Lebensgemeinschaft überhaupt analog anwendbar sein.

1. Dies setzt voraus, dass die Analogievoraussetzungen gegeben sind, d.h. es muss eine planwidrige Regelungslücke bei vergleichbarer Interessenlage bestehen.

a) Dem Gesetzgeber ist das Institut der nichtehelichen Lebensgemeinschaft seit langem bekannt, ohne dass er bisher umfassende gesetzliche Regeln dafür aufgestellt hat. Aus dieser Untätigkeit folgt, dass der Gesetzgeber dieses Institut offenbar bewusst nicht regeln will. Infolgedessen fehlt es bereits an der Planwidrigkeit der Regelungslücke.

b) Darüber hinaus begründen die Partner einer nichtehelichen Lebensgemeinschaft keine rechtsverbindliche Beziehung auf Lebenszeit, wie dies bei Ehegatten der Fall ist, sodass es auch an der vergleichbaren Interessenlage fehlt. Demnach liegen die Analogievoraussetzungen nicht vor, sodass eine analoge Anwendung des § 1378 bereits aus diesem Grunde ausscheidet.[714]

2. Zudem verbietet Art. 6 Abs. 1 GG, der die Ehe unter den besonderen Schutz des Staates stellt, die Gleichstellung der nichtehelichen Lebensgemeinschaft mit der Ehe. Ferner haben sich die Partner bewusst gegen eine Heirat und damit auch bewusst gegen die damit verbundenen Rechtswirkungen entschieden, sodass eine analoge Anwendung des Eherechts ihre allgemeine Handlungsfreiheit aus Art. 2 Abs. 1 GG unterlaufen würde.

Folglich steht M kein Anspruch aus § 1378 analog zu.

218 IV. Eine Ersatzpflicht der F aus **§ 1298 wegen Rücktritts vom Verlöbnis** setzt voraus, dass bei Beendigung der Lebensgemeinschaft ein Verlöbnis bestand.[715] Das ist hier nicht der Fall. Die Parteien hatten durch ihren einverständlichen Verzicht auf die Heirat das Verlöbnis wieder aufgelöst.

V. Ein Anspruch aus einem von M an F gewährten Darlehen, § 488, scheitert an dem Fehlen einer Kreditabrede. Der bloße Einsatz der 100.000 € begründet keinen konkludenten Kreditvertrag.

VI. M könnte einen Anspruch aus **§§ 530 Abs. 1, 531 Abs. 2, 812 Abs. 1 S. 2 (1. Alt.), 818 wegen Widerrufs einer Schenkung** gegen F haben.[716]
Die Schenkung setzt eine Einigung über die Unentgeltlichkeit voraus, § 516 Abs. 1. Mangels ausdrücklicher Abrede können sich M und F allenfalls konkludent über die Unentgeltlichkeit geeinigt haben. Dabei ist entscheidend auf den Zweck der Zuwendung abzustellen: Nur wenn die Zuwendung ausschließlich dem Partner zugute-

714 Dethloff § 8 Rn. 17.

715 BGH FamRZ 2005, 1152.

716 Vgl. dazu Schwab FamRZ 2010, 1701 ff.

kommen soll, kommt eine Schenkung in Betracht. Dient die Zuwendung der gemeinsamen Lebensführung – das ist bei alltäglichen Leistungen mit „unterhaltsrechtlichem Charakter" der Regelfall –, so handelt es sich um eine sog. unbenannte Zuwendung.

Nach st.Rspr. des BGH[717] liegt eine **ehebezogene Zuwendung** vor, wenn ein Ehegatte dem anderen einen Vermögenswert um der Ehe willen und als Beitrag zur Verwirklichung und Ausgestaltung, Erhaltung oder Sicherung der ehelichen Lebensgemeinschaft zukommen lässt, wobei er die Vorstellung oder Erwartung hegt, dass die eheliche Lebensgemeinschaft Bestand haben und er innerhalb dieser Gemeinschaft am Vermögenswert und dessen Früchten weiter teilhaben werde. Darin liegt die Geschäftsgrundlage der Zuwendung.

Die vom BGH bei Ehegatten getroffene Unterscheidung zwischen Schenkung und unbenannter Zuwendung haben bereits OLG Karlsruhe[718] und OLG Düsseldorf[719] auf die Rechtsbeziehungen zwischen nichtehelichen Lebenspartnern übertragen; der BGH[720] schließt sich dem an.

„Diese Differenzierung kann auf Zuwendungen zwischen den Partnern einer nichtehelichen Lebensgemeinschaft übertragen werden. Hier wie dort erfolgen Zuwendungen, die der Verwirklichung der Lebensgemeinschaft dienen, zwar aufgrund der bestehenden persönlichen Beziehungen und Bindungen. Sie führen aber regelmäßig nicht zu einer den Empfänger einseitig begünstigenden und frei disponiblen Bereicherung, sondern sollen der Lebensgemeinschaft und damit auch dem Schenker selbst zugutekommen."

Infolgedessen stellt die Leistung des M keine Schenkung, sondern eine gemeinschaftsbezogene Zuwendung dar, sodass kein Rückforderungsanspruch aus §§ 530 Abs. 1, 531 Abs. 2, 812 Abs. 1 S. 2 Alt. 1 besteht.

Der Anspruch des M scheitert zudem daran, dass in der Auflösung der nichtehelichen Lebensgemeinschaft kein „grober Undank" i.S.d. § 530 liegt, weil die jederzeitige Auflösbarkeit beiden Partnern bekannt und von beiden Partnern gewollt ist.

VII. Es könnte ein Auseinandersetzungsanspruch einer zwischen M und F geschlossenen Gesellschaft bürgerlichen Rechts gegeben sein, **§§ 730 ff. i.V.m. §§ 726, 705**. **219**

1. Zwischen M und F könnte eine Gesellschaft in der Form der Innengesellschaft zustande gekommen sein. Voraussetzung ist ein Gesellschaftsvertrag in Form einer rechtsverbindlichen Einigung über die Erreichung eines gemeinsamen Zweckes i.S.v. § 705. Allein der Umstand, dass M und F sich zu einer nichtehelichen Lebensgemeinschaft zusammengeschlossen haben, begründet jedoch kein Gesellschaftsverhältnis.[721]

   Anmerkung: *Ein konkludenter Gesellschaftsvertrag kann auch bei Ehegatten nur angenommen werden, wenn ein über den typischen Rahmen der ehelichen Lebensgemeinschaft hinausgehender Zweck (= Sonderzweck) verfolgt wird, weil anderenfalls jede Ehe automatisch eine GbR wäre und infolgedessen das eheliche Güterrecht durch das Gesellschaftsrecht unterlaufen würde.*

2. M und F könnten jedoch bzgl. der Errichtung des Hauses einen konkludenten Gesellschaftsvertrag abgeschlossen haben.

717 BGH NJW 2006, 2330.

718 NJW-RR 1994, 1157.

719 FamRZ 1997, 1110, 1112 m.w.N.

720 Vgl. BGH FamRZ 2008, 1821, 1824.

721 Vgl. dazu BGH FamRZ 2008, 247 ff.

a) Dem könnte entgegenstehen, dass es sich bei der Errichtung des Hauses um einen Zweck handelt, der der Verwirklichung der nichtehelichen Lebensgemeinschaft dient. Die h.M.[722] legt einen anderen Maßstab an als bei Ehegatten.

„Ein nach gesellschaftsrechtlichen Grundsätzen zu bewertendes Handeln der Partner einer nichtehelichen Lebensgemeinschaft setzt, ... , nicht voraus, dass diese einen über den typischen Rahmen dieser Gemeinschaft hinausgehenden Zweck verfolgen, wie das im Verhältnis von Ehegatten zueinander zu fordern ist, wenn gesellschaftsrechtliche Ansprüche geltend gemacht werden (vgl. hierzu Senatsurteil BGHZ 142, 137, 146). Diese Differenzierung hat ihren Grund in der Ausgestaltung der Rechte und Pflichten in einer Ehe. Ehegatten sind zur ehelichen Lebensgemeinschaft, zur Rücksichtnahme bei der Wahl und Ausübung einer Erwerbstätigkeit sowie dazu verpflichtet, durch ihre Arbeit und mit ihrem Vermögen die Familie angemessen zu unterhalten (§§ 1353 Abs. 1 S. 2, 1356 Abs. 2 S. 2, 1360 BGB). Insoweit erhält ein mitarbeitender Ehegatte bei Scheidung einer im gesetzlichen Güterstand geführten Ehe grundsätzlich bereits durch den Zugewinnausgleich einen angemessenen Ausgleich. Bei der nichtehelichen Lebensgemeinschaft bestehen dagegen weder rechtliche Mitarbeitspflichten noch güterrechtliche Ausgleichsmöglichkeiten. Das erlaubt hier eine großzügigere Anwendung gesellschaftsrechtlicher Auseinandersetzungsregeln (BGHZ 84, 388, 391; ...)."

b) Fraglich ist jedoch, ob M und F bzgl. der Errichtung des Hauses den erforderlichen **Rechtsbindungswillen** für einen Gesellschaftsvertrag gehabt haben. Regelmäßig haben die Partner einer nichtehelichen Lebensgemeinschaft nämlich keine über die Ausgestaltung ihrer Gemeinschaft hinausgehenden rechtlichen Vorstellungen. Die formal-dingliche Alleinberechtigung der F war auch von dem M vor dem Hintergrund akzeptiert worden, dass seine Kinder aus geschiedener Ehe als Erben nicht in das Haus vollstrecken könnten. War der M jedoch bereit, einen Wert zu schaffen, der von den Partnern nur gemeinsam genutzt, ihnen indessen nicht gemeinsam gehören sollte, kann trotz des Umfangs der behaupteten Leistungen nicht auf einen konkludent zustande gekommenen Gesellschaftsvertrag geschlossen werden. Demnach liegt mangels entsprechenden Rechtsbindungswillens von M und F kein konkludenter Gesellschaftsvertrag bzgl. der Errichtung des Hauses und damit keine GbR vor, sodass ein Anspruch aus §§ 730 ff. ausscheidet.

220 VIII. M könnte ein Anspruch auf Zahlung der 100.000 € aus **§§ 730 ff. analog** zustehen.

1. Nach einem Teil der Lit.[723] und der Rspr. des früher zuständigen II. Zivilsenats des BGH[724] konnte ein Ausgleichsanspruch in Anwendung gesellschaftsrechtlicher Grundsätze auch dann bestehen, wenn die Partner einer nichtehelichen Lebensgemeinschaft nicht ausdrücklich oder stillschweigend einen entsprechenden Gesellschaftsvertrag geschlossen hatten, sondern wenn sie lediglich die Absicht verfolgt haben, mit dem Erwerb eines Vermögensgegenstandes einen – wenn auch nur wirtschaftlich – gemeinschaftlichen Wert zu schaffen, der von ihnen für die Dauer der Partnerschaft nicht nur gemeinsam genutzt, sondern ihnen nach ihrer Vorstellung auch gemeinsam gehören sollte.

722 BGH FamRZ 2008, 1824.

723 MünchKomm/Ulmer, 4. Aufl. 2004, vor § 705 Rn. 53.

724 BGH WM 2002, 522.

2. Der nunmehr zuständige XII. Zivilsenat des BGH[725] hat diese Rspr. aufgegeben und verlangt für einen gesellschaftsrechtlichen Ausgleich bei Partnern einer nichtehelichen Lebensgemeinschaft einen ausdrücklichen oder konkludenten Gesellschaftsvertrag.[726]

   „Eine rein faktische Willensübereinstimmung reicht für eine nach gesellschaftsrechtlichen Grundsätzen zu beurteilende Zusammenarbeit dagegen nicht aus. Gerade weil die nichteheliche Lebensgemeinschaft vom Ansatz her eine Verbindung ohne Rechtsbindungswillen darstellt, ist ein solcher für die Anwendung gesellschaftsrechtlicher Regelungen erforderlich (...)."

3. Angesichts der rechtlichen Unverbindlichkeit der nichtehelichen Lebensgemeinschaft erscheint es nicht sachgerecht, den Partnern einen gesellschaftsrechtlichen Ausgleich ohne entsprechenden Rechtsbindungswillen quasi aufzudrängen, sodass M auch kein Anspruch aus §§ 730 ff. analog zusteht.[727]

IX. M könnte gegen F ein Anspruch auf Rückgewähr der 100.000 € aus **§ 812 Abs. 1 S. 2 Alt. 2 (Zweckverfehlungskondiktion)** zustehen. Nach § 812 Abs. 1 S. 2 Alt. 2 besteht für den Empfänger einer Leistung die Pflicht zur Herausgabe der Zuwendung, sofern der mit der Leistung nach dem Inhalt des Rechtsgeschäfts bezweckte Erfolg nicht eingetreten ist. **221**

Die h.M.[728] hat es früher abgelehnt, den Partnern einer nichtehelichen Lebensgemeinschaft bei Scheitern ihrer Beziehung einen bereicherungsrechtlichen Ausgleich zu gewähren. Regelten die Partner ihre Beziehungen nicht besonders, so gebe es keinen Ausgleich für gewährte Zuwendungen.

Der BGH[729] änderte nunmehr seine Rspr. Die Begründung dafür ist **zum einen**, dass durch die geänderte Rspr. zu §§ 730 ff. analog (s.o.) eine Neubewertung der Ausgleichsmöglichkeiten geboten sei. Die Versagung von Ausgleichsansprüchen aus §§ 730 ff. analog soll also im Ergebnis nicht zur Verkürzung der Ausgleichsmöglichkeiten führen. Angesichts der hohen Scheidungsraten ist es **zum anderen** nicht angemessen, nur bei Ehegatten das Vertrauen in die lebenslange Dauer ihrer Verbindung rechtlich zu schützen.

1. Voraussetzung eines Anspruchs aus § 812 Abs. 1 S. 2 Alt. 2 ist eine tatsächliche Einigung über den Zweck der Leistung zwischen den beteiligten Partnern – Zweckabrede; einseitige Vorstellungen genügen nicht. Eine stillschweigende Einigung in diesem Sinne kann aber angenommen werden, wenn der eine Teil mit seiner Leistung einen bestimmten Erfolg bezweckt und der andere Teil dies erkennt und die Leistung entgegennimmt, ohne zu widersprechen.[730]

2. Zwischen M und F muss demnach bzgl. der finanziellen Zuwendungen des M eine Zweckabrede i.S.d. § 812 Abs. 1 S. 2 Alt. 2 gegeben sein. Insoweit ist maßgeblich, dass M die Zuwendung für die F erkennbar zu dem Zweck gemacht hat, ein lebenslanges Wohnrecht in dem Haus eingeräumt zu bekommen. Im Übrigen ist die Zuwendung von 100.000 € von erheblicher Höhe, d.h. sie geht deutlich über Beiträge hinaus, die üblicherweise im Rahmen von nichtehelichen Lebensgemeinschaften entschädigungslos erfolgen.

---

725 BGHZ 165, 1, 10.

726 Vgl. dazu auch Grziwotz FamRZ 2009, 752.

727 Vgl. auch BGH FamRZ 2013, 2187.

728 BGH FamRZ 1996, 1141 f.

729 BGH FamRZ 2008, 1821 ff.; vgl. auch OLG Düsseldorf FamRZ 2009, 1219.

730 BGH FamRZ 2011, 1563; BGH FamRZ 2010, 277 (280); OLG Hamm FamRZ 2014, 228.

Der BGH[731] stellt dies wie folgt dar: „Die danach erforderliche finale Ausrichtung der Leistung auf einen nicht erzwingbaren Erfolg wird sich innerhalb einer nichtehelichen Lebensgemeinschaft oder einer anderen auf Dauer angelegten Partnerschaft nur bezüglich solcher Zuwendungen oder Arbeitsleistungen feststellen lassen, die deutlich über das hinausgehen, was die Gemeinschaft Tag für Tag benötigt. Sie kann auch nicht allgemein in dem gegenwärtigen Zusammenleben mit dem Partner erblickt werden. Zu fordern ist vielmehr eine konkrete Zweckabrede, wie sie etwa dann vorliegen kann, wenn die Partner zwar keine gemeinsamen Vermögenswerte schaffen wollten, der eine aber das Vermögen des anderen in der Erwartung vermehrt hat, an dem erworbenen Gegenstand langfristig partizipieren zu können."[732]

3. M hat erklärt, die F habe ihm ein lebenslanges Wohnrecht in dem Haus zugesagt. Deshalb habe er erhebliche Mittel zugunsten des Bauvorhabens aufgewendet und die als Altersvorsorge gedachten Ersparnisse aufgelöst. Der Vollziehung des zugesagten Wohnrechts bedurfte es insoweit nicht, vielmehr reicht es aus, wenn die Zuwendung des M – für die F erkennbar – diesem Zweck gedient hat und von ihr, ohne insoweit zu widersprechen, entgegengenommen worden ist.

4. **Ergebnis:** Daraus folgt, dass dem M ein Ausgleichsanspruch gemäß § 812 Abs. 1 S. 2 Alt. 2 zusteht, da ihm ein Wohnrecht in Aussicht gestellt wurde.

Fall 46: „Alter schützt vor Torheit nicht" (Abwandlung)

M kann im Prozess nicht beweisen, dass seine Zuwendungen in der Erwartung vorgenommen wurden, F werde ihm ein lebenslanges Wohnrecht einräumen.
Besteht auch in diesem Fall ein Ausgleichsanspruch?

222 Wenn F dem M kein Wohnrecht in Aussicht gestellt hat, scheidet ein Anspruch aus § 812 Abs. 1 S. 2 Alt. 2 mangels Zweckabrede aus. In diesem Fall könnte M jedoch ein Ausgleichsanspruch nach den Grundsätzen über die Störung der Geschäftsgrundlage gemäß § 346 Abs. 1 i.V.m. § 313 Abs. 3 zustehen.[733]

1. Die Grundsätze über die Störung der Geschäftsgrundlage (§ 313) müssten anwendbar sein.

   Ein Ausgleichsanspruch nach den Grundsätzen über die Störung der Geschäftsgrundlage (§ 313) kommt in Betracht, soweit der gemeinschaftsbezogenen Zuwendung die Vorstellung oder Erwartung zugrunde lag, die Lebensgemeinschaft, deren Ausgestaltung sie gedient hat, werde Bestand haben.

   Die Rückabwicklung erfasst insoweit etwa Fälle, in denen es mangels Schaffung eines gemeinschaftlichen Vermögenswertes nicht zu gesellschaftsrechtlichen Ausgleichsansprüchen kommt oder in denen eine Zweckabrede i.S.d. § 812 Abs. 1 S. 2 Alt. 2 nicht festzustellen ist.

---

731 BGH FamRZ 2008, 1821 ff.

732 Das OLG Brandenburg NZFam 2016, 336 schließt sich dieser Rechtsprechung an: „Ein Bereicherungsanspruch wegen Zweckverfehlung nach Beendigung einer nichtehelichen Lebensgemeinschaft besteht nur bei Leistungen, die über das tägliche Zusammenleben hinausgehen, und setzt eine Zweckabrede voraus, wonach ein Partner das Vermögen des anderen in der Erwartung vermehrt, an dem erworbenen Gegenstand langfristig partizipieren zu können."

733 BGH FamRZ 2008, 1821 ff.

Sie hat allerdings nicht zur Folge, dass sämtliche Zuwendungen bei Scheitern der Beziehung auszugleichen wären. Auszuscheiden sind zunächst die im Rahmen des täglichen Zusammenlebens ersatzlos erbrachten Leistungen. Nicht anders zu beurteilen sind aber auch die Leistungen desjenigen Partners, der nicht zu den laufenden Kosten beiträgt, sondern größere Einmalzahlungen erbringt: Er kann insofern nicht besser gestellt werden als derjenige Partner, dessen Aufwendungen den täglichen Bedarf decken oder der sonst erforderlich werdende Beiträge übernimmt.

Die Grundsätze über die Störung der Geschäftsgrundlage (§ 313) sind im vorliegenden Fall anwendbar, weil M einen Betrag von 100.000 € zumindest in der Erwartung des Fortbestandes der nichtehelichen Lebensgemeinschaft erbracht hat. Die Größenordnung der Zuwendung macht deutlich, dass es sich dabei nicht nur um Bedarfsdeckung gehandelt hat.[734]

2. Voraussetzung eines solchen Ausgleichsanspruchs ist weiter, dass sich Umstände, die die Geschäftsgrundlage des Vertrages bilden, nach Vertragsschluss schwerwiegend verändert haben. Insoweit ist eine Abwägung der Interessen erforderlich.[735]

   Der BGH äußert sich dazu wie folgt: „Bei der Abwägung, ob und gegebenenfalls in welchem Umfang Zuwendungen zurückerstattet oder Arbeitsleistungen ausgeglichen werden müssen, ist zu berücksichtigen, dass der Partner es einmal für richtig erachtet hat, dem anderen diese Leistungen zu gewähren. Ein korrigierender Eingriff ist grundsätzlich nur gerechtfertigt, wenn dem Leistenden die Beibehaltung der durch die Leistungen geschaffenen Vermögensverhältnisse nach Treu und Glauben nicht zuzumuten ist. Insofern erscheint es sachgerecht, auf den Maßstab zurückzugreifen, der für den Ausgleich von Zuwendungen unter Ehegatten gilt, die im Güterstand der Gütertrennung leben (...). Das Merkmal der Unbilligkeit impliziert zugleich, dass ein Ausgleich nur wegen solcher Leistungen in Betracht kommt, denen nach den jeweiligen Verhältnissen erhebliche Bedeutung zukommt. Maßgebend ist eine Gesamtabwägung der Umstände des Einzelfalls, in die auch der Zweck der Zuwendung einzubeziehen sowie zu berücksichtigen ist, inwieweit dieser Zweck erreicht worden ist."

3. **Ergebnis:** Danach steht M ein Ausgleichsanspruch nach den Grundsätzen über die Störung der Geschäftsgrundlage gemäß § 346 Abs. 1 i.V.m. § 313 Abs. 3 zu, da die Zuwendung von erheblicher Bedeutung war, insbesondere musste er dafür auf seine Alterssicherung zurückgreifen.[736]

VII. Zahlungsversprechen für den Trennungsfall

Fall 47: Handschriftliche Zahlungszusage

A und B lebten als Partner einer nichtehelichen Lebensgemeinschaft zusammen. Der A unterzeichnete im März 2019 eine Erklärung, in der er sich verpflichtete, der B im Trennungsfall 25.000 € und für jedes weitere Jahr des Zusammenlebens weitere 1.500 € zu zahlen. Anfang Juni 2020 trennten sich A und B. Die B verlangt 26.500 € von A.

734 Vgl. dazu auch Dethloff § 8 Rn. 32.

735 BGH FamRZ 2013, 1295 mit Anmerkung von Grziwotz.

736 Vgl. dazu auch OLG Düsseldorf FamRZ 2009, 1219 ff.

223 Der Anspruch der B gegen A auf Zahlung von 26.500 € kann sich aufgrund eines wirksamen Schuldversprechens (§ 780) ergeben.

I. A hat eine rechtsverbindliche Zahlungszusage abgegeben. Ein evtl. geheimer Vorbehalt wäre nach § 116 unbeachtlich.

II. Die handschriftliche Zahlungszusage des A für den Fall der Trennung ist nicht gemäß § 125 S. 1 wegen Formmangels nichtig, sondern genügt vielmehr der für den Regelfall eines selbstständigen Schuldversprechens vorgeschriebenen Form, §§ 780, 126 Abs. 1. Die Annahme dieses Versprechens durch die B bedurfte keiner Form. Andere Formvorschriften waren nicht anwendbar:

1. Die Formvorschriften, die für das eheliche Güterrecht (§§ 1378 Abs. 3 S. 2, 1410) oder für scheidungsrechtliche Versorgungsausgleichsverfahren (§ 7 VersAusglG) gelten, finden keine entsprechende Anwendung. Bedenken bestehen zum einen gegen die Analogiefähigkeit dieser Vorschriften, die als gesetzliche Formvorschriften bereits eine Ausnahme von dem Grundsatz der Formfreiheit darstellen. Zum anderen scheidet eine analoge Anwendung auch deshalb aus, weil es an einer planwidrigen Regelungslücke und einer vergleichbaren Interessenlage fehlt. Im Übrigen bedürfen selbst zwischen Ehegatten einzelne Zuwendungen, Gesellschaftsverträge oder Unterhaltsvereinbarungen für die Zeit nach der Scheidung keiner besonderen Form.

2. Bei der handschriftlichen Zahlungszusage handelt es sich auch nicht um ein der notariellen Form bedürftiges Schenkungsversprechen i.S.v. §§ 516, 518. Vielmehr ist die für das Eherecht entwickelte Rechtsfigur der unbenannten Zuwendung (s.o. Fall 27, Rn. 79 ff.) auch auf nichteheliche Lebensgemeinschaften anzuwenden.

   Das Schuldversprechen des A stellt keine freigiebige Verpflichtung ohne jede materielle oder immaterielle Gegenleistung dar, sondern sein Versprechen, der B nach der Trennung einen der Höhe nach von der Dauer des Zusammenlebens abhängigen Geldbetrag zu zahlen. Dies ist als ein bewusster Beitrag des A zur Erhaltung der Lebensgemeinschaft anzusehen.

III. Das für den Fall der Trennung von A abgegebene Zahlungsversprechen ist nicht sittenwidrig i.S.v. § 138 Abs. 1, insbesondere wenn sie dem wirtschaftlich schwächeren Partner das finanzielle Risiko der Weiterführung der Partnerschaft abnehmen sollen.

Der B als der wirtschaftlich schwächeren Partei ging es hier vor allem um ihre finanzielle Absicherung für den Fall des Scheiterns der Beziehung mit A.

Ergebnis: B hat einen Anspruch auf Zahlung von 26.500 € gegen A.

VIII. Rechtsfragen bzgl. des Mietverhältnisses

224 **1. Eintrittsrecht** bei Tod des Mieters, § 563 Abs. 2 S. 3

Der nichteheliche Lebenspartner eines Mieters tritt nach dessen Tod in das Mietverhältnis ein, wenn er mit dem Mieter einen auf Dauer angelegten gemeinsamen Haushalt führte, d.h. wenn die Wohnung Mittelpunkt der gemeinsamen Lebens- und Wirtschaftsführung war.[737]

2. Fortsetzung mit überlebenden Mietern, § 563 a

Haben die in nichtehelicher Lebensgemeinschaft verbundenen Partner gemeinsam eine Wohnung gemietet, so wird das Mietverhältnis beim Tode eines der Partner mit dem überlebenden Partner fortgesetzt, § 563 a Abs. 1. Der überlebende Mieter hat das Recht zur außerordentlichen Kündigung mit gesetzlicher Frist, § 563 a Abs. 2.

3. Schließen die Partner einer nichtehelichen Lebensgemeinschaft gemeinsam einen Wohnraummietvertrag auf unbestimmte Zeit ab, trennen sich die Partner dann und zieht einer von ihnen aus der Wohnung aus, so hat er aus **§ 730 Abs. 1** einen **Anspruch gegen den anderen Partner darauf, dass dieser gemeinsam mit ihm gegenüber dem Vermieter zum nächstmöglichen Zeitpunkt eine Kündigungserklärung bzgl. der Wohnung abgibt.**[738]

Im Innenverhältnis der nichtehelichen Partner sind alle Vorschriften anzuwenden, die auch sonst bei einer Mehrheit von Mietern eingreifen. Mit Abschluss des Mietvertrages begründen die Partner einer nichtehelichen Lebensgemeinschaft i.d.R. eine Innengesellschaft i.S.d. § 705. Die Auseinandersetzung bei Auflösung der Lebensgemeinschaft muss daher im Innenverhältnis nach den gesellschaftsrechtlichen Regeln erfolgen. Die Lebensgemeinschaft als Gesellschaft wird durch Kündigung beendet. Die Auflösung des Innenverhältnisses hat Auswirkungen auf das Außenverhältnis. Nach Auflösung der Gesellschaft findet gemäß § 730 die Auseinandersetzung statt. Jeder Gesellschafter hat einen Anspruch gegen den anderen, an der Kündigung des Mietverhältnisses mitzuwirken, da diese Erklärung nur gemeinsam abgegeben werden kann. Das Mietverhältnis endet erst mit der Wirksamkeit dieser Kündigung und dem Ablauf der Kündigungsfrist. Verbleibt ein Partner in der Wohnung, kann der Vermieter von beiden früheren Mitmietern die Nutzungsentschädigung nach § 546 a verlangen. D.h. es besteht eine Forthaftung des ausgezogenen Mitmieters trotz der Kündigung. Das Gleiche gilt, falls das Mietverhältnis aufgrund einer Befristung oder mangels einer gemeinsamen Kündigung nicht beendet ist und ein Partner die Wohnung weiterhin nutzt.

IX. Alleineigentum eines Partners an einer Wohnung

Haben die Partner einer nichtehelichen Lebensgemeinschaft gemeinsam in einem Haus **225**
gelebt, welches im Alleineigentum eines Partners steht, so muss nach Auflösung der Lebensgemeinschaft der bislang nutzungsberechtigte Partner die Wohnung räumen. Aus der nichtehelichen Lebensgemeinschaft lässt sich ein Besitzrecht über die Auflösung der Gemeinschaft hinaus nicht herleiten.[739]

737 Palandt/Weidenkaff § 563 Rn. 11.

738 Dazu OLG Düsseldorf FamRZ 2008, 154 sowie OLG Oldenburg FamRZ 2008, 155.

739 BGH FamRZ 2008, 1404 ff.

X. Die Beendigung der nichtehelichen Lebensgemeinschaft durch den Tod eines Partners

226 Der überlebende Partner hat **kein gesetzliches Erbrecht**, er kann seinen verstorbenen Lebensgefährten also nur aufgrund einer Verfügung von Todes wegen beerben. Die Partner einer nichtehelichen Lebensgemeinschaft können nicht analog §§ 2265 ff. ein gemeinschaftliches Testament errichten.

2. Abschnitt: Die eingetragene Lebenspartnerschaft

227 Im August 2001 trat das Lebenspartnerschaftsgesetz (LPartG) in Kraft. Danach konnten erstmals gleichgeschlechtliche Partner eine eingetragene, rechtlich verbindliche Lebenspartnerschaft eingehen. Der Gesetzgeber hatte hiermit ein eigenständiges familienrechtliches Institut geschaffen. Ziel war es, die Diskriminierung von gleichgeschlechtlichen Lebensgemeinschaften zu beenden. Immerhin war bis 1994 die Homosexualität gemäß dem einschlägigen § 175 StGB a.F. unter Männern strafbar. Dieser Straftatbestand wurde erst im Rahmen der gesamtdeutschen Vereinigung aufgehoben (Art. 1 des 29. StrÄndG, BGBl. I 1994, 1168). Mit dem Gesetz zur Überarbeitung des Lebenspartnerschaftsrechts wurde 2005 das Lebenspartnerschaftsrecht weitgehend an die Ehe angeglichen. Es regelte unter anderem die vollständige Übernahme des ehelichen Güterrechts, die Anpassung der Aufhebungsvoraussetzungen an das Scheidungsrecht und die Einführung der Stiefkindadoption und des Versorgungsausgleichs (BT-Drs. 15/3445). Einkommensteuerrechtliche Regelungen enthielt dieses Gesetz nicht.

Die **Ehe für alle** wurde am 30. Juni 2017 vom Bundestag beschlossen. Am 07.07.2017 gab der Bundesrat seine Zustimmung. Geändert wurde die Vorschrift des § 1353 BGB, d.h. die betreffende Vorschrift wurde um 7 Wörter ergänzt und lautet nunmehr: Die Ehe wird **von zwei Personen verschiedenen oder gleichen Geschlechts** auf Lebenszeit geschlossen. Seit dem 01.10.2017 sind Eheschließungen für alle bei jedem Standesamt in Deutschland möglich.

Unabhängig von politischen Bewertungen[740] war dieser Schritt zu erwarten. Das Lebenspartnerschaftsgesetz sieht bereits seit Jahren mehr oder weniger eine Gleichstellung der Ehe mit der Lebenspartnerschaft vor. Das Lebenspartnerschaftsgesetz verweist nämlich zu allen maßgeblichen Fragestellungen schlichtweg auf die vergleichbaren Regelungen für Eheleute. Dies gilt für Unterhalt, Güterrecht, Versorgungsausgleich usw. Unterschiede gab und gibt es nur noch im Bereich der Adoption.

Maßgeblich ist nunmehr, dass ab Oktober 2017 gleichgeschlechtliche Paare heiraten können.[741] Bisherige Lebenspartnerschaften müssen diesen Schritt allerdings vollziehen, d.h. die Lebenspartnerschaft wird nicht automatisch zur Ehe, vgl. § 20 a LPartG.[742]

740 Die Diskussion betrifft die Frage, ob eine Änderung von Art. 6 GG erforderlich ist. Meyer äußert in FamRZ 2017, 1284 dazu die Auffassung, dass ein Verstoß gegen Art. 6 GG nicht gegeben sei, da es nicht darum gehen könne, traditionelle Ehen vor dem Verlust ihrer Exklusivität zu bewahren.

741 Kaiser FamRZ 2017, 1985 zur Umwandlung einer Lebenspartnerschaft in eine gleichgeschlechtliche Ehe.

742 Schwab FamRZ 2017, 1287.

Wenn die Lebenspartner davon absehen, ihre Partnerschaft in eine Ehe umzuwandeln, so gilt für sie weiter das Recht der eingetragenen Lebenspartnerschaft. Das Lebenspartnerschaftsgesetz wird deshalb wohl noch lange bestehen.

Durch das Gesetz zur Einführung des Rechts auf Eheschließung für Personen gleichen Geschlechts vom 20.07.2017 (BGBl. 2017 I S. 2787) können seit 01.10.2017 Lebenspartner auf Antrag ihre Lebenspartnerschaft in eine Ehe umwandeln (§ 20 a LPartG). Seit dem 01.10.2017 ist die Begründung neuer Lebenspartnerschaften nicht mehr erlaubt (Art. 3 Abs. 3 des Gesetzes vom 20.07.2017); insoweit wird im Folgenden auf die Begründung einer Lebenspartnerschaft nicht mehr eingegangen.

A. Begriff der „Lebenspartnerschaft"

Das „Gesetz über die **eingetragene Lebenspartnerschaft**"[743] spricht in seinen einzelnen Vorschriften nur von „Lebenspartnerschaft", **„Lebenspartnerinnen"** oder **„Lebenspartner"**. 228

Es verwendet damit einen Begriff, der bisher allgemein für dauerhafte Beziehungen zweier Menschen, auch für Eheleute oder eheähnliche Beziehungen, verwendet wurde.

Im Jahr 2015 lebten 94.000 Paare in einer gleichgeschlechtlichen Lebensgemeinschaft, davon 43.000 in einer eingetragenen Lebenspartnerschaft. Männer lebten etwas häufiger mit einem Partner des gleichen Geschlechtes zusammen als Frauen, sie führten 52 % aller gleichgeschlechtlichen Lebensgemeinschaften.

B. Wirkungen der Lebenspartnerschaft

I. Partnerschaftliche Lebensgemeinschaft, § 2 LPartG

Die Lebenspartner sind einander zur Fürsorge und Unterstützung sowie zur gemeinsamen Lebensgestaltung verpflichtet. Sie tragen füreinander Verantwortung. 229

Diese Vorschrift ähnelt der für Eheleute geltenden Generalklausel des § 1353 Abs. 1 S. 2. Allerdings ist § 2 LPartG im Vergleich zu § 1353 Abs. 1 S. 2 ausgedünnt.

Während die Ehegatten einander zur ehelichen Lebensgemeinschaft (§ 1353 Abs. 1 S. 2) und normativ zur Haushalts- und Geschlechtsgemeinschaft verpflichtet sind, ist die Lebensgestaltung den Lebenspartnern überlassen.[744] Dies hat insbesondere zur Folge, dass im Unterschied zur Ehe die Lebenspartner nicht verpflichtet sind, eine partnerschaftliche Lebensgemeinschaft zu führen, d.h. sie können durchaus räumlich getrennt leben.

II. Lebenspartnerschaftsname, § 3 LPartG

Nach § 3 Abs. 1 LPartG **können** die Lebenspartner einen gemeinsamen Namen (Lebenspartnerschaftsnamen) bestimmen. Zu ihrem Lebenspartnerschaftsnamen können die Lebenspartner durch Erklärung den Geburtsnamen oder den zur Zeit der Erklärung über die Bestimmung des Lebenspartnerschaftsnamens geführten Namen eines der Lebenspartner bestimmen. Die Erklärung über die Bestimmung des Lebenspartner- 230

743 Schönfelder unter Nr. 43.

744 Vgl. dazu Palandt/Brudermüller § 2 LPartG Rn. 2; Schwab Rn. 550.

schaftsnamens soll bei der Begründung der Lebenspartnerschaft erfolgen. Die Erklärungen werden wirksam, wenn sie vor der zuständigen Behörde erfolgen. Voraussetzung für die Wirksamkeit einer später abgegebenen Erklärung ist ihre öffentliche Beglaubigung.

Die weiteren Abs. 2, 3 und 4 enthalten Bestimmungen über Voranstellung oder Anfügung des Geburtsnamens des Lebenspartners, dessen Geburtsname nicht Lebenspartnerschaftsname wird, und das Behalten des Lebenspartnerschaftsnamens auch nach Beendigung der Lebensgemeinschaft. Diese Regelung entspricht der für Eheleute geltenden Vorschrift des § 1355.

III. Umfang der Sorgfaltspflicht, § 4 LPartG

231 Nach § 4 LPartG haben die Lebenspartner bei der Erfüllung der sich aus dem lebenspartnerschaftlichen Verhältnis ergebenden Verpflichtungen einander nur für diejenige Sorgfalt einzustehen, welche sie in eigenen Angelegenheiten anzuwenden pflegen.

Die Regelung entspricht der bei Eheleuten in § 1359.

IV. Lebenspartnerschaftsunterhalt, § 5 LPartG

232 Die Lebenspartner sind einander zum angemessenen Unterhalt verpflichtet. Die §§ 1360 a, 1360 b gelten entsprechend.

Beachte: *Nach § 5 S. 1 LPartG sind die Lebenspartner nur zum Unterhalt für den Lebenspartner verpflichtet, nicht aber für ein Kind, das ein Lebenspartner in die Lebenspartnerschaft mitbringt, adoptiert oder durch heterosexuellen Kontakt bekommt.*

Wird ein Partner durch eine unerlaubte Handlung eines Dritten getötet, stehen dem überlebenden Lebenspartner Ersatzansprüche gegen den Schädiger nach § 844 Abs. 2 zu.[745]

V. Vermögensstand, §§ 6, 7 LPartG

233 Nach bisherigem Recht gab es keinen gesetzlichen Vermögensstand wie im Eherecht. Die Partner hatten als Voraussetzung der Begründung ihrer Partnerschaft aber die **Wahlpflicht**, entweder einen **Partnerschaftsvertrag** abzuschließen oder zu erklären, dass der Vermögensstand der **Ausgleichsgemeinschaft** vereinbart ist.[746]

- **Zugewinngemeinschaft**, § 6 LPartG

  Die Zugewinngemeinschaft ist der im Eherecht geltende gesetzliche Güterstand. Dieser gilt nunmehr automatisch auch für die Lebenspartnerschaft, es sei denn, es ist durch Lebenspartnerschaftsvertrag nach § 7 LPartG etwas anderes vereinbart. Der Überschuss, den die Lebenspartner während der Dauer des Vermögensstandes erzielt haben, wird – wie beim Zugewinnausgleich unter Ehegatten – ausgeglichen. Dies ergibt sich aus der Verweisung des § 6 LPartG auf die §§ 1364–1390.[747]

745 Dethloff NJW 2001, 2598, 2601.

746 Vgl. hierzu Rieger FamRZ 2001, 1497 ff.; Rellermeyer Rpfleger 2001, 381, 382.

747 Dethloff § 7 Rn. 37.

- **Lebenspartnerschaftsvertrag**, § 7 LPartG

  Der Lebenspartnerschaftsvertrag ist ein Pendant zum Ehevertrag gemäß § 1408 Abs. 1. § 7 LPartG erklärt die §§ 1409–1563 für anwendbar. Somit muss der Lebenspartnerschaftsvertrag bei gleichzeitiger Anwesenheit beider Lebenspartner zur Niederschrift eines Notars geschlossen werden, § 1410. Gemäß dem durch § 7 LPartG für anwendbar erklärten § 1409 kann ein Vermögensstand nicht durch pauschalen Verweis auf nicht mehr geltendes oder auf ausländisches Ehegüterrecht vereinbart werden.[748]

  Der Partnerschaftsbegründungsvertrag des § 1 Abs. 1 S. 1 LPartG kann nur von volljährigen und geschäftsfähigen Partnern und persönlich geschlossen werden. Dennoch hat die Verweisung in § 7 LPartG auf § 1411 ihre Berechtigung: Der Lebenspartnerschaftsvertrag kann auch noch nach Begründung der Lebenspartnerschaft geschlossen werden und zu diesem Zeitpunkt kann der bei Begründung der Lebenspartnerschaft noch voll Geschäftsfähige nunmehr geschäftsunfähig sein. Außerdem kann der Lebenspartnerschaftsvertrag (§ 7 LPartG) schon vor Abschluss des Partnerschaftsbegründungsvertrages geschlossen werden.

VI. Sonstige vermögensrechtliche Wirkungen, § 8 LPartG

- **Eigentumsvermutung**, § 8 Abs. 1 S. 1 LPartG **234**

  Die Eigentumsvermutung nach § 8 Abs. 1 S. 1 LPartG entspricht der eherechtlichen Norm des § 1362.

  Dem entspricht die heutige Fassung des § 739 ZPO.

- **Schlüsselgewalt**, § 8 Abs. 2 LPartG

  § 1357 gilt entsprechend.

VII. Sorgerechtliche Befugnisse des Lebenspartners, § 9 LPartG

- Führt der allein sorgeberechtigte Elternteil eine Lebenspartnerschaft, hat sein Lebenspartner im Einvernehmen mit dem sorgeberechtigten Elternteil die Befugnis zur Mitentscheidung in Angelegenheiten des täglichen Lebens des Kindes. § 1629 Abs. 2 S. 1 gilt entsprechend.[749] **235**

- Bei Gefahr im Verzug ist der Lebenspartner dazu berechtigt, alle Rechtshandlungen vorzunehmen, die zum Wohl des Kindes notwendig sind; der sorgeberechtigte Elternteil ist unverzüglich zu unterrichten.

- Das Familiengericht kann die Befugnisse nach Abs. 1 einschränken oder ausschließen, wenn dies zum Wohl des Kindes erforderlich ist.

- Die Befugnisse nach Abs. 1 bestehen nicht, wenn die Lebenspartner nicht nur vorübergehend getrennt leben.

- § 9 Abs. 7 LPartG regelt die sog. Stiefkindadoption. Bringt ein Lebenspartner ein leibliches Kind mit in die Partnerschaft oder bekommt er während dieser ein Kind, kann

748 Hinweise zur Vertragsgestaltung bei Müller DNotZ 2001, 581 ff.

749 Zu dem sog. kleinen Sorgerecht des Partners vgl. Dethloff NJW 2001, 2598, 2602.

sein Lebenspartner dieses Kind adoptieren. Insoweit gelten die allgemeinen Regelungen, d.h. insbesondere ist grundsätzlich die Zustimmung des anderen leiblichen Elternteils erforderlich, § 1747.[750] Auch eine „Sukzessivadoption", bei welcher ein Lebenspartner zunächst ein Kind adoptiert und danach der andere Lebenspartner, ist zulässig.[751] Nach wie vor nicht möglich ist die gemeinschaftliche Adoption eines Kindes, d.h. besteht ein solcher Wunsch, sollten die Partner ihre Lebenspartnerschaft in eine Ehe umwandeln.[752]

VIII. Erbrecht, § 10 LPartG

236 ■ **Gesetzliches Erbrecht**, § 10 Abs. 1–3 LPartG

§ 10 Abs. 1 u. Abs. 2 LPartG verschafft dem überlebenden Lebenspartner ein gesetzliches Erbrecht, wenn beim Erbfall die Lebenspartnerschaft noch bestand. Es ist im Wesentlichen dem gesetzlichen Erbrecht des Ehegatten (§ 1931 Abs. 1 S. 1, Abs. 2) nachgebildet.[753]

■ **Voraus**, § 10 Abs. 1 S. 3 LPartG

Der Lebenspartner erhält als gesamtes Vermächtnis zusätzlich zu seinem Erbteil wie ein Ehegatte (§§ 1931, 1932) einen Voraus gemäß § 10 Abs. 1 S. 3 LPartG.

■ **Pflichtteil**, § 10 Abs. 6 LPartG

Der überlebende Lebenspartner kann in Höhe der Hälfte des Wertes seines gesamten Erbteils den Pflichtteil verlangen, wenn ihn der verstorbene Lebenspartner durch Verfügung von Todes wegen enterbt hat.

Bei Zugewinngemeinschaft gilt § 1371 Abs. 1 u. 3 entsprechend.[754]

■ **Gewillkürte Erbfolge**, § 10 Abs. 4 u. 5 LPartG

Im Bereich der gewillkürten Erbfolge wird die Lebenspartnerschaft der Ehe gleichgestellt. Dies erfolgt durch § 10 Abs. 4 u. 5 LPartG und eine Ergänzung der Erbrechtsnormen des BGB. Lebenspartner können damit ein gemeinschaftliches Testament errichten (vgl. § 2265).

■ **Erbverzicht**, § 10 Abs. 7 LPartG

Die Vorschriften des BGB über den Erbverzicht gelten entsprechend.

C. Unterhalt bei Getrenntleben

237 Der Unterhalt bei Getrenntleben ist in § 12 LPartG der für Ehegatten geltenden Vorschrift des § 1361 nachgebildet.[755]

---

750 BGH FamRZ 2015, 828.

751 BVerfG FamRZ 2013, 521.

752 Ausführlich dazu Palandt/Brudermüller § 9 LPartG Rn. 12.

753 Vgl. dazu Kaiser JZ 2001, 617, 622 f.

754 S. dazu Palandt/Brudermüller § 10 LPartG Rn. 4.

755 Palandt/Brudermüller § 12 LPartG Rn. 1.

Erwähnenswert ist in diesem Zusammenhang, dass Lebenspartner nach § 2 LPartG nicht zur häuslichen Lebensgemeinschaft verpflichtet sind; insoweit ist die **Feststellung des Getrenntlebens** gegenüber Eheleuten erschwert. Haben sie einen gemeinsamen Haushalt geführt, so ist dessen Aufgabe das erkennbare Zeichen, dass zumindest ein Lebenspartner die Lebenspartnerschaft ablehnt und seinen Trennungswillen deutlich macht. Haben die Lebenspartner hingegen einen gemeinsamen Haushalt nicht geführt, so genügt es, wenn ein Partner den Willen erklärt hat, die Partnerschaft nicht mehr fortsetzen zu wollen. Die innere Distanzierung von der gemeinsamen Lebensgestaltung muss jedenfalls ausreichend nach außen erkennbar werden.[756]

D. Aufhebung der Lebenspartnerschaft

Fall 48: Neu verliebt!

Anke Schmitt und Claudia Kaminski haben im Februar 2015 wirksam eine Lebenspartnerschaft begründet. Der Lebenspartnerschaftsname lautet Schmitt; die gemeinsame Wohnung befindet sich in München. Der gemeinsame Unterhalt wurde durch Anke erwirtschaftet, während Claudia den Haushalt führte.

Im Herbst 2018 lernte Anke im Urlaub Petra Kunze kennen. Daraufhin trennte sie sich am 15.11.2018 von Claudia und zog zu Petra nach Nürnberg. Im März 2020 sucht Claudia ihren Rechtsanwalt auf. Sie möchte nunmehr die Aufhebung der Lebenspartnerschaft, da die Beziehung zwischen Anke und Petra gefestigt ist und eine Fortsetzung der früheren Lebenspartnerschaft für die Parteien nicht mehr infrage kommt.

Ihr Rechtsanwalt soll überprüfen, ob

1. bereits jetzt ein Antrag auf Aufhebung der Lebenspartnerschaft gestellt werden könnte und welches Gericht dafür zuständig wäre,

2. sie ihren früheren Namen nach Aufhebung der Lebenspartnerschaft wieder annehmen kann,

3. generell Unterhaltsansprüche nach Aufhebung der Lebenspartnerschaft gegen Anke bestehen. Anke verdient ca. 2.500 € als technische Zeichnerin, während sie trotz nachweisbarer Bemühungen augenblicklich keine Chance habe, in ihren früheren Beruf als Informatikerin zurückzukehren.

4. Anke habe ihr Sparguthaben während der Lebenspartnerschaft von 25.000 € auf 40.000 € steigern können. Sie selbst habe nie Vermögen besessen. Besteht insoweit ein Ausgleichsanspruch?

A. Die Aufhebung der Lebenspartnerschaft **238**

I. Das zuständige Gericht

Das Amtsgericht – Familiengericht – München ist für die Aufhebung der Lebenspartnerschaft zuständig. Dies ergibt sich in sachlicher Hinsicht aus § 23 a Abs. 1 Nr. 1 GVG i.V.m. § 111 Nr. 11 FamFG sowie hinsichtlich der Abteilung für Familien-

756 Weinreich/Klein § 12 LPartG Rn. 4.

sachen (Geschäftsverteilung) aus § 23 b GVG. Die örtliche Zuständigkeit für die Aufhebung der Lebenspartnerschaft ergibt sich aus § 122 Nr. 3 FamFG (auf dessen entsprechende Anwendung § 270 Abs. 1 S. 1 FamFG verweist). Die Beteiligten hatten im Bezirk des Amtsgerichts München zuletzt ihren gemeinsamen gewöhnlichen Aufenthalt, der Antragsteller lebte bei Rechtshängigkeit in diesem Gerichtsbezirk und die vorrangigen Gerichtsstände des § 122 FamFG greifen nicht ein.

II. Die Aufhebungsvoraussetzungen[757]

1. Die Lebenspartnerschaft wird gemäß § 15 Abs. 1 LPartG auf Antrag eines oder beider Lebenspartner durch gerichtlichen Beschluss aufgehoben.

2. Das Gericht hebt die Lebenspartnerschaft nach § 15 Abs. 2 LPartG auf, wenn

   - beide Lebenspartner erklärt haben, die Lebenspartnerschaft nicht fortsetzen zu wollen bzw. der andere Lebenspartner der Aufhebung zustimmt und die Beteiligten seit einem Jahr getrennt leben oder
   - nicht erwartet werden kann, dass eine partnerschaftliche Lebensgemeinschaft wiederhergestellt werden kann und die Beteiligten seit einem Jahr getrennt leben oder
   - ein Lebenspartner erklärt hat, die Lebenspartnerschaft nicht fortsetzen zu wollen, und die Beteiligten seit drei Jahren getrennt leben oder
   - die Fortsetzung der Lebenspartnerschaft für den Antragsteller aus Gründen, die in der Person des anderen Lebenspartners liegen, eine unzumutbare Härte wäre.
   - Weiterhin hebt das Gericht die Lebenspartnerschaft auf, wenn bei einem Lebenspartner ein Willensmangel i.S.d. § 1314 Abs. 2 Nr. 1–4 vorlag.

3. Die Voraussetzungen für eine Aufhebung der Lebenspartnerschaft nach § 15 Abs. 2 Nr. 1 b LPartG sind gegeben.

   - Die Lebensgemeinschaft der Beteiligten besteht nicht mehr, da diese seit dem am 15.11.2018 erfolgten Auszug der Antragsgegnerin aus der früheren gemeinsamen Wohnung getrennt i.S.d. § 15 Abs. 5 LPartG leben.
   - Es bestehen auch keine realistischen Chancen für eine Wiederaufnahme der Lebenspartnerschaft. Die frühere Lebenspartnerin Anke lebt seit längerem in einer neuen und mittlerweile auch gefestigten Beziehung.

Ergebnis: Somit kann ein Antrag auf Aufhebung der Lebenspartnerschaft gestellt werden.

B. Namensänderung

Nach § 3 Abs. 3 S. 2 LPartG kann nach Aufhebung der Lebenspartnerschaft der frühere Name wieder angenommen werden.

757 Vgl. dazu Schwab Rn. 561 ff.

C. Unterhaltsansprüche

Der nachpartnerschaftliche Unterhalt ist in § 16 LPartG kodifiziert. Diese Vorschrift geht von dem Grundsatz aus, dass die Lebenspartnerschaft „auf Lebenszeit" (vgl. § 1 Abs. 1 LPartG) geschlossen wird. Der nachpartnerschaftliche Unterhalt setzt aber – ebenso wie die nacheheliche Unterhaltspflicht gemäß §§ 1569 ff. – nicht nur Bedürftigkeit voraus, sondern dass die Bedürftigkeit z.B. wegen Alters (wie § 1571), Krankheit oder Gebrechlichkeit (wie § 1572) eingetreten ist.

Durch die entsprechende Anwendung der genannten Vorschriften des BGB wird eine Annäherung an den nachehelichen Ehegattenunterhalt erreicht.

Ergebnis: Vorliegend kommt ein Unterhaltsanspruch nach § 16 LPartG in Verbindung mit § 1573 Abs. 1 (Erwerbslosenunterhalt) in Betracht.

D. Zugewinnausgleich

Die Lebenspartner leben im gesetzlichen Güterstand der Zugewinngemeinschaft, es sei denn, es ist durch Lebenspartnerschaftsvertrag nach § 7 LPartG etwas anderes vereinbart. Der Überschuss, den die Lebenspartner während der Dauer des Vermögensstands erzielt haben, wird damit – wie beim Zugewinnausgleich unter Ehegatten – ausgeglichen. Dies ergibt sich aus der Verweisung des § 6 LPartG auf § 1363 Abs. 2 und auf §§ 1364–1390.

Ergebnis: Bezug nehmend auf die Angaben der Mandantin ist von einem Zugewinnausgleichsanspruch i.H.v. 7.500 € auszugehen.

E. Haushalt

Weitere Fragen können sich im Falle der Aufhebung der Lebenspartnerschaft stellen, **239**
insbesondere solche betreffend den Haushalt und die Behandlung der gemeinsamen Wohnung.

Können sich die Lebenspartner anlässlich der Aufhebung der Lebenspartnerschaft nicht darüber einigen, wer von ihnen die gemeinsame Wohnung künftig bewohnen oder wer die Wohnungseinrichtung und den sonstigen Haushalt erhalten soll, so gelten die §§ 1568 a, 1568 b entsprechend.

Nach **§ 1568 b Abs. 1 entsprechend** kann jeder Lebenspartner verlangen, dass ihm der andere Lebenspartner anlässlich der Aufhebung der Lebenspartnerschaft die im gemeinsamen Eigentum stehenden **Haushaltsgegenstände** überlässt und übereignet, wenn er auf deren Nutzung unter Berücksichtigung des Wohls der im Haushalt lebenden Kinder und der Lebensverhältnisse der Lebenspartner in stärkerem Maße angewiesen ist als der andere Lebenspartner oder wenn dies aus anderen Gründen der Billigkeit entspricht.

Eine ähnliche Regelung enthält **§ 1568 a Abs. 1 entsprechend** für die **gemeinsame Wohnung**. Ein Lebenspartner kann danach verlangen, dass ihm der andere Lebenspartner anlässlich der Aufhebung der Lebenspartnerschaft die gemeinsame Wohnung überlässt, wenn er auf deren Nutzung unter Berücksichtigung des Wohls der im Haushalt lebenden Kinder und der Lebensverhältnisse der Lebenspartner in stärkerem Maße angewiesen ist als der andere Lebenspartner oder wenn die Überlassung aus anderen Gründen der Billigkeit entspricht.

F. Versorgungsausgleich, § 20 LPartG

240 Nach Aufhebung der Lebenspartnerschaft findet ein Versorgungsausgleich statt. Dadurch werden zwischen den Lebenspartnern die entstandenen Versorgungsanwartschaften und -ansprüche aufgeteilt.[758]

758 Stüber FamRZ 2005, 576.

Stichwortverzeichnis

Die Zahlen verweisen auf die Randnummern.

Absolute Veräußerungsverbote 44, 53
Abstammungsrecht 104
Auskunftsanspruch auf Benennung des Vaters 120
Scheinvater gegen Kindesmutter 125
Blutgruppengutachten 111
Ersatzmutterschaft 104
gespaltene Mutterschaft 104
Leihmutterschaft 104
Mutterschaft 104
Unterhaltszahlungen d. Scheinvaters 122
Rückgriffsanspruch d. Scheinvaters ... 122
Vaterschaft 107
Abwesenheitspflegschaft 198
Additionsmethode 65
Adoption .... 103, 174 ff.
Annahme Minderjähriger 174
Annahme Volljähriger 179
Antrag 175
Begründung eines Kindschaftsverhältnisses 177
Dekretsystem 174, 179
Einwilligung der Beteiligten/Betroffenen 175
Erlöschen des Verwandtschaftsverhältnisses 177
Geburtsname 177
Grundsatz der Volladoption 177
Mindestalter des Annehmenden 175
Sperrwirkung nach § 1747 Abs. 3 Nr. 2 ... 176
Verbot der Zweitadoption 175
Voraussetzungen 174
Wirkungen 177
Adoptivverwandtschaft 6
Aktivvermögen 76
Alleinentscheidungsrecht eines Ehegatten 11
Alleiniges Sorgerecht der Mutter 128
Alleinsorge 64
Alters- und Krankheitsunterhalt 36
Altersvorsorgevollmacht 195
Anfangsvermögen 75
Anfechtung der Vaterschaft 114
Annahme als Kind 103
Anrechnung von Kindergeld 165
Antrag auf Herstellung des ehel. Lebens 11
Arbeitsverträge unter Eheleuten 17
Arglistige Täuschung 8
Aufenthaltsbestimmung 184
Auffüllungsanspruch 78
Aufhebbare Ehe 8
Auflösung der nichtehelichen Lebensgemeinschaft 216
Auflösung des Verlöbnisses 3, 4
Ausgleichsgemeinschaft 233
Auskunftsanspruch
auf Bennenung des Vaters 120
Scheinvater gegen Kindesmutter 124
Auskunftsrecht 155
Ausschluss/Beschränkung der Vertretungsmacht der Eltern 144
durch Anordnungen Dritter 146
durch familiengerichtliche Anordnung 146
kraft Gesetzes 144
Außereheliche Verbindungen 199

Barunterhalt 23
Bedürftigkeit des Ehegatten 30
Beistandschaft 129
Beschränkte Haftung nach Eintritt der Volljährigkeit 148
Betreuung .... 180 ff.
Aufhebung der Betreuung 188
Auswahl des Betreuers 185
Entlassung des Betreuers 188
Erforderlichkeitsprinzip 184
Grundsatz der Verhältnismäßigkeit 182
passive Sterbehilfe 182
Pflichten des Betreuers 186
rechtliche .... 181 ff.
Umfang 184
Vertretung des Betreuten 187
Voraussetzungen 183
Betreuungsverfügung 185
Blutgruppengutachten 111
Blutsverwandtschaft 103
Bruchteilsgemeinschaft 42
Bürgschaft für Ehepartner 28

Dekretsystem 174, 179
Differenzmethode 65

Doppelehe ... 6
Doppelverdienerehe ... 67
Drittwiderspruchsklage ... 27
Durchsetzung des Umgangsrechts ... 153
Düsseldorfer Tabelle ... 159

Ehe
  Alleinentscheidungsrecht ... 11
  Aufhebungsgründe ... 8
  eheliche Lebensgemeinschaft ... 10
  Funktionsteilung ... 11
  Rechtspflichten ... 10
  Rechtswirkungen im Allgemeinen ... 9
  Verpflichtung zur sexuellen Treue ... 12
Ehebedingte Zuwendung ... 80
Ehefähigkeit ... 6
  Ehemündigkeit ... 6
  Geschäftsunfähigkeit ... 6
Ehefähigkeitszeugnis für Ausländer ... 7
Ehegatteninnengesellschaft ... 41, 87
  Störung der Geschäftsgrundlage ... 17
Eheliche Lebensgemeinschaft
  Herstellungsantrag ... 11
Eheliches Güterrecht ... 35 ff.
Ehename ... 15, 156
Eherecht ... 1 ff.
Ehescheidung ... 57
Ehescheidungsrecht ... 57
  Folgen der Scheidung ... 63 ff.
    elterliche Sorge ... 64
    Namensrecht ... 63
    Unterhaltsverpflichtung unter Ehegatten ... 65
    Versorgungsausgleich ... 88
  Verfahren ... 102
  Voraussetzungen ... 57
    dreijährige Trennung ... 58
    Feststellung des Scheiterns der Ehe ... 61
    Getrenntleben ... 57, 58
    kein Eingreifen der Härteklausel ... 57
    Kinderschutzklausel ... 58
    Persönliche Härteklausel ... 58
    Scheidung nach einjähriger Trennung ... 59, 60
    Scheidung ohne Trennung ... 61
    Scheitern der Ehe ... 57
Eheschließung ... 2, 5 ff.
  Eingehung der Ehe ... 5
  Form ... 7
  Trauung ... 7
  Voraussetzungen ... 6
Eheschließungserklärung ... 7
Eheschließungsfreiheit ... 7
Eheschließungsstatut ... 7
Ehestörungen ... 12
  Schadensersatz ... 14
Eheverbot ... 6
  Annahme als Kind ... 6
  Aufhebungsgrund ... 6
  Doppelehe ... 6
  eingetragene Lebenspartnerschaft ... 6
  Verwandtschaft ... 6
Eheverfehlungen ... 77
Ehevertrag ... 36, 91 ff.
  Inhaltskontrolle ... 36, 101
Ehewohnung ... 32
Ehezeitanteil ... 88
Eidesverweigerungsrecht ... 2
Eigentumsvermutung des § 1362 ... 27, 211, 234
Eigentumsvermutung des § 8 Abs. 1 S. 1 LPartG ... 234
Einbenennung ... 156
Einzeltheorie ... 46
Eispende ... 105
Elterliche Sorge ... 64, 127 ff.
Elterliche Sorge durch den Staat ... 149
Embryonenschutzgesetz ... 113
Embryonenspende ... 105
Empfängniszeit ... 8, 111
Endvermögen ... 77
Erbverzichtsvertrag ... 2
Ergänzungspflegschaft ... 198
Erhaltung des Familienvermögens ... 45
Ersatzmutterschaft ... 104
Erschöpfungstheorie ... 46
Erwachsenenadoption ... 179
Erwerbstätigkeit ... 16, 17, 65
Europäische Menschenrechtskonvention ... 200
Extrakorporale Befruchtung ... 105

Familienunterhalt ... 17
Fernabsatzverträge ... 19
Finanzierungshilfen ... 19
Findelkind ... 180
Folgen der Scheidung ... 63 ff.
  elterliche Sorge ... 64
  Namensrecht ... 63
  Versorgungsausgleich ... 88

Forderungen ... 76
Funktionsteilung in der Ehe ... 11

Garantenstellung ... 2
Geburts-Mutter ... 104
Gegenvormund ... 180
Geldrente ... 68
Gemeinsamer Doppelname ... 15
Gemeinsames Sorgerecht ... 127
Geschäfte zur angemessenen Deckung des Lebensbedarfs ... 18
  Arztvertrag ... 20
  Bedeutung des § 1357 für die dingliche Rechtslage ... 21
  Gesamtgläubiger ... 21
  Gesamtschuldner ... 21
  Geschäft, wen es angeht ... 21
  Geschäftsführungsbefugnis ... 19
  Haustürgeschäfte ... 19
  Ratenlieferungsverträge ... 19
  Schlüsselgewalt ... 20
  Schlüsselgewaltgeschäfte ... 22
  schuldrechtliche Wirkungen ... 21
  Teilzahlungsgeschäft ... 19
  Verbraucherdarlehen ... 19
  Verbraucherschutz ... 19
  Verpflichtung des minderjährigen Ehepartners ... 22
  Voraussetzungen des § 1357 ... 19
  wirtschaftliche Verhältnisse ... 20
Geschäftsführung ohne Auftrag ... 210
Geschiedenenunterhalt ... 31
Gesetzlicher Forderungsübergang ... 168
Gesetzlicher Güterstand ... 35
Gespaltene Mutterschaft ... 104
Gesundheitssorge ... 184
Getrenntleben
  Begriff ... 58
Getrenntleben der Ehegatten ... 30 ff.
  Bedürftigkeit des Ehegatten ... 30
  Ehewohnung ... 32
  Erwerbstätigkeit ... 31
  Geschiedenenunterhalt ... 31
  Gewaltschutzgesetz ... 32
  Härteklausel ... 31
  Hausrat ... 30
  Haushaltsverteilung ... 32
  Leistungsfähigkeit des Unterhaltsverpflichteten ... 30
  Leitlinien ... 30
  Trennungsunterhalt ... 30
  Unterhaltspflicht ... 30
  Unterhaltstabellen ... 30
  Zuweisung der Ehewohnung ... 33
Gewahrsamsvermutung des § 739 ZPO ... 27, 34, 211, 234
Gewaltschutzgesetz ... 32
Gewaltverbot ... 126
Gewaltverzicht ... 139
Gläubigerschutz durch Eigentumsvermutung nach § 1362 ... 27
Großer Pflichtteil ... 73
Grundsatz der Eigenverantwortung ... 65
Grundsatz der freistehenden Rollenverteilung ... 16
Grundsatz der nachehelichen Mitverantwortung ... 65
Grundsatz der Volladoption ... 177
Gütergemeinschaft ... 35, 37
Güterrecht
  Güterstände ... 35
    Ehevertrag ... 36
    Gütergemeinschaft ... 35, 37
    Güterrechtsregister ... 38
    Gütertrennung ... 35 f.
    Zugewinngemeinschaft ... 35 ff.
Güterrechtlicher Zugewinnausgleich ... 74
Güterrechtsregister ... 19, 38
Gütertrennung ... 35, 37, 40, 81

Haftung der Ehegatten untereinander ... 25
Haftungsausschluss der Ehegatten untereinander ... 25
Haftungsmaßstab der Ehegatten untereinander ... 25
Härteklausel ... 57
Härteklausel des § 1579 ... 31
Haushaltsführung ... 16
Haushaltsgegenstände ... 32
  Verfügungen ... 52
Haushaltsverteilung bei Getrenntleben ... 32
Häusliche Gemeinschaft ... 11
Herausgabe des Kindes ... 138
Herstellung der ehelichen Lebensgemeinschaft ... 11
Heterologe Insemination ... 105, 113
  Ausschluss der Vaterschaftsanfechtung ... 119
  Recht des Kindes auf Kenntnis der eigenen Abstammung ... 113
Homologe Insemination ... 105, 113

In-vitro-Fertilisation ... 113
Individualunterhalt ... 164
Insemination
  heterologe ... 113
  homologe ... 113
Intrakorporale Befruchtung ... 105

Karrieresprung ... 65
Kinderbezogene Leistungen ... 165
Kinderschutzklausel ... 58
Kindesbetreuungsunterhalt ... 70
Kindeswohl ... 151
Kindschaftsrecht ... 103
  Namensrecht ... 156
  Sorgerecht ... 126 ff.
  Umgangsrecht ... 150 ff.
  Unterhaltsrecht ... 157 ff.
Kirchliche Vermieterin ... 211
Konvaleszenz ... 49
Körperverletzung oder Sachbeschädigung im häuslichen Bereich ... 14
Kryokonservierung ... 113
Künstliche Befruchtung nach dem Tode ... 113

Lebensbedarf ... 18, 19
Lebensgemeinschaft ... 229
Lebenspartnerschaft ... 227 ff.
  Aufhebung ... 238
  Ausgleichsgemeinschaft ... 233
  Begriff ... 229
  Begründung ... 230
  Eheverbot ... 6
  Eigentumsvermutung ... 234
  Erbrecht ... 236
  Erbverzicht ... 236
  gemeinsame Lebensgestaltung ... 229
  gesetzliches Erbrecht ... 236
  gewillkürte Erbfolge ... 230
  Name ... 230
  partnerschaftliche Lebensgemeinschaft ... 229
  Partnerschaftsvertrag ... 233
  Pflichtteil ... 236
  Schlüsselgewalt ... 234
  sorgerechtliche Befugnisse ... 235
  Sorgfaltspflicht ... 231
  Unterhalt bei Getrenntleben ... 237
  Vermögensstand ... 233
  Voraus ... 236
  Wirkungen ... 229
Lebenspartnerschaftsname ... 230
Lebenspartnerschaftsunterhalt ... 232
Lebenspartnerschaftsvertrag ... 233
Lehre vom familienrechtlichen Vertrag ... 1
Leihmutterschaft ... 105
Leistungsfähigkeit des Unterhaltsverpflichteten ... 30

Mangelfälle ... 23
Minderjährige ... 1
Minderjährigenschutz ... 22
Mitarbeit des Ehegatten
  Gütertrennung ... 17
  Zugewinngemeinschaft ... 17
Mitdarlehensnehmer ... 17
Mündel ... 180
Mutterschaft ... 104 ff.
  Ersatzmutterschaft ... 104
  Geburts-Mutter ... 104
  gespaltene Mutterschaft ... 104
  Leihmutterschaft ... 105

Nachehelicher Unterhalt
  Ausschluss ... 68
    grobe Unbilligkeit ... 68
    kurze Ehedauer ... 68
    mutwillige Herbeiführung der Bedürftigkeit ... 69
  Bemessung ... 65
  Differenzmethode ... 65
  Einkommensminderung ... 65
  Einkommenssteigerung ... 65
  Erlöschen durch Tod des Berechtigten ... 71
  Erlöschen durch Wiederheirat ... 71
  gesamter Lebensbedarf ... 65
  mangelnde Leistungsfähigkeit ... 69
  Sonderbedarf ... 65
  Verzicht ... 70
  Vorsorgeunterhalt ... 65
Namensrecht ... 156, 230
  Einbenennung ... 156
  elterlicher Namenswechsel ... 156
Namenswechsel ... 156
Naturalunterhalt ... 23
Nichtehe ... 8
Nichteheliche Lebensgemeinschaft ... 199 ff.
  Altersversorgung ... 206
  Anwendbarkeit von § 1357 analog ... 207
  Anwendung gesellschaftsrechtlicher Grundsätze ... 209

Auflösung ... 216
Abfindungsvergleich ... 217
Ausgleichsanspruch für Beteiligung .. 217
Auftrag ... 210
Auseinandersetzungsanspruch aus GbR ... 219
Außenverhältnis ... 211
Beendigung durch Tod eines Partners .. 226
Bürgschaft ... 215
Eigentumsverhältnisse ... 205
Eigentumsvermutung des § 1362 ... 211
eigenübliche Sorgfalt ... 208
Eintritt in das Mietverhältnis ... 224
Eintritt in den Mietvertrag ... 214
Ersatzzustellung ... 213
Gebrauch von Wohnungen ... 214
Gesamtschuldnerausgleich ... 209
Geschäfte zur Deckung des Lebensbedarfs ... 207
gesetzliches Erbrecht ... 226
Gewahrsamsvermutung des § 739 ZPO ... 211
GoA ... 210
Institutsgarantie des Art. 6 Abs. 1 GG ... 200
Partnerschaftsvertrag ... 204, 217
Rechtsbeziehungen bei nichtehelichen Lebensgemeinschaften ... 199
Rechtsbeziehungen der Partner zueinander ... 204
unbenannte Zuwendung ... 218
Unterhaltsansprüche der Kinder ... 206
vermögensrechtliche Beziehungen ... 205
vertragliche Unterhaltsregelungen ... 206
Widerruf einer Schenkung ... 218
Zahlungsversprechen für den Trennungsfall ... 223
Zeugnisverweigerungsrecht ... 212
Notunterhalt ... 70

Oderkonto ... 41
Offenbarungspflicht ... 8
Originäres Anfangsvermögen ... 76

Partnerschaftliche Lebensgemeinschaft ... 229
Partnerschaftsbegründungsvertrag ... 233
Partnerschaftsvertrag ... 204, 217
Passive Sterbehilfe ... 182
Patientenverfügung ... 180, 181, 189 ff.
Bedeutung ... 193
Bindungswirkung ... 191
Gültigkeitsdauer ... 194
Voraussetzungen ... 189
Widerruf ... 194
Voraussetzungen ... 190
Personensorge ... 136
Personensorgepflicht ... 22
Persönliche Angelegenheiten d. Kindes ... 136
Persönliche Härteklausel ... 58
Pflegschaft ... 180, 198
Abwesenheitspflegschaft ... 198
Ergänzungspflegschaft ... 198
Pflicht zur ehelichen Lebensgemeinschaft
räumlich-gegenständlicher Bereich der Ehe ... 13
Schadensersatz ... 14
Unterlassungsanspruch gegen den Ehegatten ... 12
Pflichtenverteilung unter den Ehegatten ... 16
Präimplantationsdiagnostik ... 113
Prinzipien der Zugewinngemeinschaft ... 39
absolute Veräußerungsverbote ... 44
Ehegatteninnengesellschaft ... 41
Einzeltheorie ... 46
Entstehung gemeinschaftlichen Vermögens ... 40
Erhaltung des Familienvermögens ... 45
Erschöpfungstheorie ... 46
Geltung bei Getrenntleben ... 53
Gütertrennung ... 40
Heilung schwebend unwirksamer Verträge ... 49
Rechtsgeschäfte über das Vermögen im Ganzen ... 45
Revokationsbefugnis ... 53
Verfügungen über Haushaltsgegenstände ... 52
absolutes Veräußerungsverbot ... 54
Verpflichtungs- und Verfügungsbeschränkungen ... 44
Verweigerung der Genehmigung schwebend unwirksamer Verträge ... 49
Zugewinnausgleich ... 43, 72 ff.
Anfangsvermögen ... 75
Auffüllungsanspruch ... 78
ehebedingte Zuwendung ... 80
Eheverfehlungen ... 77
Endvermögen ... 77
erbrechtliche Lösung ... 74
güterrechtlicher ... 74
güterrechtliche Lösung ... 73

originäres Anfangsvermögen ... 76
privilegierter Erwerb ... 76
Scheidung ... 73
Störung der Geschäftsgrundlage ... 81
Teilungsversteigerung ... 83
unbenannte Zuwendungen ... 79
unentgeltliche Zuwendungen an Dritte ... 78
Voraussetzungen ... 75
voreheliche Zuwendungen ... 84
Zuteilung der Ehewohnung ... 83
Zuwendungen an Kinder ... 85
Zuwendungen an späteren Ehegatten vor Heirat ... 84
Zustimmungserfordernis nach § 1365 ... 51
Ausschluss ... 51
Privilegierter Erwerb ... 76

Rangverhältnis ... 68
Ratenkreditvertrag ... 29
Räumlich-gegenständlicher Bereich der Ehe ... 13
Rechtliche Betreuung ... 181
Rechtsgeschäfte über das Vermögen im Ganzen ... 45
Rechtswirkungen der Ehe
auf dem Gebiet des öffentlichen Rechts ... 9
Beitrag zum Familienunterhalt ... 17
Ehename ... 15
Grundsatz der freistehenden Rollenverteilung ... 16
Haftungsmaßstab/Haftungsausschluss ... 25
Haushaltsführung ... 16
Pflichtenverteilung unter den Ehegatten ... 16
Übersicht ... 34
Unterhalt für die Vergangenheit ... 23
Unterhaltspflicht ... 23
Vergütung für geleistete Mitarbeit ... 17
Rechtswirkungen der Ehe im Allgemeinen ... 9
Revokationsbefugnis ... 54
Revokatorische Klage ... 47
Rücktritt vom Verlöbnis ... 218

Schadensersatzansprüche bei Ehestörungen ... 14
Scheidung ... 5
Folgen ... 63
Scheidung nach einjähriger Trennung
bei Einverständnis ... 59
bei Widerspruch ... 60
Scheidung ohne Trennung/vor einjähriger Trennung ... 61
Scheidungsverfahren ... 102
Scheitern der Ehe ... 57, 61
Schlüsselgewaltgeschäfte ... 22
Schuldbeitritt des Eheparners ... 28
Sittenwidrigkeit ... 28
Schutzvorschriften zugunsten der Gläubiger eines Ehegatten ... 26
Schwangerschaft ... 8
Seitenlinie ... 103
Selbstbehalt ... 30
Sittenwidrigkeit ... 204
Sittenwidrigkeit der Bürgschaft ... 28
Sorgerecht ... 126 ff.
alleiniges der Mutter ... 128
Beistandschaft ... 129
elterliche Sorge durch den Staat ... 149
gemeinsames ... 127
Inhalt der elterlichen Sorge ... 136
Gewaltverzicht ... 139
Haftungsprivilegierung der Eltern ... 140
Personensorge ... 136
persönliche Angelegenheiten des Kindes ... 136
Sorgfalt in eigenen Angelegenheiten ... 140
Sorgfaltsmaßstab ... 140
Umgangsrecht ... 137
Umgangsverbot ... 137
Verletzung der Aufsichtspflicht ... 140
Vermögenssorge ... 136
Vertretung des Kindes ... 136
Vertretung des Kindes bei Rechtsgeschäften ... 136
Übertragung auf den Vater ... 134
Verfahrenspfleger für Minderjährige ... 130
Vertretung des Kindes
Genehmigung d. Familiengerichts ... 146
Vertretungsmacht der Eltern
Ausschluss durch Anordnungen Dritter ... 146
Ausschluss durch familiengerichtliche Anordnung ... 146
Ausschluss/Beschränkung ... 144
Sparguthaben auf dem Konto der Ehefrau ... 41
Stellvertretung ... 1
Störung der Geschäftsgrundlage ... 17, 79, 99
Strafrechtliche Schutzpflichten ... 9

Taschengeld ... 23
Teilungsversteigerung ... 51, 83
Testament ... 2

Umfang des Familienunterhalts ... 23
Umgangsrecht ... 137, 141, 150 ff.
anderer Bezugsgruppen ... 152
Auskunftsrecht ... 155
des Kindes mit den Eltern ... 151
Durchsetzung ... 153
Wohl des Kindes ... 151
Umgangsverbot ... 137
Unbenannte Zuwendungen ... 79, 218
Unterhalt für die Vergangenheit ... 23
Unterhalt wegen Kindesbetreuung ... 36
Unterhaltsanspruch von Kindern ... 157 ff.
Unterhaltsansprüche der Kinder bei nichtehelicher Lebensgemeinschaft ... 206
Unterhaltspflicht bei Getrenntleben ... 30
Unterhaltspflicht unter Verwandten
Bedürftigkeit des Unterhaltsberechtigten ... 158, 167
Düsseldorfer Tabelle ... 159
Leistungsfähigkeit ... 158, 167
Reihenfolge ... 167
Umfang und Inhalt ... 167
Unterhaltspflichten der Ehegatten ... 23
Proportionalität ... 23
Verfahrenskostenvorschuss ... 24
Unterhaltsrecht ... 157 ff.
angemessener Unterhalt ... 163
Bestimmung der Art ... 164
Gegenseitigkeitsprinzip ... 163
Individualunterhalt ... 164
kinderbezogene Leistungen ... 165
minderjähriges unverheiratetes Kind ... 162
privilegierte Kinder ... 162
Prozentsatz des Mindestunterhalts ... 164
unverheiratete Kinder ... 164
volljährige unverheiratete Kinder ... 162
Unterhaltsrechtlicher Sonderbedarf ... 20
Unterhaltsregelungen bei Lebenspartnerschaft ... 232
Unterhaltsregress ... 123
Unterhaltstabellen ... 30
Unterhaltsverpflichtung unter Ehegatten nach Scheidung ... 65
Unterhaltszahlungen des Scheinvaters
Rückgriffsanspruch gegen den leiblichen Vater ... 122
Inzidentfeststellung der Vaterschaft ... 123
Unterlassungsanspruch gegen den Ehegatten ... 12
Unterlassungsklage bei Ehestörungen ... 12

Vaterschaft ... 107 ff.
Anfechtung ... 114 ff.
Ausschluss nach heterologer Insemination ... 119
Berechtigter ... 115
Frist ... 116
bei heterologer Insemination ... 113
Geheimhaltung des Spendernamens ... 113
bei künstlicher Insemination ... 113
Blutgruppengutachten ... 111
des Samenspenders ... 113
kraft Anerkennung ... 108 f.
kraft Ehe mit der Mutter ... 107
kraft gerichtlicher Feststellung ... 110
Vaterschaftsvermutung ... 117
Widerlegung ... 117
Vaterschaftsvermutung ... 117
Verbot der gestaltungserhaltenden Reduktion ... 28
Verbot der Zweitadoption ... 175
Verfahrenskostenvorschuss ... 24
Verfügungen über Haushaltsgegenstände ... 52
Verletzung der Aufsichtspflicht der Eltern ... 140
Verlöbnis ... 1 ff.
Auflösung ... 3
Aufwendungsersatzansprüche ... 3
Begriff ... 1
Eidesverweigerungsrecht ... 2
Kosten der Verlobungsfeier ... 4
öffentlich-rechtliche Wirkungen ... 2
privatrechtliche Wirkungen ... 2
Rechtsnatur ... 1
Rechtswirkungen ... 2
Rechtswirkungen bei Auflösung ... 3
Rückforderung von Geschenken ... 3
Rücktritt ... 218
Rücktrittsgrund ... 3
Schadensersatz wegen sonstiger Maßnahmen ... 4
Schadensersatzansprüche ... 3
Unwirksamkeit letztwilliger Verfügungen ... 3
Vertragsstrafe ... 2

Zeugnisverweigerungsrecht ... 2
Zustandekommen ... 1
Vermögenssorge ... 136, 142
Vermögensverwaltung ... 184
Verpflichtung zur sexuellen Treue ... 12
Versöhnungsversuch ... 58
Versorgungsanwartschaften ... 88
Versorgungsausgleich ... 36, 88 ff.
Anwartschaften ... 90
Härteklausel ... 90
Vertragstheorie ... 1
Vertrauenshaftungslehre ... 1
Vertretung des Kindes ... 143
bei Rechtsgeschäften ... 136
Verwandtschaftsrecht ... 103 ff.
Abstammungsrecht ... 104
Mutterschaft ... 104
Schwägerschaft, Begriff ... 103
Verwandtschaft, Begriff ... 103
Voreheliche Zuwendungen ... 84
Vormundschaft ... 180
Anordnung ... 180
Führung ... 180
Genehmigung des Familiengerichts ... 180
über Minderjährige ... 180
Vertretung des Mündels ... 180
Vorsorgevollmacht ... 180, 181, 195 ff.
Altersvorsorgevollmacht ... 195
Form ... 196
möglicher Inhalt ... 197
Wirksamkeitsbeschränkung ... 196
Vorstrafen mit laufender Bewährungszeit ... 8

Widerruf einer Schenkung ... 80, 218
Wirtschaftliche Leistungsfähigkeit ... 20

Zeugnisverweigerungsrecht ... 2, 9, 212
Zeugungsvermutung ... 110
Zugewinnausgleich ... 17, 43, 72 ff.
Auffüllungsanspruch ... 78
Eheverfehlungen ... 77
erbrechtliche Lösung ... 73
güterrechtliche Lösung ... 73
güterrechtlicher ... 74
Zugewinngemeinschaft ... 35
Prinzipien ... 39 ff.
Zustimmungserfordernis nach § 1365 ... 51
Zuteilung der Ehewohnung ... 83
Zuweisung der Ehewohnung bei Getrenntleben ... 33
Zuwendungen an Kinder ... 85
Zuwendungen an späteren Ehegatten vor Heirat ... 84